Ie
5121.980

25834

~~25836~~

L'ORLÉANIDE.

On trouve aux mêmes adresses l'Histoire de Jeanne d'Arc, surnommée pendant sa vie *la Pucelle*, et après sa mort *la Pucelle d'Orléans*; tirées de ses propres déclarations, consignées dans les grosses authentiques des procès-verbaux des interrogatoires qu'elle subit à Rouen; des cent quarante-quatre dépositions des témoins oculaires entendus à l'époque de la révision de son procès; des manuscrits de la bibliothèque du Roi et de ceux de la Tour de Londres, par M. Le Brun de Charmettes. 4 forts vol. in-8.°, ornés de huit gravures. Prix 25 francs.

IMPRIMERIE DE J. SMITH.

L'ORLÉANIDE,

POÈME NATIONAL

EN VINGT-HUIT CHANTS,

Par LE BRUN DE CHARMETTES.

TOME I.

PARIS,
SMITH, IMPRIMEUR-LIBRAIRE, RUE MONTMORENCY;
LATOUR, LIBRAIRE, PALAIS-ROYAL;
ARTHUS-BERTRAND, LIBRAIRE, RUE HAUTEFEUILLE.

1819.

PRÉFACE.

Le poème de l'Orléanide, interrompu à plusieurs reprises, et pendant des années entières, par des circonstances indépendantes de ma volonté, fut commencé en 1805. Un fragment assez considérable du dixième chant de cet Ouvrage fut publié dans le *Moniteur* du 28 oct. 1810. *L'Histoire de Jeanne d'Arc*, entreprise beaucoup plus tard, et composée avec une partie des matériaux rassemblés pour servir de fondemens à l'*Orléanide*, a paru en 1817. Je puis donc m'honorer d'être le premier qui ait tenté de venger la mémoire de Jeanne d'Arc (aujourd'hui à l'envi célébrée) des diffamations de l'homme dont les écrits gouvernèrent le dernier siècle, et d'avoir osé choisir cette victime des ennemis de la France pour l'héroïne d'une épopée, dans un temps où, grâce à l'influence de ces écrits, le nom de la vierge sans tache qui sauva cette même

France, livré à la dérision des peuples, ne réveilloit plus que des souvenirs obscènes ou ridicules, au lieu des sentimens d'admiration, de pitié et de reconnoissance qu'il inspiroit à nos ancêtres.

On a fait des imitations en vers burlesques de l'*Iliade* et de l'*Énéide*; on peut dire que Voltaire a fait d'avance la parodie de l'*Orléanide*; et ces sortes d'ouvrages ont obtenu un grand succès auprès de cette classe de lecteurs, toujours et partout très-nombreux, pour qui l'admiration est un sentiment pénible, et que peut seule consoler de leur nullité et de leur petitesse la dégradation des beaux monumens et des illustres renommées. Peut-être est-il plus généreux, plus honorable, d'essayer de rendre aux héros, aux libérateurs de la patrie, par des ouvrages d'un genre noble et sévère, l'éclat dont les ont injustement privés des bouffonneries irréligieuses et antinationales. Tel fut l'objet de l'*Histoire de Jeanne d'Arc*; tel est celui de l'*Orléanide*.

Ce poème, entrepris depuis quatorze ans, m'a coûté des recherches considérables, et m'a obligé à de nombreux voyages. Je ne me suis pas seulement proposé de couronner de palmes poétiques le plus noble fait de l'Histoire moderne; j'ai voulu que mon ouvrage présentât le tableau fidèle des mœurs, des coutumes et des croyances du quinzième siècle. J'en ai puisé les détails dans les chroniques, les romans et les poésies du temps; dans les monumens publics et les édifices particuliers qui nous restent de ce siècle héroïque: statues, bas-reliefs, vitreaux, miniatures, j'ai tout examiné, tout comparé avec le soin le plus minutieux, et je n'ai rien abandonné à l'arbitraire de l'imagination dans cette partie de mon travail.

Toutes les descriptions ont été faites sur les lieux mêmes. Ce qui existe encore a été représenté avec une fidélité scrupuleuse; ce qui n'existe plus a été restitué d'après les anciennes cartes, les dessins et les gravures que renferment les collections publiques et particulières.

Le destin de la France, et peut-être celui de l'Europe entière, attaché au sort d'une seule ville, dernier rempart qui couvrit encore le trône de Clovis, de Charlemagne, de Philippe-Auguste et de saint Louis; les héros de la France, unis aux citoyens d'Orléans, se dévouant, comme autrefois Léonidas et ses compagnons, au salut de la patrie, et résolus à s'ensevelir sous les ruines de la *cité fidèle*; une vierge de dix-sept ans quittant la houlette à la voix du Très-Haut, et brisant sous les murs d'Orléans les fers que l'étranger apportoit à la nation des braves, aux libérateurs du Tombeau sacré : tel est le sujet de l'*Orléanide*. Simple et sublime dans ses élémens, et de quelque manière qu'on l'envisage; susceptible par les mœurs et les usages de l'époque à laquelle il se rattache, et surtout par le merveilleux qui en fait le dénouement, des développemens les plus brillans et les plus magnifiques, il doit intéresser tous les cœurs français, toutes les âmes généreuses, tous ceux enfin qui s'honorent de reconnoître le Dieu de leurs pères, et tressaillent d'une noble joie au souvenir des gloires de la patrie.

Là viennent se placer, comme parties obligées ou comme ornemens naturels, le Ciel et l'Enfer du christianisme, les superstitions poétiques du siècle, et les pratiques religieuses consacrées par l'Église; les sacrifices aux démons, et les brillans prestiges de cette féerie, tour à tour gracieuse et terrible, qui répand tant d'intérêt et de charme sur les romans du moyen âge. Là doivent se retrouver, sous les couleurs les plus brillantes et toutefois les plus fidèles, les usages de la chevalerie, les priviléges des hérauts et rois d'armes, les défis, les pas d'armes, les combats singuliers, les pélerinages, les cérémonies funèbres, les chasses, les fêtes chevaleresques, les disputes des trouvères, les jeux sous l'ormel et les plaidoyers d'amour. Là doivent reparoître, dans un éclat digne de leur antique renommée, tous les héros du siége d'Orléans ; les Dunois, les Lahire, les Xaintrailles, les Chabanne, les Villars, les Girême, les Gaucourt, les Saint-Sévère, les Renaut de Fratames, les Renaut de Vernade, les Florent d'Illiers, les Ambroise de Lore ; et, du côté des Anglais, les Salisbury, les Suffolck, les Escalle, les Gray, les Pomus, les Héron, les Guerrard, les Lancelot de Lille, les Talbot et les Glacidas. Les misères de la France, l'exil de Chinon, la solitude de Fierbois, les mystérieuses vallées de la Meuse, les délices de Meun-sur-Yèvre, doivent y passer tour à tour sous les yeux du lecteur, aux sons de la lyre magique du poète national.

Si je suis loin d'espérer m'être élevé partout à la hauteur d'un plan si vaste et si magnifique, je n'ai du moins rien négligé pour ne pas rester trop au-dessous de la grandeur de mon entreprise.

J'aurois voulu pouvoir faire suivre chaque chant de ce poème d'un certain nombre de notes explicatives ; premièrement, des passages du texte qui peignent des usages et des coutumes aujourd'hui ignorés de la plupart des lecteurs, et qui peuvent, par conséquent, être facilement pris pour des inventions dénuées de vraisemblance; secondement, des passages qui font allusion aux croyances, aux superstitions du siècle, ou à des faits peu connus; troisièmement, des vieux mots dont j'ai cru devoir me servir pour donner, jusqu'à un certain point, à mon style, la couleur du temps (1). J'aurois voulu encore pouvoir indiquer la source de toutes les imitations que renferme mon poème. L'étendue de l'ouvrage, déjà très-considérable, m'a forcé de renoncer à ce dessein. Je prie donc le lecteur qu'un usage singulier, qu'un passage obscur, qu'un mot ancien pourra

---

(1) A l'imitation de Milton, Pope a employé un assez grand nombre de vieux mots dans sa traduction d'Homère, et déclare dans sa préface de l'Iliade qu'il a cru donner par là à son style un air plus antique et plus vénérable. L'emploi des vieux mots me semble trouver encore plus naturellement sa place dans un poème dont l'action se passe à une époque où ces mêmes mots étoient d'un usage général. Le poète y trouve le double avantage de produire plus d'illusion et de substituer souvent des mots qui ont conservé leur noblesse à d'autres qui ont perdu la leur. Ainsi *coursier*, *destrier*, *palefroi*, *cavale*, sont plus nobles que *cheval* et *jument*; *mire* est plus noble que *chirurgien*; *rancœur* que *rancune*; *Savoïen* que *Savoyard*; *chapel*, *châtel* et *mantel* que *chapeau*, *château* et *manteau*.

arrêter, de vouloir bien ne pas précipiter son jugement, et de se reporter à l'époque à laquelle se passe l'action du poème, avant de condamner l'auteur. Quant aux imitations, je satisferai du moins ma conscience littéraire en déclarant ici que les livres saints, les pères de l'Église, Homère, Pindare, Virgile, le Dante, le Camouëns, l'Arioste, le Tasse, Milton, Klopstock, Bossuet, Fénélon, Macpherson, Bernardin de Saint-Pierre; et, parmi les auteurs vivans, MM. de Châteaubriant et de Marchangy, m'ont fourni tour à tour des pensées, des expressions et des images, toutes les fois que ces images, ces expressions et ces pensées, dont ma mémoire est remplie, sont venues se présenter sous ma plume, en des circonstances qui les rappeloient naturellement à mon souvenir. Toutes les personnes qui s'occupent de poésie sont à cet égard de l'avis de Boileau, de Racine, de Corneille, de Molière, de La Fontaine, qui pensoient que ces sortes d'emprunts, quand ils sont faits avec art, font autant d'honneur à l'imitateur qu'à l'auteur imité. Ainsi Virgile imite Homère, qui avoit peut-être imité Linus, Orphée et les poètes égyptiens; le Tasse imite Homère et Virgile; Milton, Virgile, Homère, l'Arioste et le Tasse; Klopstock, la Bible, Homère, le Dante et Milton.

Je ne crois pas qu'on désapprouve l'idée que j'ai eue de faire entrer dans cet ouvrage quelques beaux vers de Chapelain qui m'ont paru dignes de survivre à son poème sur le même sujet. C'est en quelque sorte un hommage rendu à la vieille renommée du premier auteur d'un ouvrage considérable, qui ait consacré à Jeanne d'Arc le tribut de ses veilles, avec l'intention d'honorer sa mémoire. La précaution que j'ai prise de renfermer ces vers entre deux astérisques, empêchera qu'on ne les confonde avec les miens et qu'on ne m'en attribue le mérite. Virgile en usa moins scrupuleusement à l'égard d'Ennius; mais Virgile faisoit infiniment d'honneur à son devancier quand il lui déroboit quelques perles ignorées, et c'étoit beaucoup qu'il daignât se baisser pour les recueillir.

Dirai-je, en finissant, que je n'ignore ni ne me suis dissimulé la témérité de mon entreprise? Chercherai-je à désarmer la sévérité de la critique par des protestations d'humilité et de modestie, que le fait seul de la publication d'un poème épique fera regarder comme des actes d'hypocrisie littéraire presque dérisoires? Il me semble qu'il y aura plus de respect pour le public et plus de pudeur dans mon silence. J'ose offrir l'Orléanide à la nation qui vit naître dans son sein les Xaintrailles, les Lahire, les Dunois et les Jeanne d'Arc : si cet hommage ne lui semble pas digne d'elle ; si le talent du poète ne lui paroît pas justifier tant d'audace ; si elle refuse d'adopter l'*Orléanide*, j'aurai du moins l'honneur de succomber dans un noble dessein, et mon naufrage même ne sera pas sans gloire. Le chantre moderne de Phaéton lui fait dire avec l'enthousiasme d'un jeune courage :

Il est beau qu'un mortel jusques aux cieux s'élève :
Il est beau même d'en tomber (1).

C'est surtout à la haute poésie que cette maxime est applicable, et aux brûlantes inspirations de l'amour de la patrie.

---

(1) Quinault, tragédie lyrique de Phaéton, act. IV, sc. II.

L'ORLÉANIDE.

CHANT PREMIER.

Ceins ton front de lauriers, prends ta harpe éclatante !
Du seuil étincelant de la cité vivante
Dans l'ombre de l'oubli, dans la nuit du trépas,
Descends, armé d'éclairs, et viens guider mes pas,
Ange aux mâles accens, qui, d'une voix sublime,
Assis sur les débris des remparts de Solime,
Célébras des Français les exploits immortels ;
Qui chantes les vengeurs du trône et des autels
Devant le trône auguste où le juge des mondes
Voit du fleuve des ans fuir à ses pieds les ondes.
Dis comment il pesoit dans ses sévères mains
La fortune des lis et le sort des humains,
Alors que l'Angleterre avec l'Enfer unie
Sur nos divisions fondoit sa tyrannie ;
Alors que des Français le monarque abattu
Laissoit un fol amour enchaîner sa vertu ;
Alors que des cités gardiennes de la Loire
Orléans seul, fidèle à son antique gloire,
Levoit au bord des flots un front libre, et des rois
Suspendoit les destins et balançoit les droits.

Chante du Roi des cieux l'envoyée intrépide
Des enfans de Rollon brisant l'arc homicide,
Les guerriers d'Albion dans la poussière épars,
Et les lis arrosés du sang des léopards.
  Il m'entend et m'exauce ; il accourt et m'entraîne.
Salut, murs glorieux ! Salut, brillante arène !
Terre illustre, salut ! Et toi, qui dans tes flots
Roules encor des preux les armes et les os,
Retiens, fleuve guerrier, tes ondes orageuses !
Que de tes défenseurs les ombres généreuses
Accourent à ma voix, se pressent sur tes bords !
Le chérubin prélude à ses divins accords :
La nuit suspend son cours, les cieux semblent descendre,
Et les astres charmés s'arrêtent pour l'entendre.
  Les armes d'Albion, ses ténébreux complots,
Partout du sang français faisoient couler les flots,
Et courboient nos aïeux sous son joug despotique.
Du prince des Bretons l'adroite politique,
Secourant le vaincu sans jamais le sauver,
Sur des débris sanglans songeoit à s'élever.
Des peuples bourguignons le prince redoutable
Epuisoit sur son roi sa vengeance implacable :
Aveugle ! sa fureur voudroit anéantir
Le trône révéré dont on voit rejaillir
Sur sa race et sur lui l'éclat qui les décore.
Tel, armant d'un flambeau sa main débile encore,
Un téméraire enfant embrase son berceau,
Contemple en souriant ce spectacle nouveau,
Et périt le premier, victime ensevelie
Dans le vaste bûcher qu'alluma sa folie.

Souple et fier tour à tour, sombre et fallacieux,
Des peuples savoïens le prince ambitieux
Menaçoit nos cités; pensoit porter son trône
Du sein de ses rochers sur les rives du Rhône,
Et, pareil au torrent conquérant du désert,
Envahir impuni l'héritage d'Humbert.
Des Picards belliqueux la fertile contrée;
De cinq fleuves rivaux cette terre entourée,
Domaine de nos rois, berceau de leur maison,
Qui de la France en deuil sauva trois fois le nom;
La Champagne, l'Anjou, la Neustrie et le Maine,
La fertile Xaintonge et la riche Aquitaine;
Cent illustres cités, nobles berceaux des preux,
Couronnes de la France en des temps plus heureux,
Calais, que pour toujours un saint laurier décore;
Du sang de ses héros Rouen fumant encore;
Melun, plein des hauts faits de son preux défenseur,
De ce grand Barbazan sans reproche et sans peur;
Dreux, vaincu par le nombre et trahi par la crainte;
Meaux, et son orme affreux, et sa fatale enceinte :
Sous le fer de l'Anglais ont vu tomber leurs tours,
Leurs défenseurs servir de pâture aux vautours,
Et d'horribles cachots dévorer en silence
Ceux que sembloit absoudre une feinte clémence.
Paris même, aux Lancastre immolant les Valois,
Combat pour ses tyrans et méconnoît ses rois.
Chaque heure accroît les maux de la France opprimée;
Orléans, que menace une puissante armée,
Du destin de l'État va bientôt décider :
Si ce dernier rempart est contraint de céder,

Albion ! désormais il n'est rien qui t'arrête :
Le crime est consommé ; la France est ta conquête ;
La France est ton esclave ; et ce dernier revers
Livre à ton joug fatal l'Europe et l'univers.

 Tel qu'un nuage épais qui recèle la foudre,
Sur les coteaux du Nord un tourbillon de poudre
S'élève, roule, approche : il s'entr'ouvre ; et soudain
Deux hérauts d'Albion sont sortis de son sein.
Leurs fronts sont couronnés des dons de la victoire :
Sur des coursiers légers et plus blancs que l'ivoire
Vers le saint Orléans ils s'avancent tous deux :
On distingue déjà leurs vêtemens pompeux,
Leurs robes de velours, où l'aiguille savante,
Avec la soie et l'or, sur la pourpre éclatante,
Figura triomphans ; parmi des lis épars,
De la fière Albion les cruels léopards.
La porte Parisie et ses tours homicides,
Ses ponts, ses hauts remparts, ses grands fossés arides,
Présentent aux hérauts leur aspect menaçant.
Le cor sonne : on accourt : l'ordre arrive : à l'instant,
Courant se réunir aux bords qui les attendent,
Les ponts sur les fossés s'abaissent et s'étendent.
Les hérauts d'Albion, dans la ville introduits,
Sont au palais des ducs en silence conduits :
Ils traversent les flots d'une foule inquiète,
En tumulte accourue, et de terreur muette :
Devant le grand Dunois tous deux ils sont admis.
Le salut de ces murs à Dunois fut commis.
Le peuple et les barons de ces belles provinces,
Dans ce jeune héros né du sang de leurs princes,

Révèrent de leur duc, de leur roi malheureux,
Le lieutenant fidèle et l'appui généreux.
Dunois est des Français la gloire et l'espérance ;
Dunois porte avec soi les destins de la France.
Oh ! qui pourroit compter les sublimes travaux
Qui doivent illustrer le bras de ce héros !
Quelles hautes vertus embelliront sa vie !
Son cœur, ouvert au brave, étranger à l'envie,
De la patrie en deuil est l'autel protecteur,
L'asyle de la foi, le temple de l'honneur.
Heureux, si, moins sensible à la mort de son père,
Il eût laissé plus tôt désarmer sa colère ;
Moins d'un sang ennemi teint son glaive, et n'eût pas
Poursuivi l'assassin par-delà le trépas !
Mais, par un meurtre horrible orphelin dès l'enfance,
Il avoit consacré son glaive à la vengeance ;
Et du moins ce grand cœur ne fit céder jamais
Au vœu de son courroux le salut des Français :
Sans parti, sans complots, il suivit sa querelle :
Tant que des Bourguignons l'Enfer trompa le zèle,
Implacable, il se plut à venger à la fois,
Et la mort de son père, et l'honneur de ses rois ;
Et quand l'Anglais enfin cessa de les séduire,
Il garda son courroux, et s'abstint de leur nuire :
Trop lent à pardonner, trop noble pour trahir,
Le plus grand des humains s'il n'eût pas su haïr.

A peine il voit s'ouvrir sa haute destinée.
Vingt fois l'astre du jour a mesuré l'année
Depuis que ce rempart vit naître son héros ;
Et déjà l'univers parle de ses travaux.

Mais, dès ses premiers ans, par une épreuve heureuse,
Les revers ont mûri cette âme généreuse :
Il n'a point négligé les leçons du malheur ;
Et déjà sa prudence égale sa valeur.
Dans un âge bouillant, on révère, on admire
L'ascendant qu'il exerce, et l'amour qu'il inspire.
Les guerriers les plus fiers passent à son aspect,
Du zèle au dévouement, de l'estime au respect.
Les plus sages vieillards à ses lois applaudissent.
Le peuple le bénit ; les soldats le chérissent ;
Et quand tout obéit, tout semble agir par choix.
Cet auguste attribut des héros et des rois,
Sur son front gracieux, la majesté respire.
La bonté, la douceur en modèrent l'empire :
Des rayons du génie éclatans dans ses yeux
Sous leur longue paupière il éclipse les feux.
Dans ses regards se peint la candeur de son âme.
Mais qu'un penser hardi, qu'un grand dessein l'enflâme :
Son visage s'anime et prend un air plus fier ;
Son maintien s'agrandit ; ses yeux lancent l'éclair.
Faut-il exécuter ? aux périls insensible,
Il redevient serein, calme, froid, impassible ;
Et les glaives, les dards, la foudre, le trépas,
Ne peuvent détourner ni ralentir ses pas.
 Il ne s'entoure point de cette pompe vaine,
De ce vain appareil dont la foiblesse humaine
Trop souvent dans les cours cherche à nous éblouir :
Trompeur enchantement, prompt à s'évanouir.
Tout semble autour de lui respirer son génie :
Une écharpe modeste, une armure brunie,

CHANT I.

Composent sa parure. A sa gauche placés,
Brillent son bouclier où trois lis sont tracés ;
Ses gantelets couverts de ployantes écailles ;
Son armet éclatant, la terreur des batailles ;
Et du commandement le signe révéré.
Des chevaliers français son siége est entouré.
Ange ami des tombeaux, ministre de la gloire,
Qui des temps écoulés réveilles la mémoire,
Assis sur les débris des trônes abattus :
Dis-moi de ces vaillans les noms et les vertus !
C'est ce fier chevalier, dont la haute prouesse
Fait la gloire de Rhode et l'espoir de la Grèce,
Ce valeureux Girême, honneur du nom français :
L'antique Palestine admira ses hauts faits ;
L'Afrique en retentit ; la superbe Byzance
Invoqua tour à tour son bras et sa prudence.
Des progrès du croissant pour arrêter le cours,
Il vint de sa patrie implorer les secours
Contre un culte funeste, ardent à se répandre :
A cette gloire, hélas ! loin de pouvoir prétendre,
Sa patrie, attentive à son propre danger,
Se débattoit en proie au fer de l'étranger.
De Montargis sauvé c'est l'ange tutélaire,
Ce Lahire, bouillant, emporté, téméraire,
Fougueux dans le péril, terrible en son courroux,
Aux pieds d'un sexe foible, esclave aimable et doux.
Ce sont ses compagnons, ces deux braves Xaintrailles,
Ces preux qui, tant de fois, au pied de nos murailles,
Dans la poudre abattant l'orgueil des léopards,
Ont des lis dans leur sang trempé les étendards.

C'est ce vaillant Chabanne, à ses rois si fidèle;
Graville, à son pays immolant sa querelle;
Ce Villars, leur émule, et l'un de sept héros
Qui de sept preux anglais conquirent les anneaux
Entre tes murs, Montendre, et la tombe sacrée
Où du fameux Roland dort la cendre ignorée,
Aux bords où la Gironde au cours majestueux
Roule vers l'Océan ses flots impétueux.
C'est ce loyal guerrier, ce noble La Chapelle,
Que de sa triste sœur la crainte en vain rappelle,
Et qui résiste, hélas! fidèle à son malheur,
Au noir pressentiment qui tourmente son cœur.
C'est Gasquet, c'est Védille, amis dont la vaillance
Est le seul héritage et l'unique espérance;
C'est le noble Fratame, amant infortuné,
A pleurer ses amours par le sort condamné.
Oh! qui dissipera sa tristesse profonde?
La vierge aux doux regards, la touchante Edelmonde
De l'antique Vignolle aimable et tendre fleur,
Lui fut promise en vain: dans sa noire fureur,
L'autour a dévoré sa colombe tremblante:
L'Anglais impitoyable égorgea son amante,
Satisfait, dans ces murs laissés sans défenseur,
D'immoler de Lahire et la mère et la sœur.
C'est ce brave Guitry de qui la jeune audace
Dans Montreau, d'Henri-Cinq méprisant la menace,
Au droit des nations soumit le léopard.
C'est l'aimable Valpergue, ingénieux Lombard,
Habile à manier et la lance et la lyre,
Qui tantôt de l'amour célèbre le délire,

CHANT I.

Et tantôt, déployant sa grâce et sa vigueur,
Des plus fougueux coursiers asservit la fureur.
C'est Ternès, c'est Partado, enfans de l'Ibérie:
Ennemis du repos, de leur noble patrie
Au signal de la guerre ensemble disparus,
Dans nos remparts sanglans tous deux sont accourus;
Tous deux, de dignités, de renommée avides,
Sombres et soucieux, en des cœurs intrépides
Nourrissent de l'orgueil l'implacable vautour;
Leur haine est immortelle ainsi que leur amour.
Là brille entre les preux cet Ecossais terrible,
Dans les combats à pied jusqu'alors invincible,
Ce généreux Kannède, ami du nom français:
Descendant de Fingal, héritier de ses traits,
Son glaive formidable, au milieu des batailles,
Apparoît à l'Anglais fléau de nos murailles,
Comme ce feu du ciel qui vient du haut des airs
Changer, au jour fatal, les cités en déserts.
Du roi des Écossais la plus ferme espérance,
Stuart, prêt à voler au secours de la France,
Aux héros d'Aurélie envoya ce héros:
Lui-même avec ses preux, sur trente noirs vaisseaux,
De sa noble patrie a quitté les rivages,
Et s'avance vainqueur des vents et des orages.

 Là paroissent encor le fier Tilloy, Saucourt,
Chaumont, Thouars, Couras, Beuil, Vernade et Gaucourt.
Des tyrans étrangers détestant la furie,
Noble ami de ses rois, amant de sa patrie,
Impassible au milieu des brigues, des complots,
Gaucourt des factions laissa rugir les flots:

Il vit en gémissant l'Église divisée,
Le crime autour du trône, et la France épuisée,
Effaçant ses malheurs par des malheurs nouveaux,
Balancer incertaine entre deux rois rivaux.
Dieu, la France et l'honneur, fut sa règle suprême :
Du glaive, de l'autel, du soc, du diadème
Il défendit les droits ; mais son bras, mais son cœur
Ne connut qu'un parti : *Dieu, la France et l'honneur*

   Ils ont tous dépouillé ces richesses trompeuses
Qui surchargeoient en vain leurs armures pompeuses
Couverts de fer, le fer est leur seul ornement.
Au conseil des guerriers admis en ce moment,
Les magistrats du peuple au prince de l'armée
Venoient des mouvemens de la ville alarmée
Rendre un compte fidèle, et du jeune héros
Recevoir les avis et les ordres nouveaux.
A leur tête est Dubey, Dubey dont la sagesse
Impose sans hauteur et séduit sans adresse.
Comme, au sein d'un torrent, un roc majestueux
Voit passer à ses pieds les flots tumultueux,
Demeure inébranlable, et de son front sublime
Semble braver la foudre et régner sur l'abîme ;
Tel, des lois en ces lieux ministre révéré,
Ce vieillard cher aux grands et du peuple adoré,
Qui vit, d'un cours rapide, au milieu des orages
Trois générations passer sur ces rivages,
Est, comme un monument des anciens jours, resté
Seul, debout, au milieu de la postérité.
Des traits persuasifs, des paroles puissantes,
Coulent comme un doux miel de ses lèvres pressantes ;

Son front blanchi, son air simple et grand à la fois,
Impriment le respect : aux accens de sa voix,
Soudain des passions la foule mutinée
Semble par un doux charme à ses pieds enchaînée ;
Et les cœurs, éclairés par un prompt repentir,
Se disputent l'honneur de lui mieux obéir.
 A l'aspect des hérauts règne un profond silence.
Gartier, son sceptre en main, d'un air sombre s'avance.
De ce sénat guerrier, de son chef vertueux,
Il contemple un moment l'éclat majestueux.
« Sont-ce là, » se dit-il, « ces chefs pleins de mollesse
Dont l'Europe envioit le luxe et la richesse,
Favoris de la gloire, esclaves de l'amour,
Qui portoient dans les camps le faste de la cour,
Vouoient à la beauté leur audace guerrière,
Consumoient dans les jeux leur rapide carrière,
Chantoient sur des tombeaux, mêloient le rire aux pleurs,
Et marchoient au trépas le front orné de fleurs ?
Quel pouvoir a changé ces âmes insensées ? »
Du héraut d'Albion telles sont les pensées.
Il craint pour son pays ce changement soudain,
Et le trouble en son cœur remplace le dédain.
Mais, jugeant des Français la ruine certaine,
Il reprend par degrés son audace hautaine ;
Et, d'un regard farouche observant nos héros,
A leur chef intrépide il adresse ces mots :
 « Aux ennemis du Roi trouble, défaite et honte !
Mon redouté seigneur, Thomas Montague, comte
De Perthe, de Wilshire et de Salisbury ;
Haut baron d'Albion ; seigneur d'Almesbury,

Ringwood, Frome, Andover; très-valeureux, très-digne,
Très-noble chevalier du royal ordre insigne
Dont un ruban d'azur, monument adoré,
A la jambe du brave est l'emblème honoré ;
Aux chevaliers de France, égarés de leur voie,
Au prince orléanais, à son peuple m'envoie,
Et veut bien, dans leur chute, épargner les Français.

 « Oui, mon noble seigneur, au sein de leurs succès,
Daigne encor retenir les guerriers qu'il commande.
Votre malheur le touche ; il vous plaint ; il demande
Qu'au sein de ces remparts Halsate soit admis ;
Et l'espoir du pardon vous est encor permis.
Du Dauphin par sa voix les phalanges rebelles
Connoîtront d'un héros les offres paternelles.
Mais les Orléanais, parmi tant de dangers,
Dans leurs propres remparts seroient-ils étrangers ?
Soit qu'ils cherchent le port, ou bravent le naufrage,
Qu'ils entendent Halsate, et donnent leur suffrage ;
Qu'éclairés désormais sur leurs futurs destins,
Leur perte ou leur salut soit l'œuvre de leurs mains.
Mon redouté seigneur, qu'un saint espoir anime,
N'a pas craint le refus d'un héros magnanime :
Du peuple cependant s'il oublioit les droits,
Magistrats d'Orléans, au refus de Dunois,
Vous savez mon message, et le ferez connoître ;
Et vous justifirez les rigueurs de mon maître,
Si, rejetant son offre, on force ses guerriers
A porter le ravage au sein de vos foyers. »

 « Ils se sont abusés, les tyrans de la France,
S'ils espèrent semer la mésintelligence

CHANT I.

Entre ce noble peuple et les seuls défenseurs
Qui puissent repousser ses cruels oppresseurs, »
Répond le prince. « Enfans d'une même patrie,
Les mêmes intérêts, une cause chérie,
Dieu, la vertu, l'honneur, leur amour et leur foi,
Réunissent leurs vœux en faveur de leur roi.
Vainement d'Albion l'adresse criminelle
Veut, en les divisant, triompher de leur zèle.
Mais les Orléanais ne seront point trompés.
Les guerriers de leur prince aux combats échappés
Ne leur prescriront point leur noble sacrifice ;
Ils l'attendront. Jamais la ruse et l'artifice,
Jamais l'oppression des chevaliers français
N'a servi la vaillance et souillé les succès.
Qu'Halsate de Montague ici soit l'interprète ;
J'y consens : que le peuple à l'entendre s'apprête.
Il m'entendra moi-même ; et les Orléanais
Choisiront librement ou la guerre ou la paix.
Allez les rassembler, magistrats, et leur dire
Qu'en eux leur général voit l'espoir de l'empire,
Et ne craindra jamais de commettre à leur foi
Le salut de la France et l'honneur de son roi. »
   Telle fut ta réponse, ô prince magnanime !
Resté seul avec ceux dont la vertu sublime,
Sans regret, de leur vie, au pied d'un même autel,
Fit un saint sacrifice au monarque immortel,
Pour arrêter l'Anglais sous les murs d'Aurélie,
Pour retarder encor de leur noble patrie
(Ne fût-ce que d'un jour) l'esclavage odieux :
Dunois les envisage, et lit dans tous les yeux

Les soucis inquiets, le trouble, la contrainte,
Un mécontentement qui s'interdit la plainte,
Mais qu'un morne silence exprime également,
Et l'improbation jointe à l'étonnement.
Gaucourt seul est serein. « D'où naît votre surprise ? »
Dit le héros. « Amis, parlez avec franchise ;
Et, si je vous suis cher, montrez-moi désormais
Que vous m'estimez trop pour me tromper jamais.

Des Xaintrailles alors le plus cher à la France,
En âge le second, le premier en vaillance,
Poton prit la parole : « Elevé loin des cours,
Seigneur, j'ignore l'art de farder mes discours.
Quoi ! tandis que l'Anglais, fier de tant de batailles,
Comme un torrent superbe accourt vers ces murailles,
L'astucieux Halsate en ces lieux est admis !
Il va parler au peuple ! il lui sera permis
D'effrayer tour à tour, d'entraîner, de séduire
Une foule crédule, aveugle en son délire,
Qui, jusqu'à ce moment, hésitant sur le choix,
Craint la paix et la guerre, et l'Anglais et ses rois ?
Et sur quel fondement pensez-vous qu'éclairée
Sur les nouveaux périls dont elle est entourée,
Elle reste indécise, et ne préfère pas
La paix à sa ruine, et des fers au trépas ?
Qu'elle appelle le joug : faudra-t-il la contraindre ?
D'un peuple furieux vous auriez tout à craindre.
Bientôt, n'en doutez pas, pressé par ses terreurs,
Vous le verriez s'armer contre ses défenseurs,
Appeler ses tyrans ; et, leur ouvrant ses portes,
Pour nous exterminer s'unir à leurs cohortes.

CHANT I.

Tel est l'affreux destin qu'on vient nous préparer. »
  « Eh ! quel destin plus beau pouvons-nous désirer ? »
Dit en l'interrompant l'impétueux Lahire ?
« D'un facile succès le vrai brave soupire ;
Il lui faut des périls dignes de sa valeur.
Combattre la victoire et dompter le malheur,
C'est d'un héros français le partage sublime.
Fils des preux ! le danger vous charme, vous anime :
Les princes conjurés, de vos grandeurs jaloux,
Les piéges, les complots, la mort autour de vous,
Tout sert à rehausser l'éclat de votre gloire ;
Et pour vous le trépas est encor la victoire.
Oh ! quel bonheur pour nous, quelle faveur du sort,
D'avoir à triompher ensemble sur ce bord
Du perfide ennemi qui pensoit nous surprendre,
Et des mêmes mortels que nous venions défendre !
D'aller chercher la guerre au sein des bataillons
Qu'à grands flots l'océan vomit sur nos sillons,
Et de la retrouver jusque dans ces murailles !
D'entraîner avec nous au milieu des batailles
Tout un peuple contraint de braver le pouvoir
Tant de gloire vaut bien quelque péril, sans doute.
Certes la gloire est grande, et je l'accepte toute.
Malheur à qui connoît des dangers qu'il redoute !...
Pardonne à ce transport, Xaintraille ! O mon ami,
Tu comptes les périls ! Mon cœur en a gémi ;
Mais je ne confonds point, dans mon impatience,
Les conseils de la peur et ceux de la prudence.
Ah ! pèse les lauriers ainsi que les travaux !
Vaincre au pied de ces murs nos éternels rivaux,

Repousser d'Albion les guerriers innombrables,
Sont-ce donc des exploits si grands, si mémorables,
Qu'ils eussent pu suffire à l'ardeur de nos vœux ?
Nos aïeux ont cent fois fait grâce à leurs aïeux !
Mais sauver malgré lui d'une honte éternelle
Un peuple que glaçoit une peur criminelle ;
Mais dompter de l'Enfer les anges odieux ;
Mais lasser l'infortune et désarmer les cieux ;
Voilà ce que le sort nous réservoit de faire,
Voilà les seuls exploits qui puissent satisfaire
Des preux vingt fois trahis, et des cœurs ulcérés
De combats, de vengeance et de gloire altérés. »

« Brave et prudent Xaintraille, impétueux Lahire,
Votre chef rend justice au vœu qui vous inspire ;
Tous deux vous remplissez vos devoirs les plus saints :
Mais vous avez tous deux méconnu mes desseins, »
Répond le prince. « Amis, d'une âme résolue,
Osons de nos périls mesurer l'étendue.
Chassons un fol orgueil comme une indigne peur.
Que de nos ennemis le nombre et la fureur
Ne nous étonnent pas ; qu'un superbe courage
Ne nous aveugle point au milieu de l'orage.

« Chevaliers, à la mort nos bataillons épars
Se dévoueroient sans fruit sur ces vastes remparts ;
En vain vous déploiriez une valeur sublime ;
Trois mille combattans que notre exemple anime,
Aux fers de l'étranger préférant le trépas,
Sur ces malheureux bords ont seuls suivi nos pas :
Cependant Albion compte dans son armée
Des guerriers vos rivaux en gloire, en renommée ;

Elle a tout préparé pour combler nos revers ;
Et de ses bataillons nos sillons sont couverts.
　» Pour sauver de son joug cette cité fidèle,
Il faut donc qu'enflammé d'un véritable zèle,
Tout son peuple aujourd'hui s'unisse à nos efforts,
Et couronne de fer ses remparts et ses forts.
Gardons de l'outrager par une défiance
Que le courage endure avec impatience.
Ah ! laissons les soupçons, l'orgueil à nos vainqueurs !
Des soins mystérieux souvent glacent des cœurs,
Qui, fiers de notre estime, et grands à notre exemple,
Sur les pas des héros que leur pays contemple ;
Eussent un jour peut-être à leur tour mérité
Les respects et l'amour de la postérité.
Laissons entendre Halsate : en ce moment peut-être
Salisbury sert mal l'intérêt de son maître.
D'Halsate quels que soient l'adresse et les efforts,
Croit-il persuader aux peuples de ces bords
Que l'enfant couronné qui régit l'Angleterre,
Au fils de Charle Six fasse une juste guerre ?
Chevaliers, le parti que sert votre valeur,
Est, ou celui du crime, ou celui de l'honneur.
Si nos lois, si le sang qui coule dans ses veines,
N'appellent point Valois aux grandeurs souveraines,
Loin que vous excitiez ce peuple à le servir,
Vous-mêmes trop long-temps il sut vous asservir;
Quittez ses étendards : mais si son adversaire.
N'a pour régner sur nous qu'un titre imaginaire ;
Sûrs de la sainteté de vos engagemens,
Sûrs que le ciel approuve et bénit vos sermens ;

Que votre cause est juste et sera votre gloire :
Fleur des héros français, vous ne devez pas croire
Que, par un vain effroi se laissant terrasser,
D'autres Français que vous craignent de l'embrasser. »

 Le héros dit, se lève, et marche vers la place,
Où déjà, de l'Anglais connoissant la menace,
Tout un peuple incertain, de ses périls troublé,
S'est, au premier signal, en tumulte assemblé.
Dunois voit sa terreur, mais Dunois l'a prévue.
Une estrade l'attend : il y monte, il salue,
S'assied parmi les chefs, et, plein de majesté,
Promène sur la foule un regard de bonté.

 Mais Halsate a paru : vers l'estrade il s'avance.
Un murmure confus annonce sa présence.
Il s'arrête, s'incline, et prononce ces mots :

 « Salut, peuple vaillant ! salut, fameux héros,
Toujours infortunés et toujours magnanimes,
Et d'un parti coupable immortelles victimes !
Touchés par mes discours, d'une fatale erreur
Puissiez-vous, ô guerriers, abjurer la fureur !

 » Français, que voulez-vous ? quel aveugle délire
D'un sceptre fortuné vous fait braver l'empire ?
Pourquoi ces glaives nus brillent-ils dans vos mains ?
Pourquoi ces ponts levés, rompant tous les chemins,
Ces canons hérissant vos remparts et vos portes,
En ferment-ils encor l'accès à nos cohortes ?
Insensés, contre qui, pour qui vous armez-vous !

 » Ce chef que vous servez, et qui vous trahit tous ;
Qui, tandis que le sang coule pour sa querelle,
Traîne loin des combats une enfance éternelle ;

CHANT I.

Ce fantôme de roi que réclament vos vœux :
Avez-vous oublié ses attentats affreux ?

» Séduit par ses sermens, son illustre adversaire,
Le duc des Bourguignons, noblement téméraire,
Écoute avidement des paroles de paix...
O perfidie ! ô rage ! ô comble de forfaits !
A peine de l'enceinte à la paix consacrée,
Le duc, d'un pas tranquille, a-t-il franchi l'entrée,
Que du cruel Dauphin les lâches favoris
Courent vers le héros, l'entourent à grands cris :
« Il est temps ! » disent-ils, et la mort l'environne.
Il tombe ; Tanneguy, Layet, Froitiers, Narbonne,
Enfoncent à l'envi leurs glaives dans son flanc.
On foule aux pieds son corps : il expire : son sang
Fume aux pieds du Dauphin ; encens horrible, et digne
De la divinité que par ce coup insigne
Des ministres cruels voulurent honorer !
O meurtre qu'à jamais ces bords doivent pleurer !
Tu devins le signal d'une haine cruelle,
D'une guerre sanglante, implacable, éternelle,
Entre le fils du mort et ce prince inhumain.
Le Dieu qui des états tient le sort en sa main,
Sur Valois aussitôt fit tonner sa vengeance ;
Il lui ferma le trône ; et les pleurs de la France,
Le sang de ses enfans versé dans les combats,
Ont trop de Jean-Sans-Peur expié le trépas.

» Quelle fut ta douleur, quand le bruit de ce crime,
Le nom du meurtrier, celui de la victime,
Parvinrent jusqu'à toi, malheureux Charle Six !
Mais un fils criminel cessoit d'être ton fils ;

Ton peuple eût abhorré son règne despotique ;
Dans le Louvre étonné sa sombre politique
Eût conduit la terreur, les complots, les forfaits :
Ta malédiction l'en chassa pour jamais.
 » Un héros dont la gloire avoit rempli la Terre,
L'illustre Henri Cinq régnoit sur l'Angleterre.
Désespéré, mourant, le monarque des lis
Implora son secours contre un indigne fils.
Il lui promit son trône, il lui donna sa fille,
Retrancha hautement Valois de sa famille.
En vain Valois, contraint de fuir ou de plier,
Dans la rebellion vint se réfugier,
Et, donnant le signal de la guerre civile,
Entraîna sur ses pas une foule servile :
Henri Cinq fut vainqueur. Le Dieu qui fait les rois,
En protégeant sa cause a consacré ses droits.
Ce prince magnanime à son obéissance
Soumit en un moment la moitié de la France ;
Et, malgré que le Ciel, en terminant ses jours,
Ait de ses nobles faits interrompu le cours,
Même après son trépas prenant soin de sa gloire,
Jamais, vous le savez, l'ange de la victoire
N'a cessé de marcher devant ses bataillons.
Ce jeune Henri Six pour qui nous combattons,
Est son seul héritier, notre prince et le vôtre ;
Paris et son sénat n'en connoissent point d'autre
Imitez-les. Bedford, ce célèbre Bedford,
Que Henri Cinq son frère, à l'heure de sa mort,
Choisit pour commander aux peuples de la France,
Ne sauroit davantage endurer en silence

Que de son souverain des sujets égarés
De leurs frères nouveaux demeurent séparés.
Des enfans d'Albion les nombreuses cohortes
S'ébranlent à sa voix, s'approchent de vos portes.
Issu du sang des rois, dans les combats nourri,
L'ami, le compagnon, l'appui du grand Henri,
Salisbury conduit son armée indomptable.
Ce mortel que le Ciel rendit invulnérable,
Ce vaillant Glacidas, si célèbre en tous lieux,
Qui doit tout à son glaive et rien à ses aïeux ;
Ce généreux Suffolck de qui le rang illustre
Des plus hautes vertus emprunte un nouveau lustre ;
Pole, son noble frère, et ces fiers chevaliers,
Formés par Henri Cinq au grand art des guerriers,
Ross, Gray, Pomus, Escallo, ont suivi ses bannières.
Du prince bourguignon les phalanges guerrières ;
Des Picards, des Normands les hardis bataillons ;
Ceux que la Beauce enfante en ses riches sillons ;
Ceux que la Seine illustre abreuve de ses ondes ;
Ceux que le Perche agreste en ses forêts profondes
Voit croître pour la guerre, et, fuyant le repos,
Au sang des sangliers tremper leurs javelots ;
S'avancent sur nos pas, leurs héros à leur tête,
Et viennent d'Orléans partager la conquête.
Le noble Lancelot, si touchant dans son deuil,
De Lille, son berceau, l'espérance et l'orgueil,
Qui, chef des Bourguignons, maréchal de l'armée,
Voit jusques à l'Envie asservie et charmée ;
Egros, Guétin, Guerrard, Moulins et Rochefort,
Ont su justifier l'estime de Bedford ;

Ces valeureux Français, ces fils de la victoire,
Partagent de nos preux les destins et la gloire.
Un héros, qui, semant la terreur et le deuil,
A vu de cent remparts tomber l'antique orgueil,
Comme fond sur la plaine une nue enflammée,
Le grand Talbot s'avance, et vaut seul une armée.
Tous ont fait le serment, avant que de partir,
De soumettre Aurélie, ou de l'anéantir.

» Mais Montague vous plaint, et ne peut s'y résoudre;
Son bras, déjà levé, retient encor la foudre.
Ouvrez les yeux; bravez de chimériques lois;
De votre souverain reconnoissez les droits;
Méritez que sur vous ses bontés se répandent;
Fléchissez: son pardon, ses grâces vous attendent.
Avec ses bataillons, l'Abondance et la Paix
Vont rentrer dans vos murs pour n'en sortir jamais.
Voyez ces lieux sauvés; voyez vos champs, naguère
Prêts à servir d'arène aux fureurs de la guerre,
Cultivés par vos mains dans un profond repos,
Se couvrir de moissons, de fruits et de troupeaux;
Voyez, comme autrefois, la Loire triomphante
Emporter chaque jour la foule renaissante
Des vaisseaux qui, chargés des plus nobles trésors,
Des produits de vos arts et des fruits de ces bords,
Couroient, de rive en rive, aux plus lointaines terres,
Rendre de vos travaux cent villes tributaires.
Citoyens imprudens, hâtez-vous, méritez
Tant de gloire, d'honneurs et de prospérités !
Hâtez-vous ! le temps fuit: hâtez-vous ! l'indulgence
A la longue s'épuise; et j'entends la vengeance

Gronder sur ces remparts. Cédant à la pitié,
Montague d'Albion vous offre l'amitié;
Mais une chute prompte, une ruine entière,
Puniroient aussitôt la cité trop altière,
Qui, dans l'aveuglement s'obstinant désormais,
Oseroit de son roi repousser les bienfaits.
Ses murs seroient livrés à la flamme, au pillage;
Femmes, enfans, vieillards, errans dans le carnage,
Sous le fer confondus, par leurs cris et leurs pleurs
Réclameroient en vain la pitié des vainqueurs:
Tous périroient, pour prix d'une insigne démence,
Avec leur ville en feu, mer de sang, tombe immense,
Ruine épouvantable, éternel monument,
D'une audace inouïe et d'un grand châtiment. »

Il dit; et ses discours, que la ruse colore,
Long-temps dans tous les cœurs retentissent encore.
Cependant, et Lahire, et Xaintraille, et Dunois,
Et vingt autres héros se lèvent à la fois:
L'affront fait à leur prince à leur honneur s'adresse:
Tous portent sur le glaive une main vengeresse.
Mais Dunois: « Magistrats, citoyens et guerriers!
Au nom de Charle Sept et de ses chevaliers,
Je donne à cet Anglais, artisan d'impostures,
Le démenti du brave. Apôtre de parjures!
Oui, tu mens: j'en atteste, et nos anges gardiens,
Et le sang des martyrs, et le Dieu des chrétiens.
Ailleurs le glaive.... Ici Dunois respecte encore
Le ministère saint dont Montague t'honore;
Ici je vais répondre à son ambassadeur:
Ailleurs ce fer un jour punira l'imposteur.

» D'où te vient tant d'orgueil, imprudente Angleterre ?
Tu crois déjà régir et la France et la Terre ?
Ah ! quitte cet espoir, et connois ton erreur :
Nos débats font ta force, et nos maux ta grandeur.
Oui, sans l'ambition, sans cette frénésie,
Qui parmi nos héros semoit la jalousie,
Ni les champs d'Azincourt, ni Crévant, ni Verneuil,
N'auroient point sous leurs pas ouvert le noir cercueil.
Sur nous-mêmes, hélas ! tournant nos mains sanglantes..
Mais quoi ! des nations naguère triomphantes,
Aujourd'hui dans les fers ; des peuples, tour à tour
Objets de sa colère, objets de son amour,
L'Éternel tient le sort dans ses mains équitables ;
L'un par l'autre il punit ces royaumes coupables
Dont l'audace et l'orgueil lassèrent sa bonté.
Peut-être jusqu'à lui nos plaintes ont monté ;
Peut-être l'heure vient, oppresseurs de la France,
Où vos heureux forfaits, pesés dans la balance,
Sur nos crimes punis l'emporteront enfin ;
Où Dieu, de nos malheurs daignant marquer la fin,
Et, semant sur vos pas des revers légitimes,
De votre châtiment chargera vos victimes.
Déjà combien de fois, si le Ciel l'eût permis,
La France sur vos bords vous auroit revomis !
Ah ! s'il n'eût arrêté l'essor de nos phalanges,
En vain pour vous l'Enfer eût armé tous ses anges :
Déjà, déjà, tyrans, vos superbes remparts
Rouleroient à nos pieds dans la poussière épars.
Guillaume vous dompta : l'avez-vous pu détruire ?
Son exemple immortel suffit pour nous instruire.

S'il n'eût été frappé par le roi des Enfers,
Ce même Charle Six, ce roi mort dans vos fers,
De punir vos complots eût remporté la gloire.
Faut-il de ses hauts faits rappeler la mémoire?
Superbes, avez-vous oublié vos terreurs,
Quand à sa voix la France assembla ses vengeurs?
Alors, réfugiés sur vos tristes rivages,
Vos héros imploroient les vents et les orages;
Alors, de l'Océan, qui retenoit nos pas,
L'abîme impétueux ne vous rassuroit pas.

» Les malheurs du roi Jean, ses chaînes trop célèbres,
De Crécy, de Poitiers les souvenirs funèbres,
Par Guesclin, sous son fils, noblement effacés,
Ne sembloient pas à Charle encor vengés assez.
Aux plaines de Rosbek, du barbare Artevelle,
Des Flamands révoltés la défaite immortelle
Enfloit sa jeune audace: un espoir généreux
Avoit versé sa flamme au cœur du roi des preux;
Satisfait, si sa main, fatale à l'Angleterre,
Rejetoit dans son sein les torches de la guerre.
Dans l'Écluse accouroient ses pairs, ses hauts barons:
La mer retentissoit du bruit des avirons;
De riches nefs, pesant sur les ondes plaintives,
De larges flots d'écume au loin couvroient ses rives,
Et, comme dans un cirque, étaloient sous nos tours
De leurs énormes flancs les superbes contours,
Leur proue étincelante, et leurs poupes dorées
De nymphes, de tritons à l'envi décorées:
Leurs mâts avec orgueil balancés dans les airs,
Déployoient à la fois cent pavillons divers

Où des héros français brilloient les armoiries,
Leurs chiffres amoureux, leurs devises chéries.
C'est peu : près du rivage, élevés sur les eaux,
D'une cité flottante, entre mille vaisseaux,
Les spacieux remparts lentement se balancent :
Ses toits dorés, ses tours jusques aux cieux s'élancent ;
Un palais, des préaux pour les jeux des guerriers,
Des bains, de longs abris destinés aux coursiers,
Rien ne manque en ses murs : de nombreuses cohortes
En gardent les remparts, en défendent les portes ;
Et l'étendard royal déroule au gré des vents
Sur le plus haut donjon ses larges plis mouvans.
De cette immense nef les diverses parties,
Par les soins de Clisson sur la rive assorties,
Pouvoient se séparer, se rejoindre soudain :
Devant Londre effrayée une savante main
Devoit, en un moment, par le même artifice,
De ce nouveau Paris élever l'édifice.
Pour guider sur les mers ce colosse enchaîné,
Par de légers vaisseaux en triomphe traîné,
Du monarque français les nochers innombrables
Enfin n'attendoient plus que des vents favorables.

» Vains projets ! vain espoir ! Un long calme, d'abord,
Retint nos preux captifs sur ce funeste bord.
On dit qu'au sein des nuits, sortant des mers profondes
Trois fois un monstre affreux s'éleva sur les ondes
S'approcha de la rive, et, soulevant les flots,
D'un cri rauque et sauvage alarma nos héros.
Gigantesque triton, dans l'onde enseveli,
La moitié de son corps se courbe, se replie,

Et laisse quelquefois se dresser sur les mers,
Poindre une double queue, effroi des flots amers ;
Sa tête énorme, horrible, atteint à l'empyrée ;
Sa verte chevelure et sa barbe azurée
Épanchent par torrens d'intarissables eaux ;
Son front est couronné d'algues et de roseaux ;
Ses yeux roulent pareils à ces astres funestes,
Pâles avant-coureurs des vengeances célestes ;
Sa bouche, vaste abîme, exhale dans les airs
Les mortelles vapeurs, les poisons des Enfers ;
S'écoulant à travers ses dents ensanglantées,
Un noir venin souilloit ses lèvres empestées ;
De sa large poitrine et de ses bras hideux,
Il repoussoit les flots mugissans autour d'eux ;
Deux ailes, qu'à demi consuma le tonnerre,
Soutenoient sur les eaux ce monstre sanguinaire,
Qui ne peut vers le ciel élever son essor,
Mais qu'à voguer sur l'onde elles aident encor ;
Et ses mains soulevoient sur les mers frémissantes
D'un immense trident les pointes menaçantes ;
Tandis que sur ses flancs des nuages pressés
Rouloient chargés d'orage et d'éclairs hérissés.

« Téméraires Français ! » disoit-il, « vos conquêtes
» Osent donc menacer l'empire des tempêtes ?
» Du hardi Sigovèse enfans ambitieux,
» Rien ne peut arrêter vos pas audacieux !
» Quoi ! ce n'est point assez qu'en dépit de ma rage,
» Vos vaisseaux profanant mon antique héritage,
» Aient porté vos croisés sur ces bords immortels
» Où jadis tout un peuple honora mes autels ;

» Quoi! ce n'est point assez que l'orgueilleux Guillaume
» Ait malgré moi d'Harald abordé le royaume,
» Et, dans les champs d'Hastings, de carnage fumans,
» Vengé par son trépas je ne sais quels sermens :
» Vous prétendez, bravant mes orageuses plaines,
» A mon peuple chéri porter encor des chaînes !
» Non : que votre ange avide en frémisse d'effroi :
» La Terre est son partage, et l'Abîme est à moi.
» Qu'il règne, s'il le faut, du Midi jusqu'à l'Ourse :
» Sur la rive des mers j'arrêterai sa course.
» Par son roi foudroyant précipité des cieux,
» J'obtins, avant les temps, l'empire de ces lieux :
» Je ne souffrirai pas qu'en ses mains il confonde
» Le sceptre de la terre et le sceptre de l'onde.
» Tremblez, fils des Gaulois, et pleurez votre orgueil !
» Mes gouffres dévorans vous ouvrent un cercueil.
» C'est peu : je vois bientôt sur vos tristes rivages
» L'ange de la Discorde étaler ses ravages ;
» Je vois vos chefs, saisis d'une aveugle fureur,
» Tour à tour dans vos murs apporter la terreur :
» Je vois partout briller les torches de la guerre ;
» Vos bataillons rivaux ensanglantent la terre ;
» Vos champs sont ravagés, vos remparts abattus ;
» De l'acier belliqueux vingt peuples revêtus
» Ont sur vos bords déserts assemblé leurs cohortes ;
» La Famine, l'Effroi, l'Enfer sont à vos portes ;
» Et de vos rois tremblans, qu'entoure le trépas,
» Le trône ensanglanté s'écroule avec fracas. »
    » Il dit : Son corps hideux se courbe sur les ondes,
S'enfonce et disparoît au sein des mers profondes.

CHANT I.

De foudres et d'éclairs un noir nuage armé
Roule, gronde, et s'étend sur l'abîme enflammé ;
Et trois fois entr'ouvrant ses cavités brûlantes,
D'un déluge de feux presse les eaux tremblantes.
   » Alors, brisant ses fers, d'un vol impétueux,
S'élance en rugissant l'essaim tumultueux
Des démons dont le souffle excite les orages :
L'Océan s'enfle, gronde, envahit ses rivages,
Dans nos champs effrayés roule de toutes parts,
Renverse les forêts, les temples, les remparts :
Aux quatre vents du Ciel la flotte abandonnée,
De l'enceinte du port à grand bruit entraînée,
Bondit confusément sur l'abîme des mers :
D'innombrables vaisseaux ses gouffres sont couverts :
Les uns, s'entre-choquant avec un bruit terrible,
S'entre-brisent ; plus loin, sur un écueil horrible,
D'autres, par l'aquilon, par les flots répandus,
Aux cimes des rochers demeurent suspendus ;
D'autres, en tournoyant, d'un tourbillon rapide
S'en vont avec effroi remplir le gouffre avide ;
En montant vers le ciel par la foudre enflammés,
D'autres errent dans l'ombre à demi-consumés,
Brûlent au sein de l'onde ; et leur foule agrandie
Sur les flots orageux promène l'incendie.
Quelquefois le salpêtre entassé dans leur sein
S'embrase tout-à-coup, tonne, éclate ; et soudain,
Se changeant en volcans, les nefs retentissantes
Lancent jusques aux cieux leurs entrailles brûlantes.
A la triste lueur de ces fanaux affreux,
Des rochers d'alentour, le monarque et ses preux,

Promenant leurs regards sur la plaine liquide,
Contemplèrent long-temps ce désastre rapide,
Cet immense naufrage et ses sanglans débris.
Seul au milieu des mers, ce superbe Paris
Qui dut de l'Angleterre aborder le rivage,
Luttoit contre la foudre et fatiguoit l'orage.
D'un coup de son trident invisible à nos yeux,
Sans doute de ces mers le tyran furieux
Vint frapper sous les eaux ce formidable ouvrage :
Alors des flots grondans l'impétueuse rage,
Alors les noirs autans, sur un immense écueil
Brisèrent à grand bruit ce monument d'orgueil :
L'Océan tout entier le couvrit de ses ombres :
Alors on entendit, de ses entrailles sombres,
De lamentables voix, un chœur affreux sortir;
Des cris, des hurlemens jusqu'aux cieux retentir :
Alors on vit nager au gré des eaux grondantes
Ces portes, ces remparts, et ces tours menaçantes,
Et ce donjon superbe, et ces créneaux dorés,
Tout ce faste des rois sur nos bords adorés,
Ces riches écussons, ces bannières fameuses,
Ces casques, ces tapis et ces tentes pompeuses,
Chefs-d'œuvre de nos arts, trésors accumulés,
Dans ce Louvre flottant à grands frais rassemblés.
Pleurez, cités des Francs, pleurez au bord des ondes !
Vos guerriers qu'enfermoient ses cavités profondes,
Chevaliers et soldats, pilotes, matelots,
A la fois entraînés roulent parmi les flots ;
Et dans l'onde à grand bruit poursuivant ses victimes,
La foudre les atteint jusqu'au fond des abîmes.

» Enfin le vent s'appaise; un silence de mort
Succède à ce tumulte, et l'Océan s'endort.
Bientôt on n'entend plus sur la plaine écumante
Que le bruit éloigné de la foudre mourante;
Le cri de l'alcyon rasant les sombres mers
A la pâle lueur que sur les flots amers
Répandent, en fuyant, du sein d'un noir nuage,
Quelques éclairs lointains, derniers feux de l'orage;
Et le hennissement des coursiers généreux
Qui, sillonnant encor l'Océan ténébreux,
Nagent à l'aventure, et, d'une voix plaintive,
Egarés sur les flots, redemandent la rive :
Tandis que, s'élevant dans un ciel calme et pur,
Comme l'esquif léger qui sur des mers d'azur
Porte la jeune fée à la rive étrangère,
L'astre au disque d'argent, paisible et solitaire,
Poursuit loin de ses sœurs son cours silencieux,
Et s'avance à pas lents dans les déserts des cieux.
Enfin l'ombre s'éclaire et le jour recommence;
L'horizon s'agrandit : sur cette plaine immense,
De nos mille vaisseaux pas un seul ! une nuit
Des travaux d'une année a dévoré le fruit.

» Il fallut renoncer à la double espérance
De punir l'Angleterre et de venger la France.
Le monarque abattu, vaincu par son malheur,
Quelque temps dans Paris renferma sa douleur.
Interprètes affreux des vengeances célestes,
De l'ange d'Albion les oracles funestes
Ne devoient point, hélas! tarder à s'accomplir :
Déjà nos chefs jaloux cherchoient à s'affoiblir ;

Déjà s'envenimoient les soupçons et les haines ;
Et tout l'Enfer armé faisoit bruire ses chaînes.

» Un horrible attentat, un forfait infernal,
De nos divisions fut le premier signal.
Dans l'ombre de la nuit, le chef de nos cohortes,
Clisson du Louvre à peine avoit quitté les portes,
Qu'entouré d'assassins, trop foible contre tous,
Le héros désarmé tombe percé de coups.
O roi ! dirai-je, au bruit de sa chute sanglante,
Et ta noble colère, et ta douleur touchante ?
Te peindrai-je vers lui précipitant tes pas,
L'appelant à grands cris, le pressant dans tes bras,
Le baignant de tes pleurs, et jurant par Dieu même
De venger avec lui l'honneur du diadème ?
Ce sentiment si tendre et si pur à la fois,
Ce bonheur ignoré du vulgaire des rois,
Ces doux épanchemens d'une âme généreuse,
Où s'efface des maux l'empreinte douloureuse,
Charle, tu les connus, tu connus l'amitié !
Son charme de tes jours embellit la moitié...
Hélas ! des noirs chagrins le cortége funeste
De ces jours trop nombreux se disputoit le reste.

» Charle a repris le glaive : il revole aux combats :
Le Trouble et la Terreur ont précédé ses pas.
L'Armorique en frémit ; dans les remparts de Nante
L'assassin de Clisson cachoit son épouvante,
Et le duc de Bretagne, au mépris de sa foi,
Refusoit de livrer son vassal à son roi.
Résolu de l'atteindre aux bornes de la Terre,
Dans les états bretons Charle portoit la guerre.

CHANT I.

Sur ses pas s'avançoient les chefs de sa maison.
A la mort échappé, l'intrépide Clisson
Régloit de nos guerriers et dirigeoit l'audace.

» A l'heure où le soleil suspendu dans l'espace,
De son vol fatigué, semble au plus haut des cieux
Arrêter un moment son cours audacieux,
D'une antique forêt nos cohortes nombreuses
Suivoient confusément les routes ténébreuses.
Le prince et son ami, soucieux, attristés,
S'avançoient lentement, de leur suite écartés.
Soudain d'un noir taillis un spectre épouvantable
S'élance, et jette un cri lugubre et lamentable :
La Mort est sur son front, l'Enfer est dans ses yeux.
Au-devant des héros il tend ses bras hideux :
Dressant, à son aspect, leur mouvante crinière,
Les coursiers, l'œil en feu, bondissent en arrière,
Palpitent d'épouvante : « O roi, n'avance pas ! »
Dit l'hôte des tombeaux : « Retourne sur tes pas ;
On te trahit ! » Il dit, et soudain s'évapore.
Tel brille et disparoît un sanglant météore.

» Le Roi reste immobile : une profonde horreur
Accable ses esprits, s'empare de son cœur ;
D'un odieux fardeau son âme est oppressée ;
Tout son corps est couvert d'une sueur glacée.
Le front pâle, l'œil fixe, il se taisoit....Soudain
Il s'écrie, il s'élance, et, le glaive à la main,
Fond sur ses bataillons, sur sa garde éplorée,
Du sang de ses sujets souille sa main sacrée.
Chacun frémit, s'écarte, et, saisi de douleur,
De son prince adoré respecte le malheur.

« Mourez, traîtres ! » dit-il. Hélas ! dans son délire,
Ses plus chers serviteurs, les soutiens de l'empire,
Ses oncles qu'il révère, un frère qu'il chérit,
Clisson même, Clisson, par sa rage est proscrit,
Ou plutôt l'insensé ne peut les reconnoître.
Plus d'un héros expire en priant pour son maître.
Son glaive enfin se brise : évanoui, mourant,
Il tombe : ses guerriers l'enchaînent en pleurant.
Ah ! prince infortuné ! quel avenir funeste,
Quels maux t'épargneroit la colère céleste,
Si, dans ce moment même et loin de ton palais,
Tes yeux s'étoient fermés pour ne s'ouvrir jamais !
Tes sujets, sur ta tombe illustre et révérée,
Pleureroient seulement ta mort prématurée :
La trahison des tiens, l'opprobre, le malheur,
N'ont point encor flétri ta gloire dans sa fleur !
» Mais il reprend ses sens : ses guerriers en alarmes,
Lui-même renversé, dépouillé de ses armes,
Enchaîné... Quel aspect, quel affront pour son rang !
Il s'étonne : bientôt ses mains teintes de sang,
Les pleurs de ses héros, cette foule éperdue,
Lui vont de son malheur révéler l'étendue.
Hélas ! depuis ce jour, de remords déchiré,
D'ennemis, d'assassins il se croit entouré ;
Toujours il se reproche et déplore son crime :
En vain son peuple ému, d'une voix unanime,
Du nom de *Bien-Aimé* le salue en tous lieux :
Insensible à leur zèle, il détourne les yeux,
Prend en horreur sa cour, et le trône, et la vie.
A peine les accès de sa mélancolie

CHANT I.

Laissoient à sa raison quelques foibles lueurs :
Souvent se réveilloient ses premières fureurs,
Et sa main de l'empire abandonnoit les rênes.
Alors l'effroi des fils et la honte des reines,
Isabel ; les deux ducs, oncles du roi, Berry,
Le Bourguignon ; son fils aux forfaits aguerri ;
D'Orléans même, hélas ! de Charle unique frère,
Sur le sceptre portoient une main téméraire,
Se disputoient le droit de combler nos malheurs,
Fouloient aux pieds la France et méprisoient ses pleurs.
Accablés de tributs, les peuples s'indignèrent,
Et contre leurs tyrans enfin se révoltèrent :
Dans Paris, soulevé, régi par des bourreaux,
Chaque jour éclaira des attentats nouveaux :
Le Louvre vit deux fois sous ses voûtes sacrées,
Sur les membres sanglans des femmes massacrées,
Sur les corps des vieillards et des pontifes saints,
Se rassembler, marcher, hurler les assassins ;
Et le seuil des palais, et les places publiques,
Des temples du Seigneur les augustes portiques,
N'offroient de toutes parts que sinistres corbeaux,
Que cadavres en vain réclamant des tombeaux.
Partout régnoit la mort, une stupeur fatale.
Des nombreux habitans de la cité royale
A peine un petit nombre, aux poignards échappés,
Mornes, silencieux, d'épouvante frappés,
Quand la nuit déployoit ses voiles les plus sombres,
Sur ces débris sanglans erroient comme des ombres.
Enfin ce monstre affreux envoyé par l'Enfer,
La Peste dévora ceux qu'épargnoit le fer.

Cependant Albion d'innombrables armées
Inonda tout-à-coup nos rives alarmées.

» O de l'ambition fatal aveuglement !
Ni d'un peuple égaré l'affreux déchaînement ,
Ni d'un voisin cruel l'entreprise soudaine,
Ne put aux ducs rivaux faire abjurer leur haine.
Des succès d'Henri-Cinq loin d'arrêter le cours ,
Jean l'accepta pour roi , mendia ses secours...
De meurtres , de forfaits quelle effrayante histoire
Vient ici tout-à-coup accabler ma mémoire !
Que de crimes ! hélas ! que de maux à pleurer :
Là , profanant la paix qu'il vient de lui jurer ,
Jean-Sans-Peur de Louis médite la ruine ,
Le flatte, le séduit, l'embrasse, et l'assassine :
Lui-même, ailleurs, tramant la perte du Dauphin,
Au piège qu'il tendit tombe et périt enfin.

» Au milieu des malheurs qui désoloient la France,
Mon père massacré demeuroit sans vengeance ;
Son meurtrier, plus fier, plus puissant que jamais,
N'avoit plus que la foudre à craindre désormais.
De son roi malheureux la personne sacrée
Par une indigne épouse entre ses mains livrée ;
Paris et son sénat à ses ordres soumis ,
Enchaînoient à ses pieds ses plus grands ennemis.

» Loin d'une cour barbare et d'une mère impie,
L'infortuné Dauphin , l'espoir de la patrie,
Par Tanneguy soustrait au fer des assassins ,
Seul, de l'usurpateur traversoit les desseins,
Seul balançoit encor le pouvoir des rebelles.
Du prince orléanais les serviteurs fidèles

Venoient sous ses drapeaux en foule se ranger :
Sa bienfaisante main daignoit les protéger.
» De terreurs poursuivi, le tyran de la France
Veut, par un dernier crime, assurer sa puissance :
Il feint que, reprenant des sentimens français,
Il veut de l'Angleterre arrêter les succès ;
Au Dauphin dans Montreau demande une entrevue.
Il l'obtient. Malheureux ! son heure étoit venue.
Tandis qu'il se repait du criminel espoir
De voir le fils des rois tomber en son pouvoir,
Le Ciel a prononcé sa sentence fatale.
Suivi de ses barons, il entre dans la salle
Où le jeune Dauphin, de sa cour entouré,
Pour la paix qu'il propose avoit tout préparé.
A l'aspect de ce lieu, le perfide frissonne ;
Il chancelle, il pâlit, sa force l'abandonne ;
De noirs pressentimens s'emparent de son cœur ;
Il s'arrête. Bientôt, de son trouble vainqueur,
Reprenant par degrés son audace insolente,
Il s'adresse au Dauphin d'une voix menaçante :
« Ce n'est point en ce lieu, qu'on ne l'espère plus,
» Que de pareils traités peuvent être conclus, »
Dit-il : « C'est dans Paris, c'est devant votre père,
» Que nous devons sceller une paix si prospère :
» Hâtez-vous donc, seigneur, d'en prendre le chemin. »
Il dit, et sur l'épée ose porter la main.
Il croit qu'à ce signal ses complices perfides
Vont accomplir enfin ses desseins parricides :
Mais de ce front royal, soit que le noble aspect
Frappât ces lâches cœur de crainte et de respect,

Soit qu'un pouvoir divin suspendît leur furie,
D'ardens Orléanais une troupe aguerrie
Les prévient, court au duc, qui, baigné dans son sang,
Tombe : vingt coutelas se heurtent dans son flanc :
Il meurt en maudissant les Cieux qui le punissent.
Ses barons veulent fuir : des gardes les saisissent,
Tandis que Tanneguy, sans attendre la fin,
Loin de ce lieu terrible entraîne le Dauphin.
Anglais, osez-vous bien accuser de ce crime
Le prince infortuné que votre haine opprime ?
Dans un âge si tendre a-t-on tant de noirceur ?
Unit-on tant de rage avec tant de douceur,
De si lâches complots et des vertus si belles ?
Avant ce jour fatal vit-on ses mains cruelles
Se baigner dans le sang; et, barbare à son tour,
La colombe court-elle aux festins du vautour ?
Mais, ô Dieu ! massacrer le tyran de la France,
Étoit-ce en même temps renverser sa puissance ?
Ses dangereux projets mouroient-ils avec lui ?
Son fils demeuroit-il sans force et sans appui ?
De ce fils indigné n'étoit-ce pas se faire
Un ennemi plus grand, plus cruel que son père,
Qui joindroit, dans un cœur au remords étranger,
A la soif du pouvoir l'ardeur de se venger ?...
Que sais-je ! Ah ! pour laver d'un soupçon sacrilége
Votre roi malheureux que l'injustice assiége,
A des raisonnemens, injurieux secours,
Qu'est-il besoin, Français, d'avoir ici recours ?
Le défendre, accusé d'un meurtre et d'un parjure,
C'est faire à votre gloire une immortelle injure;

CHANT I.

C'est reconnoître un juge à vos rois avilis;
Aux pieds des léopards c'est prosterner vos lis.
Valois, dans sa douleur, a de son innocence
Pris à témoin le Dieu que l'homicide offense :
La France ne sait point, incrédule à son roi,
Douter de son honneur ou soupçonner sa foi.

» Cependant mille voix de cette mort cruelle
Dans Paris effrayé répandent la nouvelle.
Du prince bourguignon le fils audacieux
Rassemble ses barons, prend à témoins les Cieux
Qu'il ne laissera point désarmer sa colère,
Que la mort du Dauphin n'ait satisfait son père.
Rempli de ce dessein dans son zèle cruel,
Il court, il vole à Troye, où régnoit Isabel :
Reine, épouse sans foi, mère dénaturée,
La haine qu'à son fils la perfide a jurée,
Offre au duc un espoir qu'elle ne dément pas.
Bientôt le prince anglais arrive sur ses pas :
Un traité les unit : l'hymen de Catherine
Du trône des Valois consacre la ruine :
En proie à ses tyrans, le triste Charles-Six
En faveur de son gendre en exile son fils :
Henri d'un fils de France ose prendre les marques.
Et voilà donc, Anglais, les droits de vos monarques !
Sachez que les Français, trop fiers pour se ranger
Sous le sceptre odieux d'un monarque étranger,
Par une loi sévère ont, pour n'en pas dépendre,
Défendu qu'une femme au sceptre osât prétendre,
De peur que son hymen, trompant un jour leurs vœux,
A ce joug abhorré n'asservit leurs neveux.

De cette auguste loi dans nos âmes tracée,
Avant que sur ces bords la mémoire effacée
Cesse de révolter les descendans des Francs
Contre un sceptre funeste et d'orgueilleux tyrans,
On verra nos cités, luttant contre la foudre,
Lever un front sanglant du milieu de la poudre,
Renvoyer l'épouvante aux oppresseurs des lis ;
Et le dernier de nous sur leur dernier débris,
Pâle et défiguré, de sa main défaillante,
Renverser à ses pieds ta bannière insolente,
O perfide Angleterre ! et, défiant tes traits,
Sous l'ombrage des lis mourir libre et Français.

» L'infortuné Dauphin, méconnu par son père,
Trahi, persécuté, dépouillé par sa mère,
Résolut de se perdre ou de reconquérir
Les droits que l'étranger venoit de lui ravir.
Tandis que son courage à son obéissance
Soumet rapidement le midi de la France,
Buckam combat au nord ; ce vaillant Écossais
Sous les murs de Baugé disperse les Anglais.
Égaré, n'écoutant qu'une aveugle furie,
Le frère de leur roi, Clarence y perd la vie.
Vain succès ! le Dauphin, vengé d'un oppresseur,
N'avoit pas épuisé la coupe du malheur.

» Henri-Cinq, réveillé par le trépas d'un frère
Reparut sur nos bords, enflammé de colère :
A sa suite, lassés d'un moment de repos,
De nombreux bataillons ont traversé les flots.
Dreux tremblant se confie à sa fausse clémence ;
Et la mort de Tillière assouvit sa vengeance :

Meaux tombe avec Vaurus. De ses sanglans exploits
Henri vint triompher aux palais de nos rois :
Mais le Ciel, que lassoit sa longue tyrannie,
Borna soudain l'essor de son fatal génie :
Plein d'un espoir superbe, ivre d'un fol orgueil,
Au pied d'un nouveau trône il trouva son cercueil.
» Cependant sous Bedford sa formidable armée
S'avança jusqu'au sein de la France alarmée.
Par le nombre accablés, les guerriers du Dauphin,
Après de longs efforts, succombèrent enfin.
Des Bretons indignés le duc ose pour maîtres
Avouer les tyrans, bourreaux de leurs ancêtres;
Dans le Poitou surpris entre de toutes parts;
De l'antique Rochelle ébranle les remparts :
Charle accourt, et défend cette cité fidèle.
A l'instant le péril en d'autres lieux l'appelle :
Le duc des Savoïens, par nos maux enhardi,
Déjà de ses états ravageoit le midi.
Charle y vole aussitôt; mais un coup plus terrible
Alloit frapper ce cœur si noble et si sensible.
» Charle-Six expiroit : ce prince malheureux,
Fatal à ses sujets, mais adoré par eux,
Voyoit avec douleur le sceptre de ses pères
Passer après sa mort en des mains étrangères;
Et, délaissé de ceux qu'au mépris de nos lois
Il avoit déclarés héritiers de ses droits,
Succombant au fardeau d'une longue infortune,
Exhaloit avec joie une vie importune.
Hélas! de ses bienfaits il dut se repentir!
Tout fuyoit le monarque à son dernier soupir;

Cette femme à la fois frivole, avide, impie,
Qui, de son propre fils implacable ennemie,
Osa le repousser du trône paternel,
Sans honte, sans remords, l'exécrable Isabel
Avoit abandonné ce prince inconsolable,
Des tyrans de la France esclave déplorable,
Et couroit réclamer de nos fiers ennemis
Le prix qu'à ses forfaits sa bassesse avoit mis.

« Infortuné dauphin, ne maudis point ton père !
» Pardonne à sa mémoire un crime involontaire !
» Pardonne à ma foiblesse !... O Charle, ô mon cher fils !
» Pardonne !... » C'est ainsi qu'en mourant, Charle-Six,
Alors que la raison reprenant son empire,
De ses esprits troublés dissipoit le délire,
Aux regrets, aux remords abandonnoit son cœur.
Echappés aux soupçons d'un barbare vainqueur,
De serviteurs obscurs à peine un petit nombre
Gémissoient à ses pieds et l'entouroient dans l'ombre.
Hélas ! c'étoient les seuls dont le zèle pieux
De leur maître expirant daignât fermer les yeux.
Des guerriers d'Albion les farouches cohortes
Remplissent le palais, en surveillent les portes :
Esclave de Bedford, tout rampe sous ses lois ;
Et ce n'est qu'en tremblant qu'on pleure encor ses rois.

» Du fils de Saint-Louis les forces s'épuisèrent,
Et de son âme enfin les liens se brisèrent.
Je vis dans leur cercueil ses restes précieux
S'avancer vers la tombe où dormoient ses aïeux.
Bedford guidoit le deuil : une affreuse allégresse
Eclatoit malgré lui sous sa feinte tristesse,

Régnoit dans ses discours, brilloit dans ses regards.
De l'antique Paris désertant les remparts,
Quittant les champs voisins, les flots d'un peuple immense
Se succédoient au loin, se pressoient en silence,
Couvroient la vaste plaine et le chemin sacré,
Où s'avançoit le corps, de prêtres entouré.

»Aux lugubres accens de la cloche fatale,
Bedford à peine a vu dans la tombe royale
Du monarque français descendre le cercueil ;
A peine, suivant l'ordre et les rites du deuil,
Les officiers du Roi, cessant leur ministère,
Ont ensemble incliné leurs sceptres vers la terre,
Qu'un héraut s'avançant, prononce à haute voix
Ces mots, dernier outrage aux mânes de nos rois :
« Vive Henri, roi de France et d'Angleterre!» O crime!
Quelques Français, vendus au joug qui nous opprime,
Osent mêler leurs voix aux transports du vainqueur :
Le reste se détourne avec des cris d'horreur,
Et des Montmorency l'héroïque vallée
Voit errer dans ses bois leur foule désolée.
C'est là qu'aux antres sourds, aux ombres des forêts,
Ils osent confier leurs plaintes, leurs regrets ;
Là, d'un ardent courroux ces âmes enflammées
Exhalent des fureurs trop long-temps comprimées :
«Quoi!» disoient-ils, «assis au trône de Clovis,
»Le fils de l'étranger nous tiendroit asservis!
»La loi de nos aïeux, si chérie et si sainte,
»Qui jamais sur nos bords n'avoit reçu d'atteinte,
»Seroit anéantie; et, fils dégénérés,
»Nous courberions au joug nos fronts deshonorés!

»Ah! plutôt, puisqu'aux fers notre destin nous livre,
»Au dernier de nos rois gardons-nous de survivre!
»Courons du prince anglais, aux yeux de ses guerriers,
»Troubler l'affreux triomphe et briser les lauriers!
»Sans doute nous mourrons; mais qu'importe la vie
»A qui la honte pèse et la gloire est ravie?
»Nous mourrons; mais, au glaive échappés radieux,
»Nos noms, chers à la Terre, iront orner les Cieux. »
 « C'est ainsi que, perdant jusques à l'espérance,
Ces grands cœurs déploroient les revers de la France,
Et formoient le dessein d'éviter par la mort
Le fardeau de sa honte et le joug de Bedford.
Dans la foule caché sous un habit vulgaire,
Tout-à-coup je m'avance : « Amis, qu'allez-vous faire?
»Quelle erreur vous égare? où va votre douleur, »
M'écriai-je, « entraîner votre altière valeur?
»Pourquoi par votre mort ôter à votre maître
»Ses plus fermes appuis, sa plus sûre, et peut-être
»Sa dernière espérance? Ardens à l'accabler,
»Du fer qui vous tuera vous allez l'immoler.
»Voilà pour le venger tout l'effort que vous faites!
»Vous plaignez ses malheurs, vous pleurez ses défaites :
»Osez les réparer. Hâtez-vous, armez-vous!
»Vous pouvez de l'Anglais parer les derniers coups;
»Vous pouvez relever le trône de vos princes.
»Courez joindre le Roi dans ces nobles provinces,
»Où de ses bataillons échappés au trépas,
»Les débris rassemblés se pressent sur ses pas :
»Paroissez, fils des preux, et, par votre assurance,
»Dans leurs rangs éperdus ramenez l'espérance;

»Versez un feu nouveau dans ces cœurs belliqueux ;
»Vers l'Anglais étonné retournez avec eux ;
»Déchirez sur son front ses couronnes sanglantes ;
»Brisez entre ses mains ses palmes insolentes ;
»Conviez à l'honneur de punir ses forfaits
»Quiconque est libre encore et porte un cœur français !
»Sans doute qu'indignés du joug qui les opprime,
»Les peuples s'armeront pour leur roi légitime ;
»Ils voudront secourir un prince infortuné
»Par son vassal rebelle à périr condamné :
»Ils s'uniront à vous. Les cités que la guerre
»Asservit un moment aux lois de l'Angleterre,
»Chasseront ses guerriers, et leurs heureux remparts
»Arboreront les lis vainqueurs des léopards ;
»Celles qui, repoussant le joug qu'elles abhorrent,
»Résistent aux tyrans, leurs peuples vous implorent :
»Oui, parmi les héros brûlant de se ranger,
»Avec leurs défenseurs ils voudront partager
»Les lauriers, les périls, et la mort, et la gloire.
»Mais si, cherchant la honte et fuyant la victoire,
»Les bataillons de Charle ont assez peu de cœur
»Pour quitter ses drapeaux et livrer au vainqueur
»Leur prince abandonné ; si les peuples qu'opprime
»Des enfans d'Albion l'empire illégitime,
»Ferment l'oreille aux cris de leurs frères mourans,
»Et n'osent de leurs fers écraser leurs tyrans ;
»Si les cités qu'assiége une armée ennemie,
»A de nobles dangers préfèrent l'infamie,
»L'esclavage à la gloire, au trépas le remords :
»Ah ! ne balancez plus ; mourez, mourez alors !

» Français ! vous n'avez plus de patrie : une terre
» Sans horreur asservie au joug de l'Angleterre,
» Est indigne de vous, indigne désormais
» Que vous viviez pour elle, et par de nobles faits
» Repoussiez de ses bords la honte et l'esclavage.
» Les lâches habitans de ce triste rivage
» Ne sont plus des Français : ils ont deshonoré
» Le nom de leurs aïeux ; ils ont dégénéré.
» Abandonnez-les donc : laissez, laissez ces traîtres
» Ramper honteusement où régnoient leurs ancêtres.
» Mais jusqu'à ce moment, où de leurs derniers preux
» Ils auront repoussé les secours généreux,
» Tendu les mains aux fers, au joug soumis leurs têtes,
» Phalanges de Clovis, défendez ses conquêtes !
» Soldats de Charlemagne, on veut vous avilir:
» C'est le moment de vaincre et non pas de mourir ! »
« A peine ai-je achevé, qu'enflammés par mon zèle,
Tous m'entourent : l'espoir, une audace nouvelle,
Semblent les animer : tous font entre mes mains
Le serment de s'unir à mes nouveaux destins.
Dignes enfans des preux, fleur de chevalerie,
Qu'ont ici rassemblés l'honneur et la patrie,
Sans doute il vous souvient, amis, de ce moment:
Jamais vous n'oublirez ce généreux serment.
Je vous connois bien tous : votre courage austère
Jusqu'au dernier soupir combattra l'Angleterre ;
Vous l'oseriez braver un poignard dans le sein.
Ah ! si vous succombez dans ce noble dessein,
S'immoler au succès d'une cause si belle,
Ce n'est point là mourir ; c'est, pour prix d'un beau zèle,

Fuir la Terre, et passer avec rapidité
D'une mortelle vie à l'immortalité. »
   Ici Dunois s'arrête, et promène la vue
Sur une foule encor troublée, irrésolue.
Sa haine pour l'Anglias, pour ses rois son amour,
La pitié, la terreur, l'agitent tour à tour.
Ainsi, quand deux esprits, ministres des tempêtes,
Rassemblent les vapeurs, les roulent sur nos têtes,
Et, par d'affreux combats, au milieu des éclairs,
Se disputent l'empire et des flots et des airs;
Jouets des aquilons, les vagues en furie
Tantôt vont, en hurlant, de l'antique Neustrie,
Ébranler les rochers sur ses rives épars,
Et tantôt d'Albion ébranler les remparts,
Jusqu'à l'heure où l'un d'eux, que son rival surmonte,
Court aux antres du Nord ensevelir sa honte.
Ainsi des vœux divers, tour à tour triomphans,
De l'antique Aurélie agitoient les enfans.
   Dunois reprend soudain : « Sur les pas de la Gloire,
Nous courûmes en foule, aux rives de la Loire,
De notre jeune roi rejoindre les guerriers.
L'Anglais surpris nous vit l'attaquer les premiers.
Vains efforts ! On eût dit qu'en cette horrible guerre
Un pouvoir plus qu'humain secondoit l'Angleterre;
Qu'à leurs fers échappés, les anges ténébreux
S'unissoient à Bedford et repoussoient nos preux.
Nous fûmes accablés, vaincus en deux batailles:
Charles n'eut plus d'appui que vos seules murailles;
Nous vînmes d'un saint zèle y remplir le devoir.
D'un prince infortuné trahirez-vous l'espoir,

Orléanais ? Non, non ; vous tiendrez vos promesses.
Par sa vaine menace et ses feintes caresses
Un perfide ennemi ne vous surprendra pas.
Quel moyen d'éviter les fers et le trépas,
De sauver vos enfans, vos épouses, vos filles,
Vos droits, vos libertés, l'honneur de vos familles,
Que vous en reposer sur des tyrans jaloux ;
Que déposer le glaive, et, tombant à genoux,
Recevoir dans vos murs l'appareil des batailles !
Ah ! c'est le fer en main, du haut de vos murailles,
Que vous défendrez mieux des intérêts si chers !
Qu'Albion porte ailleurs ses menaces, ses fers ;
A des peuples tremblans, sur un autre rivage,
Qu'elle offre impunément la mort ou l'esclavage,
Et prépare à ses fils un triomphe éclatant :
Sous ces murs indomptés leur tombe les attend.
Anglais et Bourguignons se pressent à vos portes :
On veut vous effrayer du nombre des cohortes
Qui viennent sur vos murs exercer leur fureur :
Mais ce n'est point le nombre, amis ; c'est la valeur
Qui fait, vous le savez, la force véritable.
On vous vante les faits, le courage indomptable
Des chefs qui d'Albion suivent les étendards :
Des chefs non moins fameux garderont vos remparts.
Beuil, Graville, Gaucourt, Tilloy, Ternès, Partade,
Girême, La Chapelle, et Chabanne, et Vernade ;
Couras, Guitry, Lahire, et Xaintraille, et Thouars ;
Chailly, Chaumont, Fratame, et Valpergue, et Villars ;
Voilà vos défenseurs. Sur ces rives guerrières
Trois mille vieux soldats ont suivi nos bannières.

CHANT I.

Bientôt, n'en doutez pas, prompt à vous secourir,
Charle même viendra vous sauver ou mourir ;
Ses vassaux du Midi, si chers à la Victoire,
Sur ses pas voleront aux rives de la Loire.
Le grand Stuart accourt, dont la juste fureur
Veut venger sur Talbot l'opprobre de sa sœur,
De l'hospitalité les saintes lois trahies,
Et l'abandon comblant toutes les perfidies.
Irrités de l'affront qu'au sein de ses foyers
Un Anglais osa faire au chef de leurs guerriers,
De vaillans Écossais une foule nombreuse,
Entourant de Stuart la bannière fameuse,
Ont juré de descendre avec lui sur ce bord,
Et d'immoler Talbot ou d'y trouver la mort :
S'élançant à sa voix, leur flotte impatiente
Déjà franchit des mers la barrière impuissante.
Ils tiendront leur serment, j'en atteste ce preux,
Ce valeureux Kannède envoyé devant eux,
Qui du pacte sacré qui désormais nous lie,
A porté l'assurance aux héros d'Aurélie.
Enfin, des deux partis à votre choix offerts,
L'un vous rend immortels, l'autre vous livre aux fers ;
Des vainqueurs d'Attila noble et vaillante race,
Fils des Gaulois, Français, Albion vous menace,
D'un pardon dédaigneux vous propose l'affront...
Prononcez ! » Un bruit sourd à ces mots l'interrompt,
Croît, retentit, redouble : on s'écrie, on s'empresse,
On entoure le prince, on bénit sa sagesse,
On vante sa valeur ; et mille cris confus
De la foule à l'Anglais annoncent les refus.

« Guerre, éternelle guerre à l'impie Angleterre ! »
S'écrie un peuple entier : « Guerre, éternelle guerre ! »
Répètent les remparts ; et l'Enfer étonné
Entend ce cri, se trouble, et frémit consterné.
Halsate en vain rugit : dans ces clameurs perdue,
Sa voix retentissante est à peine entendue.
Plein de honte, il s'éloigne. Et les Orléanais :
« Avant que sur nos fronts pèse le joug anglais ;
Avant qu'à tant d'opprobre on puisse nous résoudre ;
Que nos toits embrasés, nos forts réduits en poudre,
Nos temples, nos palais, l'un sur l'autre tombans,
Accablent dans leur chute et nous et nos enfans !
Puisse, apportant la mort sur ses rives fécondes,
La Loire dans nos murs précipiter ses ondes ;
Et, d'un ciel embrasé fondant de toutes parts,
La foudre vengeresse écraser nos remparts ! »

Halsate du refus de la cité fidèle
Aux chefs des léopards va porter la nouvelle.
Montague, à ce récit, enflammé de courroux :
« Preux d'Albion ! » dit-il, « vengez-moi ! vengez-vous !
Marchons vers Orléans : que ce peuple superbe
Pleure à jamais ses murs ensevelis sous l'herbe ! »

Il dit : de ses guerriers les fougueux bataillons
Poussent des cris affreux, franchissent les sillons,
S'élancent pleins d'orgueil, d'espérance et de joie :
Tels d'horribles vautours s'abattent sur leur proie.

CHANT II.

Loin des regards du Ciel, aux lieux où du Chaos
L'abîme refoulé roule à grand bruit ses flots,
Nage, à demi-plongé sous des vapeurs funèbres,
Un astre environné de feux et de ténèbres,
D'où, comme d'un volcan, s'échappent à la fois
Des tonnerres affreux, de rugissantes voix,
De lugubres éclairs, des plaintes lamentables,
Et de lave et de sang des flots épouvantables.
De l'univers vivant ce globe séparé,
Assailli par la foudre, à ses coups préparé,
Endure du Chaos et fatigue la rage,
Immobile au milieu d'un éternel orage.
Dans ses flancs caverneux une immense prison
Renferme ces esprits que leur rebellion
Précipita du ciel : concavité profonde,
Vide où cent mille fois peut tenir notre monde ;
Abîme circulaire et barathrum impur
Qu'entoure un mur sans fin, voûte à la fois et mur.
De cette voûte unique, immense, continue,
La surface, au-dehors, noire, stérile et nue,
Demeure inhabitée ; et, de palais ardens,
De cités, de forêts hérissée au-dedans,
D'un monde renversé présente le prodige :
Vers un centre commun chaque objet y dirige,

Non ses pieds, mais sa tête; et ses pieds, toutefois,
Bravant des corps pesans les ordinaires lois,
Demeurent attachés aux voûtes de l'abîme,
Tandis que dans le vide on voit plonger sa cime.
Qui croit lever au ciel ses regards éperdus,
N'aperçoit sur son front que des monts suspendus,
Des palais renversés; des fleuves sur sa tête
Roulant d'un pôle à l'autre; et la noire tempête
Labourant l'Océan de son souffle cruel :
Dôme affreux, dais horrible, épouvantable ciel,
Toujours retentissant des divins anathèmes,
Et dont les régions ont pour ciel elles-mêmes
Les lugubres climats dont elles sont les cieux.
Tantôt un double abîme épouvante les yeux
Des pâles habitans des voûtes opposées,
Qui, regardant les flots de leurs mers embrasées,
Par les pieds suspendus, tremblent à tous momens
De se précipiter dans ces gouffres fumans;
Tantôt leur regard cherche un horizon paisible :
En vaste amphithéâtre, en vallée insensible,
Le sol tout à l'entour s'élève, s'agrandit,
Se recourbe, sur eux en dôme s'arrondit,
Et partout les renferme en sa prison profonde.
Nulle issue, aucun jour, de cet horrible monde
Ne permet de s'enfuir : l'indestructible mur,
Formé par le Très-Haut de l'acier le plus dur,
Vient de s'ouvrir au jour, à peine, et de se fendre,
Pour laisser les humains par millions descendre
Dans ce globe de pleurs et de sang affamé;
Le métal se rejoint, le vide est refermé,

L'œil le plus exercé n'en peut trouver la trace.
De l'Enfer en dehors parcourant la surface,
Deux monstres odieux, le Crime et le Trépas,
Peuvent seuls ébranler la voûte sous leurs pas,
Et, d'un pied foudroyant, à leurs pâles victimes
Ouvrir un noir passage aux éternels abîmes.
 Au milieu des horreurs de leur profonde nuit,
Jamais d'aucun soleil un doux rayon ne luit :
Seulement, d'acier, d'or et de cuivre formée,
S'avance au sein de l'ombre une masse enflammée,
Sombre, ardente, semblable au boulet destructeur,
Rougi dans la fournaise et brûlant de fureur,
Qui s'élance en sifflant sur la nef trop hardie,
Et va porter au loin la mort et l'incendie :
Tel encor, dépouillé de ses rayons pompeux,
Le Soleil, à travers des brouillards nébuleux,
Apparoît tout sanglant aux nations troublées,
Dans les champs de la mort en armes assemblées,
Et, sur le haut des monts, sur la cime des bois,
De son aspect sinistre épouvante les rois.
Ainsi, l'astre effrayant des demeures funèbres,
Sans répandre le jour, éclaire les ténèbres ;
Voyage incessamment dans le vide formé
Par l'enveloppe immense où gémit enfermé
Tout le peuple maudit, peuple affreux, noire engeance,
Sur qui pèse de Dieu l'éternelle vengeance,
Et parcourt tour à tour du globe des Enfers
Les empires nombreux, les royaumes divers.
De l'astre des tourmens ces brûlantes provinces,
Comme celles du Ciel, ont leurs rois et leurs princes,

Jadis anges heureux, aujourd'hui vils bourreaux,
Inventant des humains et partageant les maux.
A défaut des grandeurs où leur orgueil aspire,
Satan leur partagea tout ce lugubre empire,
Et par le faux éclat de cent trônes affreux
Voulut les consoler des royaumes des cieux :
Mais quel contraste horrible et quel funeste échange !
D'un côté, la lumière, élément pur de l'ange ;
Des champs d'azur semés d'innombrables soleils ;
Et la cité vivante, et ses remparts vermeils
Qu'une aurore éternelle orne d'or et de rose ;
Et la sainte montagne où le Très-Haut repose
Sous le voile sacré d'une triple splendeur :
De l'autre, des Enfers la noire profondeur ;
Des fleuves et des mers où roule un feu liquide ;
Des monts, des continens formés d'un feu solide ;
Un sol ardent, couvert de volcans embrasés ;
Des rocs d'airain, tantôt par la foudre écrasés,
Tantôt, du haut des monts roulant dans les abîmes,
Détachés de leurs flancs, arrachés à leurs crimes ;
Tantôt avec fracas élancés dans les airs :
Toujours une ombre affreuse ou de pâles éclairs ;
Un sol tremblant d'horreur ou mugissant de rage ;
Et les rugissemens d'un éternel orage :
Ici, de blancs frimas, d'effroyable grêlons,
Et le souffle perçant des plus froids aquilons,
Et des prisons de neige et des tombeaux de glace :
Ailleurs, la flamme ardente, à grands flots, dans l'espace,
Tombant, tombant sans cesse, en rayons sulfureux,
En dards étincelans, en longs ruisseaux de feux,

CHANT II.

Sur le front calciné, sur les flancs des montagnes.
Et de là, par torrens, roulant dans les campagnes,
Descendant à grand bruit dans les profondes mers
Qui séparent entre eux les états des Enfers.
Oh! daigne me guider dans ces affreux royaumes,
Tout peuplés de douleurs, de larves, de fantômes,
Ange intrépide, ô toi, qui, devant son trépas,
Du chantre de l'Enfer guida jadis les pas
Dans ce lugubre monde, et soutins sur l'abîme
Le poète immortel des vengeurs de Solime,
L'aveugle au luth divin, juste orgueil d'Albion,
Et le héraut sacré de la rédemption!
Ciel! quels tableaux hideux! quelles scènes terribles!
Que de gémissemens! que de clameurs horribles!
Partout l'effroi du crime et le cri du remord;
Le désespoir cent fois plus cruel que la mort;
Et ce pleur éternel, ces grincemens de rage,
De la race perdue effroyable partage.
Là, sans distinction de titres et de rangs,
Parens, amis, rivaux, esclaves et tyrans,
Séducteurs ou séduits, délateurs ou complices,
Se frappent de leurs fers, s'arment de leurs supplices;
Et, l'un à l'autre unis, face à face enchaînés,
A s'entre-déchirer follement acharnés,
Trouvent leur plus cuisante et plus horrible peine
Dans le tourment de voir les objets de leur haine.
Le frère, en blasphémant, y menace sa sœur;
L'épouse sur l'époux s'élance avec fureur;
De serpens obsédé, sur des rocs effroyables,
Le père, en rugissant, de ses fils exécrables

Brise la tête impie; et l'enfant assassin,
Cent fois plonge à sa mère un poignard dans le sein.
Ailleurs, hurlent sans fin des réprouvés sans nombre,
Poursuivis par la foudre et déchirés dans l'ombre :
L'un, qui fuit à travers les fentes d'un rocher,
Sent autour de son sein le roc se rapprocher :
Arrêté dans sa course, enchaîné dans la pierre,
D'un horrible dragon la gueule meurtrière
Déchire, en mugissant, ses reins ensanglantés ;
D'un hideux basilic les regards irrités
Rencontrent ses regards : le monstre aux yeux d'opale,
Rampe, avance en sifflant, saisit sa tête pâle,
D'une bave écumante inonde ses cheveux,
Dévore tour à tour ses lèvres et ses yeux,
Brise, entrouvre son crâne, et d'une dent cruelle
Ronge à grand bruit ses os, et suce sa cervelle.
Un bourreau de sa mère, un Néron inhumain,
De larves poursuivi, fuit, sa tête à la main,
Parmi les tourbillons d'une épaisse fumée ;
Secoue avec effroi cette tête enflammée ;
Et partout, à l'aspect de cet affreux fanal,
Voit reculer d'horreur tout le peuple infernal.
Dans des flots d'or brûlans, d'or autrefois avides,
Ceux-là baignent leurs mains et leurs lèvres livides.
D'autres, nus et tremblans, dans la glace plongés,
Sur leurs yeux affoiblis sentent leurs pleurs figés :
A leurs cheveux blanchis d'énormes glaçons pendent ;
Le givre et les frimas sur leurs lèvres s'étendent ;
Sans cesse de leurs dents le craquement affreux
Entrecoupe leurs cris, leurs sanglots douloureux ;

CHANT II.

Leur langue se débat sous la dent qui la foule ;
Aux deux coins de leur bouche un sang noir en découle.
Dans des tombes de feu d'autres ensevelis,
Se tordent de douleur sur ces horribles lits ;
D'une soif dévorante endurent le martyre ;
Et de la Volupté maudissent le délire,
Ses coupes de nectar et ses couches de fleurs.
D'autres, sans respirer, d'un fleuve de douleurs
Boivent l'âcre poison, la mordante amertume.
D'autres roulent plongés dans des mers de bitume,
Dans un sombre océan gémissent consumés
Sous ses énormes flots par la foudre allumés,
Noire, épaisse, collante, inflammable matière,
Qui, brûlant à jamais, toujours demeure entière ;
Qu'une horrible fumée au loin dérobe aux yeux ;
Dont la vague pesante, en son cours paresseux,
S'élève lentement, et lentement retombe
Sur le peuple enfermé dans cette immense tombe.
Malheureux ! condamnés à d'innombrables jours,
Toujours mourans, certains de renaître toujours,
Ils s'agitent en vain : la main qui les foudroie
Livre en eux à l'Enfer une éternelle proie ;
Et l'écho de l'abîme à leurs cris désormais
Ne répond que ce mot : « Jamais !... jamais !... jamais ! »

Au milieu de l'Enfer, au centre de ce vide
Que laissa le Très-Haut au sein du globe avide
Où viennent s'engloutir tant d'êtres odieux
Par le Crime à jamais déshérités des cieux,
Une cité de fer, immense capitale,
Élève de ses tours l'enceinte impériale,

Se soutient dans l'espace, et semble, avec l'Orgueil,
Renfermer le Remord, l'inconsolable Deuil.
A l'entour de ses murs, au-devant de ses portes,
Que d'anges menaçans défendent cent cohortes,
Une large esplanade au loin s'étend : du bord,
L'œil plonge avec effroi dans l'abîme où la Mort
Entasse à millions ses tremblantes victimes.
De là, jusqu'aux confins de l'empire des crimes,
L'intervalle est rempli de spectres, de géans,
De larves, de dragons, de cérastes béans,
De sphinx, de géryons, d'hydres, de minotaures.
Le dard prêt, l'arc tendu, d'innombrables centaures
Défendent l'esplanade ; en bruyans escadrons
Courent incessamment autour des noirs donjons ;
Et, de leurs traits aigus, de leurs tridents sans nombre,
Repoussent par milliers dans l'abîme de l'ombre
Tous ces vils réprouvés, tous ces monstres hideux,
Toujours renouvelant leurs assauts hasardeux,
Toujours contre le fer dressant leurs fronts livides :
Sous les pieds foudroyans des centaures rapides,
Le sol d'airain résonne, et d'un long tremblement
Mêle l'affreux tonnerre à leur rugissement.
Dité (tel est le nom de la cité maudite
Qui des dieux de l'Enfer contient la noire élite)
Entre mille palais en voit un s'élever
Où, par un pont tremblant, il leur faut arriver
A travers les ardeurs de cent gouffres de flamme :
Sous la porte d'airain de ce séjour infâme,
Des cerbères affreux, deux à deux enchaînés,
Rongent les os vivans d'anges infortunés

Condamnés à subir ce supplice barbare
Par le tyran qui tient le sceptre du Tartare.
Du Pandémonium les métaux les plus durs
Forment les fondemens, les voûtes et les murs :
Sur ses nombreuses tours, sans pouvoir les dissoudre,
D'un orage éternel bat l'éternelle foudre :
Sur le plus haut donjon, d'un fer sombre formé,
L'étendard de l'Orgueil, à demi-consumé,
Flotte au sein des éclairs, et, dans la nuit ardente,
Étale les lambeaux de sa pourpre sanglante :
Au-dedans, s'échappant d'un brûlant souterrain,
Retentit le fracas de cent chaînes d'airain,
Le bruit des instrumens consacrés aux tortures,
Le cri des réprouvés tout couverts de blessures,
Brisés par les fléaux, déchirés par le fer.
  En vain, pour embellir ce Louvre de l'Enfer,
Sur la glace et la flamme, élémens de l'abîme,
Mammone fatigua sa science sublime ;
Mammone, qui jadis éleva dans les cieux
De superbes palais, des temples radieux,
Où venoient tour à tour les tribus immortelles
S'abreuver d'ambroisie et reposer leurs ailes ;
Mais qui, pour ses trésors d'un vil amour épris,
Tomba précipité des célestes lambris.
Des folles passions ô funeste délire !
Aux chœurs des chérubins, aux doux sons de leur lyre,
A l'aspect de Dieu même à ses yeux révélé,
De l'or resplendissant à ses pieds étalé
Cet ange préféroit la stérile richesse.
De ce honteux amour la détestable ivresse

Égara sa raison : l'ardente soif de l'or
Lui fit du Dieu très-haut convoiter le trésor :
L'espoir de le ravir, les promesses d'un traître,
Armèrent l'insensé contre son divin maître :
Du séraphin rebelle il suivit l'étendard :
Mais sur eux tout-à-coup lançant son triple dard,
Foudroyant sur Satan tous ses pâles complices
Précipités du ciel dans d'éternels supplices,
Le Très-Haut l'envoya, tout chargé de remords,
Des champs de la Vengeance exploiter les trésors.
Hélas ! par ses travaux pensant charmer ses peines,
Il ne fait chaque jour qu'accroître encor vos gênes,
Anges bannis des cieux, et ses propres douleurs :
Ses dons les plus brillans sont des sources de pleurs.
Pour revêtir vos corps d'une pompe funeste,
A défaut de la pourpre et de l'azur céleste,
En tissus éclatans sa main ourdit des feux
Dont le riche appareil ne trompe que vos yeux.
Vers des flammes de pourpre en liqueurs transformées,
Vos lèvres de nectar autrefois parfumées,
Séduites chaque jour par les rubis mouvans
De ce brillant breuvage aux charmes décevans,
Se penchent, et, cédant au tourment de Tantale,
Reviennent s'embraser dans la coupe fatale.
De vos riches palais les parvis somptueux,
Vos dais étincelans, vos trônes fastueux,
De l'Enfer à vos yeux cachent les feux livides,
Mais n'en émoussent point les atteintes perfides :
La couche où des douleurs vous cherchez le repos,
Se hérissant de dards, tient éveillés vos maux :

Sous le luxe orgueilleux qui partout la décore,
Un volcan tout entier se cache et vous dévore.
L'art de Mammone en vain, de l'or, du diamant
Au feu donna l'éclat : ce terrible élément
Garde, en changeant d'aspect, sa nature cruelle :
Sous vos pas douloureux le marbre le recelle ;
Invisible et rebelle il vous suit en tous lieux ;
Et de faste et de maux ce mélange odieux
De tous les châtimens est le plus effroyable
Qu'imposa le Très-Haut à la race coupable.

Humains, tel est l'Enfer. De ces lieux de tourmens
Dieu lui-même posa les vastes fondemens,
Et, comme ses arrêts, les fit indestructibles.
Même de sa fureur les monumens terribles
Furent majestueux, empreints de sa grandeur,
Et, parfaits pour punir, dans leur sublime horreur,
Étalèrent les traits de sa magnificence.
En trois affreuses nuits, jadis de sa vengeance
Il créa le chef-d'œuvre, et détourna les yeux ;
Ces yeux pleins de bonté qui, du trône des cieux,
Sur l'humble qui gémit prosterné dans la cendre,
Laissent avec amour un doux regard descendre.

Dans son palais brûlant, sur un trône de fer,
Veille, le sceptre en main, l'empereur de l'Enfer.
Les princes et les rois l'adorent dans la poudre.
Colosse affreux, sa tête, où fume encor la foudre,
S'élève avec orgueil sous un bandeau de feu,
Touche à la voûte immense, et brave encor son Dieu.
Ciel ! qui peindroit ce front, ce front pâle et sublime,
Qui des rochers d'Horeb dépasseroit la cime ;

Ces cheveux hérissés, de qui les flots errans
Semblent d'un feu liquide épancher les torrens ;
Ces sourcils contractés sous qui des yeux féroces
Lancent d'affreux éclairs, et des regards atroces
Qui trahissent l'effroi, la rage, les remords ;
Tous ces traits agités par d'horribles transports ;
Cette bouche enflammée et de soif haletante ;
Cette barbe hideuse et de sang dégouttante ?
Oh ! qui reconnoîtroit dans ce monstre odieux
Cet ange dont l'aspect charmoit jadis les cieux ;
Ce brillant Lucifer, noble fils de l'Aurore,
Dont un astre si doux offre l'image encore ?
Dieu ! combien est déchu cet ange éblouissant !
Un orgueil indomptable, un courroux impuissant,
De ce qu'il fut jadis voilà donc ce qui reste !
Ses dignités, son nom, cette beauté funeste,
Tout s'est évanoui : par le crime souillé,
De ses brillans rayons son front fut dépouillé.

   Ce chef ambitieux des téméraires anges
Dont l'abîme engloutit les superbes phalanges,
Pour venger sa défaite, insulter à son roi,
Effacer, s'il le peut, tant de siècles d'effroi ;
D'anéantir enfin le peuple de Marie,
La nation des saints et des anges chérie,
Par les feux de l'Enfer a fait l'affreux serment,
Et croit de l'accomplir voir briller le moment.
D'un peuple aimé de Dieu, d'un trône son ouvrage,
L'éclat blessoit sa vue, envenimoit sa rage,
De son abaissement irritoit les douleurs :
Il a faim de leur sang, il a soif de leurs pleurs.

CHANT II.

De leurs pieux exploits, de leur immense gloire
En tous lieux le poursuit l'importune mémoire :
Il se souvient toujours qu'aux rives du Jourdain
Des chevaliers français la triomphante main
Renversa ses autels, et que la cité sainte
Vit rentrer avec eux la Foi dans son enceinte.
C'est peu de cet affront : d'Albion désormais
Pourroit-il hésiter à servir les forfaits?
Ces anges radieux dont les nobles phalanges
Gardent le noir abîme et veillent sur ses anges,
D'un oracle divin se sont entretenus :
Leurs discours écoutés jusqu'à lui sont venus :
Un jour cette île impie, à son sceptre soumise,
De son coupable sein doit exiler l'Église,
S'armer contre Dieu même, et sur ses bords cruels
Dresser à l'Hérésie un trône et des autels.
De là doivent sortir mille sectes rivales,
De la Sédition les doctrines fatales,
Le culte impur de l'Or, l'oubli des plus saints droits,
La révolte du peuple et le meurtre des rois.

   Plein d'un horrible espoir, le dieu du mal appelle
Les plus cruels tyrans de la nuit éternelle.
Les barbares accens de sa tonnante voix
Dans l'abîme effrayé retentissent trois fois :
Trois fois ses profondeurs s'ébranlent et gémissent.
Les princes de l'Enfer l'entendent et frémissent :
Ils accourent en foule ; ils volent vers les lieux
Où veut les rassembler leur maître impérieux ;
Et, pleins du sentiment de sa vaste puissance,
Sur des trônes d'airain l'entourent en silence.

A peine ils sont assis, qu'avec un bruit affreux
Les portes du palais se referment sur eux,
Et de cette demeure orgueilleuse et maudite
Au peuple des Enfers l'entrée est interdite.
  Alors leur souverain : « Nobles enfans du Ciel !
(Car, en nous foudroyant, notre ennemi cruel
N'a pu détruire en nous, race auguste et divine,
Le souvenir, l'orgueil d'une illustre origine)
Séraphins, chérubins, rois, dominations,
Qui, les premiers, honteux des adorations
Qu'exigeoit de ses pairs un maître tyrannique,
Osâtes partager ma révolte héroïque,
Et, vous réunissant à moi pour l'accabler,
A ce pouvoir jaloux apprîtes à trembler :
Ministres de mes lois, appuis de mon empire,
Sachez ce qu'en ce jour la vengeance m'inspire.
Notre dernier espoir s'attache à ce dessein.
Surtout que mes secrets, cachés dans votre sein,
Demeurent inconnus à ces esprits timides,
Des arrêts du Très-Haut exécuteurs stupides ;
A ces anges tremblans, l'opprobre des Enfers,
Nés pour l'obéissance, et la honte, et les fers :
De mes hardis projets s'ils avoient connoissance,
Du souverain des Cieux redoutant la puissance,
Vous les verriez bientôt, par leur lâche terreur,
Semer dans mes états le tumulte et l'horreur.
  » Jéhova de l'Enfer éloigne tous ses anges :
Vous en êtes instruits. Ces nombreuses phalanges
Dont les glaives de feu, dont les dards menaçans
Sans cesse repoussoient nos efforts impuissans,

Fuyant d'un léger vol ces affreuses contrées,
Ont traversé déjà les plaines éthérées;
Pleins de joie et d'orgueil, ils se sont rassemblés
Sous les brillans lambris des palais étoilés.
L'Éternel veut punir les crimes de la France;
Il laisse sur ses bords descendre la Vengeance!
Tout nous en avertit; et sans doute aux Enfers
Il permet de troubler ce royaume pervers.
Eh! n'ai-je pas déjà, suivi de quelques braves,
Impunément trompé les bataillons d'esclaves
Qu'il commit pour garder cette horrible prison,
Et d'un roi des Français égaré la raison?
Dans la maison royale, à des rivaux avides
N'ai-je pas inspiré mes fureurs homicides?
Mis tour à tour Louis, Jean-sans-Peur au cercueil,
Et préparé Crévant, Azincourt et Verneuil?
Aujourd'hui qu'il rappelle au sein de l'Empyrée
De guerriers insolens cette foule abhorrée,
Des desseins de ce Dieu douterions-nous encor?
Ah! lorsqu'à nos fureurs il laisse un libre essor,
Ce n'est pas qu'envers nous il use d'indulgence:
Notre orgueilleux tyran nous remet sa vengeance.
A ses secrets desseins soumis servilement,
Ainsi notre présence et notre éloignement
Signalent tour à tour son amour et sa haine!

» Êtes-vous comme moi lassés de votre chaîne?
De votre abaissement brûlez-vous de sortir?
Le moment est venu de vous en affranchir,
Ou de porter, du moins, par l'effort de vos armes,
Jusqu'au sein de sa cour le trouble et les alarmes.

Tandis que sur son trône, au fond de son palais,
Il se livre aux douceurs d'une trompeuse paix,
Et s'enivre d'encens, d'orgueil et de mollesse,
Profitons du pouvoir et du temps qu'il nous laisse
Pour livrer les Français à mille affreux revers,
Pour désoler l'Europe et troubler l'univers.
Il veut punir son peuple? Ah! portons sa vengeance
Au point qu'il veuille en vain rappeler sa clémence;
Au point que sa tardive et frivole bonté
Ne puisse des Français vaincre l'adversité.
Secouons en tous lieux les torches de la guerre!
Armons toute l'Europe! au joug de l'Angleterre
Abandonnons la France; et que ses fiers enfans,
Divisés, l'un de l'autre à l'envi triomphans,
Immolent leur patrie à leur rage insensée!
Du rang des nations qu'elle soit effacée!
Et qui sait, une fois échappés de leurs fers,
Ce que le sort réserve aux héros des Enfers?
Qui sait, si de la Terre à nos fureurs livrée,
Nous ne pourrons un jour menacer l'Empyrée,
Et dans les champs de l'air renouveler enfin
Cette guerre fameuse où le guerrier divin
Vit jadis nos héros, qu'il pensoit mettre en poudre
Balancer la victoire et fatiguer la foudre?
L'avenir, qu'en partie il dérobe à nos yeux,
Peut-être nous réserve un destin plus heureux;
Peut-être elle a sonné, l'heure de la vengeance...
Quel espoir pour nos cœurs, et quelle gloire immense,
Magnanimes guerriers!... Nous verrions donc enfin
Pour nous du ciel natal se rouvrir le chemin,

Et, chargé de nos fers, le monarque suprême
Tomber dans les cachots qu'il nous creusa lui-même !
Quels supplices pour lui n'inventerions-nous pas !
Levez-vous, armez-vous, volez, suivez mes pas,
Enfans des Cieux ! bientôt, au séjour du tonnerre,
Vos fureurs porteront le signal de la guerre ! »

Ainsi parle Satan. Se levant à ces mots,
Les princes de l'Abîme acceptent ses complots:
Leurs acclamations, leurs transports se confondent;
Les gouffres de la Mort à leurs clameurs répondent.

Seul, l'effroi de l'Enfer aussi bien que des Cieux,
L'affreux Démogorgon se lève, et dans ses yeux
Fait briller la menace. Une pourpre sanglante
Ceint sa tête superbe; et, d'or étincelante,
Sa belle chevelure, enlacée à l'entour,
A demi la déguise et la dérobe au jour.
Dans ses traits gracieux l'aménité respire;
La candeur, la franchise animent son sourire;
Mais de son jeune teint la fraîcheur n'est que fard;
Et dans ses yeux d'azur un perfide regard,
Même alors que sa voix vous flatte et vous caresse,
Dément à tout moment sa langue enchanteresse.
Tout le haut de son corps, brillant de majesté,
A d'un ange du Ciel conservé la beauté:
Qui n'aperçoit que lui peut s'en laisser séduire:
Mais baissez-vous les yeux? l'Enfer n'a pu produire
Un monstre plus horrible, un hydre à triples dards,
Plus hideux que l'objet qui frappe vos regards.
Sa seconde moitié, palpitant sous la foudre,
En croupe de dragon se traîne dans la poudre;

Tantôt ramasse en soi ses replis inégaux ;
Tantôt déroule au loin ses immenses anneaux ;
Et tantôt, divisée en serpens innombrables,
Redresse et fait siffler leurs têtes effroyables.
Sirène de l'Enfer, sa séduisante voix
De l'homme, qu'elle hait, vante partout les droits,
Caresse et tour à tour épouvante les princes ;
Empoisonne avec art leurs cours et leurs provinces ;
Et, couvrant sa hideur d'un beau déguisement,
Sur les marches du trône arrive en un moment.
L'insensé qui l'y souffre est bientôt sa conquête.
La queue alors s'élève et dévore la tête ;
Hydre horrible, aux humains commande avec orgueil,
Entasse mort sur mort et cercueil sur cercueil :
D'or, de pleurs et de sang ses têtes affamées
Entre-heurtent bientôt leurs gueules enflammées ;
Se combattent long-temps ; par un même destin,
Se servent l'une à l'autre à leur tour de festin ;
Jusqu'au jour où, domptant ses dernières rivales,
L'une d'elles finit leurs discordes fatales,
Et, terrible, s'assied sur un trône usurpé,
Entouré de la foudre et de meurtre trempé.

Tel est Démogorgon. Intrépide, indomptable,
De discorde et de sang cet ange insatiable
Jadis, pour renverser le monarque éternel,
Réunit à Satan son parti criminel.
Le prix de ses secours fut un sanglant outrage ;
Satan des conjurés lui ravit le suffrage,
Repoussa dans la foule un rival odieux,
Et du bandeau royal se ceignit à ses yeux.

CHANT II.

Ensemble enveloppés dans les mêmes désastres,
Tous deux en même temps du haut séjour des astres
Tombèrent dans l'Abîme, où ces esprits déçus
Se disputent encore un espoir qui n'est plus.
  « Satan, » dit-il, « promet une illustre victoire :
Le Ciel va se troubler à l'aspect de sa gloire,
(Si j'en crois ses discours), et Jéhova soumis
Va descendre du trône où son bonheur l'a mis.
Vaine espérance! Eh quoi! déités infernales
Qu'abusèrent cent fois ses promesses fatales,
Pour juger quel succès ses vœux vont obtenir,
Le passé n'est-il pas garant de l'avenir?
Voyons de ses exploits quels monumens nous restent;
Quel trophée éclatant, quels triomphes attestent
Sa valeur et sa gloire. Est-ce un Enfer sans fin,
Des tourmens sans mesure? Orgueilleux séraphin!
Mélange de bassesse et de vaine arrogance!
Nous te devons nos maux, tu nous dois ta puissance;
Ton éclat vient de nous, nos ténèbres de toi;
Et nous fûmes vaincus du jour qui te fit roi.
Dans ta suite entraînés et punis de ton crime,
Bientôt nos bataillons roulèrent dans l'Abîme.
La suite à ce revers n'a que trop répondu :
Nos yeux ont vu le Christ, en ces lieux descendu,
Triompher de ta rage, et, couronné de gloire,
Remonter dans les Cieux sur son char de victoire.
Bouillon, depuis, suivi d'un essaim de Croisés,
Vint arborer la croix sur nos autels brisés,
Et sur le Golgotha (triste et cruel spectacle),
Relever du Très-Haut le plus saint habitacle.

Aucun de tes desseins dont le fruit n'ait été
Quelque nouveau supplice à nos maux ajouté :
Ton orgueil impuissant, s'agitant dans la poudre,
N'a su jusqu'à ce jour que réveiller la foudre.
Et tu règnes encore ! et les dieux de l'Enfer
Ne t'ont point dépouillé de ton sceptre de fer !
Ils souffrent aux combats que ta voix les ramène !
Brisez, enfans des Cieux, votre honteuse chaîne,
Et faites expier vos maux à leur auteur !
Sans doute vous pouvez vaincre votre vainqueur :
Ce n'est point le courage aux légions rebelles
Qui manqua dans les Cieux ; c'est un chef digne d'elles.
Détrônez le tyran, frappez-le de vos fers ;
Et que la Liberté règne dans les Enfers ! »
  Il dit. L'étonnement enchaîne l'assemblée.
L'âme d'inquiétude et de fureur troublée,
Satan pâlit ; ses yeux étincellent ; sa voix
Sur ses lèvres expire et le trahit trois fois.
Enfin, de sa poitrine embrasée et tonnante,
Un long rugissement s'échappe, et l'épouvante
De tous les cœurs s'empare. « O rival abhorré !
Que l'abîme infernal ne t'a-t-il dévoré ! »
Dit-il en mugissant. « Oses-tu, téméraire,
Renouveler ma haine et tenter ma colère ?
J'ai fui la foudre ? moi ! Tu mens. J'ai succombé ;
Mais mon front à ses coups ne s'est point dérobé :
J'ai jusques à la fin soutenu la tempête.
Mais toi, lâche ! en fuyant as-tu tourné la tête ?
Intrépide orateur et guerrier plein d'effroi,
Ta valeur se réduit à défier ton roi.

Misérable ! sais-tu jusqu'où va ma puissance ?
Si la mort n'atteint point une céleste essence,
La douleur peut l'atteindre : il est des châtimens
Dont je puis t'infliger les horribles tourmens.
Crains qu'aux monstres hurlans qui gardent ces murailles
Je ne fasse à jamais dévorer tes entrailles ! »

Il dit. Démogorgon sur l'archange inhumain
Lance d'affreux regards, d'un glaive arme sa main ;
Marche vers son rival, et, respirant l'audace,
Du geste et de la voix l'insulte et le menace.
O surprise ! oh ! combien sont aisément rompus
Les nœuds dont sont unis les êtres corrompus !
Qu'il est fragile et vain, l'empire illégitime
Qui, par le crime acquis, se soutient par le crime !
Une foule de dieux par l'exemple excités,
Se lèvent à la fois, marchent à ses côtés,
Et font briller soudain cent poignards régicides
Que sous leurs vêtemens cachoient leurs mains perfides.
« Périsse le tyran ! tombe, roi du Trépas ! »
S'écrioient-ils. Leurs cris et le bruit de leurs pas
Font au loin retentir tout l'empire de l'Ombre.
A cet affreux signal, des conjurés sans nombre
S'élancent de l'Abîme à la lueur des feux,
Abordent de Dité les remparts orgueilleux,
Et joignent à leurs voix leurs clameurs menaçantes.
Ainsi des sombres mers les vagues mugissantes
Répondent à la foudre, alors que les autans
Dispersent sur les eaux les nochers palpitans.
De cette autre Babel les défenseurs terribles
Sont d'abord repoussés par ces monstres horribles ;

L'un sur l'autre grimpant, mille dragons impurs,
Encélades nouveaux, escaladent ses murs,
Descendent à grand bruit dans la cité fatale;
Des fossés embrasés franchissent l'intervalle;
Et bientôt, à l'assaut montant de toutes parts,
Du Pandémonium ébranlent les remparts.
Le fier Satan sur lui voit fondre la tempête :
Il la voit, il l'attend, il la brave, et s'apprête
A confondre l'espoir de ces séditieux.
A l'instant où leur chef, d'un bras audacieux,
Déjà lève le fer; Satan se dresse, horrible,
Prend son sceptre, ce sceptre et pesant et terrible;
Recule; et, l'élevant des deux mains à la fois,
En fait sur lui tomber l'épouvantable poids.
Démogorgon frappé, chancelle, pâlit, tombe;
Roule aux pieds du vainqueur; et son orgueil succombe.
Ces fougueux révoltés en ont reculé tous;
La stupeur dans leurs yeux remplace le courroux;
Un morne effroi succède à leur clameur guerrière;
Et tandis que leur chef, hurlant dans la poussière,
Aux fureurs de Satan sans défense exposé,
Soulève avec effort son corps demi-brisé,
Et de leur dévoûment implore l'assistance,
Leur immobilité confirme sa sentence.
On l'accable à leurs yeux; et le roi des Enfers
Ordonne qu'à l'instant, chargé d'énormes fers,
Son rival soit traîné dans des grottes profondes
Que l'abîme enflammé recouvre de ses ondes,
Des forçats de l'Enfer horrible Galbanum.
Tandis, aux quatre coins du Pandémonium,

Sur le haut de ses tours l'infernale trompette
Du fier Démogorgon proclame la défaite.
L'épouvante a frappé ses bataillons proscrits ;
Ils poussent dans les airs de lamentables cris ;
Des murs demi-franchis abandonnent la cime,
S'entassent l'un sur l'autre et roulent dans l'Abîme.

 Du monarque infernal les vassaux inhumains
Ne songent désormais qu'à servir ses desseins.
Ils vont tirer son char du ténébreux portique
Qui cache à tous les yeux sa richesse magique,
Depuis le jour fatal où cet ambitieux
Avec ses légions fut vaincu dans les Cieux.
Sous leurs efforts unis, de l'antre inviolable
La porte quelque temps demeure inébranlable :
Elle cède enfin ; s'ouvre, et laisse apercevoir
Ce char qui de Mammone épuisa le savoir.
Dans l'ombre rencontrant son éclat solitaire,
Leurs regards éblouis s'attachent à la terre.

 Des plus rares trésors que dans tout l'univers
Le soleil sème au sein de mille astres divers,
Mammone, pour orner ce magnifique ouvrage,
Forma depuis mille ans l'immortel assemblage,
Et chaque jour, caché sous le portique obscur,
Ajoute à son travail par un travail plus pur.
Toujours de nouveaux feux sur ses bords resplendissent ;
De nouveaux ornemens ses contours s'enrichissent.

 Les essieux en sont d'or ; le timon d'or ; enfin,
Ses deux orbes roulans sont de l'or le plus fin.
Sur ses flancs arrondis l'or le plus pur étale
Le grenat, l'améthyste, et la perle, et l'opale,

Et les saphirs pareils aux Cieux étincelans,
Et la verte émeraude, et les rubis sanglans.
La sardoine, l'onyx, la topaze dorée;
L'escarboucle, de feux, de rayons entourée,
Qui, des nuits dissipant la triste obscurité,
Des célestes flambeaux remplace la clarté;
Le diamant enfin, dont la masse brillante,
Des rayons du Soleil écume éblouissante,
Orne le front des rois de ses traits éclatans,
Et triomphe du fer, de la flamme et du temps;
Mille trésors plus beaux, plus précieux encore,
Richesses des soleils que notre monde ignore;
Enlacés en festons, en rosaces, en nœuds,
D'un torrent de clartés couvrent ses bords pompeux.

 Plus merveilleux cent fois que toutes ces richesses,
L'art de Mammone encor surpassa ses promesses.
Sur les contours du char, du prince des Enfers
Son burin retraça les triomphes divers:
De nos premiers parens la désobéissance
Du Dieu qui les forma défiant la puissance;
Caïn fuyant au loin couvert du sang d'Abel;
L'iniquité de l'homme irritant l'Éternel,
Et des Cieux à sa voix l'onde précipitée
Couvrant de toutes parts la Terre épouvantée;
Ailleurs de cent faux dieux les rites inhumains,
Quand un culte fatal séduisoit les humains;
Quand des anges bannis l'audace fortunée
Des peuples ignorans régloient la destinée;
Et dans son temple même, et jusqu'à son autel,
S'enivroit de l'encens qu'on doit à l'Éternel.

CHANT II.

Plus loin, fermant l'oreille à sa parole auguste,
Tout un peuple en fureur résout la mort du Juste:
Par l'Enfer inspirés, les Juifs, les Juifs ingrats,
Osent sur leur Dieu même appesantir leurs bras;
Souillent son front sublime; et, d'une main impie,
Surpassant les forfaits qu'en ce jour il expie,
L'attachent sur la croix et déchirent son flanc:
Le Calvaire baigné de son précieux sang
Jusqu'en ses fondemens est en proie aux orages;
Le Soleil s'est voilé; la mer fuit ses rivages;
De leurs derniers rayons les yeux du Christ ont lui:
C'en est fait : l'univers croit mourir avec lui.

Là, laissant à dessein la peinture imparfaite,
Mammone a du Dragon supprimé la défaite;
Le Messie aux Enfers en vainqueur descendu,
Et les morts délivrés, et Satan confondu.

Ici l'art infernal a tracé la peinture
Des crimes dont l'Enfer effraya la nature
Pour enlever au Christ le fruit de son trépas:
Là, le peuple endurci voit, touche, et ne croit pas.
Là, des premiers Chrétiens on a peint le courage
Subissant les mépris, et la haine et l'outrage;
Les saints chassés, proscrits, dans les déserts errans,
Palpitans sous le fer, dans la flamme expirans;
Enfin l'Église même, à cent troubles livrée,
Par ses propres enfans à l'envi déchirée;
Des prêtres prodiguant l'exil, la mort, les fers,
Et de leurs attentats effrayant l'univers.

Les anges infernaux à ce char magnifique
Attèlent deux coursiers nourris sous ce portique:

Leurs fiers rugissemens et leurs regards affreux
Redoublent les horreurs de ces lugubres lieux ;
De leur gueule béante et de carnage avide,
En brûlans tourbillons s'élance un feu livide ;
Leurs pieds impatiens font du pavement d'or
Jaillir au loin l'éclair, et la foudre, et la mort.
 De ces fougueux coursiers Satan saisit les rênes,
Et les lance à travers ses immenses domaines :
Il dirige leur vol vers les remparts de fer
Dont la main du Très-Haut enveloppa l'Enfer.
Du char armé d'éclairs l'approche foudroyante
Disperse au loin des morts la foule gémissante.
Spectres, larves, serpens, gorgones, géryons,
Cerbères, basilics, hippogriffes, dragons,
Sphynx, hydres écailleux, minotaures énormes,
Cent monstres différens de nature et de formes,
Du Crime et du Remords innombrables enfans,
Accourent sur les pas des coursiers rugissans,
Se suspendent en foule à des roches funèbres,
De leurs cris discordans remplissent les ténèbres,
Et réveillent au loin les échos des Enfers :
De râlemens affreux l'un fait frémir les airs ;
L'autre aboie et glapit ; l'autre siffle et croasse ;
D'un long mugissement l'autre ébranle l'espace ;
Sous le char écrasé, l'autre hurle et se tord.
 A la voûte arrivé, le père de la Mort
Au-dessus de son char brandit sa longue lance ;
Loin au-delà du joug porte sa pointe immense ;
Frappe, et, du premier coup brisant l'énorme mur,
Fait au fond de l'Enfer jaillir un jour obscur :

Il redouble, et bientôt à son armée entière
Ouvre ainsi qu'à son char une large carrière.
Tout l'Abîme en mugit : l'océan du Chaos
Voit rouler l'un sur l'autre et reculer ses flots.
Tel un jeune condor, lorsque l'heure est venue
D'essayer la lumière et d'envahir la nue,
De son bec formidable, avec un bruit affreux,
Brise son œuf énorme, et mesure les Cieux :
Bientôt on le verra du sommet des montagnes
S'abattre avec fracas au milieu des campagnes ;
Enlever les taureaux, dévorer les pasteurs.
Tel sur le seuil tremblant du séjour des douleurs
Le fier Satan s'arrête, et, d'un œil intrépide,
Plonge au loin ses regards dans l'abîme du vide,
Cherche pour le troubler le séjour des vivans :
Tout-à-coup, au milieu de mille astres mouvans,
Il distingue celui qu'il voudrait mettre en poudre,
Et pousse un cri de rage, et part comme la foudre.
De son rapide char les orbes lumineux
Laissent derrière lui de longs sillons de feux.
A sa suite ont volé ses phalanges perfides :
Là s'avance Moloch, dont les mains parricides
Aiment à se baigner dans le sang des mortels ;
Ange abhorré du meurtre et des combats cruels.
Cet esprit détesté dont l'adresse infernale
Souffle au cœur des humains l'ambition fatale ;
Plus cruel que Satan, qui par lui fut séduit,
L'horrible Belzébub au combat le conduit.
D'un vol désordonné vient après lui cet ange
De mollesse et d'audace incroyable mélange ;

Cet impur Asmodée, artisan ténébreux
Des amours criminels, des nœuds incestueux :
Dans ses regards perçans tour à tour étincelle
Le desir ennemi, la volupté cruelle.
Phégor presse son vol, Phégor qui de l'hymen
Usurpa les flambeaux ; qui, d'un art inhumain,
Sème entre deux époux la discorde sanglante,
Du fer et des poisons arme leur main tremblante,
Et jusque dans des fils condamnés sans retour
Fait abhorrer celui qui leur donna le jour.
Bélial, ce flatteur dont l'adresse funeste,
Érigeant en vertus l'homicide et l'inceste,
Fait aux pieds des tyrans, ces hardis corrupteurs,
Servilement ramper des flots d'adulateurs,
S'avance sur ses pas, le mensonge à la bouche.
L'affreux Dagon le suit, monstre impur et farouche,
Et Triton gigantesque, et Neptune infernal,
Qui, de l'ange des mers ambitieux rival,
Sous son trident d'airain prétend ranger la Terre,
Et rendre d'Albion l'Europe tributaire.
Mammone est près de lui, toujours d'or altéré,
Soufflant partout la soif dont il est dévoré.
Ensuite vient Rimmon, de qui la bouche impure
Invite aux trahisons et vante le parjure ;
Puis l'orgueilleux Baal, le haineux Azazel,
Et l'infâme Chamos, et l'envieux Zophel,
Gog enfin : nul démon n'enfanta plus de crimes,
Ne causa plus de maux ; nul de plus de victimes
Ne peupla les Enfers ; nul, de Dieu réprouvé,
A de plus grands tourmens ne se vit réservé :

C'est lui dont la fureur, jusqu'alors sans exemples,
Inventa l'athéisme et lui dressa des temples.
L'ange affreux du remords, Abbadona le suit;
Esprit infortuné par ses ruses séduit,
Qui, rongé de tourmens, dans sa fureur extrême,
Sur soi-même s'acharne et renaît de soi-même :
Vain désespoir! son sort est fixé désormais;
Et le Ciel à ses vœux est fermé pour jamais.

Anges du Ciel ! quel est ce farouche génie
Qui du fond des Enfers accourt vers ma patrie ?
Un bandeau sur les yeux, une coupe à la main,
Il s'avance d'un pas chancelant, incertain ;
Des anges ténébreux la foule l'environne,
Et sa main desséchée à leur main s'abandonne :
Avec un rire affreux les monstres de l'Enfer
L'entraînent à grands pas dans les chemins de l'air :
Tantôt il leur résiste et fuit leur violence,
Et tantôt avec rage au-devant d'eux s'élance :
Ses larmes, ses tourmens ne sauraient les fléchir,
Et de son esclavage il ne peut s'affranchir.
A son air furieux, à sa bouche livide,
A ses cris, à ses pleurs, à sa coupe perfide,
Je reconnois Magog, cet ange désastreux
Qui trouble la raison des mortels malheureux;
Magog, qui, du Très-Haut démentant les miracles,
Abuse les Enfers par de trompeurs oracles.

Des torches à la main, ils parcourent les airs,
Ils franchissent les monts, ils traversent les mers,
Ils menacent de loin les rives de la France :
Leurs fronts brillent d'orgueil, d'audace et d'espérance.

Semblables dans leur course au nuage enflammé
Qui, portant le trépas en ses flancs renfermé,
Gronde dans le lointain, du sommet des montagnes
Descend avec la foudre, et fond sur les campagnes;
Ils volent: devant eux la nature frémit,
Le jour fuit, l'air se trouble, et l'Océan gémit;
Les hommes, les troupeaux dans les champs se dispersent;
Les forêts, les rochers, les temples se renversent;
Et, frappés tout-à-coup de leurs cris furieux,
Les astres pâlissans s'arrêtent dans les Cieux.

CHANT III.

Instruit que de l'Enfer les plus barbares anges
Sous leurs noirs étendards assembloient leurs phalanges,
Et des fils d'Albion méditoient les succès,
Suivi de ses guerriers l'archange des Français
Avoit, depuis deux jours, pour repousser leur rage,
Des deux mers en secret parcouru le rivage,
Les bords fameux du Rhin, les monts au front neigeux
Qui recèlent son urne en leurs flancs orageux,
Les ténébreux détours de la forêt d'Ardenne,
Les rochers d'Armorique et les monts de Pyrène :
L'archange, cependant, ses célestes héros,
Interrompent leur course et cherchent le repos.
  Au milieu de ces monts dont la chaîne hardie
Sépare les Français de l'antique Ibérie,
De frimas entouré, sur leurs plus hauts sommets
S'élève avec orgueil un immense palais.
Suspendus dans les airs, souvent d'épais nuages
Au pied de ses remparts roulent chargés d'orages.
Ceints d'un marbre éclatant, ses énormes contours
Portent jusques aux cieux de gigantesques tours :
L'œil entre elles voit fuir d'innombrables arcades,
Des dômes, des frontons, de longues colonnades,
Là des arcs, là des ponts, somptueux monumens,
D'une royale enceinte illustres ornemens.

Au-dedans, trois palais formés d'un pur albâtre,
L'un sur l'autre élevés en vaste amphithéâtre,
Étonnent à la fois et charment les regards :
Chacun de ces palais trois fois dans ses remparts
Contiendroit et le Louvre, et le pompeux Versailles,
D'un cirque près de là les immenses murailles
S'élèvent dans les airs : de leur faîte, à grands flots,
Tombent avec fracas d'intarissables eaux.
Non, jamais les jardins des souverains du Monde,
Babylone, Memphis, Byzance ni Golconde,
N'offrirent un spectacle à ce spectacle égal :
Des cieux semblé descendre une mer de cristal ;
En voûtes arrondie, en nappes étendue,
En gerbes jaillissante, en dômes suspendue,
L'onde, au sein des frimas, dans tout son appareil,
Retrace aux yeux ravis le palais du Soleil :
L'iris s'y multiplie en portes triomphales ;
Partout semblent pleuvoir les perles, les opales,
Les rubis, les saphirs ; partout les diamans
Semblent étinceler sous les flots écumans.
D'énormes bastions l'enceinte est entourée :
L'aigle habite ses tours. O pompeux Marborée !
Non, tu n'es le produit ni du temps ni de l'art,
L'ouvrage des humains ni le fruit du hasard :
Loin, bien loin les palais de la Grèce et de Rome,
Fragiles monumens des vains efforts de l'homme !
Ceux-ci portent le sceau d'un pouvoir éternel ;
D'une immortelle main c'est l'ouvrage immortel.
Des ennemis de Dieu pour borner les conquêtes,
L'archange des Français au-dessus des tempêtes

Jadis en un moment éleva ce séjour;
Sur ses plus hauts remparts il venoit chaque jour,
Dans l'Espagne asservie aux peuples de l'Aurore,
Observer les progrès de l'Arabe et du More,
Alors que de Tarik les nombreux bataillons,
Comme un torrent superbe inondant les sillons,
Des monts pyréniens, dans leur ardeur guerrière,
Menaçoient de franchir l'impuissante barrière ;
Alors que des Chrétiens, sur des monts escarpés,
Rassemblant les débris au carnage échappés,
Pélage à la Fortune opposoit son courage ;
Alors que les rochers du Cantabre sauvage
Gardoient, libres encor grâces à sa valeur,
Seuls dans toute l'Espagne un asile au malheur,
Et que, de Covadongue habitant les ténèbres,
Sous lui mille vaillans, par des exploits célèbres,
De cette grotte illustre éternisoient le nom,
Disputoient l'Asturie, épouvantoient Léon,
Et montroient aux humains contre la Tyrannie
Ce que peuvent la Foi, l'Audace et le Génie.

Michaël sur ces murs a porté ses regards :
Il rassemble l'essaim de ses guerriers épars :
Des campagnes de l'air le magnanime archange
S'abaisse, et sur ses pas sa rapide phalange.
Des monts à leur aspect les sommets ont fleuri ;
L'air s'épure ; autour d'eux la nature a souri.
Encor resplendissans d'une colère sainte,
Des palais et du cirque ils remplissent l'enceinte :
Leur foule égale en nombre et surpasse en beauté
Les astres qui des Cieux peuplent l'immensité.

6*

Des cités leur amour les antiques emblèmes
Parent leurs boucliers ; tressés en diadèmes,
Des lis épanouis ornent leurs casques d'or ;
Dans leurs yeux azurés la foudre brille encor.
Plein d'un trouble secret, dans un profond silence,
Leur chef reste immobile appuyé sur sa lance,
Prêt à fondre au milieu des sombres légions
Qu'enfantent de l'Enfer les tristes régions,
Si, d'un pied téméraire, en leur noire furie,
Des saints et des héros abordant la patrie,
Elles osoient fouler à la face des Cieux
Les tombeaux des martyrs et la cendre des preux.
Telle sur ses petits bondissans dans la plaine
La lionne, du fond d'une grotte prochaine,
Veille, l'œil attentif, inaperçue : ainsi,
Instruit par Azincourt, averti par Crécy,
L'ange sur ses Français moins prudens qu'intrépides
Veut veiller sans relâche, et ses regards rapides
Parcourent tout l'empire à sa garde commis.
Ils s'arrêtent surtout sur tes murs raffermis ;
O ville généreuse ! ô reine de la Loire !
Et déjà confiée à l'ange de Mémoire,
Des dangers acceptés par ton peuple immortel
La récompense auguste est l'entretien du Ciel.

Cependant de l'Enfer les noirs guerriers s'avancent :
Ils dévorent l'espace ; ils volent, ils devancent
Les pas du Repentir, les ailes du Remord,
L'Éclair et la Pensée, et le Temps, et la Mort.

Soudain, du haut des airs, ces barbares phalanges
Découvrent Michaël entouré de ses anges.

Leur prince en frémissant reconnoît son vainqueur ;
Un invincible effroi s'empare de son cœur :
Dans les flancs orageux d'un brouillard qu'il suscite,
Sa suite sur ses pas plonge et se précipite.
Sur les murs d'Orléans l'œil des anges fixé
N'a point vu l'ennemi dans sa course éclipsé.

« Va, Bélial, » dit-il, « remplis mon espérance :
Dans les rangs assemblés des anges de la France
Je ne distingue point l'éloquent Bloïzel :
Sans doute il est resté dans les palais du Ciel.
Prends sa forme, son air, sa tunique royale ;
Présente à Michaël sa beauté virginale ;
Et, de la flatterie épanchant le poison,
Ose du roi du glaive endormir la raison. »

Bélial obéit : sa figure altérée
Prend d'un héros du ciel la forme révérée ;
De riches vêtemens l'embellissent encor ;
Deux ailes rayonnant d'azur, de pourpre et d'or,
Le portent dans l'espace, et de sa chevelure
S'exhale autour de lui l'essence la plus pure.
Semblable dans son vol à ces rapides feux
Qui sillonnent la nuit l'immensité des cieux,
Il plonge vers la Terre, il traverse en silence
Les nuages errans dans l'intervalle immense ;
Sur le haut d'un rocher s'arrête à l'Orient ;
Reprend son vol, s'avance avec un air riant ;
S'abat près du palais, s'incline dès l'entrée,
Et d'un pas gracieux entre dans Marborée.

« Archange des Français, valeureux Michaël,
Et vous, frères chéris, nobles enfans du Ciel,

Salut ! Du sombre Enfer j'ai visité les portes :
L'épouvante y retient ses nombreuses cohortes.
Mais quel noble spectacle à mes yeux s'est offert,
Quand, m'approchant du globe où le Christ a souffert,
Sur les murs d'Orléans j'ai ramené ma vue !
L'honneur enfin triomphe : une ardeur imprévue
A du cœur de Dunois passé dans tous les cœurs ;
Et la Terreur fatale a fui chez les vainqueurs.
Les voyez-vous marcher vers la cité fidèle ?
Chaque instant, chaque pas qui les rapproche d'elle,
Ébranle leur courage ; et leurs chefs étonnés
Liront bientôt l'effroi sur leurs fronts consternés.
Talisman protecteur de sa noble patrie,
Le grand nom de Dunois a glacé leur furie.
Mais c'est toi, Michaël, ce sont tes soins heureux
Qui raniment la France à la voix de ses preux :
De l'abîme infernal sans toi le peuple sombre
Eût inondé ces bords de légions sans nombre,
Et parmi les Français livrés à la Terreur
Répandu la discorde, et le trouble, et l'horreur.
Ce péril est passé ; c'est l'Enfer seul qui tremble.
Après tant de travaux, amis, livrons ensemble
Nos cœurs à l'espérance ! Un moment de repos
Est le trésor du sage et le prix du héros.
Gloire à toi, le plus noble et le plus beau des anges !
Unissez vos accords pour chanter ses louanges,
Fils des Cieux ! célébrons sur nos luths fraternels
Le plus grand après Dieu de tous les immortels ! »

Il dit ; et, saisissant une harpe divine,
Il chante de nos maux la première origine,

CHANT III.

Ces célèbres débats qui jadis dans les Cieux
D'un fatal incendie allumèrent les feux ;
Cette révolte immense et ces combats funestes
Où les anges pervers des campagnes célestes
Disputèrent l'empire au monarque éternel ;
Et sous sa lance d'or le vaillant Michaël
Renversant à ses pieds l'archange de l'Aurore,
Ce brillant Lucifer qui les régit encore,
Aussi profondément dans l'Abîme plongé,
Que son trône autrefois, dans le Ciel érigé,
Avant le jour fatal marqué pour ses désastres,
Superbe, éblouissant, s'élevoit sur les astres,
Cependant qu'à ses pieds, dans tout leur appareil,
Se prosternoient les Cieux et rampoit le Soleil.
Aux chants de Bélial les saints anges s'unissent :
Sous leurs doigts agités mille harpes frémissent ;
Le cirque au loin redit leurs sublimes concerts :
Un silence profond s'étend sur les déserts ;
Des forêts sur les monts la masse répandue
Reste immobile ; et l'onde, aux rochers suspendue,
Du bruit retentissant de ses rapides flots
A cessé tout-à-coup d'effrayer les échos.
 D'anges inférieurs une troupe choisie
Verse aux héros du Ciel la divine ambroisie.
A peine ils ont goûté ses sucs délicieux,
(O d'un charme infernal effet prodigieux !)
Vaincus par le sommeil leurs yeux s'appesantissent,
Leur raison s'obscurcit, leurs membres s'engourdissent ;
L'un interrompt ses chants, et s'incline, et s'endort ;
L'autre glisse et s'étend sur son bouclier d'or ;

Du noble Auréliel ici la voix expire,
Et ses doigts languissans s'égarent sur sa lyre;
Plus loin, Parisiel, bercé de songes vains,
Tombe, et sa riche coupe échappe de ses mains.
Enfin Michaël même, appuyé sur sa lance,
Oublie imprudemment sa longue vigilance....
Tant l'art de Bélial, tant ses poisons vainqueurs,
Mêlés à l'ambroisie ont enivré leurs cœurs!

    Superbe, enflé d'orgueil et rayonnant de gloire,
L'ange impur à Satan va conter sa victoire.
La phalange infernale à l'instant fend les airs :
Comme descend la grêle au sein des flots amers,
Dans les rangs des Anglais fond l'orage invisible.
Soudain d'un noir courroux, d'un feu sombre et terrible
Les cœurs sont embrasés : des cris impérieux
Appellent le carnage et menacent les Cieux :
Les dieux du noir abîme, horreur de la nature,
Environnent Montague, et leur haleine impure
Souffle dans ses esprits par la haine égarés
Les coupables fureurs dont ils sont dévorés.
Il ne respire plus que meurtres, que ravages.
Fuyez, peuples des champs, ces malheureux rivages!
Abandonnez vos biens, ces trésors dangereux,
Fuyez, et dans le fond des antres ténébreux,
Par l'orage avertis sauvez-vous de la foudre!
L'ennemi vient, il vient pour tout réduire en poudre;
Vous êtes tous proscrits, tous voués au trépas :
Fuyez soudain! plus tard vous n'échapperez pas
Au fer de l'étranger, à ses dieux homicides:
Fuyez!.. Il n'est plus temps. Moins ardens, moins rapides,

CHANT III.

Du bitume enflammé, des métaux confondus,
Les torrens, du Vésuve à grand bruit descendus,
Renversent les cités, poursuivent dans la plaine
Les troupeaux effrayés, les pâtres hors d'haleine.
De l'insulaire altier les nombreux bataillons
D'un rapide incendie embrasent les sillons.
Les moissons, les forêts, tour à tour enflammées,
Annoncent son approche aux villes alarmées.
Bethencourt, Rochefort, soumis par la Terreur,
Vingt remparts foudroyés par le bronze en fureur,
Reçoivent dans leur sein ses phalanges cruelles.
De l'antique Puiset les murailles fidèles
A leur rage homicide opposent vainement
L'obstacle inattendu d'un noble dévoûment :
Ses remparts sont franchis, et le glaive assassine
Tout ce qu'enferme encor cette illustre ruine.
Se flattant d'échapper à la destruction,
Toury se rend en vain : le démon d'Albion
Dans ces murs désarmés se voit admis à peine
Qu'au mépris des traités, sa vengeance inhumaine
Livre aux flammes la ville, et sous leurs toits brûlans
Poursuit, le fer en main, ses pâles habitans.
Janville ose un moment défendre la patrie,
Et, d'un assaut nocturne éprouvant la furie,
Voit tomber avec elle un héros dans les fers,
Coëtivy, fier d'un nom qui doit régir les mers.
De Meûn, de Baugency la Peur ouvre les portes :
L'ennemi s'en empare; et soudain ses cohortes,
De leurs rangs orageux roulant au loin les flots,
Environnent Cléry du feu des javelots.

Anges, voilez vos fronts ! vierges, versez des larmes !
Le temple de Marie est entouré d'alarmes :
Les mains teintes de sang, de barbares soldats
Jusqu'en son sanctuaire osent porter leurs pas...
Habitacle sacré, mystérieuse enceinte,
Vous pour qui du Très-Haut l'épouse trois fois sainte
A son char de saphirs laissant prendre l'essor,
Souvent du Paradis franchit les portes d'or,
Le Ciel vous abandonne : une démence impie...
O spectacle d'horreur ! ô comble de furie !
Dieu ! de tant de forfaits, dans mes chants solennels,
Oserai-je effrayer l'oreille des mortels ?
Dirai-je les enfans, les vieillards et les femmes
Massacrés, déchirés, étouffés dans les flammes ;
Les asiles des morts ouverts et ravagés ;
Les prêtres du Seigneur sur l'autel égorgés ;
Les vainqueurs, entassant outrage sur outrage,
Par des ris inhumains, des chants, des cris de rage,
Insultant aux mourans et défiant les Cieux ?
Sur un trône, au milieu des débris et des feux,
L'ange affreux d'Albion présidoit aux supplices :
Il sourit aux bourreaux, respire avec délices,
Hume l'odeur du meurtre ; et, de ses yeux hagards
Dans ce vaste carnage enivrant les regards,
Des humains, à longs traits, mais non pas sans alarmes,
Dans sa coupe d'airain boit le sang et les larmes.

   Cependant, Orléans, du sommet de tes tours,
Tes preux, de ce torrent suivant au loin le cours,
D'un regard inquiet, sur ces tristes rivages,
Ont de l'Anglais barbare observé les ravages :

CHANT III.

D'un vaste embrasement vers l'horizon lointain
La sinistre lueur a marqué son chemin.
Huit jours entiers, l'Enfer dévora ses victimes ;
Huit jours entiers, les vents aux héros magnanimes
Qu'enchaînent dans ces murs les ordres de Dunois,
Des peuples expirans apportèrent la voix :
Avec l'ombre du soir quand le Silence arrive,
Penchés sur les créneaux, leur oreille attentive
De momens en momens recueille avec horreur
Le bruit lointain du bronze exhalant sa fureur,
Et des murs foudroyés la chute menaçante
De rivage en rivage au loin retentissante,
Et les chants des vainqueurs, et les cris douloureux
Des vaincus froidement assassinés par eux.
De tant d'infortunés privés de sépulture
Les mânes gémissans, durant la nuit obscure,
Erroient sur les remparts, aux portes des palais,
Et du sommeil des preux souvent troubloient la paix :
Leurs yeux versoient des pleurs, lorsque par intervalles
Ces mots, « Priez pour nous ! » résonnoient dans leurs salles.

Tout-à-coup l'horizon s'obscurcit, et les airs
Se chargent de vapeurs, de foudres et d'éclairs :
Sur la terre des cieux les cataractes fondent ;
Les tonnerres au loin s'appellent, se répondent ;
Tous les vents déchaînés luttent avec fureur.
L'ombre croît, et redouble et le trouble et l'horreur.
Les monstres de l'Abîme errans dans les ténèbres
Au choc des élémens mêlent leurs cris funèbres ;
Et l'orage embrasé d'un long voile de feux
Enveloppe la terre, et les mers, et les cieux.

Le peuple reposoit, et la troisième aurore
Au bord de l'horizon ne brilloit point encore :
Soudain, à la faveur de la foible clarté
Qui, sans donner le jour, chasse l'obscurité,
Les preux, du haut des tours, distinguent avec peine
Un cortége plaintif s'avançant dans la plaine.
Il grossit, il approche : on s'étonne, on accourt
Sur les murs avancés; on avertit Gaucourt ;
Et déjà la trompette éveillant les alarmes,
On s'empresse en tumulte, et chacun court aux armes ;
Les chefs sont rassemblés. Mais quel étonnement,
A ce trouble imprévu succède en un moment !
Ces mortels inconnus, loin d'apporter la guerre,
Humbles et prosternés, du front pressent la terre,
Ou lèvent vers le Ciel leurs suppliantes mains.
Ils approchent encor, timides, incertains :
« De nos foyers détruits l'Ennemi nous exile, »
Disent-ils : « Au malheur accordez un asile ! »
 Du peuple d'Orléans et de ses défenseurs
Ces accens douloureux attendrissent les cœurs :
On descend des remparts ; la porte Parisie
S'ouvre ; et déjà le Jour verse sur Aurélie
Ses premières clartés. Oh ! quel spectacle affreux,
Vient l'Aurore naissante étaler en ces lieux !
Du récent boulevard, cent familles errantes,
Tout un peuple échappé des flammes dévorantes,
Femmes, enfans, vieillards, demi-nus, tout sanglans,
Assiègent la barrière ; et là, d'horreur tremblans,
A peine osant lever leurs paupières humides,
De leurs mourantes voix, de leurs sanglots timides

Confondent les accens, et mêlent à leurs pleurs
Un murmure lugubre, un concert de douleurs.
Tels la Fable autrefois, sur les rivages sombres,
Aux mortels attendris peignoit ces pâles ombres,
Ces mânes gémissans, qui, privés du cercueil,
Du ténébreux empire en vain couvroient le seuil.
De Toury ravagé fuyant les murs funestes,
De son peuple proscrit s'étoient sauvés les restes
Dans l'ombre des forêts, sous des rocs ténébreux :
Là, cachés tout le jour, quand la Nuit autour d'eux
Répandoit à grands flots ses ombres tutélaires,
Ils erroient à l'abri des chênes séculaires,
Et de gland et de faîne ils nourrirent leur faim :
Des remparts d'Aurélie ils approchoient enfin,
Et pensoient de la Mort avoir sauvé leurs têtes,
Quand l'Enfer sur leurs fronts déchaînant les tempêtes,
Des torrens débordés et dans l'ombre roulans
Au hasard ils ont fui les flots étincelans.
L'un pleure son ami qui dans sa ville en cendre
Rentra pour le sauver, mourut pour le défendre ;
L'autre, un vieillard chéri massacré dans ses bras ;
L'autre, une sœur livrée aux fureurs des soldats.
Ce mortel en délire a vu sa jeune épouse
Se débattre et rouler sous la vague jalouse.
Ce jeune homme éperdu, dans ses bras amoureux
Emportoit une vierge à la lueur des feux :
Soudain d'un triple dard menaçant son amante,
L'éclair brille à l'entour de sa tête charmante ;
Il voit son front pâlir et ses yeux s'égarer ;
D'horreur et d'épouvante il la sent expirer.

Cette femme immobile, assise sur le sable,
Sur son sein palpitant la foudre impitoyable
A frappé son époux, dévoré ses enfans.
Ce fils désespéré vit des monstres hurlans
S'élancer des forêts, traîner dans leur repaire
Et partager entre eux les membres de sa mère :
Dans ses yeux égarés les larmes ont tari.
 « Victimes de Talbot et de Salisbury,
Entrez dans Orléans et calmez vos alarmes, »
Dit Dunois qui s'avance : « Ah ! puisse de vos larmes,
Puisse de tant de maux l'impitoyable auteur
Au pied de ces remparts expier sa fureur ;
Dans sa gloire homicide arrêté par la foudre,
D'un front ensanglanté battre à vos yeux la poudre ;
Et, laissant de sa chute un affreux souvenir,
D'un exemple terrible éclairer l'avenir ! »
 A ce cri d'un héros mille héros répondent :
Les imprécations, les fureurs se confondent.
L'impétueux Lahire a crié : « Guerre à mort ! »
Le peuple, les guerriers, dans un brûlant transport,
A cet affreux serment au même instant s'unissent ;
D'un bruit tumultueux les remparts retentissent.
De tant de noirs forfaits justement irrités,
Aux dernières fureurs tous les cœurs sont portés :
Avec l'Anglais cruel désormais plus de trêve ;
Plus de paix que la mort ! plus de loi que le glaive !
 Cependant, au milieu du tumulte et des cris,
Paroissent tout-à-coup, de ce trouble surpris,
Trente guerriers la veille envoyés dans la plaine
Pour épier l'Anglais dans sa course lointaine.

CHANT III.

Dix captifs enchaînés accompagnent leurs pas :
Au milieu, sur un char, un objet plein d'appas,
Une jeune beauté de femmes entourée,
Avance, à la douleur avec calme livrée :
Un voile épais ombrage et dérobe ses traits,
Mais laisse d'un beau corps briller tous les attraits,
Un port majestueux, un maintien sans foiblesse
Où la grâce élégante ajoute à la noblesse.
Lahire, à son aspect, Gaucourt, Poton, Dunois,
Tout ce peuple en fureur est demeuré sans voix.

« Cette nuit, » dit le chef de l'élite guerrière,
« Tout baignés de sueur, tout couverts de poussière,
Nous venions de laisser, après quelque repos,
Nos coursiers de la Loire en paix boire les eaux,
Quand ce char entouré d'une escorte nombreuse
Vint briller tout-à-coup dans la vallée ombreuse.
L'espoir de posséder un si riche butin
M'inspire au même instant le plus hardi dessein.
Sous de voisins halliers, dans le lieu le plus sombre,
Je dispose ma troupe, et, protégé par l'ombre,
J'attends que l'ennemi soit tout auprès de nous.
Il arrive : un cri part : sur lui nous fondons tous.
Les Anglais en tumulte au combat se préparent ;
La surprise, l'effroi de leurs âmes s'emparent ;
L'obscurité les trompe et nous sert à la fois.
Ils résistoient encor : *France ! France et Dunois !*
M'écrié-je. A ce nom l'épouvante l'emporte ;
Ce nom seul à l'instant disperse leur cohorte :
Ils pensent sur leurs pas voir voler le héros :
Ils courent vers le fleuve, ils traversent les flots,

Ils gagnent l'autre bord, laissant en ma puissance
Cet or, ces chevaliers, ces femmes sans défense. »

Il dit : un cri s'élève, et la pointe des dards
Autour de ses captifs brille de toutes parts.
« De leurs frères cruels ils expiront les crimes, »
S'écrie un peuple entier : « Livrez-nous ces victimes !
Leur sang paîra le sang qu'ont versé dans Toury
Les fureurs de Talbot et de Salisbury. »

« Arrêtez ! » dit Dunois : « Français, qu'allez-vous faire ?
Où va vous emporter une aveugle colère ?
Sur nous de quelques maux qu'il rassemble le faix,
Voulez-vous d'un barbare égaler les forfaits ?
Dans le sein des vaincus, vous, plonger vos épées !
Du sang d'un sexe foible elles seroient trempées !
Ah ! Français ! jusque-là portez-vous la fureur ?
Eh ! ne craignez-vous point une funeste erreur ?
Ces captifs, savez-vous quels lieux les ont vus naître ?
Faut-il les immoler avant de les connoître ?
Peut-être sont-ils nés sur un rivage ami ;
Dans les fers de l'Anglais peut-être ils ont gémi ! »

Il dit : Lahire accourt : la foule forcenée
Reculoit devant eux, incertaine, étonnée :
Quand la jeune inconnue, écartant de ses yeux
Le voile qui la cache aux regards curieux,
Montre au peuple ébloui la majesté suprême
D'un front fait pour briller des feux du diadème :
Telle jadis aux Grecs un ciseau créateur
Offroit du roi des dieux la compagne et la sœur.
Tout-à-coup interdite à l'aspect de Lahire,
L'étrangère se trouble, et rougit, et soupire ;

Puis, revenant à soi, sur Dunois incertain
Ramène avec effort ses regards, et soudain :

« Je rends grâces, » dit-elle, « à cette courtoisie
Qui vous porte, seigneur, à défendre ma vie :
Mais si par un mensonge il me faut l'obtenir,
Épargnez-vous ce soin, je n'y puis consentir.
De périls plus affreux fussé-je environnée,
Je me dois toute entière au sang dont je suis née.
Renier son pays, c'est trahir ses aïeux,
C'est mentir à l'honneur, c'est insulter aux Cieux.
Français, n'hésitez plus : mon trépas doit vous
    plaire :
Albion me vit naître, et Montague est mon père. »

Imprudente, où t'emporte une aveugle fierté !
L'arrêt de ton trépas par toi-même est dicté.
Ce téméraire aveu rallumant la tempête,
Mille voix à l'instant redemandent sa tête.
D'un peuple forcené les flots impétueux
Se rapprochent du char ; des cris tumultueux,
D'affreux rugissemens qui dans l'air se confondent,
Aux ordres de Dunois insolemment répondent ;
Ces Français, à leurs chefs naguère si soumis,
Sont prêts à les confondre avec leurs ennemis :
Tant les plus doux esprits, les cœurs les plus paisibles,
Une fois exaltés, sont cruels et terribles !

« Eh bien ! » dit le héros en élevant la voix,
« Puisqu'on ose aujourd'hui méconnoître mes lois,
Puisque dans son délire Orléans persévère ;
J'atteste ici le Ciel qu'un châtiment sévère

1.   7

Puniroit l'insensé, lâchement inhumain,
Qui, portant sur ce char une insolente main,
Oseroit au mépris dévouer ma mémoire,
Me souiller de son crime et m'arracher ma gloire :
J'en jure par ce fer, dont pour vous je m'armis,
Et par l'honneur, qu'en vain je n'attestai jamais.
L'Anglais, dit-on, l'Anglais fut plus cruel encore :
Devons-nous l'imiter quand il se déshonore ?
Depuis quand les Français pour modèles nouveaux
Daignent-ils s'abaisser à prendre leurs rivaux ?
Nous, barbares comme eux ! la vieillesse, l'enfance,
La beauté sans appui, le malheur sans défense,
Ne trouveroient en nous que des cœurs sans pitié !
Point de fin que la mort à notre inimitié !
Du sang, toujours du sang ! Ah ! laissons l'Angleterre,
De semblables fureurs épouvanter la Terre !
Dans les champs de carnage où triomphe la Mort,
Renversons sans frémir, immolons sans remord
Le guerrier menaçant, appui d'une autre cause ;
Mais sous nos boucliers que le vaincu repose ! »
 Il dit, et l'on croit voir son visage irrité
Resplendir des rayons de la Divinité.
Il frappe les coursiers : le char s'ébranle, roule :
Devant le roi des preux s'ouvre à l'instant la foule.
Sa voix de tout un peuple enchaîne les fureurs ;
Un murmure étouffé succède à leurs clameurs.
Tel pour calmer les mers leur dieu n'eut qu'à paroître.
Tels des lions fougueux, à l'aspect de leur maître,
Courbent leur front superbe, et, de rage écumans,
Exhalent leurs courroux en sourds rugissemens.

CHANT III.

La Force à la Raison cède ainsi son empire,
L'Humanité triomphe et la Colère expire.
 En bénissant la main qui les a préservés,
Au palais de Dunois les captifs arrivés
En franchissent le seuil. « Soyez ici sans crainte, »
Dit le héros : « l'honneur règne dans cette enceinte :
Ma foi de tout péril vous y met à couvert. »
A ces mots un salon par son ordre est ouvert.
Dans cette enceinte heureuse et des anges chérie,
La fille des Harcourt, la modeste Marie,
D'un époux qu'elle adore attendant le retour
Avoit près de son fils veillé jusques au jour :
Ses femmes autour d'elle au travail assidues,
A la douce clarté des lampes suspendues,
Faisoient briller l'aiguille et tourner les fuseaux,
Et du lin sous leurs doigts divisant les réseaux,
Préparoient ce duvet, cette mousse légère,
Aux blessures du glaive appareil salutaire.
Du jour qui tout-à-coup pénètre dans ces lieux
L'éclat inattendu vient étonner leurs yeux ;
Dans ces flots de clartés, des lampes qui pâlissent,
Les rayons expirans soudain s'évanouissent.
Marie, interrompant ses modestes travaux,
S'est levée à l'aspect de ses hôtes nouveaux.
Tout s'empresse autour d'eux : des mains légères, sûres,
Des chevaliers captifs visitent les blessures.
La fille de Montague est après un moment
Conduite par Marie en son appartement :
Tout prévient ses désirs ; et l'illustre étrangère
Eût reçu moins d'honneurs au palais de son père.

Gladuse étoit son nom. De la belle Seymour,
Sur les bords de l'Avon elle reçut le jour.
Au valeureux Talbot promise dès l'enfance,
Son père ambitieux, aux rives de la France,
Pressé par cet amant, crut pouvoir la mander.
Déjà dans ces remparts il pensoit commander :
Au-devant de ses fers son âme enorgueillie
Voyoit venir le peuple et les chefs d'Aurélie,
Et ses guerriers mêler d'une insultante main
L'appareil du triomphe aux pompes de l'hymen.
Talbot, l'heureux Talbot sur ces rives tremblantes
Projetoit des tournois et des fêtes brillantes ;
Renversoit en espoir les plus fameux guerriers ;
Aux pieds de sa maîtresse apportoit ses lauriers :
Malheureux ! sur ces bords d'autres destins t'attendent.
Cette beauté fameuse où tes désirs prétendent,
Qui sans en murmurer vient t'asservir sa foi,
Brûle depuis long-temps pour un autre que toi
D'un amour qu'il ignore, et qu'en son trouble extrême
Elle voudroit, hélas ! se cacher à soi-même.
Trop fière pour laisser soupçonner son tourment,
Aux ordres de son père, aux vœux de son amant,
Elle s'étoit rendue, avoit franchi les ondes :
Chaque instant ajoutoit à ses terreurs profondes :
Tel frémit un mortel qui s'avance au trépas.
Déjà....Mais tout-à-coup on arrête ses pas ;
L'épouvante confond et disperse sa suite ;
Dans les murs d'Orléans elle se voit conduite ;
Et ses premiers regards, dans ce fatal séjour,
Rencontrent le héros objet de son amour !

CHANT III.

Maintenant qu'il n'a plus à trembler pour la vie,
Des captifs que le sort à son honneur confie,
Dunois reprend le cours de soins non moins sacrés.
Tandis que les Anglais, de carnage enivrés,
Au loin vers l'Occident sèment les funérailles,
Il prétend introduire au sein de ses murailles
Tout ce qui peut encore aux chevaliers français
D'une longue défense assurer le succès.
Rentré dans le devoir, tout un peuple s'empresse
D'exécuter les lois que prescrit sa sagesse.
La foule se répand dans les champs d'alentour,
S'y charge de fardeaux, entre et sort tour à tour.
Ici, jonchant d'éclats la forêt vénérable,
Tombent avec fracas sous la hache indomptable
Les chênes, les sapins, les hêtres, les ormeaux :
La terre disparoît sous leurs vastes rameaux.
Là, de rochers brisés qu'à la hâte on entasse,
Péniblement s'élève une pesante masse :
Bientôt les rocs, les troncs, affermis sur des chars,
S'avancent lentement, traînés vers les remparts ;
Sous cet énorme faix l'essieu crie et s'embrase :
La roue ouvre la pierre, et la broie, et l'écrase ;
Et devant chaque porte aussitôt déposés,
Ces arbres, ces débris, avec art disposés,
D'un puissant boulevard étalent la défense.
D'un saint zèle, à l'envi, la vieillesse, l'enfance,
D'un sexe délicat les généreuses mains,
Par des travaux constans, des efforts plus qu'humains,
Secondant des guerriers l'ardeur et le courage,
Hâtent l'achèvement de cet immense ouvrage :

Les uns, ouvrant la terre avec de longs efforts,
Vont de fossés nouveaux ceindre de nouveaux forts ;
D'autres incessamment, sur la brouette agile,
Voiturent les cailloux, et le sable, et l'argile ;
Ceux-là rangent de front les hêtres, les ormeaux ;
Entre leurs troncs noueux enlacent des rameaux ;
Assortissent des rocs la hauteur inégale ;
Et, de leur double ligne emplissant l'intervalle,
Mille légers paniers, par de nombreux chemins,
Jusqu'au sein des travaux transmis de mains en mains,
Portent la terre humide à l'endroit où la foule
De femmes et d'enfans une innombrable foule.
D'autres chars, cependant, des agrestes tribus,
Des champs, des prés, des bois apportent les tributs :
L'orge, l'aveine ardente, aux coursiers salutaire,
Et le plus pur froment dont se dore la terre.
Tout se meut, tout agit. Tel s'empresse un essaim
Que le creux d'un rocher receloit dans son sein,
Lorsque sur des coteaux où cent parfums mûrissent,
Il court ravir aux fleurs les sucs qu'elles nourrissent.
Tels plutôt des fourmis les sombres bataillons
Parcourent en tous sens les arides sillons,
Et bientôt, rapportant des conquêtes nombreuses,
Regagnent à pas lents leurs cités ténébreuses :
L'une soulève un grain ; l'autre pousse un long bois ;
L'autre, en haletant, traîne un insecte aux abois,
Proie énorme, surprise en des piéges habiles :
D'autres portent dans l'ombre entre leurs bras débiles
Celle qu'un coup fatal frappa dans le combat ;
Raniment ses esprits que la douleur abat ;

Et souvent s'arrêtant, par de douces morsures,
D'un baume salutaire arrosent ses blessures.
Par un chemin couvert d'autres vers leurs remparts
D'animaux plus petits chassent les flots épars,
Pacifique troupeau qui, dans sa noire étable,
Nourrira ses gardiens d'un nectar délectable.
Cependant, sous la terre élevant près à près
Étage sur étage, et palais sur palais,
Creusant des souterrains, traçant des galeries,
Tout un peuple, à couvert, des champs et des prairies
Dans un ordre charmant dispose les trésors.
Viennent alors des vents les orageux efforts,
Et la pluie, et la grêle, et le givre, et la neige :
Tout est prêt de l'Hiver à soutenir le siége.

 Tout-à-coup, hors d'haleine, un cavalier accourt,
Fend la presse à grands pas, s'approche de Gaucourt,
Le conduit à l'écart, et, d'une voix tremblante :
« L'ennemi vient ! » dit il : « la flamme dévorante
S'avance moins rapide au milieu des moissons.
Mes yeux ont aperçu ses premiers bataillons :
Demain ils sont ici. » Soudain Dunois révèle
Au peuple rassemblé cette triste nouvelle.
La consternation saisit d'abord les cœurs :
Mais bientôt, de son âge oubliant les langueurs,
Le chef des magistrats, Dubey paroît, s'avance,
Et ses regards sereins ramènent l'espérance.
Du peuple impatient d'ouïr sa douce voix,
Tous les yeux sur les siens se fixent à la fois.

 « Orléanais, » dit-il, « j'ai compté cent années ;
J'ai vu naître et finir d'illustres destinées.

Écoutez mes conseils, qu'ils soient par vous suivis.
Autrefois des héros ont cherché mes avis :
Guesclin, ce grand Guesclin, Clisson, son noble élève,
Connétables tous deux, tous deux l'honneur du glaive,
Loin du bruit de la cour, sous ce même rempart,
Sont venus quelquefois consulter le vieillard ;
Et, présentant toujours leurs devoirs à leur vue,
Ma prudence fixoit leur âme irrésolue.

» Montague nous apporte ou la honte ou la mort.
Pour nous sauver des deux il faut un noble effort :
Oui, notre sûreté veut un grand sacrifice.

» Voyez-vous, mes enfans, cet antique édifice
Dont le faîte élevé domine nos faubourgs ?
Cet asile est le mien : là, j'ai passé mes jours,
Tranquille et satisfait, dans une paix profonde ;
Là, ma vie a coulé plus limpide que l'onde ;
Là, ma mère en tremblant guida mes premiers pas ;
Là, des plus chastes nœuds j'ai connu les appas ;
Enfin, dans ce séjour, ma mémoire fidèle,
A chaque place, amis, tous les jours me rappelle
Un moment fortuné : sans trouble et sans remord,
J'y crus pouvoir du juste attendre en paix la mort,
Et qu'après mon trépas, ma dépouille, enfermée
Dans cette même enceinte en cloître transformée,
Au sein de la prière et des regrets pieux,
Dormiroit au doux bruit des chants religieux.
Eh bien ! à cet espoir il faut que je renonce :
L'arrêt en est porté : c'est moi qui le prononce :
Ce séjour va périr. Oui, s'armant d'un flambeau,
Ma main va devant vous consumer mon tombeau.

Vous demeurez muets? ce dessein vous étonne?
Voulez-vous, mes amis, faut-il que j'abandonne
A l'odieux Anglais le toit de mes aïeux?
Viendra-t-il usurper mes foyers à mes yeux,
Et s'en faire un abri d'où sa main impunie
Lancera sans danger sur la triste Aurélie
Des foudres dévorans, des carreaux ravageurs?
Non : je leur sauverai par de promptes rigueurs
Le sort injurieux que l'Anglais leur prépare.
Un noble dévoûment de mon âme s'empare.
O mes concitoyens, n'osez-vous m'imiter?
Mais, que dis-je! est-ce moi qui vous dois exciter?
Est-ce à moi, tout courbé sous les glaces de l'âge,
De vous donner encor l'exemple du courage?
Devancerez-vous point mes pas mal assurés?
Sortez, vivans martyrs, de vos cloîtres sacrés!
Vierges saintes, quittez vos asiles paisibles!
Fuyez de l'ennemi les outrages horribles!
Que la vertu respire à l'ombre des lauriers!
Hâtez-vous d'emporter dans nos remparts guerriers
Les débris des élus, objets de nos hommages,
Et du Dieu des Chrétiens les augustes images!
Fuyez, et qu'aussitôt des temples du Seigneur
La cendre reste seule au pouvoir du vainqueur!
Loin de nous en punir, pour les réduire en poudre,
L'Éternel au besoin nous prêteroit sa foudre :
Ses autels dans Cléry sanglans et profanés,
Disent à quels affronts ils seroient condamnés
Si, prévenant l'Anglais, nos mains religieuses
Ne les livroient en proie à des flammes pieuses.

Hâtons-nous donc, amis, et qu'un vaste bûcher
Empêche quelque temps l'ennemi d'approcher ! »
 Il dit. Le roi des preux, dans ce noble langage,
D'un cœur des anciens jours reconnoît le courage.
« Dieu t'inspire, ô vieillard, et je le reconnois ! »
Dit-il. « Je n'osois point, braves Orléanais,
Vous proposer l'effort que sa voix vous demande,
Et que de vos foyers la sûreté commande :
Choisissez cependant : l'Anglais vient, et demain
Vos faubourgs sont sa proie, à moins que votre main
Ne prévienne sa rage, et, dans des feux rapides,
N'engloutisse l'espoir de ses guerriers avides. »

 Ainsi parle Dunois ; et, muette un moment,
La multitude éprouve un morne abattement.
Tout-à-coup une voix de mille voix suivie :
« Périssent nos faubourgs pour sauver la patrie !
» A l'instant sous nos coups nos maisons vont crouler. »
Et Dunois attendri sent ses larmes couler.

 L'ordre est connu : bientôt, dans les murs de la ville,
Tout un peuple nouveau vient chercher un asile.
Là, des vieillards courbés hâtent leurs foibles pas ;
Là, des mères portant leurs enfans dans leurs bras,
Cheminent lentement, les yeux mouillés de larmes ;
Plus loin, touchans objets des publiques alarmes,
Les vierges du Seigneur s'avancent deux à deux,
Le visage couvert d'un lin religieux :
La croix, les saints débris, et, d'un cristal voilée,
La Victime immortelle et sans cesse immolée,
Les précèdent portés par de pieux mortels
Élevés pour son culte à l'ombre des autels.

CHANT III.

Tous dans ses rigueurs même adorent un Dieu juste.
A l'aspect imposant de ce cortége auguste,
La foule avec respect s'ouvre subitement :
Tout s'arrête et s'incline : un saint recueillement
Se propage; et, saisis d'un trouble involontaire,
Les guerriers prosternés du front pressent la terre.

   Bientôt par mille bras des flambeaux agités
Sèment dans les faubourgs leurs sinistres clartés.
Le signal est donné : tout s'éprend, tout s'embrase :
Là croule un toit; ailleurs un mur s'ouvre et s'écrase;
Plus loin tombent des tours, et sous leur vaste poids
Cent habitations périssent à la fois.
De béliers assaillis, deux donjons magnifiques
Résistoient à l'orage ; et leurs sommets antiques,
A l'empire des airs long-temps accoutumés,
Sembloient braver les feux autour d'eux allumés,
Et de leur majesté refuser de descendre
Pour mêler leurs débris à la commune cendre :
Des Tournelles, soudain, des remparts d'Orléans,
Vingt globes destructeurs fondent sur ces géans;
Et leurs fronts orgueilleux, sous la foudre grondante,
Disparoissent au sein d'une fumée ardente,
Lumineuses vapeurs, nuages enflammés,
Qui couvrent un moment les faubourgs consumés.
Enfin des vents du soir l'impétueuse haleine
Emporte au loin ce voile en balayant la plaine :
Ces lieux, si beaux hier, n'offrent aux yeux surpris
Que des monceaux de cendre et d'informes débris.
La consternation succédant au courage
Fait au peuple un moment regretter son ouvrage;

Un cri d'amour succède à son premier effroi :
— « Reçois ce sacrifice, ô Dieu !.... Vive le Roi ! »
Enfin l'ange des Nuits accourt, et sur son ombre
Répand confusément des étoiles sans nombre.

CHANT IV.

 Tout dormoit dans les champs, dans les bois, sous les eaux :
Aucun bruit de la Nuit ne troubloit le repos,
Hors le cri que jetoient, à de courts intervalles,
Les guerriers répandus à distances égales
Sur le faîte des tours, au sommet des remparts,
Chaque fois que dans l'ombre enfonçant leur regards,
L'un de l'autre ils voyoient étinceler les armes ;
Ou que des pas d'un chef vieilli dans les alarmes,
Qui, chassant du sommeil le charme dangereux,
Visitoit chaque poste, exhortoit chaque preux,
Le retentissement, pendant leur longue veille,
Arrivoit imprévu jusques à leur oreille ;
Ou qu'à l'instant marqué, leurs compagnons dispos
Venoient prendre leur place et les rendre au repos.
Leurs voix se répondoient ; la Nuit régnoit au monde ;
Et tout rentroit bientôt dans une paix profonde.

 Mais l'ennemi de Dieu, l'ennemi des humains,
Veille aussi sur ces tours, et poursuit ses desseins.

 Deux anges dans les Cieux prirent jadis naissance :
L'un, Zoraël, gardant sa première innocence,
Inspire un amour pur et chaste comme lui :
L'autre, infâme en ses vœux, cruel dans son ennui,
Un poignard à la main, fier de ses barbaries,
Trouble la Terre, et marche entouré de furies.

A ce monstre fatal Lucifer a recours :
« Asmodée ! » a-t-il dit, « prête-moi ton secours :
Descends dans ces remparts ; que la guerre civile
Embrase par tes mains cette odieuse ville ! »
    Asmodée, à ces mots, dans ces paisibles murs
Descend environné de nuages obscurs.
Un moment il médite ; à l'entour il promène
Des yeux étincelans où respire la haine.
Tel l'animal vorace, à pas lents et sans bruit,
A l'insu des pasteurs dans un parc introduit,
Avant de s'élancer semble choisir sa proie,
Et frémit de colère, et palpite de joie.
    De Lahire d'abord, non loin des vieux remparts,
L'héroïque demeure attire ses regards ;
Il y vole, et touchant les portes de sa lance,
Elles s'ouvrent sans bruit : il s'avance en silence,
Pénètre jusqu'aux lieux où le jeune héros
Sur sa couche étendu s'abandonne au repos,
Et contemple un moment cette illustre victime.
Un calme heureux régnoit sur son front magnanime ;
Ses longs cheveux bouclés, en flots d'ébène épars,
Sur son col éclatant tomboient de toutes parts ;
A ses côtés brilloient son casque impénétrable,
Ses pesans gantelets, son glaive formidable ;
Auprès du chevalier, son jeune et noble ami,
Le vertueux Aymar reposoit endormi.
Le monstre (sur sa bouche erre un cruel sourire)
S'applaudit des tourmens qu'il prépare à Lahire.
D'un songe séduisant il charme ses esprits :
Il présente Gladuse à ses regards ravis,

CHANT IV.

Telle que, dans ce jour, de glaives entourée,
Calme, fière, imposante, à la foule égarée,
Cette beauté superbe abandonnoit ses jours,
Et préféroit la mort à de lâches détours.
Dans le sein du héros l'ange cruel enfonce
Un trait brûlant : déja sa victoire s'annonce ;
Le noble preux se trouble et commence à souffrir ;
Il sent de veine en veine un noir poison courir ;
Il frémit, il s'agite ; et, tournant sur sa couche,
De sourds gémissemens s'échappent de sa bouche.

 Le perfide ennemi, fier d'un premier succès,
Quitte ces lieux et court des chevaliers français
Pour la belle étrangère enflammer les plus braves.
De ces héros si fiers il fait autant d'esclaves :
Bouil, Kannède, Guitry, La Chapelle, Thouars,
Et Ternès, et Chabanne, et Girême, et Villars,
Cèdent à l'ascendant de son pouvoir funeste.
De palais en palais le monstre manifeste
Sa présence invisible ; et de ses traits vainqueurs
Le poison dévorant embrase tous les cœurs.

 Au palais de Dunois il accourt, il s'élance,
Et du cœur du héros s'empare en espérance :
Déjà cette victoire exalte son orgueil.
Il s'avance dans l'ombre ; il va franchir le seuil :
Tout-à-coup, ô surprise ! une main invisible
L'arrête, le repousse, et de ce lieu paisible
A sa haine impuissante interdit tout accès.
De la fureur du monstre oh ! qui peindra l'excès ?
« Quel es-tu ? que veux-tu ? » dit-il, « ô téméraire
Qui t'oses dévouer aux feux de ma colère ? »

Il dit, et s'est armé de son glaive cruel.
L'éclair brille : à sa vue apparoît Zoraël.
 « O toi qui de la Nuit troubles les saintes heures,
Malheureux! que viens-tu chercher dans ces demeures?»
Dit l'ange aimé des Cieux : « Réponds, esprit pervers,
Réponds au nom du Dieu qui régit l'Univers!»
 « Ne crois pas m'effrayer!» dit l'ange de ténèbres.
« Je brave ton courroux. De mes torches funèbres
Que ne puis-je embraser et consumer ton cœur!
Non, de tous les guerriers qu'arma notre vainqueur,
De tous ceux qu'à son char sa main prodigue enchaîne,
Nul jamais dans mon sein n'excita plus de haine.
Mais je ne t'aurai pas toujours maudit en vain :
Écoute mon serment, écoute, ange divin !
J'en jure par l'Enfer : cette main forcenée
D'un dard dont j'affilai la pointe empoisonnée
Frappera ton héros : éperdu, hors de soi,
Tu le verras te fuir et se donner à moi ;
Tu le verras, mourant, sous mes coups se débattre,
Mugir comme un taureau que le fer vient d'abattre :
Tu le verras : ton cœur en séchera d'ennui. »
 « Fuis!» répond Zoraël, et son épée a lui :
Fuis, monstre impur! Dunois ne sera point ta proie.
J'ai su te prévenir : par des liens de soie,
A ce jeune héros un amour chaste et pur
Joint la fille des preux, Marie aux yeux d'azur.
Va pleurer aux Enfers ton attente trompée ;
Fuis ! ou tu connoîtras le poids de mon épée.»
 Il dit : l'ange ennemi recule, et sa fureur
De ses horribles traits redouble la pâleur.

CHANT IV.

A l'ange vertueux il porte un coup terrible.
Zoraël le prévient : son glaive irrésistible
Sur le glaive infernal, qui ne l'effleure pas,
Tombe comme la foudre, et le brise en éclats.
Asmodée aux Enfers, par une fuite prompte,
Va cacher sa défaite, et sa rage, et sa honte.
Des anges révoltés le formidable roi,
Satan, Satan lui-même, en a frémi d'effroi.

 Cependant par degrés les ombres s'éclaircissent ;
Dans l'Orient vermeil les étoiles pâlissent ;
L'ange brillant, chargé de réveiller les Cieux,
Au bord de l'horizon lève un front radieux :
Déjà dans le lointain l'écho des bois répète
Les accens du tambour, du cor, de la trompette,
Foibles sons que l'effort des zéphirs d'alentour
Apporte sur les murs, emporte tour à tour.
On doute encor : le bruit augmente, et les alarmes :
Il approche, il redouble. « Aux armes, peuple ! aux armes !
Aux armes, chevaliers ! voilà les ennemis :
Montrez-nous les héros qui nous furent promis. »

 Au midi des remparts que menace leur haine,
Les enfans d'Albion paroissent dans la plaine.
Ils se pressent en foule entre des bois touffus.
Parmi des flots de poudre, avec un bruit confus,
Ils s'avancent couverts d'armes éblouissantes
Que dorent du Soleil les clartés renaissantes :
Etincelans de fer, leurs bataillons nombreux
Brillent à l'horizon comme un fleuve de feux.
Là viennent à grands pas les archers intrépides ;
Là volent des lanciers les escadrons rapides :

Tous marchent au combat le front ceint de lauriers;
Tous s'avancent au bruit des instrumens guerriers,
S'excitent au carnage, aux assauts se préparent,
Franchissent le Loiret, de la plaine s'emparent,
Et, déroulant au loin leurs flots impétueux,
Où furent du Midi les faubourgs fastueux,
Dirigent à grand bruit leur course menaçante.
Des chefs, de temps en temps, la voix retentissante
Éclate avec effort dans le tumulte : ainsi,
Au milieu des autans, sous un ciel obscurci,
La foudre gronde et fond sur la Terre alarmée.
 Mais la voix d'un héros a fait naître une armée.
Dunois a prévu tout : à ses Orléanais
Il a donné des chefs, des armures, des traits;
Avec ses vieux soldats il mêle leurs cohortes,
Et des remparts du Sud il leur ouvre les portes.
Sur le pont qui gémit et tremble au loin sous eux,
La Loire voit passer leurs rangs impétueux.
L'ardeur de la vengeance en leurs regards est peinte.
Des Tournelles bientôt ils traversent l'enceinte,
Et des vastes faubourgs traversent à grands cris
La cendre encor brûlante et les fumans débris.
Dunois, s'affranchissant d'une crainte vulgaire,
Veut devancer l'Anglais dans les champs de la guerre.
Chaumont, Saucourt, Girême et de nombreux vassaux
Par son ordre à la droite ont porté leurs drapeaux.
Ce noble chevalier, ce foudre des batailles,
Fratame est auprès d'eux. Les deux braves Xaintrailles
Vers la gauche à grands pas conduisent mille preux.
Gaucourt commande au centre, et Dunois en tous lieux.

CHANT IV.

Aux premiers rangs, couvert d'une armure brillante,
Un héros a placé sa bannière éclatante;
L'Anglais cherche son nom; mais bientôt ses hauts faits
Révèleront Labire à ses guerriers défaits.
Par une vieille haine au combat animées,
Aux accens des clairons, déjà les deux armées
Marchent l'une vers l'autre et lancent le trépas:
La terre retentit et gronde sous leurs pas.
La phalange succède aux phalanges pressées;
Mille glaives ardens, mille piques baissées
Se menacent; partout brillent des étendards,
Des haches, des forêts de lances et de dards;
Et déjà de la Mort, dans l'abîme du vide,
Sur son pâle coursier l'ange du sang avide
Descend comme un éclair: du redoutable archer
Sur le front des héros les traits vont s'épancher.

« Que vois-je! » s'écria d'une voix alarmée
L'altier Salisbury, lorsque vers son armée
Ses yeux virent des lis marcher les étendards:
« Quoi! ce peu de guerriers, loin de fuir mes regards
Et de bénir la main qui dressa leurs murailles,
Osent braver ma haine et tenter des batailles!
Quels sont donc ces mortels à la crainte étrangers,
Qu'animent les revers, qu'irritent les dangers,
Qui, vingt fois abattus et toujours invincibles,
Se relèvent soudain plus fiers et plus terribles? »

Enhardis par leur nombre et fiers de leurs succès,
Les guerriers d'Albion vers les héros français
S'avançoient en désordre, et mêloient aux fanfares
Des cris tumultueux et des hymnes barbares:

Leur général frémit, court, vole, et par trois fois
Jusqu'en leurs derniers rangs fait retentir sa voix.
Il règle leur ardeur, la dirige ou l'enchaîne ;
Forme leurs escadrons, leur partage la plaine,
Les dispose en bataille ; et, parcourant les rangs,
Dicte, en marchant, l'emploi de cent chefs différens.
Suffolck commandera la droite de l'armée.
Tu le suis, Lancelot, et ton âme, fermée
A la douce espérance, aux soins ambitieux,
Remplit en gémissant un devoir odieux.
Des guerriers que nourrit le Northumbre sauvage,
Glacidas à la gauche ira guider la rage.
Halsate l'accompagne. Au centre, les Gallois
Du généreux Héron reconnoîtront les lois.
Le perfide Moulins conduira vers la Loire
Les guerriers bourguignons ; et si de la Victoire
L'ange est toujours contraire aux chevaliers français,
Des remparts d'Orléans leur fermera l'accès.
Talbot ne paroît point : seul absent de l'armée,
Ce héros que retient sa tendresse alarmée,
D'une vaine espérance abusé chaque jour,
Attendoit dans Cléry l'objet de son amour.

 Des deux côtés, brûlant d'assouvir leur vengeance,
Les guerriers s'avançoient dans un profond silence.
Au sommet des remparts où le tonnerre dort,
Ces machines d'airain qui vomissent la mort,
Muettes, attendoient le signal du carnage.
Ceux que loin des combats retient le sexe ou l'âge,
Des temples, des palais fléchissant sous le poids,
Ou couronnent les tours, ou surchargent les toits,

CHANT IV.

Ou des remparts du Sud occupent l'étendue;
Et, de ce choc fatal appréhendant l'issue,
Palpitant de terreur, mornes, silencieux,
Leur âme toute entière a passé dans leurs yeux.
Tout se tait : on diroit que, propice à la Terre,
L'ange saint du Sommeil a désarmé la Guerre.

O repos! ô silence! ô calme plein d'horreur,
Et d'un orage affreux sinistre avant-coureur!
D'une lutte terrible ô formidable attente!
Ainsi, quand d'Uriel la marche triomphante
Ramène en nos climats la brûlante saison,
Des anges ténébreux au bord de l'horizon
Rassemblent lentement des vapeurs orageuses:
La Nature en frémit; les eaux tumultueuses
S'arrêtent; le zéphir n'oseroit soupirer;
L'écho se tait; l'oiseau sent sa voix expirer.
Soudain s'entre-heurtant les nuages s'embrasent;
Jaillissant de leur sein mille foudres écrasent
Les temples, les remparts, les forêts, les rochers;
Au bruit des flots grondans les pâtres, les nochers
Mêlent des cris d'effroi; la Terre désolée
Chancelle avec horreur, sur son axe ébranlée;
On diroit qu'arraché de la voûte des airs,
L'astre du jour éteint roule dans les Enfers.

Ainsi les escadrons se heurtent, se confondent :
Aux plaintes des mourans d'horribles cris répondent;
Le fer croise le fer; l'arc siffle; les remparts
S'allumant tout-à-coup, tonnent de toutes parts;
La rive au loin s'ébranle et mugit d'épouvante;
Et des ruisseaux de sang teignent l'herbe fumante,

Ange au front belliqueux, toi dont les fiers accens
De fureur et d'audace ont rempli tous mes sens,
Viens éclairer mes yeux ! qu'aux accords de ta lyre
Des siècles écoulés le voile se retire !
Quel guerrier le premier, sur ce funeste bord,
Abreuva de son sang l'ange affreux de la Mort ?
C'est toi, noble d'Ussieux : dans ton seizième lustre,
La palme du martyre à ta vieillesse illustre
Étoit donc réservée ; et tu meurs à la fois
En combattant l'Enfer, en défendant tes rois !
Du cruel Glacidas le coursier formidable
Foule ton corps brisé, ta tête vénérable ;
Et tes cheveux blanchis par quatre-vingts hivers,
Sont souillés de carnage et de fange couverts.
Des Français indignés la foule, à cette vue,
Vole, et d'un cri d'horreur fait retentir la nue.
Sous le fer d'Amerval ici le fier Osmond
Succombe en poursuivant le jeune Rochemont,
Qui, d'un dard transpercé, sans voix et sans haleine,
Par son coursier fougueux est traîné dans la plaine.
Montalais d'Hamilton reçoit le coup mortel :
Tyndale ailleurs périt de la main de Rhétel.
Pomus combat Graville, et sa cruelle épée
Dans le sang du héros par trois fois s'est trempée :
Le généreux Tilloy court, vole, et son écu,
En repoussant Pomus, sauve un ami vaincu.
Indigné de se voir arracher sa victime,
L'impérieux Anglais au guerrier magnanime
Porte un coup foudroyant ; mais, du choc fracassé,
Son glaive en mille éclats vole au loin dispersé.

CHANT IV.

De rage et de douleur Pomus reste immobile.
Sur lui le fier Tilloy levoit son glaive agile,
Quand Wellesley, fuyant la lance de Montmort,
Passe entre eux, pour autrui reçoit le coup de mort;
Et soudain des Anglais les escadrons immenses
Environnent Pomus d'une forêt de lances.
Mais des guerriers français que n'ose la valeur?
Qui pourroit leur fermer le chemin de l'honneur?
Xaintraille frappe Oswald et l'étend sur la terre;
Hawley veut le venger; d'un coup de cimeterre
Poton tranche le bras contre son frère armé,
Hawley ferme les yeux; sanglant, inanimé,
Il tombe: en rugissant, les coursiers des Xaintrailles
De leurs ongles de fer déchirent ses entrailles.
En vain pour repousser ces frères valeureux
D'innombrables guerriers se rassemblent contre eux:
Falgate, Organ, Palmers, Cléveland, Ackenside,
Roulent ensanglantés sous leur lance homicide.
Mais Suffolck a paru; Pole accourt; le destin
Entre les deux partis flotte encore incertain.
Suffolck blesse Chailly, foule aux pieds Roquelaure;
Pole immole Ibeline, et Gironde, et Dulaure.

Près d'eux combat le chef des guerriers bourguignons,
Le noble Lancelot, dont les fiers compagnons,
Sous le fameux Moulins, au loin, vers le rivage,
Attendent le signal de voler au carnage.
Maréchal de l'armée, il doit partout ses soins.
Sa vie est l'intérêt qui l'occupe le moins.
Insensible à la gloire, à pas lents il s'avance;
Sans trouble et sans courroux écarte avec sa lance

La foule d'ennemis qu'irritent ses exploits.
Un épais voile noir couvre tout son pavois,
Où, dit-on, dans un champ de couleur azurée,
S'élance en gerbe d'or une flamme épurée ;
Où deux lis enchaînés par des liens d'or pur
Semblent se balancer dans un nuage obscur.

 Mais c'est surtout au centre, où Montague préside,
Qu'autour des preux rugit la bataille homicide.
Là, joignant à leur voix la harpe et le clairon,
Des Gallois réunis sous le noble Héron
Les chantres belliqueux, au milieu du carnage,
Des enfans des héros enflamment le courage,
En disant les exploits, en vantant les vertus
De leurs aïeux admis à la table d'Arthus.
Là, Guerrard, Rochefort, vingt chevaliers parjures
Qui de la France en deuil déchirant les blessures,
Ont déserté sa cause, et livré nos remparts
Au pouvoir oppresseur du roi des léopards,
A force de valeur, d'une tache si noire
Espèrent follement effacer la mémoire,
Comme si d'un beau nom l'espoir étoit permis
A qui sert des tyrans et trahit son pays !
Malheureux ! quand vos mains au carnage occupées,
Dans le sein des Français enfoncent ces épées,
Une secrète horreur ne vient pas vous saisir ?
Sur leurs corps palpitans vous marchez sans frémir ?
Vous pouvez voir leur vie et leur sang se répandre,
Sans qu'une voix plaintive en vous se fasse entendre,
Et qu'au même moment la main d'un Dieu vengeur
Du remords sur vos fronts étale la pâleur ?

CHANT IV.

Tremblez! Lahire accourt. Pour se faire un passage
Jusqu'aux lieux où rugit leur criminelle rage,
Comme, aux bords de l'Ohio, dans de sombres forêts
Où nul homme avant lui ne pénétra jamais,
Un hardi voyageur la hache en main s'avance,
Et des troncs enlacés brisant la chaîne immense,
Des chênes, des sapins, des hêtres, des ormeaux,
Moissonne autour de lui les robustes rameaux :
Tel, l'œil étincelant, l'impétueux Lahire
Disperse à coups d'épée, écrase, abat, déchire
Les plus vaillans guerriers : mille traits, mille dards
Sifflent et sur son sein fondent de toutes parts ;
Sur lui d'un bruit affreux ses armes retentissent :
Mais sur l'épais acier tous les coups rebondissent.
Plus terrible, il s'élance ; et, redoublant d'efforts,
Forme, élève et franchit des montagnes de morts :
Le glaive dans sa main jamais ne se repose.
Tel, errant sur les bords que le Zaïre arrose,
L'affreux rhinocéros, sur ses flancs cuirassés,
S'il sent mourir les traits par les Maures lancés,
Pousse un cri, se retourne, et d'un regard avide
Cherche ses ennemis : le bataillon rapide
Jette ses javelots, fuit, et n'évite pas
L'animal furieux qui vole sur ses pas,
A travers des déserts que le Soleil embrase
Suit le chasseur, l'atteint, le renverse et l'écrase.

    Sur les pas de Lahire, aux périls aguerri,
Le généreux Aymar, son élève chéri,
Court, la lance à la main, fier de faire paroître
Qu'il est digne de suivre et d'imiter son maître.

Sous lui vole et s'élance un rapide coursier ;
Un panache éclatant flotte sur son cimier ;
Et sur le fer poli de sa légère armure,
Aux rayons du Soleil sa blonde chevelure
Trompe les yeux, et semble, abandonnée aux vents,
D'un or liquide et pur rouler les flots mouvans.
De son maître sur lui l'inquiète tendresse
Veille dans la mêlée : il sait avec adresse
Écarter le trépas sur son front suspendu ;
Et souvent devant lui son pavois étendu
Au jeune audacieux qu'un bras robuste accable,
Offre d'un mur d'airain l'asile impénétrable.
Poursuivi, menacé, tel un enfant chéri
Trouve près de sa mère un tutélaire abri,
Et là, fier et mutin, défie avec audace,
Provoque ses rivaux, les brave et les menace.

 Cependant, à la droite, en un champ resserré,
Saucourt, Chaumont, Fratamo et le Guerrier sacré,
D'un téméraire orgueil trompant les espérances,
Dans le sang des Anglais désaltéroient leurs lances.
L'industrieux Halsate et l'affreux Glacidas
Ne peuvent bientôt plus retenir leurs soldats :
Girême de vingt preux tranche à leurs yeux la trame.
A travers mille morts l'intrépide Fratamo
S'avance tout couvert de son vaste pavois :
L'Anglais en frémissant a reconnu sa voix :
Glacidas l'aperçoit, quitte les rangs, s'élance,
Et, sans le renverser, brise sur lui sa lance.
La foule les sépare. Anthenaise, Almédas
Expirent sous les coups du cruel Glacidas :

CHANT IV.

Il étend dans la poudre Amboise et Notredame.
De sa masse d'acier le valeureux Fratame
Abat Rivers, Murray, Shenstone, Harington,
Et le beau Lauderdale, et le brave Langton.
　　A pas lents et réglés dans la plaine s'avance
Un brillant escadron que la Terreur devance.
Dix chevaliers fameux, Guitry, le fier Villars,
L'intrépide Chabanne, et Kannède, et Thouars,
Beuil, Valpergue, Couras, Partade, La Chapelle,
Suivent Dunois partout où le danger l'appelle.
Toujours serein, d'un front calme et majestueux,
Immobile au milieu des rangs tumultueux,
Dunois voit tout, sait tout, prévoit tout, et dirige
Tous ses guerriers. Partout où le péril l'exige
Volent ses écuyers, ses hérauts; et soudain
Les Français ranimés balancent le destin.
Tel, lorsque dans les airs les planètes errantes
Semblent suivre au hasard cent routes différentes,
Le grand régulateur de ces mondes roulans,
Le Soleil reste fixe au sein des Cieux mouvans.
　　Tournant contre les siens son glaive et sa furie,
Le cruel Glacidas les rassemble et leur crie :
« Lâches! que faites-vous? où portez-vous vos pas?
Pensez-vous, à mes yeux, vous sauver du Trépas?
Dunois vous épouvante! ô honte insupportable!
Ma colère est pour vous cent fois plus redoutable,
Perfides! et ma main va bientôt vous porter
Cette mort qu'en fuyant vous pensez éviter. »
　　Il dit; parmi leurs rangs se jette, et, dans sa rage,
De ses propres guerriers fait un affreux carnage;

Puis, vers nos bataillons, une lance à la main,
Se retourne, et se fraye un rapide chemin.
Sous ses coups Hermanville, Anthon, Nangis, Humière,
Ferment en gémissant les yeux à la lumière :
Cent autres, de sa lance atteints et renversés,
Expirent à ses pieds, l'un sur l'autre entassés.
L'épée en vain le frappe : un charme la repousse,
La flèche sur son sein rebondit et s'émousse.
Consacré par sa mère aux puissances d'Enfer,
Son corps devint partout impénétrable au fer.

   Mais tandis qu'en ce lieu sa fureur menaçante
Arrête des Français la marche triomphante,
Comme un flot orageux grossi de mille flots,
L'impétueux Lahire, avant tous nos héros,
Accourt, et reconnoît le monstre sanguinaire.
Moins prompt est l'ouragan, moins ardent le tonnerre.
« Viens, tigre ! » lui dit-il : « Viens, lâche ravisseur !
Meurtrier de ma mère ! assassin de ma sœur ! »

   Leurs lances aussitôt en éclats se dispersent ;
L'un par l'autre heurtés, leurs coursiers se renversent ;
Et tous deux, des arçons promptement dégagés,
De leur chute à l'instant veulent être vengés.
Leurs glaives flamboyans se croisent, se séparent,
Se rencontrent encore et de nouveau s'égarent ;
Tantôt sur leurs écus d'étincelles couverts
Tombent comme la foudre ; ou, tournant dans les airs,
Sifflent comme les vents au milieu des tempêtes,
Et d'un cercle de flamme environnent leurs têtes.
L'armure des guerriers de mille coups gémit ;
Sous eux la terre tremble ; autour d'eux l'air frémit :

L'œil voudroit suivre en vain leurs mouvemens rapides.
Pleins d'une égale ardeur, ces rivaux intrépides
En stériles efforts épuisent leur vigueur :
La mort est dans leurs mains, sous leurs yeux, sur leur cœur,
Et toujours fugitive, et toujours menaçante,
Trompe et flatte long-temps leur fureur impuissante.
 Soudain, tel qu'un torrent qui d'un sommet neigeux
S'élance, roule, entraîne, en son cours orageux,
Les forêts, les rochers, les plus fermes murailles,
Plus formidable encor, ce foudre des batailles,
L'invincible Dunois, s'avance : le Trépas,
La Fuite, la Terreur accompagnent ses pas :
D'innombrables guerriers, jusqu'alors intrépides,
Pâles, saisis d'effroi, de leurs coursiers rapides
Hâtent l'essor trop lent, pressent les flancs poudreux :
Lahire et Glacidas sont séparés par eux.
Dunois à Bassington fait mordre la poussière :
Sa lance atteint Crafford, enfonce sa visière,
Et l'étend dans la poudre. En vain fuyoit Norbert :
Le fer le suit, l'atteint, et, perçant son haubert,
S'ouvre jusques au cœur une route cruelle.
Dans la main du héros son épée étincelle :
Harris tombe à ses pieds ; Norwick, atteint au flanc,
Chancelle, et rend son âme avec des flots de sang ;
Tyrrel, qu'a foudroyé le fatal cimeterre,
Se dresse en blasphémant, retombe, et mord la terre ;
Miller, Hudson, Rodney, Langford, Evans, Seymour,
Suivent son âme impie au ténébreux séjour :
L'Abîme les reçoit, l'Abîme impitoyable.
Partout s'étend le trouble, un carnage effroyable.

Mais devant nos héros déjà de tous côtés
Reculoient des Anglais les rangs épouvantés :
Témoin de leur effroi, leur ange tutélaire,
Le roi du noir Abîme en rugit de colère.
Il court s'offrir aux yeux de Montague interdit :
Visible pour lui seul, il l'arrête et lui dit :
« Prends ce glaive : au combat cours avec confiance !
Reconnois ton appui : fidèle à l'alliance
Qu'au pied de mes autels tu formas avec moi,
Je viens te secourir. Dissipe ton effroi :
Sur mes pas de la Mort s'avance l'ange horrible. »
Il dit, et disparoît, et pousse un cri terrible :
L'un sur l'autre acharnés, cent mille combattans
N'empliroient pas les airs de sons plus éclatans :
Moins affreux sont tes cris, ange de la Tempête !
La Terre s'en ébranle et le fleuve s'arrête ;
Le Soleil en pâlit : des Français éperdus
Les glaives menaçans demeurent suspendus.
Mais ces sinistres sons, qui glacent leur courage,
Des guerriers d'Angleterre ont redoublé la rage :
Soudain réunissant leurs escadrons épars,
Ils fondent sur nos rangs, marchent vers nos remparts :
Leurs foudres rallumés retentissent et grondent.
Les anges de l'Abîme avec eux se confondent :
Moloch, Dagon, Magog, courant de rang en rang,
Excitent le carnage et s'enivrent de sang ;
Là, Chamos, Azraïl, Azazel, Asmodée,
Raniment des vaincus la haine intimidée ;
Plus loin, Gog en fureur ose insulter aux Cieux.
Des enfans d'Albion le chef ambitieux,

CHANT IV.

Impétueux, ardent, prompt comme la tempête,
Appelle ses barons et s'élance à leur tête.
De l'archange infernal le glaive flamboyant
Étincelle en sa main ; météore effrayant,
Dont la lueur sinistre, au loin resplendissante,
Annonce à nos guerriers la Mort pâle et sanglante.
Déjà le fier Ponthieu, du fer terrible atteint,
Succombe, et de son sang la terre au loin se teint.
Le beau Rosoi, Rosoi dont les grâces fatales,
Sur des bords fortunés, de cent jeunes rivales
Captivoient la tendresse, et de nouveaux plaisirs
Enivroient chaque jour ses volages désirs,
Par Montague frappé, gémit, chancelle, tombe,
Et, constant désormais, va dormir dans la tombe.
O vaillant Montbazon ! quelle imprudente ardeur,
Quel génie ennemi t'entraîne à ton malheur ?
Au-devant de l'Anglais tu viens d'un pas rapide :
Infortuné ! déjà sur ton front intrépide
S'étend subitement la pâleur du trépas,
Et la Gloire a pour toi perdu tous ses appas.
Portancy, Langeron, Puymorin, Marinville,
Vezac, Ablon, Chambord, Gondy, Montbrun, Terville,
Sont renversés : Mercœur s'agite, se débat,
Retombe : impétueuse, ainsi la grêle abat,
Brise, arrache, détruit l'espérance des gerbes,
Et l'humble violette, et les pavots superbes ;
Et ne laisse après soi, dans les champs, dans les airs,
Que la mort, le silence, et l'horreur des déserts.
   Les chevaliers français rappelant leur courage,
Se soutiennent l'un l'autre et font tête à l'orage.

Lahire abat Wallis, et Fratame, Clinton :
Percé de part en part de la main de Poton,
Sullivan furieux blasphème, écume, crie,
Se roule, se débat, mord la lance ennemie,
Et meurt en vomissant les flots d'un sang impur.
Le valeureux Girême accourt, et, d'un bras sûr,
Au général anglais porte un coup effroyable :
Tremblante de fureur, la lance formidable
Perce l'épaisse armure, arrive jusqu'au flanc,
L'effleure, le sillonne, et s'abreuve de sang.
Enflammé de courroux, Salisbury s'élance :
D'un revers de son glaive il coupe en deux la lance :
Qui pourroit résister à l'infernal acier ?
Girême loin de lui voit voler son cimier ;
Atteint d'un second coup, bientôt son casque même
Roule dans la poussière, et son heure suprême
Semble sonner : mais non : sur des ailes de feu
Dunois, Dunois accourt : la colère d'un Dieu
Anime ses regards et son front intrépide :
Il vient; l'aigle est moins prompt, la Mort est moins rapide :
Sur le superbe lord, qu'enivrent tant d'exploits,
Son glaive foudroyant tombe de tout son poids.
C'étoit fait de Montague, et sa mort étoit prête,
Sans l'armet enchanté qui défendoit sa tête :
Le fer résiste au choc ; mais son œil s'est troublé :
Sur son coursier qui tombe il s'incline accablé,
Et son épée échappe à sa main défaillante.
Satan voit son danger ; sa voix retentissante
Perce les airs : il vole, et, de son bouclier,
Comme d'un vaste mur couvre son chevalier.

Dans la poudre sanglante il voit briller son glaive :
N'écoutant que sa rage, il court, il le relève ;
Et bientôt des Français, jusque sous leurs remparts,
Il repousse à grands coups les bataillons épars.
A son aspect affreux pénétrés d'épouvante,
Nos soldats accablés, d'une voix gémissante,
Se demandent en vain quel est ce chef nouveau
Par qui tant de guerriers sont voués au tombeau ?
Par la foule entraînés, les héros les plus braves
Sont chassés devant lui comme ces vils esclaves
Qu'un avare Africain, sous un ciel dévorant,
Fait avancer au bruit de son fouet déchirant.
Il poursuit ses forfaits, et ses mains meurtrières
Renversent à la fois des phalanges entières.

Cependant Bloïzel, messager radieux,
Pour joindre Michaël avoit quitté les Cieux.
A l'aspect de Satan sa grande âme est troublée :
Il pousse un cri terrible et fond dans la mêlée ;
Invisible aux mortels, il court de rang en rang :
Partout des corps sans vie et des fleuves de sang
S'offrent à ses regards. « Ange au cœur plein de rage !
Affreux Satan ! » dit-il, « de meurtre et de carnage
Oses-tu, sans l'aveu du Dieu de l'Univers,
Souiller ces bords encore interdits aux Enfers ?
Dans le sang des mortels tu plonges ton épée ?
As-tu donc cru la foudre à ses mains échappée ? »

Il dit : l'ange rebelle est saisi de terreur :
Dans les rangs des Anglais il rentre avec fureur,
Et cesse de semer la mort et l'épouvante.
Des chevaliers français la valeur expirante

A l'instant se ranime; et tous, tournant le front,
Dans un sang ennemi vont laver leur affront.
Encor brûlans du feu dont leurs barbares anges
Tout-à-l'heure animoient l'essor de leurs phalanges,
Les Anglais à ce choc résistent en héros :
Sous les glaives croisés le sang coule à grands flots.
Contre Pole et Suffolck les deux braves Xaintrailles
S'élancent respirant la fureur des batailles.
Halsate sur Villars fond la lance à la main :
La lance de Dunois le rencontre en chemin ;
Il pâlit, et du coup va mesurer la plaine :
De ses guerriers tremblans la foule au loin l'entraîne.
L'horrible Glacidas, sur des monceaux de morts,
De Beuil et de Kannède arrête les efforts.
Là, du noble Héron la lance ensanglantée
Moissonne des guerriers la foule épouvantée :
Givrac, Charlus, Blezy, Gallérande et Chantal,
Ont déjà de sa main reçu le coup fatal ;
Mais Partade à ses yeux perce Osborne, Langmore,
Dunphrey, l'affreux Curtis et l'intrépide Ismore.

 Cependant vers Montague, à l'écart secouru,
Des anges infernaux le prince est accouru.
D'une main invisible il relève le comte.
« Reviens à toi, » dit-il; « prends tes armes; surmonte
Ce sombre désespoir. Je puis encor, je veux
Contraindre la Victoire à couronner tes vœux.
Que fais-tu sur ces bords? Du nombre et du courage
Tes guerriers, tu le vois, y perdent l'avantage ;
Tandis que les Français protégés par ce fort
Peuvent à ta vengeance échapper sans effort.

CHANT IV.

Un moment va changer leur allégresse en larmes.
Dût aujourd'hui le Ciel prendre pour eux les armes,
Satan sera vengé. Que de tes escadrons
La moitié s'aille joindre aux guerriers bourguignons;
Que le reste avec toi recule, se retire,
Semble fuir les Français, sur ses pas les attire,
Et loin de ces débris, loin de ces hauts remparts,
Entraîne adroitement leurs bataillons épars;
Qu'entre eux et ces abris leur superbe espérance,
Des Bourguignons alors la colonne s'élance,
Leur ferme la retraite, et dans leurs derniers rangs
Repaisse la fureur des glaives dévorans.
Point de clémence alors, point de trève au carnage !
Que si tes ennemis n'osent de ce rivage
S'éloigner pour te suivre, aux ravages, aux feux
Livre les champs voisins; consume sous leurs yeux
Les moissons, les forêts, les hameaux et les villes.
Tu connois les Français : penses-tu qu'immobiles,
De cet embrasement ils restent spectateurs?
Ils voudront t'en punir; leurs escadrons vengeurs
Voleront sur tes pas, et, dans ces vastes plaines,
Ou trouveront la mort, ou subiront tes chaînes. »

Il dit et disparoît. Le chef des Léopards
Envoie aux bannerets dans la campagne épars
Ses rapides hérauts : partout de la retraite
Le signal est donné : l'éclatante trompette
De sons précipités fait retentir les airs.
L'Anglais frémit, s'étonne, et, de ses rangs ouverts
Réparant le désordre, autour de ses bannières
Se hâte d'assembler ses phalanges guerrières.

Tout-à-coup la moitié s'éloignant des combats,
Vers les bords du Loiret précipite ses pas;
L'autre des Bourguignons va joindre les cohortes.
    Aussitôt des Français rapprochés de leurs portes
S'élancent à grands cris les rangs tumultueux.
En vain, pour arrêter leurs pas impétueux,
Dunois court dans les rangs, les rappelle et s'écrie:
Lahire ailleurs excite, enflamme leur furie:
« Quoi! ces enfans des flots sur nos rives vomis,
Les mains teintes encor du sang de nos amis,
Pourroient impunément s'éloigner de nos plaines,
Et ravager en paix nos plus riches domaines?
Amis, laisserons-nous, par crainte ou par pitié,
De notre part de gloire échapper la moitié?
Soumettrons-nous au joug l'indépendance heureuse
Qui laisse à son essor une âme généreuse?
Pour moi, jusqu'à ce jour libre dans mes exploits,
De mon courage seul je recevrai des lois.
J'irai, seul s'il le faut, attaquer dans leur fuite
Ces guerriers dont Dunois nous défend la poursuite;
Dans leurs rangs odieux je porterai la mort :
Ce monstre dont ma main dut terminer le sort,
L'infâme Glacidas achèvera de vivre.
Quelqu'un de vous veut-il m'imiter et me suivre?
Quelqu'un de vous veut-il partager avec moi
La gloire de venger sa patrie et son roi? »
    Il dit: son coursier vole et rase au loin la plaine.
Soudain mille guerriers que son exemple entraîne,
S'élancent sur les pas des enfans d'Albion :
Les ordres de Dunois, le devoir, la raison,

CHANT IV.

Ils ont tout oublié. Témoin de leur délire,
Poton les suit des yeux, les rappelle, et soupire.
La moitié de l'armée a volé sur leurs pas.
Arrêtez, malheureux ! vous courez au trépas :
Arrêtez !... C'en est fait : un tourbillon de poudre
S'élève ; de son sein les éclairs et la foudre
Semblent sortir : partout où ce nuage affreux
Roule le noir torrent de ses flots ténébreux,
Des guerriers renversés par ce brûlant orage
Les blasphèmes, les cris, les hurlemens de rage
S'élèvent jusqu'au ciel. Sur leurs corps expirans,
Nos chevaliers pareils aux lions dévorans,
S'avancent l'œil en feu, les mains ensanglantées :
Par l'ange des Combats leurs âmes excitées
Des plus affreux périls repoussent la terreur,
Et la soif du carnage enivre leur fureur.
Aymar au fier Stanley fait mordre la poussière ;
Girême de Lansdowne éteint l'ardeur guerrière ;
Fratame foule aux pieds Wakefield et Northam ;
Ackenfield, Allestry, le superbe Chatam,
Par le fer de Ternès ont leur trame coupée ;
Lahire... rien n'échappe à son avide épée :
Tout fuit à son aspect ou cède à son effort ;
C'est à la fois l'éclair, et la foudre, et la mort.
Pour suivre ce héros dans ces plaines cruelles,
Ou prête-moi tes yeux, ou donne-moi tes ailes,
Chantre céleste !... Il court, il vole, et du Trépas
L'ange ardent se fatigue à marcher sur ses pas.
Oh ! combien de guerriers en proie à sa furie,
Divers de nom, de rang, et d'âge, et de patrie,

Ont vu s'ouvrir pour eux un avenir pareil,
Une nuit sans aurore, hélas, et sans sommeil!
Quel est ce chevalier si grand, si formidable,
Mais que d'un seul revers le fier Lahire accable?
Est-ce toi, Northampton, géant audacieux
Dont le front insolent sembloit braver les Cieux?
Il tombe comme un chêne atteint par le tonnerre,
Et, d'un vaste débris couvrant au loin la terre,
Du fracas de sa chute épouvante ces bords,
Se roule, et bat long-temps la poudre de son corps.
Telle, d'un fer aigu mortellement blessée,
La pesante baleine à sa fureur laissée,
De son énorme queue effroi des matelots,
Frappe à coups redoublés, tourmente au loin les eaux,
Teint d'écume et de sang une immense étendue,
Boit sa vie autour d'elle à grands flots répandue,
Et, traînant des nochers les lances et les dards,
De sa mort convulsive amuse leurs regards.
Entouré d'ennemis attirés par sa chute,
Tel le géant anglais, à mille coups en butte,
Exhaloit lentement sa vie et sa fureur.
A ce spectacle affreux Bing saisi de terreur
Recule en pâlissant: le glaive de Lahire
Le presse, le poursuit, l'atteint et le déchire.
Là succombent Wesley, le barbare Norton,
L'intrépide Albemarle et le fier Abington.
D'un bouclier épais Walker en vain se couvre:
Le glaive siffle, tombe, et le fracasse, et s'ouvre
Jusqu'aux poumons glacés un rapide chemin.
D'une hache d'acier Campbell arme sa main:

Comme un lion terrible, il rugit, il s'élance;
Sur le front du héros tombe avec violence
L'homicide tranchant; mais de son bouclier
Lahire au même instant s'est couvert tout entier :
L'écu vole en éclats, mais la hache trompée
S'écarte, et dans son sang n'est pas même trempée.
Lahire furieux, dont le coursier fend l'air,
Sur Campbell effrayé revient comme un éclair :
Il élève à deux mains son pesant cimeterre...
Campbell, le front brisé, va mesurer la terre.

Tout-à-coup mille cris s'élèvent jusqu'aux cieux.
Loin des faubourgs détruits, d'un pas audacieux,
Tandis que les Français, pleins d'un fatal délire,
En foule s'avançoient sur les pas de Lahire,
De Montague inspiré par l'archange infernal,
Les guerriers bourguignons ont reçu le signal :
Ils s'élancent pareils aux Aquilons rapides
Qui, fondant tout-à-coup sur les plaines liquides,
Dispersent au hasard, abîment sous les eaux,
Poussent sur des rochers, écrasent les vaisseaux.
Telles, sur nos guerriers, entre eux et les Tournelles,
Tombent avec fureur ces phalanges nouvelles.
La retraite est fermée à nos héros vainqueurs.
La surprise, l'effroi passe dans tous les cœurs :
Partout de ce revers la nouvelle est semée.
En vain, en s'avançant, le reste de l'armée,
Par Dunois rallié sous le canon du fort,
Veut ravir cette proie à l'ange de la Mort :
Trois fois avec Villars les deux braves Xaintrailles
S'élancent à grands pas du pied de nos murailles;

Par les rangs ennemis de lances hérissés,
Nos escadrons sanglans sont trois fois repoussés.
Tels du vaste Océan, soulevés par l'orage,
Les flots sur des rochers viennent briser leur rage.
 Lahire d'un coup d'œil a vu tout son malheur,
Et de l'arrêt du Sort appelle à sa valeur :
Sous son glaive embrasé la mort se multiplie.
Des Anglais cependant la foule se rallie ;
Suffolck, Pole, Héron, Lancelot, Glacidas
Reparoissent suivis d'innombrables soldats ;
A son tour des Français la foule est moissonnée.
D'Entrague par Suffolck la lance détournée
Sur l'écu de Héron glisse sans l'ébranler :
Entrague devant eux veut trop tard reculer :
Le glaive de Héron fracasse sa visière,
Et ses yeux sont fermés à la douce lumière.
Antheaume auprès de lui roule pâle et sanglant.
Le beau Romorantin, le téméraire Aglant,
Expirent l'un pour l'autre, amis inséparables.
Tourville et Mortimer, ennemis inplacables,
Rivaux d'ambition, de valeur et d'amour,
Tous deux altiers, tous deux offensés sans retour,
L'un sur l'autre acharnés, de leurs mains défaillantes
Déchirent à l'envi leurs blessures sanglantes :
Sur la même poussière ils attendent la mort ;
Et leurs yeux presque éteints se menacent encor.
Où cours-tu, jeune Aymar ? quel funeste délire
T'entraîne imprudemment loin des yeux de Lahire ?
Oses-tu te fier, en ce pressant danger,
A ce glaive fragile, à ce casque léger ?

CHANT IV.

Au-devant de Suffolck Fratame en vain s'élance :
Sur son vaste pavois Héron brise sa lance :
Pole accourt, et du choc ébranle son coursier :
Fratame de trois coups de sa hache d'acier,
Heurte, accable, étourdit le jeune téméraire.
Suffolck avec effroi voit chanceler son frère ;
Il croit que Pole touche à ses derniers instans ;
Il s'écrie, il accourt ; entre les combattans
Sa lance irrésistible avec fureur s'allonge,
Brise l'épaisse armure, et dans ton flanc se plonge,
Infortuné Fratame ! un sang impétueux
S'échappe à gros bouillons de ton sein généreux.
Tes yeux déjà fermés.... A cette triste vue,
Les Français de leurs cris font retentir la nue.
Lahire accourt : il voit, d'Anglais environné,
Fratame avec Aymar dans leurs rangs entraîné,
Et son cœur est saisi d'une douleur mortelle :
Son visage s'enflamme et son œil étincelle ;
Il fond sur les Anglais la rage dans le cœur.
Telle, à travers les dards, la lionne en fureur
S'élance pour ravir au chasseur téméraire
Le faon qu'il vint surprendre au fond de son repaire ;
Les menaces, les cris irritent ses transports :
Tel s'élançoit Lahire à travers mille morts.
Sur lui des ennemis tout l'effort se rassemble :
Gray, Ross, Pomus, Guerrard sont accourus ensemble :
Leurs haches le frappant en vingt endroits divers,
De son armure en feu font jaillir mille éclairs.
Tels, au sein de l'Ethna, la Fable représente
Les cyclopes hideux, sur l'enclume pesante

Où le fer étincelle et frémit de courroux,
Des marteaux foudroyans précipitant les coups.
Le preux inébranlable, en ce nouvel orage,
Sent avec les périls s'agrandir son courage.
Sur sa poitrine en vain tremble et gémit l'acier.
Au milieu de la foule il pousse son coursier,
Jette à ses pieds Walton d'un revers de son glaive;
Voit Cibber à Guitry disputant son élève;
Vole au barbare Anglais, l'arrête d'une main :
L'autre plonge le fer et la mort dans son sein.
Tout recule à l'aspect du guerrier formidable.
 Des guerriers poitevins l'élite redoutable
Combattoit dans la plaine et balançoit le sort :
« Lahire est prisonnier ! son cher Fratame est mort ! »
Ce cri de proche en proche a parcouru l'armée,
Et vient frapper enfin leur oreille alarmée.
Interdits, consternés, une morne douleur
Enchaîne leur épée et glace leur valeur.
Chabanne, le premier : « Que résoudre ? que faire ? »
Dit-il. « Ah ! je crains trop qu'une ardeur téméraire
N'ait en effet trahi ces deux nobles guerriers.
Hâtons, ô mes amis, l'essor de nos coursiers !
S'il en est temps encor, si l'un des deux respire,
Arrachons au trépas ou Fratame ou Lahire ! »
Il dit : trois cents héros partageant son ardeur,
Veulent des rangs anglais percer la profondeur.
Devant eux à l'instant les escadrons s'entr'ouvrent,
Semblent fuir : au-delà soudain nos preux découvrent
Mille archers, l'arc tendu ; leurs mains sur nos héros
Font voler à la fois mille horribles carreaux.

Armets, pavois, hauberts, tout cède à cet orage,
Tout, l'adresse, la force, et jusques au courage.
Seul, arrachant les dards qui hérissent son corps,
Percé de mille coups, en proie à mille morts,
Rhétel, l'honneur des preux, en ce moment funeste,
De sa vie à son roi veut dévouer le reste.
Un feu divin l'embrase; il n'a plus rien d'humain :
Il se relève, il frappe, il redouble, et sa main
A son sang qui ruisselle et teint au loin la terre
Mêle à grands flots le sang des guerriers d'Angleterre :
Il provoque leur rage, et, belliqueux martyr,
Va dans leurs bataillons achever de mourir.
Les héros échappés à ce désastre horrible
Se hâtent d'éviter l'orage irrésistible;
De leur triste escadron rassemblant les débris,
Des faubourgs, en désordre, ils cherchent les abris.
La foudre les poursuit, moissonne au loin l'armée :
De cadavres sanglans la campagne est semée.
   Lahire cependant, près de son jeune ami,
Combattoit, repoussoit, effrayoit l'ennemi.
En cercle, autour de lui, trente lances avides
Dirigeoient sur son sein leurs pointes homicides :
De trop près toutefois nul n'osoit approcher.
De limiers investi, tel, au pied d'un rocher,
Un sanglier énorme à la meute aboyante
Oppose la terreur de sa dent foudroyante,
Et, de son œil en feu lançant d'affreux regards,
Mesure les chasseurs, les glaives et les dards.
Suffolck, qu'irrite enfin sa longue résistance,
Fend la foule et lui porte un coup affreux : la lance

Tremble, manque le but, se détourne, et du preux
Perce de part en part le coursier généreux :
L'animal en fureur, qu'un fer aigu déchire,
Se cabre, se renverse, et tombe sur Lahire.
Pâle et demi-brisé, d'un incroyable effort,
Le héros se relève : en butte aux coups du Sort,
Le péril, la douleur, rien ne sauroit l'abattre ;
Sans écu, tout sanglant, il s'obstine à combattre.
Suffolck lui crie en vain : « Rends-toi ! cède au malheur !
Permets à mes guerriers d'épargner ta valeur ! »
Lahire ne connoît qu'un seul malheur ; la honte.
Résolu de périr, il ne répond au comte
Qu'en envoyant Barclay dans la nuit du cercueil.
Suffolck voit à regret cet indomptable orgueil ;
Il plaint tant de valeur de soi-même ennemie,
Et veut de son trépas s'épargner l'infamie :
Il s'éloigne, il le laisse en proie à ses soldats.

Tout dégouttant de sang, l'horrible Glacidas
Arrive, l'œil en feu, guidé par la Vengeance :
Sur Aymar éperdu comme un tigre il s'élance,
Le saisit, le renverse, et, le livrant aux siens :
« Fier Lahire, ce jour est le dernier des tiens ! »
Dit-il d'un ton cruel. « L'Enfer sert mon épée ;
L'Enfer rend à mes coups ma victime échappée.
Grand appui d'Orléans, tombe au pied de ses tours,
Tombe, et sers à ses yeux de pâture aux vautours ! »
Il lui porte, à ces mots, un coup épouvantable :
Le casque du héros roule au loin sur le sable.
Lahire voit la Mort, et la voit sans pâlir ;
En chevalier français il veut au moins mourir.

Il arrache à Walpole une lance pesante,
En frappe Glacidas : sur l'arène sanglante
Le barbare étourdi tombe de tout son poids :
De son nez, de ses yeux, de sa bouche à la fois,
S'élance par torrens un sang noir et rapide,
Et la douleur endort sa fureur homicide.
 Lahire satisfait n'attend plus que la mort.
Sur lui fondent Lindsey, Waller, Alton, Clifford :
Sous le choc foudroyant de leurs lances rivales,
Son armure s'entr'ouvre, et leurs pointes fatales
Déchirent à l'envi le flanc du chevalier :
Son sang coule, il pâlit, et ne sauroit plier.
On le menace en vain : toujours fier, magnanime,
Il garde en expirant un silence sublime.
 Enfin c'en étoit fait, et l'ange du Trépas
Vers le héros français s'avançait à grands pas...
Tout-à-coup mille cris jusqu'aux Cieux retentissent :
Des Anglais effrayés les visages pâlissent :
Le tumulte redouble ; un escadron vainqueur
Paroît, s'élance : un dieu dirige son ardeur,
C'est Dunois !... A travers le meurtre et le carnage,
A travers mille morts il se fait un passage :
Il marche sur des corps livides et sanglans ;
Disperse devant lui les bataillons tremblans ;
Comme la foudre arrive, et dégageant Lahire,
Vers les murs d'Orléans avec lui se retire.
De leur étonnement les Anglais revenus
Le suivent, l'un par l'autre à l'envi soutenus :
Souvent Dunois s'arrête, et le plus téméraire
N'ose de ses regards soutenir la colère.

Tel, d'un coup d'œil Achille effrayoit Ilion ;
Tel s'éloigne en grondant un superbe lion
Qui dans un grand troupeau vient de choisir sa proie :
Parfois il se retourne, il rugit, il déploie
Sa crinière sanglante et ses ongles de fer :
Chiens, pâtres, tout frissonne, et fuit comme un éclair.
Le héros, sur les pas de ses guerriers fidèles,
Arrive au boulevard qui défend les Tournelles :
Percé de mille coups, livide, ensanglanté,
Dans les murs d'Orléans Lahire est emporté.
On entoure Dunois, on le vante, on l'admire :
Insensible à sa gloire, il tremble pour Lahire.

 Cependant des Français les bataillons épars
Fuyoient comme un troupeau devant des léopards.
Gaucourt, Dunois, Ternès, Villars, les deux Xaintrailles
Protègent leur retraite au sein de leurs murailles.
La terreur, le tumulte, augmentent le danger :
Dans les flots en fuyant les uns vont se plonger ;
Les autres se pressant dans un étroit passage,
S'écrasent ; et des cris de douleur et de rage
Vont au loin retentir sous les voûtes du fort.
Les guerriers d'Albion redoublent leur effort :
Héron foule à ses pieds le charmant Éparville ;
Gray perce en même temps Narmont et Ménarville :
Tendres amis, le sort ne vous sépare pas,
Et vous pouvez bénir votre sanglant trépas.
Du superbe Ternès Pole évite la lance :
La sienne, de l'écu repoussant la défense,
Atteint l'Arragonnais, qui, promis au cercueil,
Va rouler dans la poudre avec tout son orgueil :

CHANT IV.

On l'entraîne. Suffolck, qu'effleure un trait rapide,
Voit sous le boulevard fuir l'archer homicide:
Imprudent Isambert! sur des sables mouvans
En vain tu t'exerças à devancer les vents:
Le coursier de Suffolck part comme la tempête;
La foudre est sur tes pas; la mort est sur ta tête.
Déjà, débarrassé du casque et du haubert,
D'un bond vers les créneaux s'élançoit Isambert,
Et sa voix imploroit une prompte assistance;
Déjà vingt bras tendus, rassemblant leur puissance,
Le tiroient sur le mur.... D'un vol impétueux
Suffolck arrive: « Apprends, jeune présomptueux, »
Dit-il, « à m'attaquer quel sort on se prépare ! »
Il le frappe, à ces mots, et la lance barbare,
Perçant de part en part le guerrier éperdu,
Au mur qu'il franchissoit le laisse suspendu.

Le pied du boulevard, la plaine, le rivage,
N'offrent plus à mes yeux qu'un immense carnage.

CHANT V.

Cependant, tourmenté par un songe odieux,
Aux clameurs des Français leur ange ouvre les yeux.
Il cherche les remparts qu'il jura de défendre :
Et ses guerriers en fuite et ses villes en cendre
S'offrent à ses regards. Il en frémit d'horreur;
Il reconnoît l'Enfer; et, brûlant de fureur,
Vers la Loire aussitôt dirige un vol rapide.
A sa suite accouroit sa phalange intrépide;
Des glaives flamboyans brilloient entre leurs mains.
  Mais déjà l'ennemi du Ciel et des humains,
Redoutant le réveil du plus vaillant des anges,
Dans l'Abîme a caché ses barbares phalanges.
Michaël de ses mains couvre un moment ses yeux....
Tout-à-coup il s'élance et vole vers les Cieux.
  Les plaintes des humains ne se font plus entendre.
Il voit la Terre fuir et l'horizon s'étendre,
Et bientôt ses regards, dans sa vaste rondeur,
Embrassent tout entier ce séjour de douleur.
D'un double mouvement sublime phénomène!
Tandis que dans les airs la Terre se promène
Autour de l'astre immense, océan de clarté,
Qui lui verse la vie et la fécondité,
Sur soi-même tournant d'un mouvement rapide
Sous la puissante main de l'ange qui la guide,

CHANT V.

Tour à tour elle expose aux feux du roi du Jour
Toutes les régions de son vaste contour,
Ses temples, ses palais, ses villes innombrables,
Théâtres de forfaits ou d'exploits mémorables ;
Là, ses sables déserts ; là, ses riches guérets ;
Ses montagnes, ses lacs, ses fleuves, ses forêts,
Ses continens, ses mers et ses îles fécondes,
Semblables à des nefs éparses sur les ondes,
Qui du vieil Océan peuplent l'immensité ;
La France s'agitant sous un joug détesté ;
Couverte de brouillards, ceinte de noirs orages,
L'Angleterre tranquille au milieu des naufrages,
Du monde divisé forgeant sans bruit les fers,
Et déjà méditant la conquête des mers.
En s'élevant toujours, l'ange, dans sa carrière,
Voit passer sous ses pieds et l'Europe guerrière,
Et l'Afrique brûlante, aux champs imprégnés d'or,
L'antique Asie, et toi, terre ignorée encor,
Innocente Amérique ! Hélas ! le jour arrive
Où l'avide Espagnol s'élançant sur ta rive,
Par Mammone embrasé des fureurs de l'Enfer,
Viendra, d'or altéré, sur toi lever le fer,
Ravager tes vallons, déchirer tes montagnes,
Faire tonner la mort sur tes belles campagnes,
Et, poursuivant l'Incas au sein de tes forêts,
Égorger tes enfans au nom d'un Dieu de paix.
Cependant du Trépas ce globe tributaire
Roule, emporte en son cours les princes de la Terre,
Tous ces trônes pompeux, tous ces fameux états,
Patrimoine sanglant de mille potentats,

Qui, la couronne au front, n'offrent aux yeux de l'ange
Qu'insectes orgueilleux disputant dans la fange.
Il suit son vol sublime, il monte, et, dans l'Éther,
Des foudres dont la Grèce arma son Jupiter,
Voit bien loin sous ses pieds les carreaux homicides
S'enflammer et courir sur des ailes rapides
De nuage en nuage, et, traversant leurs flots,
Aller frapper l'Atlas ou renverser l'Athos....

   Mais que fais-je! où m'emporte une indiscrète audace!
Mon luth reste muet et ma langue se glace.
Oserai-je poursuivre? ou de l'immensité
L'abîme arrête-t-il mon vol épouvanté?
Non : j'entends au-delà la Gloire qui m'appelle.
Il faut de grands destins à mon âme immortelle.
Chérubins, accourez, prenez vos lyres d'or!
Sur vos ailes de feu soutenez mon essor!
Malheureux, indigné de ramper sur la Terre,
J'ose porter mon vol plus haut que le tonnerre;
Des astres étonnés fouler aux pieds les rangs;
Marcher à la lueur des éclairs dévorans;
Des rayons de la foudre, en mon noble délire,
Ceindre mon jeune front et couronner ma lyre;
Et dans mes vers brûlans, à grands flots répandus,
Raconter le Ciel même aux mortels éperdus.

   Vers l'éternel séjour comme un feu pur s'élève,
Le céleste guerrier de lui-même s'enlève.
Pâle, terne, en silence avançant dans les Cieux,
La Lune tout-à-coup vient s'offrir à ses yeux,
Telle qu'un lac d'argent, qu'un bassin circulaire
Où la chaux qui dans l'onde éteignit sa colère,

CHANT V.

S'étend plane, immobile, et de ses derniers feux
Exhale la fureur en bouillons globuleux.
De la Terre sa sœur suivant la destinée,
Elle marche à ses pas en esclave enchaînée,
Tourne en cercle autour d'elle et roule incessamment,
Tandis qu'accomplissant un plus grand mouvement,
Autour de son soleil, ensemble esclave et reine,
La Terre dans les Cieux rapidement l'entraîne.
Bientôt l'ange guerrier contemple de plus près
Cet astre, heureux séjour du calme et de la paix,
Son limbe hérissé de montagnes énormes ;
De leurs brillans glaciers les gigantesques formes ;
Les immenses vallons entre elles répandus ;
Les fleuves de leur cime à leurs pieds descendus ;
Ses lacs étincelans et ses forêts ombreuses,
Et ses volcans sans nombre, et ses mers lumineuses;
Et le Mont-Porphyrite en sa masse embrasé,
Et de ruisseaux d'argent tout ce globe arrosé.
Des plus douces couleurs opérant le mélange,
Sur l'hémisphère offert aux regards de l'archange
Le jour en ce moment succédoit à la nuit,
Nuit d'un demi-mois longue et qu'un jour égal suit:
Laissant entre les monts de ténébreux abîmes,
Les rayons du Soleil passoient de cime en cimes;
On voyoit tour à tour leurs pitons s'allumer,
De reflets radieux leurs glaciers s'enflammer.
Ainsi des grains épars de poudre pétillante
Sur qui vient de tomber une étincelle errante,
S'embrasent l'un par l'autre et forment à l'instant
De feux entrelacés un méandre éclatant.

La chaîne de ces monts, tout-à-coup agrandie,
Sembloit en proie aux feux d'un rapide incendie,
Ou d'un décor de flamme à l'éclat sans pareil
Étaler aux regards le pompeux appareil.
Mais lorsque rayonnant sur la planète entière,
Le Soleil la couvrit des flots de sa lumière,
Ses feux réparateurs, ses vivantes clartés,
Par les lacs, les vallons, les glaces reflétés,
Firent du haut des monts, d'estrades en estrades,
Couler, tomber, bondir des milliers de cascades :
Les glaçons détachés rouloient couverts de feux ;
Des rocs de diamant sembloient tomber des cieux ;
Leur chute épouvantable ébranloit les campagnes ;
Les lacs couvroient leur rive ; et l'écho des montagnes,
De la foudre céleste imitant les éclats,
A l'oreille de l'ange apportoit leur fracas.
Tandis, les prés, les bois, reprenant leur parure,
Se couronnoient de fleurs, se couvroient de verdure.

Ce mélange admirable et ce contraste heureux
De stériles rochers, de vallons plantureux,
D'immobiles glaciers, de rapides rivières,
De neiges, de forêts, d'ombres et de lumières,
De silence, de bruit, de paix, de mouvement,
Spectacle tout ensemble et sublime et charmant
Qu'au voyageur surpris notre Helvétie étale,
Imitent ce tableau, mais n'ont rien qui l'égale.
Alors se confiant dans la longueur du jour,
Les habitans rêveurs de cet heureux séjour,
Séduits par la beauté des sites, des bocages
Qui des fleuves partout décorent les rivages,

Sur de brillantes nefs, sur de légers vaisseaux,
S'abandonnent sans crainte aux courans de leurs eaux,
Passent de lac en lac, de rivière en rivière,
Et, la lyre à la main, poursuivant la lumière,
Parcourent tout ce globe, et par-delà les mers
Vont admirer de Dieu les ouvrages divers.
Oh! de ce monde heureux, de ces terres brillantes,
Qui dira les métaux, les animaux, les plantes?
De la nuit et du jour et plus longs et plus doux,
Autrement combinés qu'ils ne le sont pour nous,
Les règnes opposés et la double influence
A des êtres sans nombre y donnent la naissance
Qui nous sont inconnus, et changent même ceux
Qui naissent sur la Terre aussi bien qu'en ces lieux :
Les roses, parmi nous ces fleurs si passagères,
Y brillent quinze jours sur le sein des bergères;
Et d'animaux divers des milliers à la fois
Dans les antres muets dorment un demi-mois,
Alors que sur les pas de la Nuit qui s'avance
Viennent régner le Froid, le Sommeil, le Silence :
La glace sur les eaux arrête les nochers;
La cime des forêts, le sommet des rochers
Se couvrent de frimas et de neiges nouvelles;
Les torrens élancés des glaces éternelles
Qui couronnent des monts les fronts majestueux,
Suspendent dans les airs leur cours tumultueux;
S'arrêtant tout-à-coup, d'innombrables cascades
Se changent sur leurs flancs en brillantes arcades :
Leur aspect trompe encor les yeux irrésolus,
Et l'on croit voir rouler les flots qu'on n'entend plus.

Le noble Michaël suit sa route, et s'écrie :
« Adieu, séjour de paix, passagère patrie
De ces jeunes enfans en naissant expirés,
Mis au tombeau sitôt que du néant tirés,
Avant que sur leurs fronts une onde salutaire
Ait de l'homme effacé la tache héréditaire ;
Peuple innocent en soi, criminel en autrui,
Et que Dieu pour un temps tient éloigné de lui,
Afin que la douleur de ne pas voir encore
Sur eux de ses splendeurs briller la douce aurore,
Leur tienne lieu d'épreuve, épure leurs esprits,
Et des saintes vertus leur mérite le prix.
Adieu, rians vallons, agréables demeures
Où dans un doux repos coulent leurs lentes heures
Ces sages bienfaisans, ces vertueux mortels
Qui n'ont point des faux Dieux adoré les autels,
Mais qui, trop confians dans leur raison grossière,
Ont de la foi chrétienne ignoré la lumière ;
Où, sur des tapis verts, au bord des clairs ruisseaux,
Suivant d'un air rêveur le dédale des eaux,
Et des sentiers fleuris parcourant les méandres,
Errent seuls et pensifs ces êtres doux et tendres
Qui, d'un amour profane esclaves malheureux,
Trop long-temps pour la Terre oublièrent les Cieux.
Un penchant invincible, un charme involontaire
Parfois ramène encor leurs regards sur la Terre,
Dont l'aspect un moment console leurs ennuis ;
Lune à son tour pour eux et doux flambeau des nuits.
Chaste sœur de la Terre et compagne fidèle,
D'une amitié constante admirable modèle,

CHANT V.

Poursuis, astre innocent, ton cours silencieux!
Repose des humains la pensée et les yeux!
Sois à jamais l'asile et le palais des Songes
Qui, la lyre à la main, des plus rians mensonges
Environnent leur couche, et jusqu'à leur réveil
De fantômes charmans amusent leur sommeil!
Reine des nuits de l'homme, à ta lueur bleuâtre
Des glaciers de ses monts l'éblouissant albâtre
S'adoucit pour ses yeux las de l'éclat du jour.
En champs élysiens tu changes son séjour.
Tout semble transformé : brillant par intervalle,
De tes pâles rayons la lumière inégale
Jette sur les objets, répand au loin sur eux,
Comme un crêpe blanchâtre, un voile vaporeux.
A ta douce clarté le rossignol s'éveille ;
De l'amant qui soupire elle charme la veille.
Dans le fond des vallons, sur des rochers déserts,
A pas lents, sous les yeux du Dieu de l'Univers,
Le sage erre en silence : il se prosterne ; il prie ;
Encor plus haut que toi cherche une autre patrie ;
Et sa noble pensée, oubliant ce bas-lieu,
Court de la Terre au Ciel, vole de l'homme à Dieu. »

 L'ange dit et s'éloigne : et déjà dans la nue
La Terre au loin noircit, recule, diminue,
Disparoît tout entière ; et la Lune, à son tour,
S'efface par degrés dans la splendeur du jour.
A la droite de l'ange un astre se présente :
Tout son globe est couvert d'une onde étincelante,
Mer immense, océan sans limite et sans bords,
Semé d'îles sans nombre aux agréables ports,

Aux rivages rians, aux fertiles campagnes :
Chacune jusqu'au ciel porte de ses montagnes
Les pics audacieux, couronnés de splendeur,
Et six fois égalant Ténériffe en grandeur :
Chacune, pour mieux dire, immense pyramide,
N'est qu'un mont gigantesque, et dont la base humide
Se cache ensevelie au fond des vastes mers,
Tandis que sur ses flancs rayonnent les éclairs,
Et que sa haute cime, aux regards inconnue,
Domine la tempête et se perd dans la nue.
Contraste harmonieux, mélange fraternel
Des beautés de la mer, de la terre et du ciel !
Spectacle tout ensemble aimable et magnifique !
Imaginez, au sein de la Mer Pacifique,
Les glaciers de la Suisse avec tous leurs torrens,
Leurs forêts de sapins, leurs vieux bois murmurans ;
Leurs lacs d'azur portés sur des bases d'albâtre ;
Et de leurs noirs rochers l'immense amphithéâtre :
Attachez à leurs flancs les fertiles coteaux
Qui de la Loire au loin bordent les belles eaux ;
Leurs bois d'arbres en fleurs et leurs vignes grimpantes,
Succombant sous le poids de leurs grappes pendantes :
Étalez à leurs pieds les rivages heureux
De Ceylan, de Java, de ces îlots nombreux
Qui, semés au hasard, peuplent les mers de l'Inde ;
Les bois de Cachemire et les champs de Mélinde ;
Ces bocages charmans où brillent suspendus
Les fruits d'or que gardaient les filles d'Hespérus,
La pêche au doux parfum, la mangue savoureuse,
Le coco nourricier, la figue doucereuse,

Le litchi, la banane ; et, sur le bord des eaux,
L'assemblage confus de ces légers roseaux
Dont le suc épuré, dont la sève durcie
Des abeilles d'Hybla surpasse l'ambroisie :
Joignez-y les parfums, les riantes couleurs
Des jeunes muscadiers, des canneliers en fleurs ;
Des oiseaux de Java les races les plus belles ;
Les brillans colibris, les tendres tourterelles
Qui remplissent ses bois de murmures charmans,
De bruits harmonieux, de doux roucoulemens :
Peignez-vous de ces mers les vagues amoureuses
Roulant confusément sur des grèves heureuses
Et la nacre, et la perle, et l'ambre gris, et l'or :
Voyez, plus imposans et plus brillans encor,
S'élever à l'entour, du sein des vastes ondes,
Ces arbres de la mer, ces familles fécondes
De coraux, d'éventails, immenses végétaux,
Ou des vers de la mer gigantesques travaux,
Qui, lorsqu'un long reflux découvre leurs demeures,
Pendant vingt et cinq fois vingt et cinq de nos heures,
De leurs rameaux d'albâtre, et de pourpre, et d'azur,
Mêlent le vif éclat au vert riant et pur
Des palmiers, des dattiers, des cocotiers superbes,
Qui montant en colonne et s'étalant en gerbes,
Sur la rive des mers abandonnent aux vents
De leurs fronts chevelus les panaches mouvans :
Ajoutez de la terre une mer sans orages
Dans ses miroirs d'azur répétant les images :
Et vous n'aurez encor dans ces tableaux confus
Qu'un crayon imparfait de l'astre de Vénus.

C'est le nom qu'autrefois lui donnèrent les Fables.
Depuis qu'abandonnant leurs mensonges coupables,
L'homme de ses faux dieux a dépeuplé l'Éther,
C'est l'astre du matin, le brillant Lucifer,
L'étoile du Pasteur; et quand le soir arrive,
Se montrant la première à la vue attentive
Du laboureur lassé des longs travaux du jour,
Elle devient Vesper: saluant son retour,
Il reprend le chemin de son humble chaumière,
Ravi de sa beauté, charmé de sa lumière,
Et ne peut, en marchant, de l'éclat de ses feux
Détacher ses pensers ni détourner ses yeux.

  Plus rapproché que nous du grand flambeau du Monde,
D'une zone du Ciel plus douce et plus féconde,
Le peuple de Vénus aux plaisirs, aux amours
Consacre innocemment le cercle de ses jours:
Du Dieu qui les créa pour aimer et pour plaire,
Nul crime n'a sur eux attiré la colère;
Et dans cet autre Éden ils jouissent en paix,
Purs, comme aux premiers temps, des dons qu'il leur a faits.
Les uns sur le penchant de ces belles montagnes
Conduisent leurs troupeaux; dans ces riches campagnes
D'autres chantent l'Amour sous des voûtes de fleurs;
Des danses dans les prés d'autres guident les chœurs;
Passant, en se jouant, de rivage en rivage,
Sur de tranquilles flots cent beautés à la nage
De la rapidité se disputent le prix,
Aux yeux de mille amans de leurs charmes épris,
Qui bientôt se mêlant à leur troupe folâtre,
Disputent leurs attraits à la vague idolâtre:

On se cache, on se cherche, on se fuit tour à tour ;
L'eau semble étinceler des flammes de l'Amour.
Telles la Fable peint ces déités des ondes,
Ces nymphes, ces tritons, qui, sur les mers profondes,
Embrasés de désirs et de feux inconnus,
En foule environnoient le berceau de Vénus ;
Des flots voluptueux d'une mer parfumée
Fendoient l'azur brillant et l'écume enflammée ;
Et poussoient, aux doux sons de la lyre et du cor,
Sa conque rayonnant d'argent, de pourpre et d'or.
  Jusqu'alors englouti dans les flots de lumière
Qu'épanche le Soleil sur la nature entière,
Aux yeux de Michaël se présente à son tour
Un astre suspendu presque aux sources du jour,
Si du Soleil à lui l'espace se compare
A l'espace, ô Soleil ! qui de toi nous sépare.
Non moins prompt que la Terre et moins grand quinze fois,
De nos mois son année égale à peine trois ;
Et ce temps lui suffit pour fournir toute entière
Autour du roi du Jour sa rapide carrière.
A ses brillans rochers tout revêtus de fleurs
Où semble s'épuiser le luxe des couleurs,
A ses champs qui jamais n'ont connu la froidure,
Le voyageur céleste a reconnu Mercure.
Tout ce que sur la Terre offrent de précieux
Les climats les plus beaux, les plus chéris des Cieux,
Les bords de l'Amazone et l'Inde orientale,
N'approchera jamais des richesses qu'étale,
Des trésors que produit jusque dans son sommeil
Cet astre qui, baigné des rayons du Soleil,

Boit le jour à sa source, et la chaleur féconde
Au foyer d'où ses feux vont animer le Monde.
Quel éclat doit briller sur ses riches métaux !...
Fils des Cieux, dites-moi quels pompeux végétaux
Croissent en un clin d'œil sur ces terres brûlantes,
Près de fleuves sans nombre aux eaux étincelantes ;
Atteignent en un jour dans leurs proportions
Des développemens et des perfections
Sur la Terre inconnus aux plantes séculaires,
Et que les arbres seuls des campagnes solaires,
Nés à la source même, au sein de la splendeur,
Peuvent comme en beauté surpasser en grandeur,
Comme notre roseau sur les rives du Gange
En un arbre géant se transforme et se change,
La canne qui distille un nectar si flatteur
Doit des bambous de l'Inde égaler la hauteur,
Doit des plus grands palmiers surpasser la famille,
Dans les champs de Mercure ; et la douce vanille
Dans de vastes forêts étendre ses sarmens
Plus loin que de ses nœuds, de ses liens charmans
Dans les bois du Pérou la liane n'étale
Les piéges verdoyans, la chaîne végétale.
Là, nos roses, nos lis, nos frêles boutons d'or,
Servent d'aires à l'aigle et de nids au condor ;
Et quand la nuit survient, sous des bois de fougères,
La moindre marguerite offre un lit aux bergères.
Aux lieux où l'Orénoque, amoncelant ses flots,
De l'immense Océan fait reculer les eaux,
Telle des Guaranis la peuplade indomptée
Au sommet des palmiers toute entière est montée.

CHANT V.

Du tronc d'un arbre à l'autre un tissu suspendu
Porte chaque famille : à grands flots répandu,
En vain gronde au-dessous et court le fleuve agile :
Bercé par les zéphirs dans ses palais d'argile,
Sous l'épaisse verdure, en un profond repos,
Tout ce peuple se rit de la rage des flots ;
De ses arbres chéris boit la sève enivrante,
Se nourrit de leurs fruits ; de leur fleur odorante
Compose sa parure, et forme également
De leurs feuilles son toit, son lit, son vêtement.
Telle au sort d'une plante en un désert cachée
Vit d'insectes nombreux une race attachée.

Si, des peuples divers dominant les humeurs,
Le rapport des climats fait le rapport des mœurs,
Aux ruses de l'Enfer restés inaccessibles,
De ce globe brillant les habitans paisibles
Égalent en vertus ces bons Éthiopiens
Aux cœurs hospitaliers, aux chastes entretiens,
Peuple simple, sans art, et cependant affable,
De qui le roi des dieux (ainsi parle la Fable),
Fatigué de l'Olympe et d'un impur encens,
Aimoit à partager les festins innocens.
Au sein de l'abondance, au milieu des richesses
D'un sol où la Nature épuisa ses largesses,
Ils ressemblent, sans doute, à ces sages Indous,
Des peuples de la Terre à jamais les plus doux,
Qui, dans des temples verts, voûtes d'un arbre immense,
Forêt que forme seul l'arbre qui la commence,
De sublimes pensers nourrissoient leurs esprits ;
Chez qui, pour le savoir d'un noble amour épris,

De la Grèce polie autrefois plus d'un sage
S'en vint de la raison faire l'apprentissage.
Ceux-ci, plus éclairés et plus heureux encor,
Plus loin de la science ont pu porter l'essor :
Ils savent des secrets, pénètrent des mystères
Que n'ont jamais connus ces brachmanes austères,
Ces fameux Chaldéens, et, plus savans qu'eux tous,
Ces Newton, ces Herschell, si vantés parmi nous.
Plus voisins du Soleil qui, seul dans l'étendue,
Trois fois plus grand qu'à nous se présente à leur vue,
De quels ravissemens doivent être saisis
Les heureux spectateurs par l'Éternel choisis
Pour contempler eux seuls ces magnifiques scènes,
A nos débiles yeux inconnus phénomènes,
Lorsque ce grand tissu, ce voile lumineux,
Cet immense océan de lumière et de feux
Qui de l'astre du jour compose l'atmosphère,
Se déchire, s'entr'ouvre, et dans le sanctuaire
Où roule l'astre énorme, à l'abri de ses dards
Laisse quelques instans pénétrer leurs regards!

 Salut, Soleil, salut ! Long-temps notre ignorance
Méconnut tes destins, ta grandeur, ta puissance;
Te fit autour de nous dans l'espace rouler,
Te coucher dans la mer, de la mer t'envoler :
L'heure de ton triomphe est à la fin venue.
Copernic te regarde, et ta place est connue.
Roi d'un ciel radieux vingt astres sont ta cour;
Au centre de la sphère où tu répands le jour,
Sur un point toujours fixe et sans changer de place,
Tu roules sur toi-même, et dans un vaste espace

CHANT V.

De ton attraction fais sentir le pouvoir
A huit mondes au loin forcés de se mouvoir
En cercles alongés, en ellipses immenses,
Autour de ce foyer de vie et de puissances.
Dans leur marche rapide entraînés sans retour,
Trois d'entre eux autour d'eux entraînent à leur tour
Douze astres moins puissans, satellites fidèles
Chargés de réfléchir tes clartés immortelles.
Si, des champs de l'Éther traversant la splendeur,
Il ose avec Newton mesurer ta grandeur,
L'esprit humain, au bout de sa course savante,
Recule épouvanté des nombres qu'il invente.
Tu surpasses la Terre en grandeur comme en poids
Un million trois cent quatre vingt mille fois.
Couvert de tes flots d'or, de flammes pourpre et bleues,
Mercure d'onze fois un million de lieues
Tourne éloigné de toi. Le globe de Vénus,
Après lui le plus proche où tes feux soient connus,
Trace une fois plus loin le cours de son année.
Deux fois plus loin, la Terre et sa sœur enchaînée
Circulent dans l'espace; et Mars couleur de sang
Roule encore au-delà son astre menaçant.
Puis s'avance entouré de quatre satellites,
D'un cercle encor plus grand parcourant les limites,
Le sombre Jupiter, dont le globe d'azur
N'est jamais éclairé des rayons d'un jour pur.
De sept lunes suivi, plus loin, le vieux Saturne
Accomplit tristement sa course taciturne,
Chargé du double anneau qu'il traîne en criminel;
Et le dernier de tous, le solitaire Herschell

Suit sa route aux confins de cette sphère immense
Au-delà de laquelle un autre ciel commence.
 Roi du Jour, ô Soleil ! qui décrira jamais
Ta beauté, ta grandeur, ta gloire, tes bienfaits ?
Astre vivifiant, flambeau de la Nature,
C'est toi qui sur la Terre étales la verdure,
Et quand d'un ciel en pleurs les torrens sont taris,
Peins la voûte des airs des couleurs de l'iris.
C'est toi qui, du Très-Haut proclamant la colère,
Lances dans le Midi les feux de son tonnerre,
Et ceux dont, au milieu d'un silence de mort,
L'aurore boréale épouvante le Nord.
A tes brillans rayons la Nature asservie
Reçoit d'eux la chaleur, la lumière et la vie :
Ils dilatent la terre, ils font couler les eaux
Et circuler la sève au sein des végétaux ;
Colorent tour à tour, de leur flamme féconde,
Les fleurs dans nos vallons, les coquilles sous l'onde,
L'or au sein de la terre, et sèment dans ses flancs
Les rubis, les saphirs, les riches diamans ;
Jusqu'aux glaciers du Nord se font sentir en maîtres,
Et des feux de l'Amour embrasent tous les êtres.
Entre les mains de l'homme instrumens dangereux,
Dirai-je leur pouvoir ? décrirai-je leurs jeux ?
Sur la face des eaux leur éclat roule et tremble :
Dans un miroir ardent que son art les rassemble,
Ils vont fondre bientôt les métaux les plus durs.
A nos yeux abusés ils semblent blancs et purs :
Que, le prisme à la main, Newton les décompose,
Du magique cristal où leur faisceau repose,

CHANT V.

Sur la bure et le lin, transformés en tabis,
Jaillissent à l'instant la pourpre des rubis,
Et l'azur du saphir, et l'or de la topaze;
Et des feux de l'iris l'ombre même s'embrase.
D'un riche coloris animant ses tableaux,
Ils sont du Créateur les célestes pinceaux.
Ils paroissent légers, ils semblent immobiles;
Sous leur plus vif éclat les végétaux débiles
N'inclinent point leur tige; et, pleins d'eux toutefois,
Les pierres, les métaux ont augmenté de poids;
Et du Soleil au globe où je fais ma demeure,
Il leur suffit, ô ciel! du demi-quart d'une heure
Pour franchir l'intervalle; et, courant s'y cacher,
Ils pénètrent le marbre, ils percent le rocher;
De l'océan des airs agité sur nos têtes
Sans en être ébranlés traversent les tempêtes;
Et, plongeant sans s'éteindre au sein des flots amers,
Sondent les profondeurs de l'abîme des mers.
Oui, dans l'astre où sans fin leurs feux prennent naissance,
Dieu semble de la vie avoir caché l'essence:
Là, peut-être, il dérobe à nos yeux indiscrets
De la création les augustes secrets;
De l'ordre universel les motifs et les causes;
Les liens inconnus, l'équilibre des choses;
Les vertus de l'aimant; l'instinct, et les rapports
Qui font sympathiser les esprits et les corps;
De l'électricité le mystère et la source.

 L'archange cependant, dans sa rapide course,
A franchi du Soleil l'empyrée éclatant
Qui comme une atmosphère autour de lui s'étend.

Il jetto un œil charmé sur ces riches campagnes,
Sur ces brillans vallons, sur ces vastes montagnes
Dont la moindre, d'un astre égalant la splendeur,
Passe dix-huit cents fois notre globe en grandeur.
On ne voit point ici, comme sur notre terre,
La trace des fureurs des élémens en guerre :
Des rochers éclatés, brisés par les hivers ;
Des pitons renversés et des monts entr'ouverts ;
Des torrens débordés les rapides ravages
Changeant des champs féconds en des déserts sauvages;
De longs fleuves de lave à grands flots répandus,
Dans la campagne errans, aux rochers suspendus ;
Des océans nouveaux ; des îles vagabondes ;
Des continens créés ou détruits par les ondes ;
Et, formé de débris, par de secrètes lois,
Un globe renaissant et mourant à la fois :
Ici s'offre à la vue enchantée et ravie
Un monde rayonnant de jeunesse et de vie.
Des plaines où l'or roule en brillantes moissons,
Y présentent à l'œil d'immenses horizons.
L'émeraude y végète en de riches prairies,
Tapisse les vallons, et des plantes fleuries
En feuillage éclatant rehausse les couleurs ;
Sur leurs corolles d'or ici les moindres fleurs
Étalent les grenats, la perle orientale ;
Ici croît la topaze, et là fleurit l'opale ;
Plus loin s'épanouit un céleste saphir,
Et l'améthyste obtient les baisers du Zéphir.
Descendant lentement du sommet des montagnes,
D'immenses fleuves d'or roulent dans les campagnes,

CHANT V.

Et des Alpes d'argent élèvent jusqu'aux cieux
Leurs flancs éblouissans et leurs fronts radieux.
Elles ne dressent point leurs cimes éclatantes
Dans ces froides vapeurs sur les nôtres flottantes,
Parmi des régions où l'air trop condensé
D'immobiles frimas forme un amas glacé;
Elles portent leur front dans la riche atmosphère,
Voûte immense, océan d'ondoyante lumière,
Qui roule étincelante à l'entour du Soleil,
Et de sa royauté rehausse l'appareil.
Aux plus belles couleurs, comme aux plus nobles formes,
Joignant la majesté de leurs masses énormes,
Leurs rochers de rubis, d'acier, de diamant,
Étincellent de feux que même un seul moment
Ne pourroit soutenir notre débile vue.
Là, comme en nos climats, l'Aurore revenue
Ne vient point succéder aux ombres de la Nuit,
A l'Hiver le Printemps, et l'Été qui s'enfuit
Au règne pluvieux de la brumeuse Automne,
Qui, fuyant à son tour, à l'Hiver abandonne
Et nos vallons flétris, et nos champs dépouillés :
D'un feuillage éternel ici sont habillés
Et les rians bosquets, et les forêts profondes.
Comme d'un fleuve pur s'entre-suivent les ondes,
Ainsi d'un cours égal y marchent les instans :
Le Jour succède au Jour, le Printemps au Printemps,
Le bonheur au bonheur, et la vie à la vie.
Toute odeur est parfum, tout bruit est mélodie.
De la Terre du Jour trahissant le trésor,
L'or en sort en rayons, y flotte en gerbes d'or,

11 *

Se sème dans l'espace, et court de monde en monde
Germer dans les climats que la lumière inonde;
Dans ces champs embrasés qui dans leurs profondeurs
De son astre natal conservent les ardeurs.
Sur tes monts, ô Soleil! dont la Nuit est bannie,
Sont les ravissemens, l'extase du Génie.
De tes peuples savans les regards curieux
Jusqu'où vont tes rayons voyagent dans les cieux;
Favorisés d'un jour dont notre jour est l'ombre,
Contemplent des tableaux, des prodiges sans nombre,
Dans les sphères du Ciel des mondes entraînés
Que même nos Herschell n'ont jamais soupçonnés;
Et, chaque jour, témoins d'un plus brillant spectacle,
Admirent le Très-Haut dans un nouveau miracle.
   Tandis que dans son vol de l'empire du Jour
L'ange rase les bords, le roi de ce séjour,
L'ange Uriel, de loin, à sa noble stature,
Aux feux dont resplendit son immortelle armure,
Aux lis étincelans sur son grand bouclier,
A soudain reconnu le céleste guerrier :
D'un palais où partout rayonne la topaze,
Où le saphir s'enflamme, où le rubis s'embrase,
Où le riche améthyste oppose au diamant
De ses vives couleurs le contraste charmant,
Et qui, par la splendeur de sa pompe suprême,
Semble un nouveau soleil au sein du Soleil même,
Du royaume du Jour le noble souverain,
Le diadème au front et le sceptre à la main,
Sort suivi de sa cour; sous de brillans portiques
S'arrête environné de héros pacifiques;

Salue avec respect l'archange radieux,
Et de l'œil suit long-temps sa course dans les cieux.
　Michaël du Soleil traversant l'atmosphère,
Laisse derrière soi le centre de la sphère
Dont cet astre éclatant, roi de notre univers,
Régit les mouvemens et les globes divers.
Son œil découvre Mars et cette bande obscure
Qui, comme un baudrier, une immense ceinture,
L'environne à l'instar des antiques héros,
Et semble de la Guerre enfermer tous les maux.
Teint de pourpre, au milieu de vapeurs sanguinaires,
Cet astre s'avançoit entouré de tonnerres
Dans les champs de l'espace ; et ses bois et ses monts
Des cors et des tambours rendoient au loin les sons.
　Bientôt de Jupiter l'ange voit l'astre immense,
Presque égal en grandeur, mais non pas en puissance,
Au globe éblouissant qu'au sceptre d'Uriel
Soumit le souverain des royaumes du Ciel.
Quatre lunes la nuit éclairent ses demeures ;
De ses rapides jours neuf au plus de nos heures
Égalent la durée ; et ses ans toutefois
Surpassent de nos ans la longueur onze fois.
De ses peuples heureux les tribus innombrables
De leurs nobles coursiers vivent inséparables ;
Partagent avec eux leurs tentes, leurs repas,
Leurs chagrins, leurs plaisirs : jusques à leur trépas,
Tout entre eux est commun, les labeurs et la gloire ;
Même lait les nourrit ; pareille est leur histoire.
Tels étoient autrefois ces dompteurs de coursiers,
　Ces Hippomolgues, fiers de leurs chastes foyers ;

Pauvres, mais renommés justes entre les hommes;
Sur qui le roi des cieux, le dieu par qui nous sommes,
Aimoit à reposer ses regards satisfaits,
Pour consoler ses yeux du tableau des forfaits.

  Saturne s'offre ensuite au voyageur céleste.
Les rayons du Soleil à cette terre agreste
Parviendroient rarement s'ils n'étoient reflétés
Par sept lunes brillant des plus douces clartés,
Et par le double anneau, magique amphithéâtre,
Étincelant partout d'une flamme bleuâtre,
Qui de feux l'environne et roule incessamment
Autour des spectateurs de ce grand mouvement.
Dix heures d'ici-bas composent sa journée;
Vingt et neuf de nos ans ne font pas son année;
De ses lunes, chacune a son cours et son mois.
Tantôt brillant à part et tantôt à la fois,
De leurs miroirs d'argent ces astres l'environnent;
Pareils à sept flambeaux de leurs feux le couronnent;
Et de ses jours douteux, de ses profondes nuits,
Consolent la tristesse et charment les ennuis.
Le plus proche, en grandeur égal à notre terre,
Des clartés du Soleil pâle dépositaire,
Au peuple de Saturne apparoît dans les cieux
Huit fois grand comme l'est notre lune à nos yeux:
Les autres, au-delà disposés par étage,
Semblent d'autant moins grands qu'élevés davantage,
Leur distance s'éloigne; et le plus reculé,
Se détachant encor sur un ciel étoilé,
Offriroit en éclat, en beauté virginale,
A la lune terrestre une digne rivale,

Et même, par l'espace à l'œil rendu moins grand,
Égale la moitié de son disque apparent.
Tous ensemble, au milieu d'un immense empyrée,
Forment, en se croisant dans la nuit azurée,
Mille tableaux divers, mille aspects ravissans :
Quand d'un soleil lointain les rayons languissans
Ont de ces grands miroirs allumé les surfaces ;
Que leur clarté jaillit d'espaces en espaces ;
Un spectacle sublime, au loin, de toutes parts,
Du peuple de Saturne enchante les regards :
Il voit son double anneau couvert de flammes bleues,
Surpassant en largeur neuf mille cinq cents lieues,
Sans cesse autour de lui rapidement courir ;
Sept lunes tour à tour apparoître et mourir
Sur l'horizon immense, et de l'anneau rapide
Tantôt raser les bords, tantôt peupler le vide,
Tantôt hors de son cercle illuminer les cieux,
Tantôt glisser sur lui : moins doux, moins gracieux
Sont, le soir, dans nos bois, les mouvemens des fées
Qui du hêtre magique où pendent leurs trophées
Font le tour à pas lents, en se tenant la main,
Le front ceint de verveine ou paré de jasmin,
Que les enlacemens, les courses alternées
De ces reines des nuits de rayons couronnées,
Autour de cet agreste et lugubre séjour
Sans elles à jamais déshérité du jour.
Quelquefois dans le vide un rayon qui se plonge,
Dardé par le Soleil entre elles se prolonge,
Vole, glisse, et parvient sans être reflété
Jusqu'à ces bords surpris de sa vive clarté ;

Par momens, égarés dans les champs de l'espace,
D'autres, comme au hasard, semblent suivre sa trace,
Et dans ces champs d'exil s'en viennent expirer :
C'est le jour de Saturne. Oh! qui pourroit nombrer
De ce jour ténébreux les riches météores !
Ce sont des clairs de lune entremêlés d'aurores,
L'éclat du jour au sein des ombres de la nuit
Qui brille et disparoît, reparoît et s'enfuit.
Là ne s'offrent aux yeux ni forêts, ni montagnes,
Ni rochers, ni vallons : d'onduleuses campagnes,
D'une immense prairie au gazon toujours vert,
De lacs et de ruisseaux tout ce globe est couvert.
De loin en loin, à peine une foible colline
Sur le reste du sol légèrement domine.
Là, d'un peuple pasteur les tranquilles tribus
Conduisent leurs troupeaux, recueillent les tributs
De leur laine éclatante et de leurs doux laitages,
Sous l'azur étoilé d'un ciel exempt d'orages,
A la pâle clarté des sept lampes d'argent
Qui leur gardent les feux d'un soleil indigent ;
Et, comme leur climat, leur raison innocente,
Dans son doux crépuscule humble et reconnoissante,
Borne tout leur savoir et leur unique vœu
A vivre satisfaits d'eux-mêmes et de Dieu.

 Enfin paroît Herschell, la planète dernière
Qui dans les champs du Ciel mesure sa carrière
A l'entour du Soleil : sous le nom d'Uranus
Ses royaumes divers dans les cieux sont connus.
Quatre-vingts fois plus grand que la terre où nous sommes,
Cet astre a ses métaux, ses végétaux, ses hommes ;

Et nous cachant encor la longueur de son jour,
En quatre-vingt-trois ans du Soleil fait le tour
Sur la limite même où sa sphère est bornée.
L'Hiver a la moitié de cette longue année ;
L'Été règne sur l'autre. Au peuple d'Uranus
Le Soleil apparoît plus petit que Vénus
Ne paroît à nos yeux : tant l'espace est immense
Qui d'Herschell au grand astre occupe la distance !
Notre lieue y peut être et s'y compte parfois
Six cent cinquante fois un million de fois.
La glace couvriroit ce globe solitaire
Si de nombreux volcans n'y réchauffoient la terre,
N'y faisoient bouillonner des mers, des lacs fumans,
Les miroirs azurés et les flots écumans.
Il languiroit au sein d'une nuit éternelle,
Si, réglant sur son cours leur marche solennelle,
Six lunes n'y versoient une foible clarté.
Entre un hiver immense, un non moins long été,
Un peuple de chasseurs y partage sa vie.
Si, quarante-deux ans à leurs regards ravie,
La terre y disparoît sous d'énormes frimas,
Ce temps a ses plaisirs : coursiers de ces climats,
Tantôt des chiens légers, d'infatigables rennes,
Sur les lacs transformés en brillantes arènes,
D'un pôle jusqu'à l'autre emportent leurs traîneaux
Sur la glace glissans au doux son des grelots,
Tintement argentin qui d'un désert immense
Charme la solitude et peuple le silence,
Et souvent sur leur trace aide à se diriger
D'autres chars à leur suite heureux de se ranger.

D'un acier éclatant armant leurs pieds agiles,
Tantôt, l'arc à la main, sur des mers immobiles
Courant comme l'oiseau, glissant comme l'éclair,
Ils poursuivent le vol des habitans de l'air,
Et, le cœur palpitant de tendresse et de joie,
Rapportent sous leurs toits une abondante proie.
Rassemblés en famille autour de leur foyer
Où la flamme en colonne aime à se déployer,
Entourés, sur la mousse et les peaux les plus belles,
De leurs rennes légers et de leurs chiens fidèles,
L'épouse se réchauffe auprès de son époux,
La sœur près de sa sœur, l'enfant sur leurs genoux,
Le vieillard dans les bras du fils qui le révère,
Et plus d'un nouveau-né sur le sein de sa mère.
Cependant qu'autour d'eux le bruyant Aquilon
Siffle, et de flots de neige encombre le vallon,
A l'abri des frimas, à la clarté mouvante
De la lampe rustique à la voûte pendante,
Ils chantent l'Amitié, qui, fille des besoins,
Source des vrais plaisirs et mère des doux soins,
Attache l'homme à l'homme, enchaîne l'âme à l'âme,
Et d'un même flambeau tire une double flâme.
Sous un climat semblable ils ont presque les mœurs
De ces pauvres Lapons si doux dans leurs humeurs,
Qui chantent leur espoir sur le tambour sonore
Tant qu'un ami pour eux n'est pas conquis encore,
Et leurs regrets amers tant qu'un seul ennemi
Demeure dans sa haine envers eux affermi.
Ils ressemblent encore à ces Hyperborées
A qui des anciens Grecs les tribus éclairées,

CHANT V.

Sur un vaisseau pompeux, toujours vainqueur des flots,
Chaque année envoyoient de l'île de Délos
Des présens solennels, noble et touchant hommage
Offert à l'innocence, aux mœurs du premier âge.
 L'ange laisse à regret ces peuples innocens
Qui n'offrent au Très-Haut qu'un pur et digne encens,
Et de notre soleil il quitte enfin la sphère.
Dans celle où Syrius épanche sa lumière
Il voit des Jupiters, des Mercures nouveaux,
En beautés, en grandeur, en richesses rivaux,
Au sein d'un autre ciel, où le nôtre s'efface,
D'un cours majestueux se mouvoir dans l'espace
Autour de leur soleil, qui, roi parmi les rois,
Est plus grand que le nôtre un million de fois.
L'ange, sans s'arrêter dans sa longue carrière,
Monte de ciel en ciel, passe de sphère en sphère,
Ne jette autour de lui qu'un rapide regard
Sur ces soleils sans nombre ayant chacun à part
Son système, son ciel, ses planètes dociles,
Ses anges protecteurs, qui des globes mobiles,
Sur des trônes assis, armés d'un sceptre d'or,
Règlent les mouvemens et mesurent l'essor,
Comme, au milieu des mers, les yeux sur les étoiles,
De leurs rapides nefs développant les voiles,
Des pilotes prudens, espoir des matelots,
Le gouvernail en main rasent l'azur des flots :
De mondes, de soleils, de sphères, de systèmes
Multitude effrayante aux yeux des anges mêmes ;
Éblouissant abîme à la pensée ouvert
Où le calcul s'épuise, où la raison se perd.

Aux yeux de Michaël tout-à-coup se présente,
Dans l'espace tracée, une route imposante
Que deux rangs de soleils éclairent de leurs feux :
Jadis, par ce chemin les habitans des cieux,
Avant que du Trépas l'homme fût tributaire,
Descendoient dans Éden et visitoient la Terre;
Mais quand l'homme eut failli, ce torrent de clarté
Remonta dans les airs vers sa source emporté.
L'ange prend cette route et poursuit son voyage.
D'astres éblouissans un immense assemblage
Frappe ses yeux : au sein de ces mondes divers
Brille un globe éclatant, centre de l'Univers,
Modèle primitif des innombrables mondes
Qui sortirent jadis d'entre les mains fécondes
De l'Éternel, alors qu'il marchoit en géant
Dans l'espace, et d'un mot animoit le néant.
Des milliers de soleils qui sur ses flancs rayonnent
Les feux entrelacés le couvrent, l'environnent
D'un tissu de clartés, d'un éclat vif et pur,
D'un voile étincelant d'or, de pourpre et d'azur.
Fécondant des vertus les célestes semences,
Dans ses champs radieux quatre fleuves immenses,
L'Espérance, l'Amour, la Sagesse et la Foi,
Répandent leurs flots d'or : une constante loi
Dans un même océan confond leurs nobles ondes.
Quatre monts révérés en des grottes profondes
Cachent à tous les yeux leurs urnes de saphir :
L'un voit, céleste Horeb, un éternel zéphir
Balancer sur son front les branches enflammées
D'un buisson tout couvert de roses parfumées,

CHANT V.

Et l'incendie errer sous un feuillage épais
Que ses feux innocens ne flétrissent jamais ;)
L'autre, immortel Sina, ceint d'éclairs et de foudre,
Sous les pas du Très-Haut semble encor se dissoudre ;
Là, d'un nouveau Carmel la cime fume encor ;
Plus loin, de rayons purs brille un second Thabor.
Entre ces quatre monts, deux immenses montagnes
S'élèvent, au milieu des célestes campagnes,
L'une au-dessus de l'autre, et les dominent tous :
La première est Sion : de ses flots en courroux
Un bruyant Siloha bat sa base profonde ;
Sur sa cime d'airain un Golgotha se fonde ;
Et sur le Golgotha brillent plus haut encor
Ces murs de diamant que de sa toise d'or
Mesura l'ange, aux yeux du prophète sublime
Disciple bien-aimé du vainqueur de l'Abîme ;
Ces murs mystérieux, aux douze fondemens,
Des travaux du Messie immortels monumens.
Salut, séjour de paix, Jérusalem nouvelle,
Habitacle sacré de l'Essence éternelle !
Salut, cité des saints, métropole des cieux,
Palais du roi des rois, temple du dieu des dieux,
Paradis !... Oh ! quelle âme assez pure, assez sainte,
Aura droit d'être admise en ton auguste enceinte ?
Fleuves qui des élus arrosez le séjour,
Océans de lumière et de gloire et d'amour,
Oh ! qui de nous pourra s'abreuver de vos ondes,
Et loin des rois mortels servir le roi des mondes !
Hélas ! pour parvenir en ces lieux désirés,
Que d'obstacles secrets ! que d'écueils ignorés !

Plus terribles chacun que cent mille cohortes,
Douze anges foudroyans gardent les douze portes
De la cité vivante, et, debout sur le seuil,
D'un front calme, à leurs pieds laissent ramper l'orgueil
Des héros et des rois que le Monde révère.
Céphas commande seul à leur troupe sévère :
Confident des décrets de la Divinité,
Il admet, il écarte avec autorité,
Inflexible toujours, mais toujours équitable,
Ceux qui, pour pénétrer dans ce lieu délectable,
Par leurs anges conduits, au sortir du cercueil,
De la cité divine ont abordé le seuil.
Les uns vont pour un temps dans de brûlans abîmes
Mériter par leurs maux le pardon de leurs crimes ;
Réprouvés à jamais, d'autres, plus criminels,
Tombent du haut des Cieux dans les feux éternels :
Un petit nombre, enfin, d'âmes, qui, toujours pures,
Régnèrent sans orgueil, servirent sans murmures,
Et d'un ardent amour brûlèrent pour leur Dieu,
Franchissent à l'instant les portes du saint lieu.

 Michaël a paru : les barrières d'or s'ouvrent :
Il se prosterne, il entre, et ses regards découvrent
Des célestes palais l'assemblage éclatant,
Œuvre immense d'un mot, d'un signe, d'un instant.
Mille anges radieux aussitôt l'environnent :
Au-devant de ses pas les harpes d'or résonnent ;
Aux heureux habitans de ce brillant séjour
Les uns par leurs concerts annoncent son retour ;
D'autres, pleins de respect, de leurs mains immortelles,
Versent de doux parfums sur l'azur de ses ailes.

Fuyant de leur amour les tributs empressés,
Michaël vers son roi marche les yeux baissés.

Neuf chœurs d'anges divers environnent l'enceinte
Où Jéhova repose en sa majesté sainte.
Séraphins, chérubins, rois, princes, potentats,
Dominateurs, vertus; vous, appuis des états,
Fiers archanges; et vous, peuple nombreux des anges
Dont contre les Enfers les pieuses phalanges
Protégent les cités et gardent les autels;
Vous tous, nés dans les Cieux; vous tous, nés immortels.
Dans leurs rangs appelés, patriarches, prophètes,
* Apôtres, confesseurs, vierges, anachorètes, *
Des palmes dans les mains et de fleurs couronnés,
Chaque jour des esprits aux flammes condamnés
S'en viennent occuper les siéges restés vides;
Et pénétrés d'amour, et de sagesse avides,
Dans un sublime extase, un saint ravissement,
Du bonheur des élus goûtent l'enchantement.
Oh! comment d'un mortel le timide langage
D'un semblable bonheur offrira-t-il l'image?
Dans ce songe d'une ombre où s'égarent nos pas,
Et qui n'a de réveil que l'instant du trépas;
Vers rampans dans la poudre, et dont l'être fragile
N'est qu'un souffle enfermé dans sa prison d'argile;
Aveugles orgueilleux, atomes d'un moment;
Qui de nous a jamais entrevu seulement
La plus foible lueur des délices suprêmes?
Saints, parlez à ma place, et révélez vous-mêmes
De vos félicités l'ineffable trésor.

Aux accords ravissans du luth et du cinnor

Autrefois élevés dans un ordre sublime,
Les remparts, les palais de la sainte Solime,
Sous les brillans rayons d'un jour harmonieux
En exhalent encor les sons mélodieux
Comme d'un doux parfum l'or épanche les restes :
Chaque pas des élus sur les parvis célestes
Fait du marbre et de l'or sortir de doux concerts.
D'une vive splendeur ces beaux lieux sont couverts :
Le jour n'y finit point : une lumière pure
De ces hommes sacrés pare la chevelure,
S'épanche en flots dorés, et, tombant mollement,
Les couvre de rayons comme d'un vêtement.
Elle n'est point semblable à la lumière sombre
Qui remplace ici-bas une ombre par une ombre,
Et, formant quelquefois un prisme de nos pleurs,
Peuple d'illusions le séjour des douleurs :
Celle-ci n'offre aux yeux rien qu'ils ne doivent croire ;
C'est moins une clarté qu'une céleste gloire.
Elle pénètre mieux les corps les plus épais
Que les rais du Soleil ne percèrent jamais
Le plus mince cristal et l'onde la plus claire.
Brillante, intarissable, à l'âme salutaire,
Elle charme toujours et jamais n'éblouit.
Sous ses douces clartés le cœur s'épanouit.
Fortifiant les yeux par sa divine flâme,
Elle épure les sens et laisse au fond de l'âme
Je ne sais quelle paix, quelle sérénité
D'innocence remplie et de bénignité.
Savoureuse, embaumée, aussi douce que pure,
Seule des bienheureux elle est la nourriture,

CHANT V.

Et la manne céleste, et ce fleuve d'amour
Dont veulent leurs ardeurs s'abreuver chaque jour.
Elle entre en eux et d'eux en rayons s'évapore,
Pénètre tout leur être, avec lui s'incorpore
Comme les alimens s'incorporent à nous :
Plus ils boivent ses flots, plus ils leur semblent doux.
Sûr de la posséder, sans cesse la désire
Leur regard qui la voit, leur sein qui la respire.
Elle fait naître en eux, alimente à jamais
Une source d'amour, de bonheur et de paix,
Délicieux abîme où leur âme se noie :
Dans un fleuve limpide, avec bien moins de joie
Se plongent à l'envi les habitans des eaux,
Ravis de retrouver leurs palais de roseaux,
Quand la cruelle main qui les tient hors des ondes
Enfin daigne les rendre à leurs grottes profondes.
Tels ces sages plongés dans les sources du Bien,
Ont tout sans rien avoir et ne veulent plus rien ;
Car la douce saveur de la lumière pure
De la faim de notre âme apaise le murmure ;
Et de cet aliment les saints rassasiés
N'ont soif que du nectar où leurs sens sont noyés.
Sûrs d'un bonheur sans borne et qui ne peut s'éteindre,
La crainte, les soucis ne sauroient les atteindre.
Une éternelle aurore, une beauté sans fin,
De jeunesse immortelle un éclat tout divin
Sur leur visage auguste en tout temps se déploie.
Ce n'est point l'enjoûment et la folâtre joie
Des enfans de la Terre, et leur vaine gaîté ;
C'est un contentement rempli de majesté,

Doux, chaste, respirant le calme et l'innocence,
Sérieux avec grâce et tendre avec décence.
Des saintes vérités, des célestes vertus
En eux le goût sublime est un bonheur de plus :
De nos cœurs inquiets ce qui fait les supplices,
Le besoin du savoir les comble de délices :
A sa source abreuvés, ils sont incessamment
Dans cet extase heureux, dans ce ravissement
Qu'éprouve parmi nous une âme magnanime,
Alors qu'elle accomplit une action sublime
Et s'enivre en secret des regards de son Dieu ;
Un génie immortel, quand, plein d'un noble feu,
Tout-à-coup il enfante une vaste pensée ;
La mère inconsolable, en son deuil délaissée,
Quand elle entend, revoit, contemple avec transport
Un enfant dont ses yeux avoient pleuré la mort.
Mais ce ravissement, cette joie éphémère
Qui bientôt au héros, au grand homme, à la mère
Échappe comme un songe, éternel désormais,
Du cœur des bienheureux ne s'échappe jamais.
Jamais ce bonheur pur, cette joie immortelle
Ne languit un instant : toujours vive et nouvelle,
Elle semble toujours à son commencement ;
Et les siècles pour eux n'ont duré qu'un moment.
Consumés d'un feu pur, d'une chaste tendresse,
Je ne sais quoi de doux et de divin, sans cesse
Coule à travers leur cœur de plaisir enivré,
Comme un épanchement, comme un torrent sacré
De la Divinité que leur amour adore,
Qui vient s'unir en eux aux vertus qu'elle honore.

Les Cieux s'écrouleroient et leurs mondes divers ;
La main de l'Éternel briseroit l'Univers ;
Que, sûrs de sa bonté comme de sa puissance,
Certains de sa justice et de leur innocence,
Les cœurs de ses élus ne se troubleroient pas.
Étrangers aux tourmens qui règnent ici-bas,
Ils plaignent cependant les douleurs de leurs frères
Qui de la Terre encore habitent les misères,
Et leur âme est fidèle aux nœuds de l'amitié ;
Mais c'est un amour calme, une douce pitié,
Qui ne peuvent, aux saints rappelant leurs calices,
De la paix de leurs cœurs altérer les délices.
Les nobles passions, dans ces cœurs généreux,
Ne s'éteignent donc pas, mais épurent leurs feux.
Non, leurs plaisirs si doux ne sont point des chimères !
Les frères, les époux, les enfans et les mères
Dans les palais du Ciel se chérissent encor ;
Et, de l'âme ici-bas ineffable trésor,
Ces doux attachemens, leur volupté suprême,
Se confondant en Dieu, consacrés par lui-même,
S'inspirent des grandeurs de la Divinité,
S'éternisent au sein de son éternité :
Les vertus près de lui deviennent plus parfaites.
 Tantôt de leur bonheur ces âmes satisfaites,
S'éloignant un moment de sa brillante cour,
Se reposent au bord du fleuve de l'Amour,
Sous l'ombrage sacré de l'arbre de la Vie,
Dont l'immortelle fleur dans Éden fut flétrie,
Mais qui sur ce rivage ignoré des autans,
Étale désormais un éternel printemps ;

Ou, près des flots sacrés des eaux de Sapience,
Sous les vastes rameaux de l'arbre de Science,
Qui, de sa noble tige au loin portant l'essor,
Garde à demi-cachés sous son feuillage d'or
Les occultes secrets, les lois de la Nature,
Et du Bien et du Mal la règle et la mesure,
S'arrêtent, et, de Dieu méditant les grandeurs,
De la création sondent les profondeurs :
Car dans l'heureux empire et la sainte patrie
De l'éternel amour, de l'éternelle vie,
Mûri par la Sagesse et cueilli sans remord,
Le doux fruit du Savoir ne donne plus la Mort.
Tantôt les bienheureux, dans de pieux voyages,
Parcourent du Très-Haut les merveilleux ouvrages,
Et la Création, tous ces mondes épars,
De miracles sans nombre entourent leurs regards.
Là, de la pesanteur découvrant les mystères,
Ils suivent dans les cieux le mouvement des sphères;
Des astres chevelus qui traversent leur cours,
Reconnoissent les lois, calculent les retours.
Ramenés jusqu'à nous par un charme invincible,
Ils viennent visiter cette Lune paisible
Qui, lorsque de la vie ils supportoient le poids,
Dans le calme des nuits éclaira tant de fois
Leurs méditations, leurs désirs et leurs craintes,
Et leurs doux entretiens, et leurs prières saintes.
L'astre humide et charmant qui revient tour à tour
Du jour et de la nuit annoncer le retour ;
Cet autre, qui, brillant d'une clarté si pure,
Paroît un diamant parmi la chevelure

Qui de flots d'or entoure et revêt le Soleil ;
Celui qui de la guerre offre aux yeux l'appareil ;
Ce globe aux champs d'azur, aux rapides journées,
Qui, dans le triste cours de ses longues années,
S'avance à la lueur de ses pâles flambeaux,
Ainsi qu'un noir cercueil vers le champ des tombeaux ;
Cette terre d'exil, qui, dans son esclavage,
Comme une épouse en deuil, de l'anneau du veuvage
Traîne à jamais le poids loin des rayons du jour ;
Tous ces flambeaux de l'homme attirent tour à tour
Les regards des élus, leurs recherches profondes.
Leur curieux essor vole jusqu'à ces mondes
Dont nos étoiles sont les soleils radieux ;
Et leur oreille entend les sons mélodieux,
Les concerts inconnus à notre oreille agreste,
De la Lyre divine et du Cygne céleste.
Leur admiration, qui ne se lasse pas,
Quelquefois de Dieu même accompagne les pas,
Soit qu'à l'instant prédit remplissant sa menace,
Aux bords les plus lointains, aux bornes de l'espace,
Sa main vienne briser un antique univers ;
Soit qu'au bruit des plus doux, des plus tendres concerts,
Suivi des chœurs sacrés, des brillantes phalanges
Des séraphs, des chérubs, des anges, des archanges,
De la création son sein versant les flots,
Il porte la beauté, l'ordre au sein du Chaos.

Mais le plus merveilleux de ces pompeux spectacles,
Le miracle sublime entre tous les miracles,
C'est Dieu même. Au milieu des célestes parvis,
Lorsqu'il daigne apparoître à ses élus ravis,

Et, tempérant sa gloire, à leur foible prunelle
Permettre d'admirer sa jeunesse éternelle,
De son front radieux la sainte majesté,
Et de ses traits divins l'ineffable beauté,
Éperdus et plongés dans un sublime extase,
Ils boivent à longs flots l'Amour qui les embrase.
Que si sa voix s'exhale en des sons ravissans,
Tous leurs sens enivrés respirent ses accens;
Concert délicieux, pénétrante harmonie
Dont les Cieux goûtent seuls la douceur infinie,
Qui verse dans les cœurs des torrens de plaisir,
Et que nous ne pourrions entendre sans mourir.
S'il voile sa splendeur au peuple qui l'adore,
Dans son absence même il est présent encore :
Un moment suspendu, l'éternel Hosanna
De l'immortel Horeb, du céleste Sina
Réveille les échos, proclame sa puissance :
Hymne auguste, où l'amour et la reconnoissance
Réunis, confondus, purs et respectueux,
Montent vers l'Éternel en chœurs majestueux.

En silence, au milieu de ce concert sublime,
S'avançoit des Français l'archange magnanime.
Raphaël l'aperçoit et vole dans ses bras;
Raphaël qui, jadis, pour vaincre le Trépas,
Enseigna le premier, sur des monts solitaires,
Des plantes aux mortels les vertus salutaires,
Et disputant notre être aux ombres du tombeau,
De nos jours expirans ranima le flambeau.
L'ange qui, sur les yeux du mortel qui repose
Inclinant d'un beau lis la palme fraîche éclose,

CHANT V.

Du Très-Haut à la Terre annonce les bienfaits,
Messager de clémence et ministre de paix,
L'aimable Gabriel le suit, et dans l'espace
Laisse un brillant rayon marquer au loin sa trace ;
Et d'un tendre regard, d'un sourire enchanteur,
Salue en l'abordant l'auguste voyageur.
Jadis ces immortels qu'un doux lien rassemble,
D'un nuage d'azur s'élancèrent ensemble
A la voix du Très-Haut, et quelque temps leurs yeux
A l'aspect l'un de l'autre oublièrent les cieux.
Bientôt l'Amour unit ces puissances nouvelles:
Ensemble dans l'espace ils essayoient leurs ailes ;
Des ouvrages divins ensemble avec ardeur
Leurs ravissantes voix célébroient la grandeur.

 Dans leurs embrassemens leurs âmes se confondent;
D'un saint ravissement les douceurs les inondent;
De leurs membres divins dans les airs s'échappant,
Une odeur d'ambroisie autour d'eux se répand,
Et le Ciel applaudit à leur sainte tendresse.
O sublimes transports ! ô pure et noble ivresse !
Ineffables plaisirs des mortels ignorés !
Hors des sacrés parvis où les saints inspirés
Célèbrent les vertus que leur âme respire,
Qui peut vous concevoir, et qui peut vous décrire?

 Au centre éblouissant d'un ciel ardent et pur,
Des nuages épais d'or, de pourpre et d'azur
S'élèvent en montagne, et d'une nuit sacrée
Voilent du Saint des Saints la redoutable entrée.
Près de là, tel qu'un mont, brille entre mille autels
L'autel où le Messie, en des jours immortels,

Épris pour les humains d'un amour tutélaire,
Vint aux pieds du Très-Haut s'offrir à sa colère.
Michaël en tremblant approche de ces lieux,
Et courbe vers sa base un front religieux.
Près de lui Raphaël se prosterne en silence :
L'encensoir odorant dans sa main se balance ;
Tandis que Gabriel, secondant leurs transports,
Tire d'un luth sacré de sublimes accords.
Jusques au Tout-Puissant s'élève leur prière.
Au bruit de la trompette, aux accens du tonnerre,
Le tabernacle s'ouvre, et dans un nouveau ciel
Laisse voir Jéhova sur son trône éternel.
En cercle autour de lui soutenus dans l'espace,
Les brûlans séraphins à l'aspect de sa face
Sont saisis de terreur : éblouis de ses feux,
De leurs six ailes d'or, deux ont couvert leurs yeux ;
Deux ont voilé leurs pieds ; deux, dans l'air étendues,
Soutiennent en tremblant ces âmes éperdues.
  * En lui-même, et rempli de sa propre grandeur,
* Dieu repose au milieu d'une triple splendeur.
* Une triple Personne en une seule Essence *
  Forme sa Trinité : * la suprême Puissance,
* Le souverain Amour, le souverain Savoir, *
  Père, Fils, Esprit-Saint, seul et même Pouvoir.
  Du haut du trône auguste où sa Bonté réside,
  Sa sainte * Providence à l'Univers préside ;
* Et plus bas, à ses pieds l'inflexible Destin
* Recueille les arrêts du monarque divin.
* De son Être incréé tout est la créature :
* Il voit rouler sous lui l'ordre de la Nature ;

* Des Élémens divers est l'unique lien,
* Le père de la Vie et la source du Bien.
* Tranquille possesseur de sa béatitude,
* Il n'a le sein troublé d'aucune inquiétude ;
* Et voyant tout sujet aux lois du changement,
* Seul, par lui-même, en soi, dure éternellement. *

Au-dessous, de rayons, d'étoiles couronnée,
Brille du roi des Cieux l'Épouse fortunée,
Vierge et Mère : des vœux purs et reconnoissans
S'élèvent autour d'elle ainsi qu'un doux encens.

D'une voix humble, alors le plus grand des archanges :
« O Père souverain des hommes et des anges !
Créateur immortel de la Terre et des Cieux !
Daigne accueillir les pleurs qui coulent de mes yeux.
L'Enfer insidieux, trompant ma vigilance....
Mais dois-je rappeler ma fatale imprudence ?
Tu sais tout ; tu connois ma faute et mes regrets.
Lance, ô Dieu, sur Satan tes formidables traits !
De quel front l'ennemi du Ciel et de la Terre
Vient-il souiller le jour et braver ton tonnerre ? »

Il dit ; au pied du trône il prosterne son front.
L'éternel roi des rois en ces mots lui répond :

« J'ai lancé l'anathême, et la foudre a dû suivre.
La France est criminelle : aux Enfers je la livre ;
Au comble des douleurs elle doit arriver.
L'Enfer subit mes lois en pensant les braver.

» Archange des Français, ton peuple peut encore
Fléchir le Triple-Dieu que ta douleur implore.
S'il est chez les Français un être sans remord,
Qui pour sauver la France ose accepter la mort ;

Que nul charme n'entraîne et nul tourment n'étonne ;
Qu'il s'offre en sacrifice, et Jéhova pardonne. »
    Ainsi dit l'Éternel, et son front s'est voilé ;
Le temple se referme, et la foudre a roulé.
Jusqu'aux bornes des Cieux, ces astres innombrables
Qui sortent chaque jour de ses mains vénérables,
Et roulant emportés dans l'abîme des airs,
De la création vont peupler les déserts ;
Aux sévères accens de sa voix foudroyante,
Ont suspendu leurs cours : pâlissant d'épouvante,
Les anges couronnés qui sur des trônes d'or
Des lyres à la main dirigent leur essor,
Et des sphères sans nombre écoutant l'harmonie,
A l'ordre universel soumettent leur génie,
Interrompoient leurs chants, et, croyant expirer,
Laissoient dans son effroi l'Univers s'égarer,
Si d'un regard d'amour, l'Auteur de la Nature,
Attentif aux besoins de chaque créature
Qui dans l'immensité réclame son appui,
De ces êtres si grands, mais si foibles sans lui,
N'eût soudain ranimé les forces défaillantes.
Relevant à la fois leurs têtes rayonnantes,
Aux mondes, aux soleils ils rendent leur essor :
Leurs chants mélodieux retentissent encor ;
Tout se meut, tout s'ébranle ; et dans le Ciel immense
Pour ne cesser jamais l'Hosanna recommence.
    D'un arrêt rigoureux justement accablé,
L'archange des Français lève un front désolé.
Ses frères, près de lui, gémissent immobiles.
« Dans le désordre affreux des discordes civiles,

Malheureux! où trouver un être sans remord,
Assez grand, assez pur pour cette illustre mort?
Ah! cessons d'y penser, et pleurons sur la France! »
Il dit, reprend son vol, et s'éloigne en silence.
Bientôt du Paradis il a franchi le seuil.
Revêtu de tristesse et couronné de deuil,
Il traverse à l'instant, dans son vol solitaire,
L'espace qui s'étend du Ciel jusqu'à la Terre;
Dans l'abîme du vide il plonge, plonge encor,
Et sur son temple enfin repose son essor.

 Au sein bruyant des mers, non loin de nos rivages,
Une roche s'élève au milieu des orages.
Deux fois de l'Océan les flots respectueux,
Pour en ouvrir l'accès aux mortels vertueux
Que la Foi sur ces bords et l'Espérance attirent,
Dans l'abîme grondant chaque jour se retirent.
Des prêtresses jadis au puissant dieu du Jour,
A l'antique Bélène, offroient en ce séjour,
Pour détourner loin d'eux de cruels maléfices,
Des nochers au départ les nombreux sacrifices.
On dit que, pour charmer la colère des flots,
Un jeune homme encor vierge, espoir des matelots,
Recevoit de leurs mains une flèche sacrée :
En invoquant leur dieu, d'une main assurée
Lançoit-il le saint dard aux vagues en fureur ?
A ses pieds l'Océan rampoit dans la terreur ;
Caressé par des flots et des vents favorables,
Bravant des sombres mers les périls innombrables,
Le vaisseau fortuné venoit surgir au port.
Des nochers, au retour, la troupe avec transport

Chargeoit de riches dons destinés aux prêtresses
Celui dont l'innocence accomplit leurs promesses.
Tremblant, les yeux baissés, le bel adolescent
Dans le temple sauvage entroit en rougissant :
Au-devant de ses pas, avec un doux sourire,
Les reines de la mer, aux accords de la lyre,
En foule s'avançoient pour recevoir en don
Le fer du Scandinave et l'étain d'Albion,
Et l'ivoire africain, et les fruits d'Hespérie,
Et la pourpre de Tyr, et l'or de l'Ibérie.
L'une d'elles, la nuit, du rivage des mers,
Avec lui descendoit au sein des flots amers,
Et d'un collier formé de coquilles nombreuses
Suspendoit à son cou les chaînes amoureuses.
Rites voluptueux, vos trompeuses douceurs
Trop long-temps des mortels séduisirent les cœurs :
Un culte plus auguste a proscrit vos mystères.
L'ange autrefois banni sur ces bords solitaires,
Vaincu par Michaël s'enfuit en d'autres lieux.
En vain le fier Satan de ce rocher fameux
Vint à l'ange guerrier disputer la conquête :
L'Océan l'engloutit, retomba sur sa tête ;
Et le chef glorieux des milices du Ciel
Y fit bâtir son temple et dresser son autel.
Au sortir des combats, c'est dans ce lieu paisible
Qu'il aime à déposer son armure terrible :
Là reposoit son char ; là, ses coursiers divins
Broyoient l'orge céleste en de riches bassins,
Ou dans la coupe d'or par l'archange remplie,
Du nectar parfumé, de la douce ambroisie,

Savouroient lentement les flots délicieux,
Sucs d'un fruit immortel exprimé dans les Cieux.
Dans cet heureux séjour le magnanime archange
Se dérobe aux regards de la sainte phalange
Qui suivit son essor, à la voix des Français,
Des murs de Marborée aux bords orléanais :
Il traverse à grands pas l'enceinte solitaire,
Et court se renfermer au fond du sanctuaire.

CHANT VI.

Enfin, par les Français à grands cris imploré,
L'œil humide, et le front de vapeurs entouré,
L'ange des Nuits descend, et de ses ailes sombres
Sur ces bords malheureux répand les douces ombres.
De carnage et de sang le fer avide encor,
Mais dont l'œil désormais ne peut guider l'essor,
Le fer s'arrête enfin : dans les murs de leur ville
Les Français accablés trouvent un sûr asile.
   Mais l'ange du Sommeil, charme de nos ennuis,
N'a point suivi les pas du sombre ange des Nuits :
Dans les murs d'Orléans tout gémit et tout veille ;
Et la fatigue accable, et la douleur éveille.
L'un pleure son ami sur la rive étendu ;
L'autre un frère chéri vainement défendu :
Là, d'une épouse en deuil c'est la douleur amère ;
Là, sur le corps d'un fils vient expirer sa mère.
L'Anglais n'est point exempt de ces regrets cruels :
Ses plus illustres chefs, ses héros immortels,
Du fer de nos guerriers ont éprouvé l'atteinte,
Et leur orgueil connoît les sanglots et la plainte.
De l'ange des Combats telles sont les faveurs :
Ses plus brillans lauriers sont arrosés de pleurs.
   Dans la cité détruite au-delà de la Loire,
Naguère jusqu'aux cieux s'élevoient dans leur gloire

CHANT VI.

Des enfans d'Augustin les cloîtres révérés :
La flamme en respecta les fondemens sacrés.
L'ambitieux Montague, à ses desseins fidèle,
En remparts menaçans, en haute citadelle,
Veut bientôt transformer ces illustres débris.
A sa voix, sous leurs chefs ses guerriers réunis
Autour de cette terre inviolable et sainte
A la hâte ont d'un camp tracé la vaste enceinte :
Les chars sont dételés, le bagage est ouvert,
Et de blancs pavillons tout l'espace est couvert.

Mais quel être souffrant, au fond de cette tente,
Mêle à de longs soupirs une voix gémissante ?
Est-ce toi, d'un héros élève généreux,
Comme lui téméraire, hélas ! et malheureux ?
Oui, c'est lui, c'est Aymar : il succombe, il expire :
Glacidas croit en lui persécuter Lahire.
Sous l'effort du héros honteux d'être tombé,
Le cruel, par l'Enfer au trépas dérobé,
Sur son jeune captif épuisa sa furie.
Sa tête sur son sein retombe appesantie ;
Ses membres qu'ont serrés la Haine et la Fureur,
Sont enflés par la gêne et roidis de douleur.

Soudain, du haut du Ciel un ange de lumière
Descend sur ce rivage : au bout de sa carrière,
D'éclairs éblouissans, de foudres radieux,
Il dépouille son front, il désarme ses yeux ;
Agite mollement ses ailes éclatantes,
Plane au milieu des airs, s'arrête, et sur les tentes
Étend son sceptre d'or. Autour d'Aymar rangés,
Dans un profond sommeil ses gardes sont plongés.

Partout régnoient la Nuit, le Repos, le Silence.
Une femme paroît, examine, s'avance,
Hésite, avance encor, se rapproche : ses pas
Pressent la terre à peine et ne l'effleurent pas.
Telle une ombre légère, amante des ténèbres,
Erre sans bruit autour des demeures funèbres.
D'une voix foible, alors, et semblable au Zéphir
Qui parmi des cyprès exhale un long soupir :
« Infortuné, » dit-elle, « arme-toi de courage !
Tu ne gémis pas seul sur ce triste rivage :
Par le malheur instruite à plaindre le malheur,
Mon cœur a retenti du cri de ta douleur.
Sois libre ; et vers les tiens qu'un ange te ramène ! »
   Elle détache alors le lien qui l'enchaîne,
Soulève avec douceur la tête du héros ;
D'une froide sueur sa main sèche les flots,
Du sang, de la poussière efface les souillures.
D'un regard inquiet visitant ses blessures,
Elle y verse les flots d'un baume précieux
Que l'Arabe guerrier cueillit sous d'autres cieux.
Bientôt elle présente à ses lèvres arides
Ces fruits délicieux, trésor des Hespérides :
Et d'un rayon furtif lui prêtant le secours,
L'astre brillant des Nuits semble arrêter son cours.
   Ranimé par ses soins, l'élève de Lahire
Veut parler, et gémit ; la regarde, et soupire.
Tel un homme accablé d'un triste et long sommeil,
Pense rêver encore à l'instant du réveil.
Enfin, de ses esprits ayant repris l'usage :
« Etre inconnu, » dit-il, « pardonne à mon langage !

CHANT VI.

De quel titre, en effet, sous quel nom t'honorer,
Toi que pour mon salut le Ciel semble inspirer;
Toi qui même en ces lieux chéris la bienfaisance?
Ah! parle: es-tu des Cieux une auguste puissance? »

« Cesse de t'abuser, et reconnois en moi
Un être malheureux et foible comme toi, »
Dit la noble étrangère. « En proie à mille alarmes,
A peine un doux sommeil avoit séché mes larmes,
Quand, envoyé du Ciel, un Songe à mes esprits
A révélé ton sort, m'a fait ouïr tes cris,
T'a montré succombant à ce supplice horrible,
D'un pouvoir inconnu l'ascendant invincible
M'arrachant à ma couche et trompant tous les yeux,
Par des détours obscurs m'a conduite en ces lieux.
A ce pouvoir divin reporte tes hommages. »

— « N'en dois-je qu'à lui seul? Sur ces tristes rivages,
Dans ce camp inhumain qui conduisit tes pas?»

— « Jeune homme, par pitié, ne m'interroge pas;
Et pour prix de mes soins épargnant ma misère,
D'un malheur sans espoir respecte le mystère. »

Elle dit; mais le Sort s'obstine à la trahir:
De la Lune un rayon sur son front vient jaillir.
Elle recule en vain: prompt à la reconnoître,
Aymar tombe aux genoux de la sœur de son maître.
« Noble Édelmonde, ô ciel! en croirai-je mes yeux?
Est-ce bien vous qu'Aymar retrouve dans ces lieux?
Parmi nos ennemis, vous, la sœur de Lahire!
Nous pleurions Édelmonde, Édelmonde respire!
Et son frère l'ignore! et son amant trompé,
Fratamo, de son deuil en tous lieux occupé,

Affrontant les périls, dédaignant la victoire,
Ne cherchoit que la mort dans les champs de la Gloire! »

 Il dit, et d'Édelmonde ignore les destins.
Il baise avec respect ses défaillantes mains,
Les presse sur son cœur, les baigne de ses larmes.
« Cher Aymar, » lui dit-elle, « épargne mes alarmes!
Garde que tes bourreaux, réveillés à ta voix,
Sur toi de leurs fureurs ne rassemblent le poids!
Hâte-toi, fuis ces lieux, retourne vers Lahire :
Cache-lui bien surtout qu'Édelmonde respire!
Que, même en la pleurant, il ignore son sort :
Morte au monde, il me doit le repos de la mort. »

 « O Ciel! » s'écrie Aymar, « quelle horrible contrainte
Voulez-vous m'imposer? Qui? moi! dans cette enceinte
Je pourrois me résoudre à vous abandonner!
Madame, ah! n'avez-vous qu'un crime à m'ordonner?
Aymar, des chevaliers trahir la loi suprême!
Moi, manquer à l'honneur, à Lahire, à moi-même!
Lui laisser près de vous pleurer votre trépas!
Lui ravir sa vengeance! Ah! ne l'espérez pas!
Souffrez plutôt, souffrez que ma main vous délivre :
La Nuit règne, tout dort : daignez, osez me suivre!
Tout foible que je suis, par mon zèle animé,
Je puis peut-être encor, pour votre cause armé,
Des tigres d'Albion repousser la furie,
Venger Lahire et vous, sa gloire, ma patrie :
Venez, et dans leur sang effaçons vos malheurs! »

 « Non, je n'accepte point, » dit Édelmonde en pleurs,
« Le noble dévoûment que m'offre ton courage.
Mais réponds-moi : Fratamo est-il sur ce rivage? »

CHANT VI.

— « Hélas ! dois-je vous taire ou révéler son sort ?
Captif, blessé, peut-être il n'attend que la mort. »
— « Qu'entends-je, ô Ciel! il meurt! et pour m'avoir aimée !
— « Si j'en crois la nouvelle autour de moi semée,
Dans les fers de Suffolck ce guerrier valeureux.... »
— « Un foible espoir me luit : Suffolck est généreux.
Mais que de Glacidas j'appréhende la haine !
Pars, noble Aymar : le Sort à mon malheur m'enchaîne.
Hélas ! le trépas seul en peut finir le cours.
Va, ma main dès long-temps eût terminé mes jours,
Si du Dieu des chrétiens la loi sainte et terrible
N'opposoit à mes vœux sa rigueur inflexible.
Eh bien ! le noir Abîme entr'ouvert sous mes pas,
L'ordre du Dieu vivant ne m'arrêteroit pas :
Jure-moi par ce Dieu terrible en sa vengeance,
De garder sur mon sort un éternel silence ;
Ou ma mort est le fruit que produiront soudain
Et ton refus impie, et ton zèle inhumain. »
 Elle se tait. Aymar, troublé, hors de lui-même,
Cède, atteste du Ciel la puissance suprême,
Promet tout, et gémit, et maudit son serment.
Alors d'un casque anglais couvrant son front charmant,
Édelmonde l'instruit des paroles guerrières
Qui devant lui du camp ouvriront les barrières :
Il jure par l'Honneur de n'en abuser pas,
Et dans l'ombre, sans bruit, s'avance sur ses pas.
Ils distinguoient déjà les gardes taciturnes :
Ils s'arrêtent pareils à ces oiseaux nocturnes
Qui vers des murs lointains méditent leur essor.
« Adieu, » dit Édelmonde au page aux cheveux d'or.

« Souviens-t-en bien : qui manque à sa foi, se diffame.
Borne ton zèle au soin de délivrer Fratame :
A mon généreux frère apprends tout son danger.
De sauver son ami lui seul doit se charger.
Qu'il presse des captifs et termine l'échange ;
Qu'il se hâte ! il sait trop si Glacidas se venge !
Sa haine ingénieuse et féconde en forfaits,
Ne peut ni sommeiller, ni s'assouvir jamais. »

 Elle fuit, à ces mots, et disparoît dans l'ombre.
Aymar demeure en proie à des pensers sans nombre :
Il hésite, il balance, et trois fois est tenté
De consacrer sa vie à la captivité.
Pour Lahire à la fin sa tendresse l'emporte.
Il commande, et d'un mot se fait ouvrir la porte.
Dans la plaine sanglante il s'avance à grands pas,
Pleure sur Édelmonde, et ne la juge pas.

 Mais l'arrêt du Très-Haut, ses paroles terribles,
Ont traversé l'espace, et dans les murs horribles
Où les anges marqués du sceau de son courroux
Se roulent de douleur, accablés sous ses coups,
Descendent à travers les régions funèbres
Comme un rayon du jour plonge dans les ténèbres :
L'espérance ranime, enflamme leur fureur,
Et peut-être la joie a brillé dans leur cœur.
Tous ces monstres divers de formes et de crimes,
S'élèvent à grand bruit sur les brûlans abîmes ;
Foule immense, innombrable : ils partent à la fois,
Ils volent, et les airs gémissent sous leur poids.

 « Guerriers, » leur dit Satan, « courons à la victoire !
Le roi des Cieux l'ordonne : allons servir sa gloire....

CHANT VI.

Oui, faisons-le régner sur de vastes déserts !
Tournons alors sur lui tout l'effort des Enfers !
La victoire en héros peut changer des rebelles. »
Il dit, on applaudit ; et d'un million d'ailes
L'armée avec transport frappe l'air agité.

 Aymar, en ce moment, d'un pas précipité,
Venoit de parvenir sur les bords de la Loire.
Il ne balance pas : déjà son sein d'ivoire,
Victorieux des flots, fend le fleuve étonné ;
D'une écume éclatante il vogue environné.
Les noirs anges l'ont vu : sa beauté, son courage,
Sa vertu, sa jeunesse, ont redoublé leur rage.
La Nuit avec effroi fuit devant les éclairs :
En bataillons nombreux fondant du haut des airs,
Ces monstres rugissans de leur brûlante haleine
Flétrissent les forêts et ravagent la plaine.
De leur aile bruyante ils tourmentent les flots ;
Sur la rive à grand bruit rejettent le héros ;
Ressaisissent leur proie, et d'abîme en abîme,
De supplice en supplice entraînent leur victime.
Aymar quelques instans lutte contre la mort :
Épuisé de fatigue, il cesse un vain effort ;
Et, malheureux jouet des vagues furibondes,
Semble un lis entraîné par les vents et les ondes.

 Au-dessous d'Aurélie, aux lieux où le Loiret,
Fleuve dont l'origine est encore un secret,
Vient mollement verser dans le sein de la Loire
Ses flots enorgueillis d'une double victoire,
Qui, bouillans et fumeux lorsque règne l'Hiver,
Roulent un froid mortel sous les feux du Cancer ;

Au sein tumultueux des ondes blanchissantes,
Brille un palais formé d'opales transparentes,
D'un cristal immortel, et des marbres polis
Que les gouffres des eaux tiennent ensevelis :
C'est l'antique séjour d'une race céleste.
Là, depuis que, vaincus dans un combat funeste,
Des traits de l'arc divin tant d'archanges percés
Roulèrent dans l'espace au hasard dispersés,
Maudissant sa folie, aux pieds foulant ses armes,
Un ange infortuné s'en vint cacher ses larmes,
Obtint de Dieu sa grâce, et, pour tout châtiment,
Changea de nom, d'emploi, de sexe et d'élément.
C'est aujourd'hui de l'onde une nymphe immortelle.
Trois cents reines des eaux se courbent devant elle.
Le fleuve est son domaine, et ses fertiles bords
Lui livrent en tributs leurs plus rares trésors.
Le Trépas enrichit ses demeures profondes.

 Tour à tour rejeté, ressaisi par les ondes,
Le page aux cheveux d'or sur des gazons épais
S'en vient rouler mourant aux portes du palais.
Accourant sur le seuil, la naïade attendrie
Ordonne qu'on l'arrache aux vagues en furie ;
Que de ses vêtemens pénétrés par les eaux
La pourpre sur son sein remplace les lambeaux.
Elle dit : on s'empresse : un riche voile couvre,
Enveloppe son corps ; et, porté dans ce Louvre,
Objet des plus doux vœux et d'un zèle assidu,
Sur un lit magnifique il repose étendu.
Quittant leurs fuseaux d'or qu'un lin brillant couronne,
Des nymphes aux yeux pers la foule l'environne,

CHANT VI.

Et prodigue ses soins à l'enfant des héros :
Elmis, pour essuyer le froid limon des eaux,
Promène sur son corps une laine éclatante;
Mélanor, excitant une flamme expirante,
Rend à ses pieds glacés une douce chaleur;
Pour réveiller son âme et ranimer son cœur,
Pholoé s'inclinant, et, de ses doigts de roses,
Écartant doucement ses lèvres demi-closes,
Tour à tour, dans sa bouche, en invoquant les Cieux,
Épanche goutte à goutte un nectar précieux,
Ou sur elle collant sa lèvre parfumée,
Souffle jusqu'à son cœur une haleine embaumée;
Tandis que, lentement, de ses longs cheveux d'or
Oriane divise et range le trésor.
Par degrés, du Trépas l'ange attendri retire
Sa main froide et pesante; et le héros soupire:
S'élançant de son cœur, un sang rapide et pur
De ses veines au loin va ranimer l'azur.
Il s'éveille rempli d'une force nouvelle :
Il regarde, il s'étonne, et vainement rappelle
De ses derniers revers le souvenir confus.
« Où suis-je, ô Dieu ! qui suis-je, et qu'est-ce que je fus ?
De la vie ai-je enfin vu fuir les tristes heures,
Et suis-je transporté dans tes hautes demeures?
Est-ce ici le séjour de l'éternel repos? »
La fée, en souriant, répond : « Fils des héros,
De ces humides lieux tu vois la souveraine,
Loïre, de la Loire et la nymphe et la reine.
Sois désormais sans crainte : au gré de tes désirs,
Ici des immortels goûte en paix les plaisirs. »

Elle dit : auprès d'eux une table se dresse :
L'œil n'en peut soutenir l'éclat et la richesse.
Dans la nacre et dans l'or des mets délicieux
Viennent charmer le goût, l'odorat et les yeux.
Dans le diamant pur le nectar étincelle.
Cent lustres rayonnans d'une flamme immortelle
Descendent de la voûte ; et les plus douces voix
S'unissent aux accords des luths et des hautbois.
Ravi d'étonnement le jeune homme s'écrie :
« Tous ces brillans récits de l'antique féerie
N'étoient pas, je le vois, des songes imposteurs.
O nymphe, il est donc vrai : des êtres enchanteurs
Peuplent les champs de l'air, le sein mouvant des ondes,
Et du globe animé les cavernes profondes ? »

« Il est vrai, » dit la nymphe, « et je veux t'enseigner
Par quels événemens vinrent ici régner
Tant d'êtres immortels, d'origine céleste.

» Des anges révoltés quand la chute funeste
Effraya du Chaos les orageux états,
Aux plus grands criminels la foudre avec fracas
Ouvrit et de l'Enfer éclaira les abîmes :
Le reste, de l'Erreur déplorables victimes,
Que la Crainte entraîna, qu'émut la Vanité,
Trembloient aux pieds d'un Dieu justement irrité ;
Il vit leur repentir ; et, détournant ses armes,
D'un regard de pitié rassura leurs alarmes.
Ce monde fut créé : des êtres fortunés
A repeupler les Cieux en secret destinés,
Vinrent du frais Éden habiter les bocages.
L'Éternel de veiller sur ses nouveaux ouvrages

CHANT VI.

Nous confia le soin : « Allez, dit-il, partez ;
» Par un zèle assidu méritez mes bontés.
» Le Ciel vous est fermé ; mais, loin de ses demeures,
» La douce Bienfaisance embellira vos heures.
» Protégez à l'envi, secourez les humains,
» Et respectez en eux l'ouvrage de mes mains.
» Je commets à vos soins les airs, la terre et l'onde :
» Que tout s'empresse autour des souverains du monde ! »
Ainsi dit l'Eternel : chacun bénit sa loi,
Et courut mériter le pardon de son roi.
Dieu, selon qu'en nos cœurs, pendant ces jours d'orages,
L'ambition fatale étendit ses ravages,
Nous assigna des soins, des travaux différens ;
Et comme dans le Ciel il a marqué nos rangs.
Sa bonté n'imposa que des tâches aisées.
Mais viens : puisque ta faim, ta soif, sont appaisées,
Je te veux dévoiler ce vaste enchantement. »
  Ils sortent du palais : le liquide élément
S'arrondissoit en voûte et grondoit sur leurs têtes :
Sans crainte ils s'avançoient au-dessous des tempêtes.
Sur les yeux du héros Loïre étend la main,
Les baigne d'une eau pure : ô prodige soudain !
Mille objets échappoient à leur clarté grossière ;
Maintenant la nuit même a pour eux sa lumière.
Des agiles ondins, parmi des tourbillons,
Il voit de toutes parts courir les bataillons
Occupés à calmer les ondes révoltées
Jusques au fond du fleuve à grand bruit agitées.
Dans la main de Loïre étinceloit encor
Son sceptre radieux, superbe aviron d'or,

Don céleste, symbole et gage de l'empire :
Elle en frappe le sable : il tremble, il se déchire,
Il s'enfonce, il s'entr'ouvre, et montre au fils des preux
Jusqu'au centre du globe un chemin ténébreux.
Par des degrés obscurs le jeune homme intrépide
Descend rapidement sur la foi de son guide.
Le sceptre de la nymphe, au-devant d'eux porté,
Répandoit à l'entour des torrens de clarté.
Aymar, de tous côtés, voit, disputans de zèle,
Les gnomes à l'ardeur d'une flamme immortelle
Exposer tour à tour les germes des métaux,
Mûrir l'argent et l'or, comme sur nos coteaux
L'habile agriculteur tond la feuille, et présente
Aux doux feux du Soleil la grappe jaunissante.
Les fruits de ces travaux, trésor resplendissant,
Les diamans, l'or pur, l'argent éblouissant,
S'élèvent en monceaux dans des grottes profondes.
La naïade remonte à l'empire des ondes,
Remonte encor, tenant le héros par la main,
Et jusqu'à la surface elle s'ouvre un chemin.
Quelque temps du Loiret tous deux foulent la rive.
Sur les pas de Loïre Aymar bientôt arrive
En des lieux où les soins des peuples de ces bords
D'une terre légère ont doublé les trésors.
Oh ! quel riant tableau, quel aimable spectacle
Les yeux charmés d'Aymar contemplent sans obstacle !
Un foible crépuscule éclairoit l'horizon ;
Les Vents étoient rentrés dans leur sombre prison ;
Prête à finir son cours, la Lune rassurée
De ses plus doux rayons éclairoit la contrée,

CHANT VI.

Et d'étoiles sans nombre au loin roulant sans bruit
Guidoit les bataillons dans les champs de la Nuit.
Un innombrable essaim de sylphes, de sylphides,
Dans les airs frémissans croisoient leurs vols rapides.
Toujours quelque bienfait signaloit leur retour :
Dans d'humides vapeurs se plongeant tour à tour,
Les uns, à pleine coupe, y puisoient la rosée
Que leurs mains épanchoient sur la terre épuisée ;
D'autres fixoient des fleurs sur leurs appuis mouvans,
Relevoient un arbuste abattu par les vents ;
Ou, d'un pinceau léger, fardoient avec adresse
Mille fruits, de ces bords innocente richesse.
Une nouvelle vie animoit à la fois
Et la terre, et les eaux, et les prés, et les bois.

 Le héros, pénétré d'une ivresse tranquille,
Dans son ravissement demeuroit immobile.
« Nymphe, » dit-il enfin, « comment puis-je jamais
Répondre à tes bontés, répondre à tes bienfaits !
Souffre que, toutefois, j'en sollicite encore :
Fais-moi dans Orléans conduire avant l'aurore.
O nymphe ! ne fais point mon bonheur à demi :
Que je revoie encor mon maître et mon ami ! »

 La nymphe bienfaisante exauce sa prière.
Entre l'humble Loiret et la Loire guerrière
S'alonge un sol humide, un terrain sablonneux :
Là, nés au sein des flots, des coursiers écailleux
Sous des osiers épais, des saules et des ormes,
Paissent un gazon rare, et de leurs corps énormes,
Tant que dure la nuit, traînent au loin le poids :
Tout frémit aux accens de leur sauvage voix,

Et leur masse s'imprime en des couches profondes ;
Mais, pesans sur la terre, ils volent sur les ondes.
Quatre sont attelés : un char de nacre et d'or
Reçoit Aymar, Loïre, et soudain prend l'essor.
Traîné par ces coursiers d'une immortelle race,
De l'onde comme un trait il rase la surface,
Semble à peine sous lui courber les flots mouvans,
Nage moins qu'il ne vole et devance les vents.
Le héros près de lui voit courir le rivage.
Il approche, il arrive au but de son voyage :
La porte du Héron le reçoit, et soudain,
Par Loïre frappé, le fleuve ouvre son sein :
La naïade, le char, les coursiers disparoissent ;
Les flots pour les couvrir en tumulte se pressent ;
Un tourbillon d'écume indique seulement
L'endroit où disparut le char en un moment.

    Le page aux cheveux d'or, à genoux sur la rive,
Bénit à haute voix la nymphe fugitive.
Il appelle, il se nomme : on ouvre ; on veut en vain
Apprendre quel miracle a changé son destin :
Il vole, il est déjà dans les bras de son maître.
« Est-ce bien toi, grand Dieu ! qu'ici je vois paroître ? »
S'écrie avec transport le noble chevalier :
« Quel ange t'a couvert d'un divin bouclier ?
Au cruel Glacidas qui put ravir sa proie ? »
Il dit, et de ses yeux coulent des pleurs de joie.
Aymar raconte alors les maux qu'il a soufferts ;
Tait seulement le nom de qui brisa ses fers,
Ne dit que ses secours, que sa bonté touchante ;
Peint la noire tempête autour de lui grondante,

CHANT VI.

Son naufrage, la nymphe et son brillant palais,
Sa gloire et ses vertus, ses soins et ses bienfaits;
Et, dans l'étonnement où ce récit le plonge,
De ses esprits troublés croit raconter un songe.

 Cependant, l'œil fixé sur l'Orient vermeil,
Gaucourt loin de sa couche écartoit le Sommeil.
Dans une longue attente il épioit l'aurore.
Le secours tant promis n'arrivoit point encore!
Charle étoit-il sans vie? ou ses peuples lassés
A l'aspect du péril demeuroient-ils glacés?
Perdoient-ils en délais le moment favorable
Pour faire sous ces murs un effort honorable?
Long-temps dans ces pensers se perdit le héros.
Enfin, ne pouvant plus endurer le repos,
Il se lève, il revêt une robe flottante
Qu'ornent la marte sombre et l'hermine éclatante;
Joint de ses vêtemens les aiguillettes d'or
Que des glands précieux embellissent encor;
Et d'un jeune vassal la main légère assure
Les nœuds de sa flexible et brillante chaussure.
De ces lieux à l'instant s'éloigne le héros.
Il réveille Dunois, et lui parle en ces mots:

 « Un imprudent nous perd: la dernière journée
Eût été glorieuse ensemble et fortunée,
Si Lahire, emporté par un coupable orgueil,
N'eût changé tout-à-coup notre bonheur en deuil.
Son malheur a peut-être expié son audace.
Mais, prince, vous voyez quel péril nous menace:
Du sang orléanais ce rivage arrosé;
De nos plus vaillans chefs le courage épuisé;

Le peuple consterné; l'Anglais plein d'espérance;
Ses chefs ivres d'orgueil se partageant la France;
Debout sur nos remparts l'ange affreux du Trépas...
Et cependant, seigneur, Charle n'arrive pas !
Et l'Anglais le défie ! et son peuple l'appelle !
Croirai-je à ses sermens qu'un roi soit infidèle?
Qu'attend-il? En l'état où son malheur l'a mis,
Pense-t-il fuir encor devant ses ennemis?
Espoir vain et honteux !... Mais le pouvons-nous croire?
Charle n'auroit-il plus aucun soin de sa gloire?
Son sort est tout entier dans ces murs belliqueux:
Ah ! s'ils doivent périr, qu'il périsse avec eux !
Qu'il vienne soutenir les droits de sa naissance !
Eh ! qui ne sait d'un roi ce que peut la présence?
Fiers de mourir pour lui lorsque ses yeux du moins
De leurs nobles efforts daignent être témoins,
Ses sujets à l'envi s'immolent pour sa cause.
En de pareils dangers malheur à qui repose !
Malheur au chef ingrat d'un peuple généreux,
Qui voit périr les siens sans s'exposer pour eux !
Voilà, noble Dunois, et mon cœur en soupire,
Ce qu'à notre monarque il faudroit oser dire:
En de pareils momens, dans son austérité,
Il faut aux yeux des rois montrer la vérité;
Et je ne vois que vous qu'un haut rang autorise
A tenter le succès d'une telle entreprise.
Je sais tous les périls qu'entraîne évidemment
Et pour vous et pour nous un pareil dévoûment:
Vous séparer de nous quand notre mort s'apprête;
Éloigner des Anglais le bras qui les arrête,

CHANT VI.

C'est hasarder ces murs, et, défiant le Sort,
Peut-être loin de nous aller chercher la mort...
Mais l'extrême danger veut un remède extrême;
Mais Charle perd sa gloire avec son diadême;
Et l'indigne repos où s'endort sa valeur,
Déshonore la France et comble son malheur.
Roulent plutôt sur nous tous les flots de la Loire!
Que la France périsse avec toute sa gloire!
Les défaites, seigneur, les plus affreux revers,
Une ruine entière et jusqu'au poids des fers,
Sont des affronts cruels, mais qu'un peuple surmonte :
Il survit à sa chute et non pas à sa honte.
Serions-nous réservés, prince, à pis que la mort?
Dussions-nous tous périr, perdez-nous sans remord :
Au prix d'Orléans même et de sa délivrance,
Sauvez, prince, sauvez la gloire de la France! »

« Oui, » répond le héros, « oui, vous m'ouvrez les yeux :
Mais puis-je avec honneur m'éloigner de ces lieux?
A défier l'Anglais excités par moi-même,
Tous ces vaillans guerriers, tout ce peuple qui m'aime,
De quel œil verront-ils leur chef abandonner
Les murs où leurs périls le devroient enchaîner?
Ne penseront-ils point qu'étonnant mon jeune âge,
Un revers a suffi pour glacer mon courage?
Cher sire! on peut braver le sort le plus affreux;
Mais qu'un honteux soupçon blesse un cœur généreux!
N'importe : la patrie entraîne la balance :
J'immolerai ma gloire au salut de la France. »

Gaucourt bénit son zèle; et la main du héros
Sur un léger vélin trace à l'instant ces mots:

« Je pars, Orléanais! je cours servir de guide
Aux escadrons vengeurs dont l'audace intrépide
Brûle de repousser nos cruels ennemis.
Je laisse dans vos murs mon épouse et mon fils.
Gaucourt est avec vous: mon âme est rassurée.
Révérez dans ses mains l'autorité sacrée
Du roi dont nous suivons les nobles étendards.
Bientôt je reviendrai; bientôt sous vos remparts
Ma main repoussera les barbares cohortes
Dont la haine et l'orgueil rugissent à vos portes:
Ils seront peu de temps, ces léopards affreux,
Sans voir étinceler mon glaive au milieu d'eux. »

Déjà de ses guerriers se rassemble l'élite.
L'intrépide Alexis, le fidèle Hippolyte
Préparent du héros le superbe coursier:
Aux arçons suspendu, le pesant bouclier
A chaque mouvement étincelle dans l'ombre.
La housse aux franges d'or brille de lis sans nombre.
L'impatient Estel, de son pied foudroyant,
Bat du pavé des cours le marbre flamboyant:
Son œil lance l'éclair; et sa bouche qui fume,
Blanchit son riche mors d'une abondante écume.

En silence et sans bruit, Dunois porte ses pas
Vers la couche sacrée, où, leurs fils dans ses bras,
Marie en ce moment, sans trouble et sans alarmes,
Du calme de la nuit goûte encor tous les charmes.
« Sommeil de l'innocence, aimable et doux trésor,
Au-dessus des grandeurs, de la gloire et de l'or, »
Dit tout bas le guerrier, « dans cette âme si pure
Verse l'oubli des maux, enchaîne le murmure,

Et de songes heureux par l'espoir enfantés,
Berce long-temps encor ses esprits enchantés !
Adieu, mon plus doux bien, ma plus chère espérance !
Je pars: ainsi le veut la gloire de la France.
Le destin me ravit mes plaisirs les plus doux.
Je m'arrache à moi-même en m'arrachant à vous.
Marie ! Henri ! tandis que couleront vos larmes,
Quels seront loin de vous mon trouble et mes
    alarmes !
Que deviendrois-je, ô Ciel ! si, pendant que je cours
D'un monarque abattu réclamer les secours...
Ah ! malheur au guerrier, lorsque je m'en exile,
Qui de tout ce que j'aime ébranleroit l'asile !
Bientôt vers ce rivage on me verroit voler,
Chercher l'audacieux, l'atteindre, l'immoler;
Ou moi-même tomber sous sa lance ennemie,
En défendant mon fils, ma femme et ma patrie. »

  Il dit, approche, hésite, ose enfin déposer
Sur le front de son fils un tendre et doux baiser;
Puis, s'inclinant encor vers sa chère Marie,
De ses lèvres de rose effleure l'ambroisie.
Un songe heureux sembloit occuper ses esprits:
Sur sa bouche innocente erroit un doux souris.
A l'entour de son sein l'enfant calme et paisible
Avoit jeté ses bras comme un lierre flexible;
De sa lèvre vermeille il pressoit mollement
L'albâtre où de la vie il puisa l'aliment.

  Le héros attendri détourne son visage,
Étouffe ses regrets, rappelle son courage,

Et de ces lieux si chers se dispose à partir.
Un voile dont Marie aime à se revêtir,
Vient frapper ses regards qu'un ange auguste guide :
Il s'en forme une écharpe, impénétrable égide,
Où d'un nouvel amour, par un charme divin,
Les traits les plus subtils viendront frapper en vain.
Zoraël, dans les Cieux jadis ta main puissante
Ourdit les fils légers de sa trame éclatante :
Un jour, plongeant Marie en un profond sommeil,
Tu posas sur son front ce voile au sien pareil.
Devant lui de l'Enfer fuiront les dieux perfides.

   Dunois rejoint enfin ses vassaux intrépides :
Tout revêtus de fer, ces robustes guerriers
S'élancent à la fois sur leurs fiers destriers.
Le signal est donné : le héros, son escorte,
Traversent l'Avénum, s'en font ouvrir la porte,
Et bientôt hors des murs précipitent leurs pas.
Les coursiers animés par un ardent repas,
Frappent le sol pierreux de leur ongle sonore ;
Exhalent en vains cris le feu qui les dévore ;
Et bientôt de poussière un épais tourbillon
S'élève et cache aux yeux leur léger escadron.

   Du haut du mont fameux où repose son temple,
Michaël attendri t'observe, te contemple ;
Ses regards pénétrans, ramenés ici-bas,
A travers l'ombre humide au loin suivent tes pas,
O vengeur des Français ! et l'archange soupire,
En songeant que des lis l'antique et noble empire
N'a d'appui que ton glaive, et, . Ciel condamné,
De son propre monarque expire abandonné.

CHANT VI.

Toujours du roi des rois l'arrêt irrévocable,
Présent à son esprit, l'épouvante et l'accable.
   Tandis que sa grande âme, en proie à la douleur,
De son peuple chéri déplore le malheur,
Un parfum d'ambroisie, une vive lumière,
S'épandent tout-à-coup sur la montagne entière.
Surpris, l'ange guerrier lève à l'instant les yeux ;
Et, debout devant lui, deux anges radieux,
Mortelles qu'en ce rang éleva le martyre,
La vierge, qui bravant leur orgueil en délire,
Aux murs que d'Alexandre éleva le pouvoir,
De tant de sages vains confondit le savoir,
Et celle, ô Paradis ! qui d'un dragon terrible
Pour aborder tes murs brisa la croupe horrible,
S'offrent à ses regards sous les blancs vêtemens
Qui couvroient l'une et l'autre à leurs derniers momens.
Leurs mains portent des lis et des palmes écloses :
Sur leur front virginal des couronnes de roses
Remplacent ces liens, ces chaînes de corail,
Qui, de leurs mains jadis humble et frêle travail,
Et de leur dernier jour innocente parure,
Retenoient leur brillante et longue chevelure,
Et depuis, aux chrétiens vestiges précieux,
Dans le recueillement des jours religieux
Servirent à compter les prières puissantes
Qu'adressent au Seigneur des âmes innocentes.
Marguerite à l'archange : « O mon frère chéri !
Pourquoi ton noble cœur, d'amertume nourri,
  Se livre-t-il, » dit-elle, « à ces sombres pensées ?
Du Seigneur aux humains les grâces dispensées,

Qui, sans nombre, des Cieux traversant les déserts,
Telles que la rosée éparse dans les airs,
S'épanchent de ses mains sur toute la Nature,
N'auroient point sur ces bords trouvé d'âme assez pure
Pour y développer de célestes vertus,
Et mourroient sur des cœurs par le vice abattus ;
Tandis qu'au gré des vents, de cent fleurs différentes
Sur leurs ailes au loin les semences errantes
Trouvent toutes le sol de leur espèce ami,
Où, semblable au vaisseau sur son ancre affermi,
Chacune fixe enfin sa course vagabonde,
Et déploie à l'envi sa tige au loin féconde ! »

« O ma sœur ! » répondit l'archange des Français,
« Du courroux du Très-Haut pour soutenir le faix
Quel cœur est assez grand ? quelle âme est assez sainte ?
Non que dans tous les cœurs la vertu soit éteinte :
Mais rien ne doit ternir l'éclatante blancheur
De la victime offerte aux autels du Seigneur.
En vain, pour obtenir cette gloire suprême,
Le jeune roi des lis s'est présenté lui-même :
Esclave des méchans qu'il auroit dû bannir,
Sa timide justice a craint de les punir ;
Dieu l'en punit lui-même, et refuse une hostie
Dont la vertu royale est par-là démentie.
De tous ceux qui sans doute enviroient ce bonheur,
Dunois, toujours fidèle à son prince, à l'honneur,
Auroit seul mérité, par son zèle à te plaire,
De dévouer sa tête aux traits de ta colère,
De racheter la France au prix de tout son sang,
Et que ta foudre, ô Dieu ! s'éteignît dans son flanc,

Si d'un père égorgé la douloureuse image
N'eût égaré son cœur; si son ardent courage
N'eût chéri la vengeance, et couvert sans remords
Les Bourgognes de deuil, de débris et de morts. »

   Ainsi parle l'archange; et la vierge sacrée
Des vierges de la Flandre à jamais révérée :
« Aux lieux où, sous des bois vainqueurs des aquilons,
La Meuse poissonneuse erre en de frais vallons;
Entre les champs barrois et les champs de Lothaire;
Vers les saints murs de Toul une fertile terre
S'alonge, et, de la France antique et noble part,
De Vaucouleurs aux ducs oppose le rempart,
Brave du Bourguignon l'avidité rebelle,
Et demeure à son prince, à la France fidèle.
A ton char, ô mon frère! attèle tes coursiers :
Viens visiter ces lieux : sous des habits grossiers,
Peut-être la vertu, dans l'ombre retirée,
S'y dérobe aux regards et fleurit ignorée. »

   Elle dit, et l'archange est docile à ses vœux.
Il baise avec respect l'or de ses blonds cheveux,
Et va tirer son char de la retraite sombre
Où sa pompe céleste étincelle dans l'ombre.
Ses coursiers immortels, hâtant leur vol léger,
Sous le joug, à sa voix, s'en viennent se ranger :
Leurs chevelures d'or sur leurs cous se répandent :
A leurs riches colliers les deux vierges suspendent
Les traits éblouissans tissus de pourpre et d'or :
Tous, à l'ange soumis, tendent leur bouche au mor.
Sur le char radieux les vierges immortelles
Se placent : Michaël tient, debout devant elles,

Le sceptre étincelant et les rênes d'azur.
Le char vole et s'élève; un air limpide et pur
S'ouvre devant l'essor des coursiers intrépides;
La Terre disparoît sous leurs élans rapides.

CHANT VII.

Adieu, remparts sanglans! adieu, champs du Trépas!
Un moment loin de vous je veux porter mes pas.
Recevez-moi, vallons, retraites solitaires
Des saints contentemens, des pensers salutaires;
Séjour délicieux, asile du repos,
Où le pâtre modeste enfle en paix ses pipeaux;
Où, déserteur des cours, le sage, assis sur l'herbe,
Juge et plaint dans son cœur l'homme vil et superbe
Qui, dédaignant l'émail de ces tapis de fleurs,
Se roule dans la pourpre et la mouille de pleurs.
Salut, vertes forêts, collines émaillées!
Quand l'ange du Matin vous aura réveillées,
Dans vos rians détours, dans vos bocages frais,
J'irai des factions oublier les forfaits.
Détournant mes regards des scènes de carnage,
Étendu mollement sous des voûtes d'ombrage,
Je veux, pour célébrer vos charmes innocens,
De ma lyre guerrière adoucir les accens.
Que la Terre à ma voix s'anime et se colore!
Sur son sein, jeunes fleurs, empressez-vous d'éclore!
Bois touffus, sur mon front courbez-vous en berceaux!
Murmurez à mes pieds, harmonieux ruisseaux!
Inspirez-moi des vers, ô fontaines fécondes,
Aussi frais, aussi doux, aussi purs que vos ondes!

Non loin de ces beaux lieux, où, du milieu des fleurs,
Le dernier mur français, l'antique Vaucouleurs,
S'élève avec ses tours sur sa colline heureuse,
L'agreste Domremy, près des bords de la Meuse,
Rassemble sous ses toits de chaume et de roseaux
Quelques pêcheurs nourris du tribut de ses eaux,
Des pasteurs de brebis, des chevriers agiles,
Des vanniers assidus à leurs travaux fragiles,
De pauvres laboureurs dont le bras vigoureux
Conduit gaîment le soc pour d'autres que pour eux :
Mortels hospitaliers, cœurs simples, âmes pures,
Dont l'horizon voisin borne les aventures ;
Dont jamais, sous le chaume, à l'ombre des forêts,
L'avide ambition ne vint troubler la paix ;
Craignant Dieu, chérissant leurs pays et leur prince,
Au fond de sa plus foible et lointaine province.

Parmi ce peuple agreste un homme vertueux
Vieillissoit entouré d'enfans respectueux :
Deux filles et trois fils. De leur mère Isabelle,
Des vierges de ces lieux autrefois la plus belle,
Elles ont les attraits, la touchante pudeur ;
De Jacques d'Arc en eux revit le noble cœur.
Pauvres, de leur travail l'honorable constance
Entretient sous leurs toits une honnête abondance.
Des plaisirs généreux, de l'hospitalité,
L'ordre, l'économie et la sobriété
Souvent même en secret leur permettent l'usage.
Des fruits de leur travail le pauvre entre en partage ;
Et jamais l'orphelin délaissé dans son deuil
De leur porte long-temps ne fatigua le seuil.

CHANT VII.

Mais surtout des deux sœurs la plus chère à sa mère,
En beauté comme en âge, en vertus la première,
Jeanne d'Arc autour d'elle aime à sécher les pleurs,
A calmer les besoins, à charmer les douleurs.
Quand, sur les bords du fleuve, en de vertes prairies,
Elle guidoit les pas de ses brebis chéries,
Que de fois du guerrier sans foyers et sans pain
Par un doux sacrifice elle appaisa la faim,
Heureuse d'endurer, dans un âge robuste,
La souffrance épargnée à sa vieillesse auguste !
Que de fois, de son sort rendant grâce au Seigneur,
Elle céda sa couche à l'humble voyageur,
Qui, surpris par la nuit, battu par la tempête,
Imploroit un asile où reposer sa tête !
Un lit de paille alors sur la terre épandu,
Un vieux toit de roseaux sur son front suspendu,
A la couche des rois lui sembloient préférables.
D'un doux contentement, de songes favorables,
Les anges du Seigneur, jusques à son réveil,
Occupoient sa pensée et charmoient son sommeil.
Quand la Nuit faisoit place à l'Aube renaisssante,
Vers son Dieu s'élevoit sa prière innocente
Comme ce doux parfum répandu dans les airs
Qu'exhale au bord des eaux la rose des déserts.
Ciel ! avec quel amour, quelle humilité sainte,
Quel mélange d'espoir, et de joie, et de crainte,
Prosternée à l'aspect des astres pâlissans,
Elle adoroit, ô Dieu ! tes décrets tout-puissans,
De ton œuvre sublime admiroit l'harmonie,
Ton immense bonté, ta grandeur infinie !

Par quels torrens de pleurs, avec quel saint effroi,
Elle te demandoit le salut de son roi !
Mais ces vœux, mais ces pleurs, tribut de chaque aurore,
Sont à son zèle ardent loin de suffire encore.
Sur un coteau voisin de ces agrestes lieux
Est une humble chapelle où la reine des Cieux
Des pâtres d'alentour accueille les offrandes :
Des blanches fleurs des prés, qu'elle enlace en guirlandes,
Jeanne d'Arc va parer ses rustiques autels
Chaque fois que revient, imploré des mortels,
Le jour avant-coureur de la sainte journée
A la joie innocente, au repos destinée.
Là, tandis qu'en silence elle verse des pleurs
Que de la France esclave excitent les malheurs,
A cette âme en secret de hauts pensers nourrie
Souvent revient s'offrir l'antique prophétie
Transmise d'âge en âge aux hôtes de ces lieux,
« Qu'un jour, quittant ces bords pour obéir aux Cieux,
Une vierge au Seigneur mettra son assurance,
Couronnera son prince et sauvera la France. »
— « O vierge à qui le ciel réserve un tel honneur,
Hélas ! et dont je n'ose envier le bonheur ;
S'il est vrai qu'en tes mains soit le sort de ton maître, »
Disoit-elle souvent ; « hâte-toi de paroître !
Hâte-toi de répondre à tes nobles destins !
Arrache la patrie à ses tyrans hautains !
Que tardes-tu ? banni du palais de ses pères,
Ton roi s'apprête à fuir aux rives étrangères. »
　C'est ainsi que d'une âme ignorant sa grandeur,
S'exhaloit en secret l'impétueuse ardeur.

CHANT VII.

A l'aspect d'un coursier qui bondit, rase l'herbe,
Vole, et déploie aux vents sa crinière superbe,
Souvent un feu guerrier s'allume dans son cœur.
Un grand bois, des coteaux couronnant la hauteur,
Jusque dans les vallons vient répandre son ombre,
Qui de Bois-Sourcilleux à son feuillage sombre,
A son sévère aspect doit le nom révéré :
Sans dessein parcourant ce séjour retiré,
D'un rameau dépouillé de ses feuilles riantes
Elle arme tout-à-coup ses mains impatientes ;
Des robustes ormeaux, des cormiers vieillissans
Frappe à coups redoublés les troncs retentissans,
Brise sa lance agreste, ou dans ses bras enchaîne,
Ébranle avec effort et courbe un jeune chêne.
Bientôt du noble instinct qui l'entraîne à ses jeux
Elle-même s'étonne ; et, condamnant ses vœux,
Reprend, les yeux baissés, le chemin des prairies ;
Ramène son troupeau vers les rives fleuries
Qu'en murmurant la Meuse arrose de ses eaux,
Soupire, et sous ses doigts fait rouler ses fuseaux.

Dans ces rians vallons un hêtre énorme, antique,
Élève avec orgueil sa tige prophétique :
D'un vert feuillage ornés, ses immenses rameaux
Jusqu'à terre, à l'entour, se courbent en berceaux,
Et forment loin du tronc une voûte d'ombrage
Impénétrable au jour, aux autans, à l'orage.
On diroit que des champs quelque ange protecteur
Prépara cet asile au pâtre, au voyageur.
Près de là dans les prés circule une fontaine
Dont l'onde toujours pure, en sa course incertaine,

Répand confusément la verdure et les fleurs.
Là, dit-on, quand l'Été, redoublant ses ardeurs,
Desséchoit dans les champs les plantes étouffées,
Se venoient autrefois plonger de jeunes fées,
Et de ses longs rameaux, de son feuillage épais,
Le vieux hêtre à l'entour versoit l'ombre et la paix.
Ce lieu leur plaît toujours, et jusques à l'aurore
La Nuit les voit souvent y converser encore.
Parfois, au son du luth, se tenant par la main,
Le front ceint de verveine ou paré de jasmin,
Elles dansent en cercle autour de l'arbre antique :
Le pâtre qui s'éveille entend leur chant magique ;
Et quand le jour renaît dans les cieux étoilés,
On reconnoît leurs pas sur les gazons foulés.
D'un don surnaturel la fontaine dotée
Atteste leur puissance ; et son onde enchantée,
D'un mortel affoibli dissipe les langueurs,
Et d'un sang embrasé tempère les ardeurs.
De bouquets odorans, pacifiques trophées,
Les enfans du hameau parent l'arbre des fées ;
Ils enlacent des lis dans ses feuillages verts :
De roses, de muguets ses rameaux sont couverts ;
Son tronc a disparu sous de fraîches guirlandes :
L'un de l'autre à l'envi surpassant les offrandes,
Chacun des prés voisins épuise les couleurs,
Et l'arbre entier se change en un temple de fleurs.

 Un jour, près du vieux hêtre, un essaim de bergères
Entrelaçoient les jeux de leurs danses légères.
Toutes ont déposé le sceptre pastoral,
Et d'un bandeau de fleurs ceint leur front virginal.

CHANT VII.

De l'ange du Printemps à l'envi sur la prée
Leurs pieds légers fouloient la robe diaprée.
Telles, au clair de lune, aux doux sons du hautbois,
Les nymphes vers minuit dansent au fond des bois.
Tout-à-coup, du sommet des prochaines montagnes,
Une louve terrible, effroi de ces campagnes,
Descend en rugissant, s'élance avec fureur:
Tout fuit à son aspect: l'épouvante, l'horreur,
Dispersent dans les prés les bergères tremblantes,
Les chèvres, les béliers et les brebis bêlantes.
Près du fleuve arrivés, arrêtés par les eaux,
Les agneaux, les brebis, du milieu des roseaux,
S'y lancent éperdus, roulent parmi ses ondes,
Et meurent engloutis sous ses rives profondes.
Deux limiers, sous la dent de l'animal hideux,
Déchirés, égorgés, ont expiré tous deux.
Teint d'écume et de fange, et couvert de morsures,
Sa rage, à chaque pas, s'accroît de ses blessures;
Hérissé, l'œil terrible, il court en rugissant,
Se repaît de carnage, et s'abreuve de sang.

Cherchant en vain leurs voix par la peur étouffées,
Les vierges embrassoient l'arbre antique des fées,
Invoquoient sa puissance, imploroient leurs faveurs;
Et pâles, au péril n'opposoient que des pleurs.
Jeanne d'Arc seule a vu d'un front inaltérable
Accourir en hurlant la louve impitoyable:
Une joie intrépide anime ses regards:
Elle vole, elle enfonce entre ses yeux hagards
D'un bois au feu durci sa houlette formée,
A l'aspect du péril d'un large fer armée.

De ce coup foudroyant l'animal accablé
Recule et pousse un cri : la rive en a tremblé ;
Du fleuve, au fond des eaux, la naïade se trouble.
La fille des pasteurs prend son temps, et redouble.
Ce monstre formidable, envoyé par l'Enfer,
Ouvroit sa gueule affreuse : elle frappe, et le fer,
Entrant avec effort dans la gorge sanglante,
Déchire les poumons de sa pointe brûlante.
Le monstre horrible écume et se débat en vain ;
Le fer avec la mort s'engloutit dans son sein.
Sous le bras triomphant de la vierge intrépide,
Il chancelle, il succombe ; un flot de sang rapide
De sa gueule élancé teint l'herbe d'alentour :
Sa vie et sa fureur s'exhalent sans retour.

 A l'aspect de sa chûte et du sang qui le noie,
Les vierges, les pasteurs, poussent un cri de joie.
Tous accourent : les uns avec étonnement
Entourent la bergère et semblent un moment
Douter s'ils ne sont point abusés par un songe,
Ou si d'un art trompeur ce n'est point un mensonge ;
Tant d'un être si tendre, et si simple, et si doux,
Cette mâle vigueur, ces formidables coups,
Ce calme foudroyant, cette audace paisible,
Cette valeur tranquille à la fois et terrible,
Confondent leur attente et troublent leurs esprits,
De sa grandeur ensemble accablés et surpris :
D'autres, en frémissant, de l'animal énorme
Mesurent la stature et contemplent la forme,
Et sa tête hideuse, et son œil menaçant,
Et de sa gueule en feu l'ivoire éblouissant,

CHANT VII.

Et du sang des troupeaux ses griffes arrosées.
   Tout-à-coup, rassemblant leurs guirlandes brisées,
Les bergères, malgré ses modestes refus,
En couronnent le front rougissant et confus
De la vierge vaillante, honneur de ces campagnes :
Leurs cris à son triomphe appellent leurs compagnes
Qui, dans les bois épais, dans les vallons ombreux,
Tremblent encor d'effroi sous des rocs ténébreux.
Vers le hameau la foule en tumulte s'avance.
Le bruit de ta victoire en ce lieu te devance,
O bergère intrépide ! et, d'échos en échos,
Ce cri: « Noël ! Noël ! » parcourt tous les coteaux.
De la colline heureuse où la vigne rampante
Le long d'un bois léger se relève et serpente ;
Des guérets où la main, par d'assidus travaux,
Poursuit l'herbe stérile entre les blés nouveaux ;
Comme un ruisseau bruyant du haut des monts s'écoule,
Femmes, enfans, vieillards, se répandent en foule
Dans les riches vallons, dans les prés bocageux,
Où, célébrant ta gloire et ce bras courageux
Que la prudence guide et que le Ciel protége,
De nymphes, de pasteurs un folâtre cortége
Bat la terre en cadence, et frappe au loin les airs
De cris tumultueux et de joyeux concerts :
— « Heureuse ta patrie ! heureuse ta famille ! »
D'Arc s'avance: ô surprise ! il aperçoit sa fille,
Il entend retentir ces éloges flatteurs.
Elle perce à l'instant la foule des pasteurs,
Tombe aux pieds du vieillard, et lui montre sa proie,
Et cache dans son sein sa rougeur et sa joie.

Il la bénit, il pleure et sourit tour à tour.
Mais d'une tendre mère oh! qui peindra l'amour?
De sa fille elle apprend la victoire sanglante,
Se lève épouvantée, accourt pâle et tremblante,
La presse sur son sein, la baigne de ses pleurs,
Et couvre de baisers ce front orné de fleurs,
Tandis que, toujours humble au milieu de sa gloire,
Jeanne d'Arc rend à Dieu l'honneur de sa victoire.

    Ange digne du Ciel, hâte-toi de jouir
De ces momens si doux, prompts à s'évanouir!
Le monstre a ses vengeurs. Des princes de l'Abîme
La colère a proscrit son vainqueur magnanime.
« Quelle est donc cette vierge au cœur audacieux,
Qui, sans cesse, aux autels de la reine des Cieux,
Contre les déités de la rive infernale
Implore sa puissance à leur roi si fatale,
Et demande qu'aux bords par la Loire embellis
Les léopards tremblans rampent aux pieds des lis?
Toujours cette immortelle, espoir de sa foiblesse,
Attache sur la France un regard de tendresse.
A-t-elle en sa faveur conçu quelque dessein?
De sa divinité remplit-elle ton sein,
Vierge terrible? » Ainsi, sous une roche sombre,
Les noirs anges troublés se consultoient dans l'ombre.
Contre sa vertu même ils osent conspirer.
Tout ce que peut la ruse à la haine inspirer,
Sur cette âme naïve, aussi tendre que pure,
Semble leur préparer une victoire sûre.

    Le riant mois des fleurs, la saison des amours,
De l'année aux humains donnoit les plus beaux jours.

CHANT VII.

Un tapis verdoyant jeté sur les campagnes,
S'étend du bord de l'onde au sommet des montagnes;
L'horizon s'agrandit, et, sous un ciel d'azur,
De suaves parfums nagent dans un air pur;
La forêt se revêt d'un tendre et vert feuillage;
Un bruit harmonieux se répand sous l'ombrage;
L'épine, les rosiers, mariant leurs couleurs,
Les pruneliers épars se sont voilés de fleurs.
Du sommet des coteaux errant dans les prairies,
L'œil au loin sur la Meuse et ses rives fleuries
Se plaît à s'égarer, contemple ses vallons
Que semblent respecter les fougueux Aquilons;
De limpides ruisseaux, que l'églantier décore,
Roulant leurs flots grossis des vapeurs de l'Aurore;
Dans les prés émaillés des troupeaux répandus;
Aux buissons reverdis des chevreaux suspendus;
Des jardins, des vergers que l'épine environne
D'un rempart odorant, d'une blanche couronne,
Tandis que dans leur sein mille arbustes éclos,
Caressés du Zéphire, épanchent à grands flots,
Sur le miroir de l'onde et la rive embaumée,
De leurs fronts ondoyans la neige parfumée.
Le serpolet en fleurs, la lavande et le thim,
Épars sur la colline, offrent un frais butin
Au bataillon léger qu'au loin la ruche envoie,
Et qui, toujours errant, ne perd jamais sa voie.
Dans les champs, dans les prés, sur la rive des eaux,
De lilas en lilas, de roseaux en roseaux,
L'essaim laborieux incessamment voltige,
Visite chaque fleur, dépouille chaque tige;

Son sourd bourdonnement peuple les lieux déserts,
Charme l'oreille oisive, anime au loin les airs.
Sous des forêts de fleurs, avec un doux murmure,
Mille insectes brillans errent dans la verdure.
Les muguets, les pastours, sont partout répandus ;
Partout un océan de parfums confondus
Roule invisiblement ses flots légers, qu'entraîne
Des folâtres zéphirs la caressante haleine ;
Partout des blés nouveaux, dans les champs verdoyans,
Leur souffle fait rider les sillons ondoyans.
Un tumulte joyeux anime les campagnes.
Dans un frais pâturage appelant leurs compagnes,
De superbes coursiers, debout au bord des eaux,
Aux vents avec ardeur présentent leurs naseaux :
De leurs cris amoureux les vallons retentissent.
Là, d'un taureau puissant les pas s'appesantissent :
A travers la prairie il guide en mugissant
D'épouses et de fils un sérail menaçant.
Plus loin, d'une aile ardente ombrageant sa maîtresse,
Le fidèle ramier roucoule sa tendresse :
Le rossignol ramage, et sa brillante voix
Remplit d'accens d'amour le silence des bois.
D'un même enchantement tout reconnoît l'empire :
Le pasteur étonné s'attendrit et soupire ;
La bergère en rêvant laisse égarer ses pas,
Et dans l'onde en secret contemple ses appas.
Seule, d'un grand objet toute entière occupée,
De tes chastes pensers ton âme enveloppée
Conserve, ô Jeanne d'Arc ! sa naïve candeur :
D'un péril inconnu triompha ta pudeur,

CHANT VII.

Ainsi que sous l'abri d'un cristal tutélaire,
Une rose des vents ignore la colère.
Le jeune Albert, épris de tes chastes attraits,
En vain pour t'obtenir forme des vœux secrets.

 Tous les ans, chaque fois qu'approche la journée
Où, de rayons divins la tête couronnée,
Le vainqueur de la Mort s'éleva dans les cieux,
Le prêtre du hameau, pasteur religieux,
Sur sa robe funèbre en silence déploie
La tunique éclatante et l'ornement de soie;
Prend le livre où la main de quatre anges mortels
Traça du Rédempteur les travaux immortels;
Se recueille un moment au pied du tabernacle,
Tombe d'un Dieu vivant, formidable habitacle,
Où veille sa justice invisible à nos yeux;
Adore, et sort du temple. Un chœur harmonieux
D'enfans que pour le Ciel sa sagesse prépare,
Autour du saint pasteur en deux rangs se sépare.
L'emblême des tourmens que le Christ a soufferts,
Le signe révéré qui vainquit les Enfers,
Dans les champs consolés la croix d'argent s'avance.
Le rosaire à la main, dans un profond silence,
Le front nu, les pieds nus, saintement attendri,
Le peuple du hameau suit son guide chéri.
L'étendard des martyrs, l'héroïque bannière,
Ouvrent la marche agreste et tracent la carrière.
On entre en des chemins confusément couverts
De rameaux bourgeonnans, d'arbustes déjà verts;
Profondément bordés par les sillons antiques
Que de leur roue au loin creusent les chars rustiques.

On chemine le long de l'aubépine en fleurs,
Où la fraîche rosée a suspendu ses pleurs,
Où sifflent les bouvreuils, où bourdonne l'abeille ;
De l'ange du Printemps odorante corbeille.
Les coteaux, les vallons, les rochers et les bois
Entendent tour à tour et répètent cent fois
Les hymnes, les concerts de cette troupe errante,
Qui parcourt les replis de l'écharpe brillante
Que jeta dans les champs la main du Créateur,
Pour annoncer les dons qu'il garde au laboureur.
Étonnés de ces chants, les hôtes du bocage,
Sur les rameaux épars, suspendent leur ramage,
Quittent les prés naissans, sortent de blés nouveaux,
S'arrêtent, attentifs, au sommet des coteaux,
Pour voir passer près d'eux cette pompe rustique,
Et du peuple en silence écoutent le cantique.
Pour les biens qu'à la Terre accorde l'Eternel
On implore en ce jour tous les anges du Ciel.
L'homme sacré bénit les vignes fleurissantes,
Les prés renouvelés, les moissons renaissantes ;
Et le fleuve, et la rive, et les champs et les bois,
Semblent d'une autre vie animés à sa voix.
Près de la source fée un moment il s'arrête ;
Ouvre le divin livre ; et du noble prophète
Dont la voix ébranla les rochers de Patmos,
Sous l'ombrage du hêtre aux magiques rameaux,
Lit l'Évangile auguste ; et, répandant l'eau sainte,
Aux anges réprouvés interdit cette enceinte.
Du Dieu qui vit l'Enfer ramper devant sa croix
Il chante le triomphe ; et d'innocentes voix

CHANT VII.

L'accord mélodieux répond par intervalles.
   Ce fut dans ce saint jour, près de ces eaux fatales
Qu'Albert vit Jeanne d'Arc pour la première fois.
Du faucon favori, de l'arc et du carquois,
Déposant le fardeau si cher à son jeune âge,
Il venoit d'accomplir un saint pélerinage
A la chapelle agreste et non loin de ces lieux
Elevée en l'honneur de la reine des Cieux.
Aux murs de Neufchâteau s'écoula son enfance :
D'une riche famille il reçut la naissance;
Mais depuis qu'à ses yeux le hasard vint offrir
La vierge à qui son rang lui défend de s'unir,
Les plaisirs des cités, les richesses d'un père,
Les caresses, les soins de la plus tendre mère,
Rien ne remplit ses vœux, rien ne plaît à son cœur :
Son âme se consume en sa morne douleur.
Cachant à tous les yeux cette flamme insensée,
De fuir le toit d'un père il conçoit la pensée.
Son cœur d'affreux remords est en vain combattu :
Des habits d'un pasteur en secret revêtu,
Il part, il se dérobe aux murs de sa patrie ;
Revole vers l'objet de son idolâtrie ;
De forêts en forêts, par des monts escarpés,
Feint d'avoir fui des bords par la guerre usurpés,
Et s'offre, en ces vallons qu'un ciel plus doux éclaire,
A guider les troupeaux pour un léger salaire.
On le plaint, on l'accueille ; un riche laboureur
Le conduit sous son toit, l'accepte pour pasteur.
Chaque jour, sur les bords de la Meuse féconde,
Dans les prés émaillés que rafraîchit son onde,

Le beau berger, couvert de rustiques habits,
Conduit en soupirant ses dociles brebis :
Sa tendresse plaintive en romances s'exhale ;
Sous ses doigts amoureux la flûte pastorale
Rend des sons plus touchans et plus harmonieux,
Des accens inconnus aux pâtres de ces lieux.
Des filles du hameau la foule l'environne,
Et d'un chapel de fleurs chaque soir le couronne.
Toutes voudroient lui plaire : une seule a son cœur,
Et seule est insensible aux chants du beau pasteur.

 L'Été, dans ces vallons, sur tout ce qui respire,
Bientôt vient à son tour étendre son empire :
Le champ mûrit, se dore ; et, la faucille en main,
Le moissonneur s'ouvrant un rapide chemin,
En triomphe s'avance au sein des blés superbes :
Ils tombent à ses pieds ; et d'innombrables gerbes
S'élevant en la place, ombragent les guérets.
Un doux zéphir alors reverdit les forêts,
Et d'un second Printemps la Terre visitée
Sous de nouveaux atours brille ressuscitée :
Des eaux, que du Soleil épuisoient les ardeurs,
L'humide lit se change en des ruisseaux de fleurs.
Mais déjà dans les airs un vent léger déploie
De la reine des Cieux les longs cheveux de soie ;
L'Automne enfin commence et de plus froides nuits :
L'arbre plie et se rompt sous le poids de ses fruits ;
Tout se livre à la joie au sein de l'abondance.
Albert seul, accablé, garde un morne silence.
D'un triomphe envié loin de s'enorgueillir,
Jeanne d'Arc plaint sa flamme et ne peut l'accueillir.

CHANT VII.

Ses regards animés d'une pitié céleste,
Et sa bonté touchante, et sa douceur modeste,
Bien mieux qu'un vain courroux, qu'une injuste hauteur,
Défendent tout espoir au malheureux pasteur.
 La douleur a sa honte et chérit ses mystères.
Souvent, cherchant des bois les ombres solitaires,
Il gémit à voix basse, et de ses tristes yeux
S'écoulent lentement des pleurs silencieux.
« Infortuné, » dit-il, « voilà donc ton partage !
Chaque jour dans ton cœur enfonce davantage
Le trait empoisonné qui te donne la mort.
O parens malheureux, dignes d'un meilleur sort !
Sous ces cheveux épars, sous cet habit servile,
Reconnoîtriez-vous dans ce spectre débile
L'enfant de votre amour, l'orgueil de vos vieux ans ?
D'un riant avenir les tableaux séduisans,
Ma jeunesse, ma force et ma vertu première,
Tout a fui. Mon esprit de ma triste carrière
Mesure avec effroi, dans l'avenir lointain,
La durée importune et le terme incertain.
Eh ! qui pourroit charmer l'ennui qui me dévore ?
En vain sur ces coteaux que le pampre décore,
J'entends des vendangeurs la trompe résonner,
Les pasteurs à la joie, aux jeux s'abandonner ;
En vain, dans la saison de la mélancolie,
De prodiges charmans la Nature embellie
Sourit à sa parure, et brille en même temps
Des présens de l'Automne et de ceux du Printemps :
L'or s'épanche en rayons sur ces riches feuillages ;
Au souffle des zéphirs, sous ces épais ombrages,

Je vois se balancer et des fruits et des fleurs;
De l'Aurore à l'entour étinceler les pleurs ;
Les rameaux se presser avec un doux murmure,
Et nager les parfums dans des flots de verdure :
Tous ces rians tableaux ne charment plus mes yeux ;
Mes yeux désenchantés se détournent loin d'eux :
Toujours chargés de deuil, toujours voilés de larmes,
Ils cherchent le tombeau, terme de nos alarmes,
Et la vie a pour moi perdu tous ses attraits.
Adieu, riches vergers ! adieu, sombres forêts !
Adieu, grottes, vallons, retraites bocagères !
Clairs ruisseaux, qui, hâtant vos ondes passagères,
Semblez vers votre fin joyeusement courir !
J'en reçois la leçon : je veux aussi mourir. »

Tandis qu'il déploroit son destin misérable,
Seule un jour, à l'abri d'un chêne vénérable,
Jeanne d'Arc de ses yeux laissoit couler des pleurs.
« O vous que tout un peuple invoque en ses douleurs,
Au cri de ses remords fermerez-vous l'oreille ?
Qu'en sa faveur, mon Dieu, votre amour se réveille !
Assez dans les revers son orgueil a gémi, »
Disoit-elle. « Voyez son superbe ennemi
Insulter à sa chute, et fouler dans la poudre
Les cités qu'à ses pieds renverse votre foudre.
Aveugle ! il ne voit pas que votre bras, Seigneur,
Fait sa force et sa gloire. Ivre de son bonheur,
Il a de votre nom bientôt perdu la crainte :
La Désolation dans votre maison sainte
Est entrée avec lui : la veuve, l'orphelin,
Implorent un asile et l'implorent en vain.

Vous seuls de ses fureurs vous pourriez les défendre :
Ils cherchent vos autels, vos autels sont en cendre.
L'insensé ! de vous-même il pense être vainqueur :
Il triomphe, il menace ; il a dit dans son cœur :
« Rien ne peut ébranler ma force impérieuse ;
» Rien ne peut arrêter ma course glorieuse.
» Ma voix frappe de mort les bataillons épars ;
» Mon souffle brise au loin les tours et les remparts ;
» Ma main lance la foudre, et mon regard éclaire ;
» Les rois sont consumés du feu de ma colère. »
Dieu, domptez son orgueil ! réveillez-vous, Seigneur,
Et que vos ennemis soient frappés de terreur ! »

 Elle dit : tout-à-coup un torrent de lumière
Presse, éblouit ses yeux, la couvre toute entière.
Il semble que du jour l'astre aux cieux suspendu
Soit par enchantement sur ces bords descendu.
D'une sainte frayeur la bergère frappée,
De flots d'or et d'azur se courbe enveloppée,
Se prosterne ; et, du sein du globe radieux,
D'une céleste voix les sons mélodieux
Charment au même instant son oreille attentive.

 « Dissipe ta terreur : sur la France plaintive
Dieu peut tourner encore un regard paternel.
Vierge modeste, apprends l'arrêt de l'Éternel.

 » Archange, » m'a-t-il dit, « ton peuple peut encore
» Fléchir le Triple-Dieu que ta douleur implore.
» S'il est chez les Français un être sans remord,
» Qui pour sauver la France ose accepter la mort ;
» Que nul charme n'entraîne et nul tourment n'étonne ;
» Qu'il s'offre en sacrifice, et Jéhova pardonne. »

La voix se tait alors. La vierge dans son cœur
Sent naître un noble espoir, une intrépide ardeur.
« Heureuse, mille fois trop heureuse, » dit-elle,
« L'âme admise aux douleurs de l'Hostie immortelle !
Envoyé du Seigneur, qui lisez dans mon sein,
Votre servante attend son ordre souverain.
Indigne de prétendre à l'honneur ineffable
De racheter un peuple envers lui si coupable,
Je tremble devant vous d'un désir insensé :
Veuille le roi du Ciel n'en pas être offensé ! »
 Elle dit ; et soudain, du haut de l'Empyrée
Descend sur elle un trait de lumière éthérée.
La Terre a tressailli, blanchissante d'éclairs ;
Et ces accens divins ont traversé les airs :
 « Que la France respire et que l'Enfer frémisse !
J'accepte la victime offerte à ma justice. »
 Un murmure charmant, un bruit harmonieux,
De toutes parts alors s'élève vers les Cieux.
Du sein des noirs vallons et des forêts profondes,
Des grottes, des rochers, et des airs, et des ondes,
Un chœur de douces voix rend grâce à l'Éternel :
Le Ciel ému répond par un chant solennel.
Le globe étincelant s'épanouit, s'entr'ouvre :
Aux yeux de Jeanne d'Arc Michaël se découvre,
Couronné de rayons, revêtu de splendeur :
De ses brillans regards il tempère l'ardeur,
Et, debout sur son char : « Pars, ange d'espérance !
Obéis au Seigneur. Cours avec assurance
Vers le prince des lis, vers le fils de tes rois :
Qu'un grand peuple abattu se relève à ta voix,

Et, revenant enfin de sa terreur profonde,
Foule à ses pieds le joug de l'ennemi du Monde !
Je ne le tairai point : des obstacles nombreux
Arrêteront long-temps tes desseins généreux.
L'Enfer, pour s'opposer aux succès de tes armes,
Emploîra tour à tour ses terreurs et ses charmes.
D'innombrables dangers il va semer tes pas ;
Il faudra vaincre seule, et je ne pourrai pas
De ce bras immortel te prêter l'assistance.
Le salut des Français dépend de ta constance :
Un seul moment d'erreur à ton âme surpris
De seize ans de vertus peut te ravir le prix.
Mais si ton cœur résiste à l'Enfer, à sa rage,
Quel triomphe immortel obtiendra ton courage !
De l'antique Aurélie affranchissant le seuil,
Tes pieds du Léopard écraseront l'orgueil.
Les remparts tomberont sous ta lance terrible.
Dans le temple de Reims long-temps inaccessible,
Ton bras victorieux couronnera ton roi ;
Et l'étranger superbe en pâlira d'effroi. »

   Il dit, et disparoît : un sillon de lumière
Dans les airs seulement a marqué sa carrière.
Tout fuit : on n'entend plus que le chant des oiseaux,
Et le bruit de la Meuse au loin roulant ses eaux.

   Du père des humains la bonté magnanime
S'attendrit cependant sur la douce victime
Qui vient de se charger du poids de son courroux.
Il veut que jusqu'au jour où tonneront ses coups,
D'un funeste avenir l'image épouvantable,
L'attente d'une mort affreuse, inévitable,

N'accable point son cœur d'un tourment odieux.
Il sait que pesant même au Fils du roi des Cieux,
Quand il voulut pour nous souffrir sa mort sanglante,
Ce fardeau de douleurs, d'angoisse et d'épouvante,
Sous qui son cœur sublime expiroit abattu,
Passe d'un être humain la force et la vertu.
A sa voix, de l'Oubli l'ange vole vers elle :
Aussi prompt que l'éclair il passe, et sur son aile
De ces grands souvenirs emporte la moitié.
O sublime bienfait d'une auguste pitié !
La vierge du Seigneur ne garde en sa mémoire
Que les exploits sacrés, que la sainte victoire
Promise à sa valeur : le reste de son sort,
Son vœu, son sacrifice et sa cruelle mort,
Ne se présentent plus à sa triste pensée
Que comme un songe obscur, une image effacée ;
Et quand son cœur se serre, éclairé foiblement,
Il prend un souvenir pour un pressentiment.

CHANT VIII.

Cependant vers ces lieux, d'où l'archange s'élance,
Le malheureux Albert s'avançoit en silence,
Morne et les yeux baissés, plongé dans la douleur,
Il marchoit au hasard, rêvant à son malheur,
Et reprochoit au Ciel sa triste destinée.
Il aperçoit soudain la vierge prosternée
En extase élevant ses regards vers les cieux.
Son front de l'ange encor réfléchissoit les feux :
Dans son ravissement elle sembloit tranquille.
Le berger confondu la contemple immobile.
Tournant sur lui les yeux, incertaine un moment,
Jeanne d'Arc l'envisage avec étonnement,
Le reconnoît enfin, veut s'éloigner : « Demeure !
Demeure un seul instant ! souffre, avant que je meure,
Qu'une fois jusqu'à toi d'un téméraire vœu
J'ose, jeune bergère, élever l'humble aveu.
Trois ans déjà passés je t'aime, je t'adore.
Loin d'éteindre mes feux, l'absence accrut encore
De ce fatal amour l'impétueuse ardeur :
Je revins en ces lieux guidé par sa fureur.
Oui, pour toi, pour toi seule, ô bergère chérie !
J'ai quitté mes parens et j'ai fui ma patrie.
Pour toi j'ai tout bravé, pour toi j'ai tout souffert ;
Hélas ! et chaque jour à tes regards offert,

De ces timides feux, dont l'aveu t'effarouche,
Mes yeux t'entretenoient au défaut de ma bouche;
Mes soupirs te disoient le trait qui m'a frappé;
Et mes larmes, du moins, ne t'ont point échappé :
Même, je m'en souviens, une pitié céleste
Brilla plus d'une fois dans ton regard modeste.
Aujourd'hui cependant, pour combler mes ennuis,
C'est peu de m'éviter, cruelle, tu me fuis !
Mais parle : ce mépris ne t'est point ordinaire :
Dédaignes-tu les vœux d'un pâtre mercenaire ?
Ta beauté, tes vertus, au plus haut chevalier
Te rendent, il est vrai, digne de t'allier,
Jeanne d'Arc; et je sens qu'assis au rang des princes,
Je mettrois à tes pieds mon cœur et mes provinces :
Mais, crois-moi, quelque emploi que j'exerce en ces lieux,
Mon sort n'est point si bas qu'il le semble à tes yeux.
Écoute : ce vallon, ces riantes prairies,
Au pied de ce coteau ces riches bergeries,
Je ne te trompe point, je te les puis offrir :
Dis un mot seulement, je cours les acquérir.
Du vertueux Sina ce fertile héritage,
Son fils me l'abandonne : il sera ton partage,
Si tu daignes te rendre aux vœux de mon amour.
Nous ne quitterons point ce paisible séjour :
Près des pieux mortels à qui tu dois la vie,
Tous nos jours couleront sans trouble et sans envie;
Notre zèle assidu, nos respects complaisans,
Notre amour attentif charmera leurs vieux ans;
Leur douce destinée enfin sera la nôtre :
Aimés de nos pareils et chéris l'un de l'autre,

Et dans cet humble asile ignorés à jamais,
Au terme de nos jours nous parviendrons en paix. »
  Il se tait à ces mots. Par le Ciel éclairée,
Jeanne d'Arc lui répond d'une voix altérée :
  « De votre amour, Albert, de vos vœux superflus
Je plains l'égarement, et ne puis rien de plus.
Vous me faites haïr de périssables charmes :
De vos maux je m'accuse ; ils m'arrachent des larmes ;
Je pleure sur l'erreur dont vos sens sont séduits ;
Sur vos nobles parens au désespoir réduits ;
Sur le crime odieux dont je vous rends coupable ;
Dont peut-être sans moi vous étiez incapable.
Ah ! changez en horreur ce tyrannique amour
Qui vous arrache à ceux dont vous tenez le jour !
De l'oubli des devoirs que le Ciel vous impose
Je puis vous pardonner de détester la cause.
Haïssez-moi, fuyez ce séjour dangereux ;
Faites de m'éviter le serment généreux.
Le Ciel de votre sort m'a donné connoissance :
Ne déshonorez plus une illustre naissance ;
Quittez cet humble habit ; précipitez vos pas ;
D'un père infortuné prévenez le trépas.
Aux murs de Neufchâteau, dans sa douleur cruelle,
C'est de son lit de mort que sa voix vous appelle.
Allez, fils trop coupable ! et de votre abandon
Aux pieds de ce vieillard implorez le pardon. »
  De son zèle pieux le Ciel remplit l'attente.
De l'inspiration la lumière éclatante
Brilloit dans ses regards : terrassé, confondu,
Sur elle son amant lève un œil éperdu :

Il adore en tremblant l'ascendant qui l'accable.
Sur les enfans ingrats ta vengeance implacable,
Glace, ô juge éternel! son cœur épouvanté.
De son père expirant et du Ciel irrité
L'image dans cette âme et vertueuse et tendre
Réveille les remords; il fuit, il croit entendre
La malédiction sur son front retentir,
Et sent de l'Éternel le bras s'appesantir.
Hélas! il inspiroit la vierge prophétique.

 Ce jour même, à l'entour de sa table rustique,
D'Arc voit se rassembler ses enfans vertueux.
Il adresse au Seigneur des vœux respectueux,
Bénit les mets, et dit : « Mes chers enfans, l'année
S'est de tous ses trésors pour nous seuls couronnée.
Tandis que des sillons trempés de leurs sueurs
L'Anglais ravit partout les fruits aux laboureurs,
Seuls, encore oubliés dans ces vallons paisibles,
Nous recueillons le prix de nos travaux pénibles.
Le troupeau de sa laine enrichit les bergers;
Le cep double ses dons; les arbres des vergers
De leurs fruits les plus doux chargent leurs bras robustes;
L'Automne a couronné jusqu'aux moindres arbustes;
Et jusqu'à l'an nouveau nos frères ont assez
Des tributs des sillons sous leurs toits entassés.
Bénissons du Seigneur la bonté paternelle,
Mes enfans, et louons sa sagesse éternelle :
Mais, au milieu des biens qu'il épanche sur nous,
Prions pour notre roi que frappe son courroux! »

 Il dit : tous ses enfans l'écoutoient en silence.
Jeanne seule rougit, veut parler, et balance.

CHANT VIII.

« O mon père, pardonne à ma témérité ! »
Dit-elle enfin. « Nos vœux vers le Ciel irrité
Pour le fils de nos rois s'élèveront sans doute :
Mais lorsque tout conspire au malheur qu'il redoute ;
Mais lorsque Orléans seul arrête le vainqueur ;
Lorsque déjà le fer est levé sur son cœur ;
Est-ce assez que des vœux ? Père de la patrie,
Ne lui devons-nous pas notre sang, notre vie ?
Dieu permettroit peut-être... Oh ! ne repoussez pas
Ma timide prière, et conduisez mes pas
Vers ce guerrier vaillant, vers ce fier capitaine
Qui commande en son nom dans la ville prochaine !
Rappelez-vous les temps prédits à nos aïeux :
« Un jour quittant ces bords pour obéir aux Cieux,
» Une vierge au Seigneur mettra son assurance,
» Couronnera son prince et sauvera la France. »
Ce jour, ce jour de gloire est peut-être arrivé...
Qu'on me guide vers Charle, et le trône est sauvé ! »

Elle dit : un moment sa famille étonnée
La contemple immobile et se tait consternée.
La première, Isabelle : « Est-ce toi que j'entends,
O ma fille chérie ! est-ce toi qui prétends
Pour des songes de gloire abandonner ta mère,
Et livrer sa vieillesse à la douleur amère
D'entendre raconter que du toit paternel
Son enfant, abusé d'un orgueil criminel,
Quitta la douce paix, pour aller, méprisée,
Du prince et des soldats exciter la risée,
Exposer sa jeunesse à l'outrage, aux affronts,
Couvrir nos jours de deuil et d'opprobre nos fronts !

Des mères la plus tendre et la plus fortunée,
Ciel ! à de tels revers serois-je destinée ?
Puissent, avant ces temps de honte et de douleurs,
Mes yeux fermés au jour ne pas voir nos malheurs !
Hélas ! que deviendroit ta mère désolée ?
Errante sur ces bords, éperdue, isolée,
Quoi ! je te chercherois dans nos vallons déserts ;
De mes cris douloureux je remplirois les airs ;
De tes pas en tous lieux je trouverois la trace ;
De mes pleurs chaque jour je baignerois la place
Où je te vis sourire, où j'entendis ta voix,
Sans te revoir jamais, sans t'entendre une fois !
Mes jours s'écouleroient pleins de trouble et de larmes ;
La Nuit ni le Sommeil, charme de nos alarmes,
Ne suspendroient mes maux ; des songes pleins d'horreur
Dans mon cœur palpitant jèteroient la terreur.
Dieu ! si l'oiseau sinistre, errant dans les ténèbres,
S'arrêtoit sur nos toits, et de ses cris funèbres,
A travers la tempête et les vents mugissans,
Prolongeoit jusqu'à moi les lugubres accens !...
Ma fille ! ah ! prends pitié de ta mère éperdue !
Épargne-moi l'affront de ta gloire perdue ;
Ne porte point le deuil et la mort dans mon sein ;
Renonce dans mes bras à ton cruel dessein ! »

Ainsi, dans son effroi, de cette tendre mère
S'exhaloit la douleur. D'une voix plus sévère,
D'Arc rappelle à sa fille, oppose à son ardeur
Les devoirs de son sexe et son humble pudeur.
La sainte avec respect, de leur refus troublée,
Se tait, baisse les yeux, et demeure accablée.

CHANT VIII.

Mais Dieu lit dans son âme; il verse dans son sein
Le courage et l'ardeur d'accomplir son dessein.
Soit que l'astre du jour, reprenant sa carrière,
De ses premiers rayons entr'ouvre sa paupière;
Soit que, hâtant son vol, sous l'horizon vermeil
L'ange sombre des Nuits repousse le Soleil;
Toujours Charle, Orléans, la France terrassée,
Toujours l'ordre du Ciel occupe sa pensée.

Au frère de sa mère elle parle en secret;
Du Ciel à sa vertu révèle le décret :
« Ce que de mes parens je n'ose plus prétendre,
De votre piété je crois pouvoir l'attendre.
Leur amour aveuglé veut arrêter mes pas...
Dieu voit mon cœur : la mort ne m'épouvante pas
Comme l'affreux penser d'alarmer leur tendresse,
De leur désobéir, d'affliger leur vieillesse.
Mais le Ciel m'a parlé; mais la voix du Seigneur,
Mais le cri des Français retentit dans mon cœur.
Non, des rêves d'orgueil n'ont pas pu me séduire.
Dans les murs d'Orléans qu'on daigne me conduire,
Et Dieu sera trouvé fidèle à ses sermens. »

Frappé de ce langage, ému de ses tourmens,
Le vertueux Laxart se rend à sa prière.
Un céleste rayon dessille sa paupière.
D'un prétexte innocent empruntant le secours,
Pour un temps à ses soins il feint d'avoir recours :
Elle vient habiter sa demeure champêtre.
Le temps fuit; tout est prêt : le jour qui va paroître
Verra la jeune vierge et son guide pieux
D'un pas précipité s'éloigner de ces lieux.

Pour rompre ce projet, l'Enfer saisi de crainte
Envoie un songe horrible au père de la sainte.
D'anges fallacieux son lit environné
De foudres et d'éclairs lui semble sillonné.
A leur lueur affreuse il aperçoit sa fille
De guerriers entourée et fuyant sa famille;
Plus loin, dans un cachot, arrosant de ses pleurs
Les fers des criminels et le pain des douleurs;
Puis, d'une mitre infâme à grands cris couronnée,
Vers un bûcher d'opprobre indignement traînée.
Le vieillard éperdu s'éveille en gémissant:
La honte, le courroux dans son cœur frémissant
Des feux du noir Abîme allument la tempête:
Tout l'Enfer un moment en a fait sa conquête.
Il appelle ses fils; encor saisi d'horreur,
De ce songe en leur sein fait passer la terreur.
« Allez! » dit-il, « ici ramenez l'insensée!
Si je croyois, mes fils, qu'au fond de sa pensée
De fuir le toit d'un père elle nourrît l'espoir;
Qu'elle dût accomplir ce que je viens de voir;
Oui, je sens, à l'horreur dont mon âme est remplie,
Que je préférerois sa mort à l'infamie
Dont couvriroient nos fronts les malheurs que je crains:
Oui, pour les prévenir, je voudrois que vos mains
Éteignissent ses jours dans les flots de la Meuse!
Que si vous hésitiez, si sa voix douloureuse
Réveilloit un moment la pitié dans vos cœurs,
Moi-même alors, m'armant d'inflexibles rigueurs,
Je saurois m'affranchir du sort qui me menace,
Et sauver par sa mort la gloire de ma race! »

CHANT VIII.

Il dit : ses fils troublés précipitent leurs pas.
La Nuit, qui règne encor ne les arrête pas.
Mais un ange du Ciel dans l'ombre les sépare,
Et, fascinant leurs yeux, les trompe et les égare.
 Le jour à l'horizon vient de paroître enfin.
Sous le toit de Laxart, de l'hymne du matin
Déjà la vierge sainte a salué l'Aurore.
Le vieillard se réveille : il s'incline ; il adore.
De sa demeure agreste ils franchissent le seuil.
Dans leurs yeux si long-temps voilés d'un sombre deuil,
Brille une douce joie, une sainte espérance.
A la face du Ciel, appui de l'innocence,
En présence du Dieu dont les regards vainqueurs
Pénètrent à travers les ténèbres des cœurs,
Tous deux sont prosternés ; tous deux à sa sagesse
Demandent humblement de guider leur foiblesse.
Autour d'eux, dans les champs tout reposoit encor.
A leur droite, lançant quelques pâles traits d'or,
D'une humide vapeur en ruisseaux convertie
Uriel soulevoit sa tête appesantie.
Jeanne d'Arc sur les lieux qu'elle fuit sans retour
Jette encore un regard de regret et d'amour.
« Adieu, séjour de paix ! adieu, belles campagnes !
Et vous, de mes beaux jours innocentes compagnes,
Adieu !...je suis du Ciel les ordres absolus ;
Je vous fuis, je vous perds, je ne vous verrai plus.
Hélas ! à Jeanne d'Arc songerez-vous loin d'elle ?
Qui me rendra vos soins, votre amitié fidèle ?
Qui me consolera dans mon nouveau séjour
De l'absence de ceux à qui je dois le jour ?

O ma mère chérie ! ô mon vertueux père !
Aux combats, aux chagrins, à la douleur amère
Qui m'attendent aux lieux où je porte mes pas,
N'ajoutez point encore, et ne prononcez pas
Ces redoutables vœux, ces vœux toujours funestes,
(Souvent précipités) qui des rigueurs célestes
Appellent tout le poids sur l'enfant révolté
Contre les droits de ceux dont il tient la clarté.
Avant ce jour, hélas ! où Dieu même m'appelle,
Vous savez si jamais votre fille rebelle
De vos lois un instant se voulut affranchir :
Heureuse de vous plaire et de vous obéir,
Tranquille et du Seigneur suivant en paix la voie,
J'aurois auprès de vous vu couler avec joie
Dans l'ombre et dans l'oubli mes jours laborieux.
Oh ! puissiez-vous, comblés de tous les dons des Cieux,
De ma perte sentir la douleur suspendue !
Puisse un jour votre fille à votre amour rendue,
Embrasser vos genoux, et ses pleurs mériter
Le pardon de tous ceux qu'elle va vous coûter ! »

    Ils partent à ces mots. A travers la campagne
Du Seigneur en secret l'ange les accompagne.
Burey suit derrière eux. Bientôt, par un détour,
De Monbras à leur droite ils ont laissé la tour.
Dans un vallon étroit ils passent l'onde pure,
D'un ruisseau qui, fuyant avec un doux murmure,
Va porter à la Meuse, à travers les roseaux,
Dans un brillant lointain, le tribut de ses eaux;
Découvrent de Marcey le village infidèle,
Ses prés, ses toits nombreux, sa colline si belle,

CHANT VIII.

Qui, riche amphithéâtre, au loin frappant les yeux,
Étale avec orgueil ses pampres fructueux;
Se hâtent de franchir cette enceinte ennemie;
Suivent le cours du Vaise à travers la prairie
Jusqu'aux lieux où la Meuse entre ses bords heureux
Ouvre un lit de verdure à ses flots amoureux.
Du fleuve antique alors foulant les belles rives,
Ils contemplent au loin ses ondes fugitives,
Qui, s'ouvrant tout-à-coup en deux profonds canaux,
Ceignent une île humide où de nombreux troupeaux,
Ainsi qu'aux premiers temps, loin de la bergerie,
Sans chiens et sans pasteurs paissent l'herbe fleurie.
Sous des saules touffus plantés au bord des eaux,
Les pieux voyageurs goûtent quelque repos;
Puis, reprenant leur marche, ils s'avancent sans crainte,
Et d'un second Burey leurs pas foulent l'enceinte.
Ils dépassent Neuville aux rians alentours;
Au loin, de Vaucouleurs ils découvrent les tours;
Et de ta mère enfin leur œil ému contemple,
Reine des Immortels, le vénérable temple.
Dans la ville guerrière ils pénètrent tous deux :
Leurs regards étonnés s'égarent autour d'eux.
De tant d'objets divers le confus assemblage;
Cette pompe héroïque inconnue au village;
Ces armes, ces soldats, ces riches étendards;
Ces canons menaçans couronnant les remparts;
Les sons qu'au loin répand la trompette éclatante;
Tout les émeut, les frappe, et passe leur attente.
Aux portes du châtel ils arrivent enfin;
D'un secret important au roi leur souverain

Font dire au gouverneur qu'ils le viennent instruire :
Bientôt en sa présence il les fait introduire.
 Sur eux l'altier Robert, fronçant ses noirs sourcils,
Jette un regard farouche; et, sur sa chaire assis :
« Vassaux, que voulez-vous ? qu'avez-vous à m'apprendre ?
Sur mon autorité voudroit-on entreprendre ?
De quel obscur complot venez-vous m'informer ?
Par un avis trompeur gardez de m'alarmer. »
 « Sire, » dit Jeanne d'Arc (une fierté modeste
Animoit la candeur de son regard céleste),
« Un plus noble dessein m'amène devant vous.
Dieu sur la France en deuil fixe un regard plus doux ;
Sa main va mettre un terme à de si longs désastres.
Ce n'est point aux Valois, ce n'est point aux Lancastres
Qu'appartient ce royaume avant les temps élu :
Il n'appartient qu'à Dieu. Mais Dieu même a voulu
Que du sceptre des lis nobles dépositaires,
De son trône ici-bas gardiens héréditaires,
D'Eudes et de Robert les enfans généreux
D'un pas ferme au milieu des siècles orageux
Conduisissent son peuple au chemin de la gloire ;
Tant que de ses bienfaits conservant la mémoire,
Ils mettront leur appui dans l'invincible bras
Qui, maître des destins, arbitre des états,
Soumet le glaive au sceptre ou les trônes au glaive,
Les forme et les détruit, les brise et les relève.
Mandez donc au Dauphin que d'un esprit soumis
Attendant le secours à ses armes promis,
Il garde à ses vainqueurs d'assigner la bataille ;
Que bientôt des Français la dernière muraille,

CHANT VIII.

Orléans, qu'environne un si pressant danger,
Par la main d'un enfant va se voir dégager ;
Que, remplissant du Ciel le décret et l'oracle,
Jusqu'au temple de Reims, de miracle en miracle,
Cet enfant, à travers cent remparts ennemis,
Conduira l'héritier du royaume des lis.
Telle est du roi des Cieux la volonté suprême ;
Voilà ce que son ange, en ce péril extrême,
Messager d'espérance et ministre de paix,
Est venu de sa part annoncer aux Français.
Je l'ai vu ; c'étoit lui ; sa voix douce et sonore,
Dans mon cœur éperdu sa voix résonne encore.....
Vers le noble Dauphin daignez donc m'envoyer.
Travaux, dangers, tourmens, rien ne peut m'effrayer ;
A combattre, à souffrir mon âme est toute prête.
Mais sans votre secours un obstacle m'arrête :
Pour le vaincre, seigneur, je vins dans ces remparts :
Une épée, un coursier, des guides, et je pars. »
  Elle dit ; mais l'Enfer en ces lieux l'a suivie :
L'ange altier de l'Orgueil, l'ange affreux de l'Envie,
Baal, Zophel, joignant leurs souffles orageux,
Endurcissent le cœur du guerrier ombrageux.
Le mépris, le courroux sont peints sur son visage.
Dans les ordres du Ciel il ne voit qu'un outrage,
Qu'un piége téméraire à sa crédulité
Tendu par le mensonge et la cupidité.
Un orage s'élève en cette âme irascible.
D'une voix menaçante et d'un geste terrible :
« Sortez de devant moi, » dit-il, « vils imposteurs
Qui pensez m'abuser par des récits menteurs !

De ton impunité rends grâce à ta foiblesse,
Fille imprudente ! et toi que sa coupable adresse
A peut-être séduit, ramène, homme égaré,
Ramène à ses fuseaux ce héros inspiré.
Si dans ses hauts projets son orgueil persévère,
Que de justes rigueurs, qu'un châtiment sévère
Rendent cette âme vaine à ses obscurs destins.
Surtout, si vous craignez des châtimens certains
(Que déjà votre audace eût mérités peut-être),
De rechef à mes yeux gardez-vous de paroître ! »

Il dit. Les yeux baissés, d'un air modeste et grand,
Jeanne d'Arc de ces lieux s'éloigne en soupirant.
Laxart la suit, saisi de tristesse et de crainte.
De la ville en silence ils traversent l'enceinte ;
Dans un modeste asile ils entrent, et demain
De leur humble séjour reprendront le chemin.
« Hélas ! » disoit la vierge à son vertueux guide,
« Faut-il que sous le joug courbant un front timide,
La France et ses héros.... Non ! Dieu me l'a promis :
Charle triomphera de tous ses ennemis.
Cependant Baudricourt repousse ma prière ;
La grandeur de mes vœux blesse une âme si fière ;
Le cruel me méprise : il ne lui souvient pas
Au géant philistin qui donna le trépas.
N'importe : auprès de Charle il faut que je me rende :
La France en pleurs m'appelle et Dieu me le commande.
Oui, j'irai, fallût-il, le corps chargé de fers,
Me traîner à genoux de déserts en déserts,
J'irai, j'accomplirai les célestes oracles !
Mon Dieu sera pour moi prodigue de miracles ;

Et l'Anglais en fureur, l'Enfer tumultueux,
Ne pourront arrêter mes pas impétueux. »
  Dès que renaît le jour, le vieillard et la sainte
De la cité guerrière abandonnent l'enceinte :
Vers leur demeure agreste ils dirigent leurs pas.
Ils revoyoient déjà de l'antique Monbras
Les créneaux élevés et le donjon gothique,
Quand, pâle de terreur, de la vierge héroïque
Jean, le plus jeune frère, accourt au-devant d'eux.
« De Bourguignons, » dit-il, « un escadron nombreux
Par l'Enfer envoyé désole nos campagnes.
De nos pasteurs, les uns ont fui vers les montagnes;
Le reste épouvanté, mais soumis à son sort,
Au pied des saints autels veut attendre la mort.
Viens rejoindre, ô ma sœur ! ta mère désolée :
Tremblante pour tes jours et d'horreur accablée,
Hélas ! depuis hier sa gémissante voix
Fatigue de ton nom les échos de nos bois. »
  Il dit : pressant leurs pas, ils s'avancent ensemble.
Dans Greux, dans Domremy l'épouvante rassemble
Une foule éperdue, enfans, femmes, vieillards ;
Là, des troupeaux bêlans ; là, des coursiers, des chars,
Surchargés de fardeaux et délaissés sans guides ;
Là, des vierges pressant entre leurs bras timides
Les images des saints sous leurs toits honorés ;
Là, des mères portant leurs enfans éplorés ;
Là, des vieillards au Ciel tendant leurs bras débiles ;
Là, des fils, des époux, consternés, immobiles,
Qui, dans leur désespoir, les yeux fixes, hagards,
Sur la terre en silence attachent leurs regards.

« Laboureurs et bergers ! » s'écrie alors la sainte,
« D'où naissent les terreurs dont votre âme est atteinte ?
De barbares soldats s'avancent vers ces lieux ;
Ils viennent vous chasser des champs de vos aïeux ;
Vils instrumens d'un prince à son maître rebelle,
Ils veulent vous punir de votre amour fidèle
Pour l'héritier des lis, pour le fils de vos rois ;
Ils pensent ne trouver sous nos rustiques toits
Que des bras sans défense et des cœurs sans courage :
Détrompez leur espoir et confondez leur rage !
Prouvez à ces guerriers si fiers de leur valeur,
Que d'un sang généreux l'héroïque chaleur
De l'humble villageois peut animer les veines ;
Que le bras qui guida le soc au sein des plaines,
Peut soutenir le glaive, et par le Ciel conduit,
Des exploits de l'impie arrêter le vain bruit ! »
    Elle dit ; mais sa mère et l'embrasse, et l'entraîne.
Soumise, elle obéit à l'ordre qui l'enchaîne.
Bientôt de ces hameaux le peuple industrieux
S'éloigne en gémissant des toits de ses aïeux.
Hâtant de leurs troupeaux la marche fugitive,
De colons, de pasteurs une foule plaintive,
De vallons en vallons, de détours en détours,
Suit les bords de la Meuse en remontant son cours.
Pour la dernière fois vers ces lieux pleins de charmes
Ils tournent un moment des yeux baignés de larmes ;
Et des champs de Lothaire abordant les confins,
Aux murs de Neufchâteau confiant leurs destins,
D'un prince hospitalier le domaine tranquille
Présente à leur misère un favorable asile.

CHANT VIII.

Rosine, sous son toit ouvert au voyageur,
Du père de la sainte accueille le malheur.
Des traits de l'infortune autrefois poursuivie,
Elle implora ses dons : il conserva sa vie :
D'un cœur religieux le temps n'a pu bannir
Des bontés du vieillard le tendre souvenir.
Aux portes de la ville à grands pas accourue,
Les yeux mouillés de pleurs : « Amis, je vous salue,»
Dit-elle, en abordant les exilés français.
« D'Arc, reconnoissez-vous l'objet de vos bienfaits?
C'est moi, moi qui jadis, orpheline éplorée,
Seule, errante au hasard de contrée en contrée,
Succombant à la faim, à la fatigue, un soir
Au seuil de votre porte en pleurant vins m'asseoir,
Implorai vos secours, et, par vous recueillie,
Ranimai sous vos toits ma force défaillie.
Depuis, en d'autres lieux, sous un astre plus doux,
Durant sept ans entiers je suivis un époux.
Enfin dans ce séjour avec lui revenue,
Riche de ses travaux et veuve devenue,
J'ai fixé ma demeure auprès de son tombeau.
Cette nuit, de mon lit écartant le rideau,
Mon époux s'est montré: « De la Reconnoissance
L'ange,» a-t-il dit, « t'appelle : enfin l'heure s'avance,
Où, libre, tu pourras envers tes bienfaiteurs
Remplir les saints devoirs si chers aux nobles cœurs.
Des champs de leurs aïeux la guerre les exile:
A leurs destins errans présente un doux asile. »
Je m'éveille à ces mots. O généreux Français !
Disposez de mes biens, régnez sur vos bienfaits. »

Elle dit et les guide au sein de sa demeure.
Pour leurs moindres désirs empressée à toute heure,
Interrogeant leurs yeux, devinant leurs besoins,
Elle prodigue à tous son amour et ses soins.
« O Dieu ! » s'écrioient-ils ; « soient à jamais bénies
Tes immenses bontés, tes grâces infinies !
Ainsi sur les humains veillant de toutes parts,
Nulle action n'échappe à tes vastes regards ;
Et d'un peu d'eau donnée au pauvre qui succombe
Tu nous tiens compte même en deçà de la tombe ! »
  Cependant l'Enfer veille et suit ses noirs desseins.
Trop tard pour accomplir les devoirs les plus saints,
Le malheureux Albert accourut vers son père :
Il a trouvé ses yeux fermés à la lumière.
Un affreux désespoir s'emparant de son cœur
Bientôt de sa jeunesse a desséché la fleur.
Toute illusion fuit : de conserver sa vie
La dernière espérance à sa mère est ravie ;
Et, vaincu par ses pleurs, Albert laisse à regret
De sa bouche mourante échapper son secret.
  « O mon fils ! voilà donc le mal qui te dévore ! »
S'écria Théotime : et, frémissant encore :
« Cruel, as-tu bien pu, » dit-elle, « si long-temps,
D'un supplice odieux mesurant les instans,
De tes mortels ennuis me dérober la cause !
Qu'au bonheur de son fils une mère s'oppose,
Dieu ! pouvois-tu le croire ? O mon enfant chéri !
Les flancs qui t'ont porté, le sein qui t'a nourri,
Au cri de ta douleur cesseroient de répondre !
Je sens à ce penser mon âme se confondre,

CHANT VIII.

Tout mon cœur se révolte. Ah! malheur à l'orgueil
Qui d'un fils sans pâlir voit s'ouvrir le cercueil!
Eh! que m'importe, à moi, que le rang, la naissance,
Aient mis entre vous deux une vaine distance?
Que me font tous ces biens par tant de soins acquis?
Mon or et mes aïeux me rendront-ils mon fils?
Je cède à mon effroi, je ne veux pas qu'il meure:
Le Ciel sur son tombeau ne veut pas que je pleure;
Le Ciel veut cet hymen, puisque dans ce séjour
Ses décrets ont conduit l'objet de tant d'amour.
Oui, mon fils, Jacques d'Arc, son épouse et ses filles
Sont (leur nom m'a frappée) au nombre des familles
Qui devant l'ennemi fuyant de toutes parts,
Cherchèrent un asile au sein de nos remparts.
Déposant de mon rang la vanité jalouse,
J'irai pour mon Albert leur demander l'épouse
Que son cœur a choisie; et, couronnant tes vœux,
Trop heureuse, ô mon fils, par de si tendres nœuds,
Si je retiens une âme aux portes de la vie
Qu'au-delà du tombeau la mienne auroit suivie! »

Elle dit, elle vole. O d'un rayon d'espoir,
O d'un songe flatteur incroyable pouvoir!
Tendre Albert, ce discours, comme une douce flâme,
A pénétré tes sens et réjoui ton âme;
Et sur tes nobles traits par la douleur pâlis,
L'incarnat de la rose a ranimé les lis.

Étonnés et confus d'une offre si flatteuse,
Les humbles fugitifs des rives de la Meuse
Au vœu de Théotime opposent cependant
Leur pauvreté, leur sort obscur et dépendant.

En vain d'un tel honneur long-temps ils se défendent ;
Elle insiste, elle presse ; ils cèdent, ils se rendent,
Appellent Jeanne d'Arc, et, consultant ses vœux,
Se montrent empressés de former ces beaux nœuds.
　D'un air modeste et doux : « Pardonnez, ô mon père,
Et vous, mère indulgente, à mon amour si chère ;
Vous, madame, surtout, qui, m'offrant un époux,
Daignez descendre à moi pour m'élever à vous.
Le Ciel m'en est témoin : de vos bontés confuse,
Je pleure sur Albert ; et quand je le refuse,
Je voudrois de sa vie aux dépens de mes jours
Et renouer la trame, et prolonger le cours.
Oh ! qu'il me seroit doux de le rendre à vos larmes !
Qu'à voir votre bonheur je trouverois de charmes !
Mais à d'autres devoirs mes jours sont dévolus ;
Mais mon sort est fixé, je ne m'appartiens plus,
Je suis de Jésus-Christ la servante et l'épouse :
Tout mon cœur fut promis à sa flamme jalouse,
Et, consumé d'un feu dont la source est au Ciel,
Échappe avec horreur à l'amour d'un mortel. »
　Ainsi parle la sainte. Au cœur de Théotime,
Le plus impérieux des esprits de l'Abîme,
L'ange affreux de l'Orgueil, le superbe Baal,
Verse les noirs poisons de son souffle infernal.
Entre vingt passions Théotime balance,
Rougit, pâlit, se lève, et s'éloigne en silence.
　Rentrée en sa demeure : « Ah ! » dit-elle, « est-ce assez
De refus et d'affronts sur ma tête amassés !
Est-ce d'un songe affreux que l'erreur me captive ?
D'un obscur laboureur la fille fugitive

CHANT VIII.

Dédaigneroit mon fils ! rejèteroit ses vœux !
Et moi, j'aurois subi cet opprobre odieux !
O mon fils, quel supplice et quelle honte amère
De conserver tes jours le soin coûte à ta mère !
Quoi ! tant d'abaissement, tant d'efforts seront vains !
J'épuiserai pour toi la coupe des chagrins !
Sans te sauver, mon fils, j'aurai perdu ma gloire !
Non, je ne prétends pas te céder la victoire,
Sort cruel ! ou du moins, s'il me faut succomber,
Sous tes traits la barbare avec moi doit tomber :
Mes yeux désespérés ne verront point ses charmes
Triompher de mon deuil, insulter à mes larmes. »

 Elle dit ; et, le cœur d'un trait cruel atteint,
Vole à ce tribunal religieux et saint,
Où ceux qu'avoit trompés l'espoir de l'hyménée,
S'approchoient des autels, et de la foi donnée
Réclamoient devant Dieu les droits mis en oubli ;
Où le parjure amant, de remords assailli,
Souvent versa des pleurs aux pieds de sa victime.
Dans son égarement, la triste Théotime
Du juge en frémissant embrasse les genoux,
Et s'écrie : « Une mère, ô juge ! est devant vous :
Elle vient à vos pieds, de terreurs poursuivie,
D'un fils, son seul espoir, vous demander la vie.
Hélas ! ce fils si cher, dès sa jeune saison,
Promettoit d'être un jour l'honneur de sa maison :
Beauté, talens, vertus, tendresse pour sa mère,
Il eut tout en partage. O douleur trop amère !
Que le Ciel de ma joie a bien puni l'orgueil !
Un moment a changé tout mon bonheur en deuil.

Une vierge des champs savante en l'art de nuire,
Par un charme sans doute ayant su le séduire,
Pour mieux dans tous ses sens répandre le poison,
Et d'un trouble funeste obscurcir sa raison,
Encouragea l'essor de ses désirs timides,
Entretint son amour d'espérances perfides,
Et, poussant jusqu'au bout l'artifice inhumain,
A ce jeune insensé promit enfin sa main.
Un projet plus brillant de cette âme orgueilleuse
Occupant aujourd'hui l'ardeur ambitieuse,
Elle ose méconnoître et trahir ses sermens,
Et, de douleur, il touche à ses derniers momens.
De ce fatal amour l'indomptable furie
Comme un feu destructeur a consumé sa vie;
Et d'un époux à peine ai-je vêtu le deuil,
Qu'il me faut de mon fils voir s'ouvrir le cercueil.
Ah! seigneur, ordonnez que cette fille ingrate
Du triomphe odieux dont son orgueil se flatte
Perde aujourd'hui l'espoir, et me rende mon fils!
Que ses sermens trompeurs soient par elle accomplis
(Et je puis oublier ses cruels artifices);
Ou qu'arrachant Albert à de noirs maléfices,
Elle rende à son corps sa première vigueur,
A son âme sa force, et la paix à son cœur!»

 Devant le tribunal la sainte est amenée.
Sa famille la suit, tremblante et consternée.
Le juge l'interroge; et, pour l'épouvanter,
Tout ce que de l'Enfer peut la haine inventer,
L'Enfer insidieux l'ose mettre en usage :
De la triste Isabelle il glace le courage;

A son sévère époux il fait dans cet hymen
D'un ange protecteur voir la prudente main,
Qui, par des nœuds sacrés s'il enchaîne sa fille,
D'un opprobre éternel veut sauver sa famille,
Et conjurer les maux, prévenir les fureurs
Dont un songe à ses yeux étala les horreurs :
Et quand la jeune vierge, interdite et troublée,
D'un regard suppliant cherche dans l'assemblée
Un défenseur, un père, et l'invoque en tremblant,
Les yeux baissés, il garde un silence accablant.

De ses plus chers appuis la sainte abandonnée,
Qui de piéges cruels se voit environnée,
Cesse alors de chercher des appuis ici-bas
Parmi des cœurs glacés qui ne l'entendent pas.
D'une tristesse affreuse en vain son cœur se serre :
Elle sent que du Ciel, et non pas de la Terre,
Lui doivent désormais venir les seuls secours
Qui des décrets divins assureront le cours.
Élevant ses regards vers la voûte azurée,
Elle prie, elle adore : une flamme sacrée
S'allume au trône pur du vainqueur de l'Enfer,
Et du Ciel dans son sein descend comme un éclair.
A l'instant ranimée, elle ose se défendre ;
Et la Terre et les Cieux se taisent pour l'entendre.

« Juge sacré, » dit-elle, « accusée à vos yeux
D'un serment violé, d'un forfait odieux ;
Foible, pauvre, étrangère, errante et fugitive ;
Peut-être, d'une voix suppliante et plaintive,
Une autre invoqueroit votre noble pitié
Contre une si cruelle et prompte inimitié ;

Sous de noires couleurs de son accusatrice
Vous peindroit les transports, la haine, l'injustice;
Et de la calomnie, après un tel affront,
Peut-être appelleroit la peine sur son front :
Loin de moi ce dessein ! Plein de son innocence,
Un cœur religieux souffre avec patience;
De ses persécuteurs n'aggrave point les torts;
Et d'avance, en secret, pleure sur leurs remords.

» Oui, mon cœur vous pardonne, injuste Théotime,
Cette aveugle fureur qui me veut pour victime.
Puisse à son tour le Ciel, puisse mon divin roi
A votre égarement pardonner comme moi !
Daigne, daigne, ô mon Dieu ! de cette triste mère
Détourner aujourd'hui les traits de ta colère !
Considère l'excès du malheur qui la suit;
Vois son cœur par tes coups au désespoir réduit;
Regarde ces tombeaux, dont l'effrayante image
Accable sa raison, subjugue son courage :
L'un vient de dévorer son époux malheureux
Sans que son fils unique ait pu fermer ses yeux;
A l'autre, en frémissant, elle dispute encore
Ce fils, son seul espoir, et que son cœur adore :
Ah ! dans un tel moment, que n'excuseroit pas
Le désir d'arracher cette proie au Trépas !

» Juge, de ce désir l'ardeur impérieuse
Égara cette mère à l'excès malheureuse.
Jamais je n'ai d'Albert encouragé l'amour;
Jamais je n'ai promis de lui donner un jour
Ce nom sacré d'époux que pour lui l'on réclame.
On veut qu'un charme impie ait allumé sa flamme !

CHANT VIII.

D'un art abominable on ose m'accuser !
A ce comble d'horreur que pourrois-je opposer ?
Je me tais : c'est assez qu'il m'ait fallu l'entendre,
Sans descendre à vos yeux au soin de m'en défendre. »

Elle parloit encore : un bruit inattendu
Se fait ouïr : Albert, sur un lit étendu,
Paroît, et, d'une voix mourante, entrecoupée :
« Juge, par sa douleur ma mère fut trompée, »
Dit-il, « et de ma mort accuse injustement
Un art fallacieux, un perfide serment.
Du malheur qui me suit cette vierge innocente
A trois ans ignoré mon amour imprudente.
Hélas ! sans le savoir elle alluma mes feux.
Un voyage fatal m'amena dans les lieux
Où ses attraits naissans, où ses vertus modestes
Devoient à mon repos devenir si funestes.
Je la vis : qui pourroit la voir sans l'adorer ?
Je sentis aussitôt ma raison s'égarer.
C'est en vain qu'en fuyant j'espérai de mon âme
Par le temps et l'absence écarter cette flâme :
J'éprouvai qu'il falloit garder ce trait vainqueur,
L'emporter dans la tombe, ou m'arracher le cœur.
Après trois ans d'efforts, je me trouvai fidèle.
Je revis Jeanne d'Arc ; je la revis plus belle ;
Un plus doux charme encor animoit ses appas.
Chaque jour en tous lieux j'osai suivre ses pas :
J'osai plus : à ses yeux je dévoilai mon âme.
Recueillez tous l'aveu que ma bouche proclame :
Juge, la vérité va parler par ma voix.
Je jure devant Dieu, par ses augustes lois,

Que, loin de m'abuser d'une fausse espérance,
Jeanne d'Arc sur mon cœur n'exerça de puissance
Que pour me ramener à mon plus saint devoir,
Et, rejetant mes vœux, m'interdit tout espoir. »
　　Il dit : le juge absout l'innocente bergère.
« Grand Dieu, » dit Jeanne d'Arc, « rends Albert à sa mère !
Et que pour leur bonheur il ne soit pas perdu,
Ce noble témoignage à ta vierge rendu ! »
Ranimé par ces mots, Albert soudain s'écrie :
« Je sens que Dieu t'exauce, ô bergère chérie !
Du saint contentement d'un devoir accompli,
D'un espoir doux et pur tout mon cœur est rempli.
Je sens que je vivrai pour t'admirer encore,
Et pour bénir ce Dieu que l'Univers adore,
Ce Dieu qui t'inspira, qui m'éclaire à mon tour,
Et qui seul aujourd'hui peut vaincre tant d'amour. »
　　De l'Enfer, à ces mots, les déités sanglantes
S'envolent, de douleur et d'effroi rugissantes.
Vers les bannis français un messager accourt :
« Vive le Roi ! » dit-il. « Le vaillant Baudricourt
A, déployant aux vents sa bannière fameuse,
Chassé les Bourguignons des rives de la Meuse.
Pâtres et laboureurs, hâtez-vous, revenez
Peupler vos champs déserts, vos toits abandonnés. »
　　Il dit : jusques au ciel un cri joyeux s'élance :
« Noël ! vive le Roi ! Noël ! vive la France ! »
Par des chants solennels on court vœu ferveur
Dans un temple voisin rendre grâce au Seigneur.
Là, tous ces exilés qu'un même vœu rassemble,
Au pied des saints autels se prosternent ensemble.

Ils pressent en pleurant leurs hôtes dans leurs bras;
Vers les champs paternels précipitent leurs pas:
Bientôt ils ont revu cette terre chérie,
Et de larmes d'amour salué la patrie.

CHANT IX.

Ange à la harpe d'or, loin du bruit des combats
Tandis que tes accens ont entraîné mes pas,
Que devenoient les preux espoir de ma patrie ?
Quels étoient tes destins, malheureuse Aurélie ?
Dernier mur des Français, es-tu debout encor ?
Des princes de l'Enfer l'impétueux essor
De ta fidèle enceinte a-t-il brisé les portes ?
Ont-elles de Montague arrêté les cohortes ?
 La Nuit a reculé devant l'ange du Jour :
Il s'avance à regret vers ce triste séjour,
Voile son noble front d'une vapeur rougeâtre,
Et découvre aux humains cet effrayant théâtre,
Vaste et sanglante arène, où, conduits par le Sort,
Dorment tant de guerriers du sommeil de la mort.
Quand la mer boréale a rompu ses entraves,
Tels, après la tempête, aux rives scandinaves,
D'innombrables vaisseaux couchés sur des écueils,
Chars rapides naguère, aujourd'hui noirs cercueils,
Après mille combats, mille courses rivales,
Demeurent enchaînés à ces roches fatales.
Partout sont confondus les mourans et les morts :
Le pied du boulevard, et la plaine, et les bords
Où la Loire à regret semble encor se répandre,
Sont couverts de débris, de lambeaux et de cendre.

CHANT IX.

Pour rendre à leurs guerriers de funèbres honneurs,
Ce jour des deux partis enchaîne les fureurs.
Désarmés, dans le deuil, et déposant leur haine,
Les Français, les Anglais s'avancent dans la plaine.
Que la Mort est auguste ! et comme à son aspect
Les cœurs les plus cruels sont saisis de respect !
Ces ennemis si fiers, ces rivaux si terribles,
Qui, pour leur perte, hier, formoient des vœux horribles,
Dont la main fume encor du sang qu'ils ont versé,
Semblent un même peuple en ces lieux dispersé.
Sans crainte, sans soupçons, ils errent, se confondent,
S'interrogent des yeux, et des yeux se répondent.
A voix basse bientôt ils osent s'exprimer;
Du sort de leurs amis ils osent s'informer:
Saint devoir, soin touchant, tendre sollicitude,
Dont souvent tout le fruit, l'horrible certitude
Qu'on tremble d'obtenir, qu'on s'obstine à chercher,
Perçant le voile ami qui semble la cacher,
Comme on voit un nuage en flammes se dissoudre,
Vient accabler un cœur des clartés de la foudre.
 Cependant au milieu des cadavres épars
S'avancent à la fois, du camp et des remparts,
Deux cortéges pieux, deux troupes angéliques,
Soldats de Jésus-Christ, guerriers évangéliques,
Que défend le cilice, et que guide la croix
Dans les champs de carnage où triomphent les rois.
Nés sur des bords rivaux, même foi les rassemble.
Autour du même autel se prosternent ensemble
Des Français, des Anglais les pontifes sacrés :
Vous entonnez en chœur, ô vieillards révérés !

D'un souffle qui s'éteint et d'une voix qui tombe,
La prière des morts et l'hymne de la tombe ;
Et vos foibles accens s'élèvent dans les airs
Comme le doux parfum de la fleur des déserts.
O triomphe d'un Dieu plein d'amour et de charmes,
Qui nous donna son sang, et sa chair, et ses larmes !
Par des liens sacrés réunir les mortels,
Voilà quelle victoire honore ses autels :
Il abhorre le glaive ; il plaint ses adversaires ;
Et dans tous les humains il ne voit que des frères.

 Du chef des léopards ces dogmes généreux
Sont loin de désarmer les homicides vœux.
A peine du Soleil la lumière tremblante
Éclairoit l'horizon, Montague a dans sa tente
Rassemblé près de lui les chefs de ses guerriers.
Tous ces superbes lords, tous ces fiers chevaliers,
Attachent tristement leurs regards à la terre.
« Fils des preux, » leur dit-il, « les faveurs de la Guerre
Ne s'achètent qu'au prix des plus sanglans travaux.
N'avons-nous pas vaincu nos superbes rivaux ?
N'avons-nous pas, guidés par l'ange des Batailles,
Chassé leurs rangs épars jusque dans leurs murailles ?
Ce triomphe éclatant, mais long-temps disputé,
D'un sang trop précieux fut sans doute acheté :
Je ne m'attendois pas à tant de résistance :
La valeur des Français le cède à leur constance.
Guerriers, quoi qu'il en soit, la victoire est à nous,
Et bientôt Orléans va tomber sous nos coups.
Pour hâter le triomphe où l'Angleterre aspire,
Apprenez le dessein que sa gloire m'inspire :

Je veux que treize forts autour de ces remparts
Du milieu des débris sortent de toutes parts.
De là pleuvra la mort sur la cité hautaine ;
De là nos escadrons s'élançant dans la plaine,
Pourront à tous momens aux Français consternés
Enlever les secours qui leur sont destinés.
Ainsi le fer, la flamme, et l'horrible famine
D'Orléans à l'envi consommant la ruine,
On verra ses guerriers, traînant vers nous leurs pas,
Gémir, demander grâce, et ne l'obtenir pas. »

« Très-illustre seigneur, eh quoi ! leur insolence
Ne vous inspire point de plus prompte vengeance ? »
S'écria Glacidas : « Un peuple révolté
Combattra donc son maître avec impunité ?
Dans son crime, seigneur, Orléans persévère.
Croyez-moi, hâtez-vous : qu'un châtiment sévère
Consterne les soutiens de la rebellion.
Que partout la Terreur accompagne Albion !
Employons la rigueur où la douceur est vaine !
Vengeons, surtout, vengeons la grandeur souveraine !
Qu'en voyant sous leurs murs cent captifs immolés,
D'un effroi salutaire ils restent accablés !
Qu'on ne m'oppose point le Ciel et sa clémence :
S'il est un Dieu, ce Dieu doit aimer la vengeance.
Les rois à son exemple ont leurs droits rigoureux :
L'ange exterminateur doit marcher devant eux.
Mais à qui viens-je ici rappeler ces maximes !
Des Français plus que vous qui doit haïr les crimes ?
Qui plus que vous, armé d'inflexibles rigueurs,
Doit dévouer ce peuple à nos foudres vengeurs ?

Qui l'ignore? en ces murs le superbe Lahire,
De votre noble fils le meurtrier respire :
Ah! que du moins sa tête au fer n'échappe pas !
Pour faire grâce au reste, exigez son trépas. »

 Il dit, et Lancelot : « O crime! ô barbarie!
Guerriers, vous vous taisez! une aveugle furie
A-t-elle dans ce jour égaré tous les cœurs?
Anglais! êtes-vous sûrs d'être toujours vainqueurs?
Captifs à votre tour, si ces mêmes rebelles
Employoient contre vous vos maximes cruelles?
Oh! que vous maudiriez, à l'aspect du cercueil,
Vos barbares fureurs, votre implacable orgueil!
Que de regrets tardifs! que de remords stériles!
Que dis-je? en ce moment où, sereins et tranquilles,
Vous agitez le sort de tant d'infortunés,
Qui sait si dans ces murs des Anglais entraînés....
Ah! Montague, écartez un conseil si funeste!
Le fruit en est douteux, la honte manifeste.
Pour tout perdre, il suffit souvent de trop oser.
Et quel but, en effet, ose se proposer
Le génie affamé de rigueurs et de crimes
Qui dévoue à la Mort tant de nobles victimes?
D'effrayer les Français? Non, vous ne pensez pas
Qu'on les puisse dompter par la peur du trépas :
De les livrer au deuil? nous paîrions cher leurs larmes :
D'irriter leurs fureurs? c'est leur prêter des armes :
Craignons leur désespoir. Craignons surtout, guerriers,
Qu'un opprobre éternel ne couvre nos lauriers.
De sa gloire un soldat doit compte à sa patrie.
Entendez par ma voix Albion qui vous crie :

CHANT IX.

« Cruels ! qu'allez-vous faire ? O mes fils, mes héros,
» Ne vous transformez point en infâmes bourreaux ! »
Je ne suis point Anglais : hélas ! pourras-tu croire
Que seul j'aie aujourd'hui combattu pour ta gloire,
Malheureuse Albion ? tes fils dégénérés
Méditent froidement des forfaits abhorrés ;
La voix de la Vertu déjà les importune ;
Le droit des nations, les droits de l'infortune,
La loi des chevaliers, ils osent tout trahir ;
Et, réprouvés de Dieu, voudroient l'anéantir ! »

Ainsi parla des preux l'héritier magnanime.
Foible encor de sa chute, Halsate se ranime,
Pour un moment, oublie ou fait taire ses maux,
Rappelle son génie et répond en ces mots :

« O chef des Bourguignons ! un si hardi langage
Témoigne évidemment jusqu'où va ton courage :
Et quel autre, en effet, oseroit sous leurs yeux
Donner à des vainqueurs tant de noms odieux ?

» Nous te devons beaucoup si nous voulons t'en croire :
Mais qui donc t'a chargé du soin de notre gloire,
Héros officieux ? A quel titre, comment
T'es-tu fait tour à tour, et dans un seul moment,
Conseil, législateur, accusateur et juge ?
Contre toi désormais il n'est plus de refuge.
Eh bien ! de titres vains si tu n'es revêtu,
Conseiller généreux, parle, que prescris-tu ?
Devons-nous renoncer au bonheur de nos armes,
Renvoyer nos captifs, et calmer les alarmes
D'un ennemi tremblant qui maudit nos exploits ?
Législateur, faut-il t'adorer dans tes lois ?

Accusateur, bénir ton héroïque audace ?
Juge, solliciter ta clémence et ta grâce ?
Choisis : nous attendons humblement ton arrêt.
» Mais laissons ce langage et ton zèle indiscret.
Étranger parmi nous, né sous un autre empire,
Notre intérêt n'est point l'intérêt qui t'inspire.
Qui s'en étonneroit ? pour nous pleins de tiédeur,
Toujours les Bourguignons sont Français dans le cœur.
Du meurtre de leur duc la mémoire effacée
Laisse leur zèle éteint, leur vengeance glacée.
M'en croirez-vous, Anglais ? ne consultez que vous :
Ne soyez en ce jour trop cruels ni trop doux,
Soyez justes. Des lois que le cours s'accomplisse :
Selon qu'elles font grâce ou dictent le supplice,
D'un tribunal guerrier que l'arrêt solennel
Absolve l'innocent, frappe le criminel,
Venge le Roi, des lois rappelle la mémoire,
Consterne la révolte et sauve notre gloire. »
  Il dit, Suffolck se lève : « Halsate en vain, » dit-il,
« Épuise son génie éloquent et subtil
A farder l'injustice et déguiser le crime.
Mais surtout, quel que soit l'intérêt qui l'anime,
Je ne puis approuver les indignes soupçons
Qu'il vient d'oser montrer aux nobles Bourguignons.
De quelques sentimens qu'il les juge capables,
Ce sont nos alliés. Guerriers infatigables,
On les voit, en silence, à leur prince soumis,
Combattre nos rivaux, peut-être leurs amis,
Verser à nos côtés leur sang pour nous défendre :
Sans doute à nos égards ils ont droit de prétendre.

CHANT IX.

A quoi tend ce langage insultant et jaloux ?
Prétend-on allumer la discorde entre nous ?
Digne et sublime emploi d'une éloquence rare !
Trop de fiel rend injuste et trop d'orgueil égare.
Mais laissons dans l'oubli ces débats odieux.
» Anglais, le monde entier fixe sur nous les yeux.
« Ces captifs, » vous dit-on, « ne sont que des rebelles :
» Pour leur crime il n'est point de peines trop cruelles.
» Est-il forfait égal à combattre ses rois ?
» La mort doit l'expier, ou le trône est sans droits. »
Mais ont-ils en effet cru combattre leur maître ?
Henri Six à leurs yeux l'est-il et peut-il l'être ?
Tant que son adversaire aura ses défenseurs ;
Tant qu'il arrêtera ses nombreux oppresseurs ;
Tant qu'il sera le roi d'une seule province,
Les Français doivent-ils connoître un autre prince ?
Quel tribunal humain pourroit juger des rois ?
De Charle et de Henri le sort fera les droits.
Qui sera le vainqueur ? Dieu seul peut nous l'apprendre,
Et sa voix aux Français ne s'est point fait entendre.
Nés sujets des Lancastre, il nous faut les servir ;
Nés sujets des Valois, ils n'ont pu les trahir.
En de pareils débats il n'est point de rebelles ;
Quels que soient leurs drapeaux, tous guerriers sont fidèles ;
Et le glaive des lois, que chacun veut tirer,
Doit garder le fourreau, de peur de s'égarer.
Que de torrens de sang, ô Ciel ! que de victimes,
Quels fléaux produiroient de contraires maximes !
Qui ne voudroit venger, libre de tout remord,
Le crime par le crime et la mort par la mort ?

Anglais, épargnons-nous d'affreuses représailles :
Que le Trépas moissonne au milieu des batailles ;
Mais qu'après le combat, le fer désaltéré
Respecte le vaincu : son malheur est sacré. »
 Ainsi parle Suffolck, et Montague balance :
Incertain, inquiet, il garde le silence.
Tout-à-coup mille cris font retentir ces lieux :
Le bruit croît, et soudain Talbot s'offre à ses yeux.
« Gloire au premier baron de la vieille Angleterre ! »
S'écrioient les soldats : « Gloire au roi de la Guerre !
C'en est fait d'Orléans ! Prends tes voiles de deuil,
Fille altière des rois ! tombe avec ton orgueil ! »
Cependant, insensible aux transports qu'il inspire,
Dans les traits du héros un noir chagrin respire.
« Que faites-vous, seigneurs, » dit-il : « de vains débats
Vous font-ils en ces lieux oublier les combats ?
Ah ! ce n'est point le temps des entretiens paisibles !
Prépare-toi, Montague, aux coups les plus sensibles.
Infidèles soldats !.... perfides chevaliers !....
Ta fille.... Dans Cléry l'un de ses écuyers
Est arrivé couvert de sang et de poussière :
Gladuse de Dunois, dit-il, est prisonnière.
Ses lâches défenseurs, de frayeur éperdus,
Au nom de ce guerrier se sont jugés perdus :
Les uns ont fui ; le reste a subi l'esclavage.
Amis, concevez-vous ma douleur et ma rage ?
Ah ! si je vous suis cher, venez, suivez mes pas !
Portons sur ces remparts la flamme et le trépas !
Renversons Orléans, et que ma main fumante
De ses brûlans débris enlève mon amante ! »

CHANT IX.

Il dit : tous ces héros demeurent consternés,
Comme d'un coup de foudre à leur siége enchaînés.
Mais qui peindroit Montague et sa douleur farouche ?
Aucun mot, aucun cri n'est sorti de sa bouche ;
Son immobilité ressemble à la stupeur ;
Mais l'affreux désespoir bouleverse son cœur.
Tour à tour il rougit, il pâlit, il soupire ;
Il veut parler, sa voix sur ses lèvres expire ;
Mais dans ses yeux confus, mais sur son front glacé,
Tout ce que tait sa bouche est à l'instant tracé :
On y lit ses tourmens, ses fureurs et sa honte ;
L'effroi qui l'a saisi ; l'orgueil qui le surmonte.
L'oreille écoute en vain ; mais l'œil de ce discours
Jusqu'au fond de son cœur épie et suit le cours :
« Enfer, m'as-tu trompé ? Que faire ? que résoudre ?
Où diriger mes pas ? Dieu ! par ce coup de foudre,
Vengerois-tu le sang par mon ordre épandu ?
Suis-je assez abaissé, suis-je assez confondu ?
Ma fille est dans les mains du peuple que j'abhorre :
Dois-je le menacer ? faut-il que je l'implore ?
Parler en maître, hélas ! c'est hâter ton trépas :
Réclamer sa pitié.... Non, tu n'exiges pas,
Ma fille, qu'à ce point ton père s'humilie,
Et qu'au bord de la tombe il démente sa vie.
Dans quel dédale affreux je me vois entraîné !
O supplice ! ô tourmens ! ô père infortuné !
Mon malheur est horrible, et ceux que j'envisage....
Avant que s'accomplisse un si fatal présage,
Dieu, donne-moi la mort ! Tombe, daigne engloutir...
Que dis-je ! Ah ! malheureux ! peux-tu t'anéantir ?

Pour toi point de pardon, point de repos ; la foudre
Peut fatiguer ton âme et non pas la dissoudre. »

 Alors Suffolck : « Seigneur, en de si grands revers,
Notre esprit, agité par cent projets divers,
D'un choix juste et prudent rarement est capable :
Moins étonné que vous du coup qui vous accable,
Peut-être mes conseils pourront vous éclairer.
Qu'un chef dans Orléans demande à pénétrer,
S'assure par ses yeux de ce malheur étrange,
Et de tous les captifs sollicite l'échange.
Je connois bien Dunois : ce héros généreux
Ne refusera point votre fille à vos vœux,
Pourvu que, sans paroître implorer une grâce,
La prière n'ait point l'accent de la menace.
De cet emploi, seigneur, j'offre de me charger :
Votre honneur, votre amour, je puis tout ménager. »

 « Si d'un heureux succès ma demande est suivie,
Je vous devrai, seigneur, sept fois plus que la vie, »
Dit Montague, « et le Ciel vous envoya vers nous.
Noble comte, mes biens, mes trésors sont à vous :
Disposez en mon nom de toutes mes richesses ;
Semez l'or ; prodiguez les offres, les largesses ;
Pressez, promettez tout, accordez tout, seigneur :
Mais sauvez à la fois ma fille et mon honneur ! »

 « Je consens qu'à ce prix le comte la délivre, »
Dit Talbot : « mais souffrez que je puisse le suivre.
Je ne troublerai point ses généreux efforts.
S'ils étoient sans succès.... Ah ! permettez alors
Qu'à sa juste fureur mon âme s'abandonne ;
Qu'au milieu des Français ma haine éclate et tonne.

Mais, comte, à la menace avant d'avoir recours,
Peut-être mon silence appuira vos discours.
De ces fiers chevaliers mon épée est connue :
Rarement de Talbot ils soutinrent la vue.
Ma présence pourra modérer leur orgueil :
Le plus hardi nocher tremble près d'un écueil. »
  Il dit : vers la cité l'un et l'autre s'avancent.
Leurs sceptres à la main, deux hérauts les devancent,
Expliquent leur venue. Un chef s'éloigne et court
Demander aussitôt les ordres de Gaucourt.
Bientôt il reparoît, le pont tombe, et la porte
S'ouvre en grondant. Suivis d'une brillante escorte,
Les chevaliers anglais au palais sont conduits,
Et près du gouverneur à l'instant introduits.
C'est l'heure où près de lui le conseil se rassemble.
Suffolck, le fier Talbot, se présentent ensemble.
« Sire, » dit le premier, « des prisonniers nombreux,
D'intrépides soldats et des chefs valeureux,
Sont tombés dans nos mains. Cependant on publie
Qu'une jeune beauté, l'honneur de ma patrie,
Par Dunois enlevée est captive en ces lieux.
J'apporte sa rançon : qu'on l'étale à vos yeux.
Ces bassins remplis d'or; ces tapis où, dans l'ombre,
Semblent étinceler des topazes sans nombre;
Ces joyaux précieux, ces riches bracelets
Où l'opale aux rubis mêle ses doux reflets;
Ces coupes avec art d'une agathe formées;
De mille diamans ces couronnes semées;
Tout est à vous. C'est peu : je vous offre un trésor
Plus précieux cent fois et plus noble que l'or :

Cent captifs qu'à revoir vous n'osiez plus prétendre.
Acceptez-vous ce prix? parlez, qu'en dois-je attendre?
Un sexe aimable et doux, sur ces bords adoré,
Des chevaliers français n'est-il plus révéré?
Avec leurs ennemis voudroient-ils le confondre? »

 Ainsi parle Suffolck. Gaucourt alloit répondre;
Mais Lahire à l'instant cédant à son courroux:
« Guerriers fallacieux, que nous proposez-vous? »
Dit-il. « Osez-vous bien vanter les dons suprêmes
D'un sexe dont les droits sont trahis par vous-mêmes?
Dans Toury, dans Janville, avez-vous respecté
Les droits de l'infortune et ceux de la beauté?
Tout un peuple répond: « Auteurs de nos misères,
» Vantez moins des vertus qui vous sont étrangères! »
Que nous importe, à nous, vos richesses, votre or?
Le Ciel a dans nos mains mis un plus grand trésor.
Et quant à ces guerriers dont le foible courage
A pu craindre la mort et souffrir l'esclavage,
En perdant leur appui nous avons peu perdu:
Ils devoient à l'honneur plus qu'il ne leur est dû:
Puisqu'ils ont pu trahir cette dette sacrée,
La patrie envers eux n'est que trop libérée. »
Il dit: loin de son cœur l'Enfer vient de bannir
De son ami mourant le triste souvenir.

 « Chevaliers, » dit Poton, « d'un sexe plein de charmes
Je reconnois les droits et je plains les alarmes.
A regret contre lui je m'arme de rigueur:
Mais, rebelle à l'Amour, la Patrie a mon cœur.
Devant son intérêt tout autre doit se taire,
Et, comme mes penchans, mon langage est austère.

CHANT IX.

» Sires, vous le savez, Montague mille fois
Osa des nations fouler aux pieds les droits.
Le Ciel, en nous livrant sa fille si chérie,
Voulut mettre sans doute un frein à sa furie.
Tant qu'il est dans nos mains, ce gage précieux
Enchaîne du tyran les desseins odieux.
Laissons-lui, croyez-moi, cette utile contrainte.
Une fois délivré du sujet de sa crainte,
Qui pourra retenir ce tigre forcené,
Altéré de carnage et sur nous déchaîné ?
Sires, un peuple entier vous parle par ma bouche :
Ne l'abandonnez point à son tyran farouche.
Que Montague, s'il l'ose, accuse la rigueur
D'un conseil qu'ont dicté sa haine et sa fureur ! »

« C'en est trop ! » dit Talbot : « Tant d'audace m'éclaire,
Et je cède aux transports d'une juste colère.
Voilà donc ces Français, ces généreux guerriers,
Illustres défenseurs, fidèles chevaliers
D'un sexe à qui le Ciel donna pour toutes armes
Ses charmes, ses vertus, sa foiblesse et ses larmes !
Une indigne frayeur tient leurs cœurs asservis ;
D'un intérêt si bas les conseils sont suivis ;
Et, de lions, changés en des loups pleins de rage,
Leur générosité meurt avec leur courage.
Mais la Peur est souvent un conseiller fatal.
Guerriers prudens, cet or n'est pas le seul métal
Dont aux fils d'Albion le temps apprit l'usage.
Prévoyez-vous à quoi ce refus vous engage ?
D'un père si puissant n'appréhendez-vous rien ?
Avez-vous tout pesé ? Surtout, songez-vous bien

Qu'en ce moment fatal c'est Talbot qui réclame
Ce qu'il a de plus cher, son amante, sa femme?
Je la demande encor pour la dernière fois :
Prenez votre parti : mais tremblez sur le choix ! »

« Le choix est fait, » répond l'impétueux Lahire.
« Toi-même l'a dicté. D'un insolent délire,
D'un téméraire orgueil reçois le juste prix :
Va, pars ! nous rejetons ton offre avec mépris. »

« Insensé ! » dit Talbot, « c'est l'arrêt de ta perte.
Téméraires guerriers, c'est donc à force ouverte
Que vous me contraignez de soutenir mes droits ?...
Eh bien, vaillans ! Talbot vous défie à la fois.
Oui, préparez-vous tous ; je veux tous vous combattre.
Que si quelqu'un de vous réussit à m'abattre,
Je suis son prisonnier : c'est peu : de vingt Français
La liberté sera le prix de ce succès.
Qu'un égal avantage honore ma vaillance :
Tous ceux qui tomberont sous le fer de ma lance,
Captifs, vaudront de plus vingt Anglais au vainqueur.
Si je vous abats tous... Jurez-le par l'honneur;
Que Gaucourt soit garant de la foi qui m'est due !
Gladuse à mon amour sera soudain rendue.
Acceptez-vous mon offre? »—« Elle prévient nos vœux, »
Répond Lahire. — « Eh bien ! chevaliers valeureux,
Demain, sans plus tarder, au lever de l'aurore,
Si de la même ardeur vos cœurs brûlent encore,
Les Tournelles verront au pied de leurs remparts
Des lances loin de nous fuir les tronçons épars.
Réglez vos rangs : pourvu que tous je vous combatte,
Peu m'importe qui soit le premier que j'abatte,

CHANT IX.

Soit Poton, soit Dunois... Mais d'où vient qu'en ces lieux
Ce héros tant vanté n'a point frappé mes yeux ?
N'ose-t-il de Talbot affronter la présence ?
Croit-il, en m'évitant, désarmer ma vengeance ?
Au fond d'un antre obscur, dans l'épaisseur des bois,
Prépare-t-il encor de nocturnes exploits ?
Ah ! qu'il cherche un moment une gloire plus belle,
Et réponde à l'Honneur qui dans ce lieu l'appelle ! »

« Téméraire, tais-toi ! » dit Lahire indigné,
« Et que d'un preux absent l'honneur soit épargné.
Apprends que le héros que ta démence outrage,
Pour de nobles périls réserve son courage.
Ces guerriers n'avoient point un chef si glorieux,
Qui naguère ont conduit Gladuse dans ces lieux.
Mais le connois-tu bien, ce héros invincible ?
T'es-tu jamais trouvé sous son glaive terrible ?
L'as-tu vu de nos murs repousser l'étranger ;
Actif dans le repos, calme dans le danger,
Regarder comme l'aigle, et, dans des flots de poudre,
Voler comme l'éclair, frapper comme la foudre ;
Et laisser après soi dans nos champs, sous nos tours,
Une immense pâture à la faim des vautours ?
Ah ! s'il étoit ici, s'il pouvoit te répondre,
Qu'un seul de ses regards sauroit bien te confondre !
Lui, fuir devant Talbot ! Si son glaive avoit lui,
Que l'on verroit Talbot prompt à fuir devant lui !
N'importe : pour punir ton insolente audace,
Assez de chevaliers pourront tenir sa place.
Tu parles, malheureux, de nous abattre tous !
Ton orgueil fait pitié. Le moindre d'entre nous

Pour en calmer l'accès pourroit encor suffire.
Va, tu fais bien, crois-en le conseil de Lahire,
De t'épargner le soin de chercher quel guerrier
Sous ta lance demain tombera le premier :
Qui peut du Dieu vivant prévoir l'arrêt suprême ?
Peut-être au premier choc tomberas-tu toi-même.
Mais pour te préparer tu n'as pas trop d'un jour :
Pars, et ne nous fais point attendre ton retour. »

 Il dit : Talbot lui lance un regard effroyable,
Se lève ; et, secouant son casque formidable,
Le panache sanglant, où siége la Terreur,
Sur le front du guerrier s'agite avec fureur.
De sa bouche tremblante aucun mot ne s'exhale.
Pâle et terrible, il jette au milieu de la salle
Son pesant gantelet qui rend un son guerrier.
Tel on peindroit couvert d'un immortel acier
L'affreux Moloch, debout sous de hautes murailles,
Donnant aux nations le signal des batailles.
Aussitôt il s'éloigne et sort de la cité.

 Par une égale ardeur chaque preux excité,
Craint de se voir ravir une illustre victoire ;
De combattre avant tous sollicite la gloire,
Presse, prie, et s'agite, et vante ses travaux ;
Et surtout avec art rabaisse ses rivaux.
Gaucourt, qui voit déjà dans ces âmes hautaines
Fermenter en secret la discorde et les haines :
« Chevaliers, » leur dit-il, « devant nos ennemis
Peut-être deviez-vous d'un esprit plus soumis
Attendre ma réponse, et d'un chef qui vous aime
Révérer dans mes mains l'autorité suprême.

Mais d'un ardent transport, d'un prompt ressentiment
Je veux bien excuser le premier mouvement;
Et, quoique ce combat et m'afflige et m'irrite,
Je consens à régler les débats qu'il excite.
Que les arrêts du sort soient sur l'heure invoqués,
Et que par eux vos rangs tour à tour soient marqués. »

Il dit. Au fond d'un casque aussitôt l'on rassemble
Les noms des concurrens : chacun palpite et tremble.
On agite le casque ; et, désigné par tous,
Laissant d'un voile épais couvrir ses yeux si doux,
Le vertueux Aymar, qu'un autre page guide,
S'avance en rougissant, et, d'une main timide,
Amène au jour le nom de chaque chevalier.
Le Sort, vaillant Thouars, t'appelle le premier.
Vient ensuite le nom de l'aîné des Xaintrailles.
Chaumont suit, et bénit ses propres funérailles.
Beuil enfin par le Sort voit ses vœux satisfaits.
Valpergue le Lombard ; Kannède l'Écossais ;
L'Arragonnais Ternès tout froissé de sa chute,
Mais qu'un démon d'orgueil en secret persécute ;
Ce vaillant chevalier défenseur de la croix,
Girême, dont l'Asie admira les exploits ;
Se suivent, précédant deux amis intrépides :
Tilloy, Graville, au moins, dans ces jeux homicides,
Si l'un de vous périt, succédant au danger,
L'autre pourra d'abord le suivre ou le venger.
Aymar soudain frémit, tremble, hésite, et retire
Un nom du casque : hélas! c'est celui de Lahire.
Sourd à tous les conseils, méprisant ses douleurs,
Et repoussant d'Aymar la prière et les pleurs,

Le cruel n'a voulu croire que son courage :
L'amitié l'importune, et sa crainte l'outrage.
D'un héros moins brillant, mais non moins valeureux,
De l'austère Poton le nom frappe les yeux.
Suivent Guitry, Villars, Chabanne, La Chapelle...
Partado est le dernier qu'un sort aveugle appelle.

O fille de Montague ! en ces cruels momens
Quels étoient en secret ton trouble et tes tourmens !
« D'un sort injurieux incroyables caprices, »
Disoit-elle en secret, « à quels nouveaux supplices,
A quels dangers nouveaux exposez-vous mon cœur ?
Qui m'eût dit que mes yeux reverroient mon vainqueur ?
O murs de Renne ! ô jour que ma fierté déteste !
Tournois à mon repos, à ma gloire funeste !
Quel génie ennemi m'entraînoit à ces jeux ?
Et toi dont la beauté vint séduire mes yeux,
Héros dont j'admirois la valeur sans égale,
Devoit-elle à mon sang devenir si fatale !
Ah ! si, par les arrêts d'un destin rigoureux,
A peine en son printemps mon frère malheureux
Devoit de Montargis mordre un jour la poussière,
Falloit-il qu'il tombât sous ta main meurtrière !
Que dis-je, infortunée ! et que lui font mes pleurs ?
Le barbare sait-il mes honteuses douleurs ?
Quand, troublée, inquiète, et respirant à peine,
Mes yeux ravis d'amour le suivoient dans l'arène,
A peine ses regards glissèrent-ils sur moi.
Eh bien ! de te haïr je m'imposai la loi ;
Je crus, pour affermir ma vertu chancelante,
Devoir au fier Talbot unir ma main tremblante :

Il juroit de venger mon frère par ta mort :
Je crus que sans espoir je serois sans remord ;
J'espérai, sous le poids d'une éternelle chaîne,
Échapper à l'Amour dans les bras de la Haine,
Et qu'avec une autre âme un époux dans mon cœur
Ensemble épancheroit sa flamme et sa fureur.
Quoi ! contre ma vertu le Ciel même conspire !
Il m'enlève à Talbot et me livre à Lahire !
Et, pour mieux m'éprouver, il permet en ce jour
Que l'Orgueil offensé me dispute à l'Amour !
Mais est-il à l'Amour un cœur inaccessible ?
Dieu ! si cet ennemi que je crus insensible
Par l'Orgueil seulement n'étoit pas enflammé ?
D'un sentiment plus doux s'il étoit animé ?
Si j'étois réservée à ce malheur extrême
D'apprendre en même temps qu'il expire et qu'il m'aime?
La main de ton vainqueur, sur l'autel de l'hymen,
Fumante de ton sang se joindroit à ma main,
Lahire ! Image affreuse ! Ah ! mon cœur en frissonne.
A quel délire, hélas ! mon esprit s'abandonne !
Lui, par qui j'ai perdu mon frère et mon bonheur,
Lui, m'aimer ! moi, le plaindre ! Ah ! vierge sans honneur,
Opprobre de ton sang, honte de ta patrie,
Cache à tous les regards ta coupable folie !
Le preux à qui ton père avoit promis ta foi,
Le héros d'Albion va combattre pour toi ;
Il expose pour toi son pays et sa gloire :
Et sa valeur t'alarme ! Et tu crains sa victoire !
Voilà donc cet orgueil, voilà donc cet amour
Que t'inspiroient les bords où tu reçus le jour !

Pour la France et ses preux voilà donc cette haine
Dès l'enfance nourrie en ton âme hautaine !
De ton frère expiré les mânes gémissans
D'une juste fureur n'enflamment plus tes sens.
Que dis-je ? abandonnée à d'indignes alarmes,
Sa cendre n'obtient plus le tribut de tes larmes.
Où s'égarent tes vœux ; et pour qui trembles-tu ?
Malheureuse ! as-tu donc abjuré la vertu ?
Du grand Salisbury fille dégénérée,
S'il pouvoit lire, ô ciel ! dans ton âme égarée,
Quelle honte pour toi !... Mon frère, mon époux,
Mon père, mon pays, je vous ai trahi tous ;
Mais je vous venge trop par le supplice extrême
De ne m'estimer plus, de me haïr moi-même ! »

 Cependant, d'un regard par son zèle éclairé,
Marie a dans ce cœur tremblant et déchiré
Découvert les tourmens que sa fierté déguise :
Avec tes noirs chagrins sa douleur sympathise,
Malheureuse Gladuse : un intérêt touchant
L'entraîne, et, sans détours cédant à son penchant :

 « Illustre infortunée, ah ! permettez, » dit-elle,
» Que le cœur de Marie, animé d'un saint zèle,
D'une tendre amitié vous offre dans ces lieux
Les charmes consolans, les soins ingénieux.
Étrangère en ces murs, parmi nous isolée,
Rien ne soulage, hélas ! votre âme désolée.
Ah ! cessez devant moi de dévorer vos pleurs,
Et venez dans mon sein répandre vos douleurs.
De nos deux nations oubliant les querelles,
Ensemble offrons à Dieu nos prières pour elles.

CHANT IX.

Laissez-moi m'affliger et gémir avec vous :
Nos chagrins partagés pèseront moins sur nous.
Le Ciel, en nous créant et foibles, et timides,
N'exigea point de nous des vertus intrépides ;
Mais il nous prescrivit des devoirs plus touchans,
Et sur notre pouvoir il régla nos penchans.
Fuyez d'un vain orgueil les amorces funestes,
Nous dit sa sainte loi : soyez humbles, modestes,
Sincères ; mais surtout prêtez l'oreille aux pleurs
Du mortel accablé sous le poids des douleurs. »

Ainsi parle Marie. A ses tendres alarmes
Gladuse ne répond long-temps que par ses larmes.
« Ah ! » lui dit-elle enfin, « tant de soins, de bonté,
Viennent de triompher de toute ma fierté.
Vantez votre pouvoir : cette Gladuse altière,
Sa foiblesse à vos yeux a paru toute entière.
Ciel ! par quel ascendant, par quel magique attrait,
Savez-vous de mon cœur arracher mon secret ?
Dois-je aimer ou haïr la tendre violence
Qui force ma douleur à rompre le silence ?
Gladuse devant vous n'eût pas dû se trahir...
Et Gladuse à vos yeux va pleurer et rougir !

» Mon cœur est déchiré, ma raison confondue.
Ange consolateur, oui, mon âme éperdue
Pour un mortel chéri s'épouvante, et mes pleurs...
Ah ! je ne crains pour lui que ses propres fureurs.
Contre la fleur des preux que cent guerriers s'unissent :
A l'aspect du héros je les vois qui pâlissent.
Mais d'un rival terrible, en son bouillant courroux,
Songera-t-il assez à repousser les coups ?

O ciel ! si de son cœur trouvant enfin la place,
Le glaive... Tout mon sang dans mes veines se glace.
Grand Dieu ! je ne t'ai point fatigué de mes vœux :
Accorde à mon héros un appui généreux !
Étends devant son sein ta formidable égide !
Ou, d'un guerrier cruel si la lance homicide
Doit plonger à mes yeux ce que j'aime au tombeau,
De mes jours à l'instant éteignant le flambeau,
Sauve-moi, Dieu puissant, sur le bord de l'abîme,
Des coups du désespoir et des conseils du crime ! »
   Ainsi l'infortunée, après de longs efforts,
Laisse de sa douleur éclater les transports.
Telle, en son cours rapide une source arrêtée,
Tout-à-coup disparoît, et son onde argentée
Cesse de rafraîchir les prés, les champs, les bois ;
La vallée est sans vie, et les échos sans voix.
Cependant, sous les flancs du mont qui la recelle,
Cette onde par degrés grossit et s'amoncelle ;
Lutte contre l'obstacle à son cours opposé ;
Redouble de fureur : le rempart est brisé ;
Le mont tremble en sa masse et semble se dissoudre :
Plus vite que l'éclair, plus bruyant que la foudre,
Le torrent déchaîné s'élance avec fracas ;
Des arbres, des rochers disperse les éclats ;
Entraîne les forêts dans la plaine fangeuse,
Et couvre au loin les champs de son onde orageuse.
Belle Gladuse, ainsi s'épanchoit ta douleur.
La fille des Harcourt la presse sur son cœur,
Mêle ses pleurs aux siens : comme une sainte lyre
De Saül autrefois dissipoit le délire,

Tels ses tendres conseils et sa touchante voix,
De la Religion les consolantes lois,
Rendent quelque repos à cette âme brûlante.

   Montague cependant, renfermé dans sa tente,
De Suffolck, de Talbot écoute le récit,
Et son front par degrés s'attriste et s'obscurcit.
Les remords dans son sein se réveillent en foule;
Une froide sueur de ses membres s'écoule;
Il pâlit, et ses yeux à la terre attachés
Trahissent malgré lui ses sentimens cachés.
Son orgueil à la fin sur sa douleur l'emporte:
Il se lève, et, suivi d'une nombreuse escorte,
En vingt lieux différens son trouble le conduit.
Tu veux fuir le Remords, le Remords te poursuit,
Malheureux! et du Ciel la sévère justice
A dans ton propre cœur enfermé ton supplice.
Tel, au fond des déserts, un tigre furieux
Emporte dans son flanc le dard victorieux
Qu'a sur lui dirigé l'œil du Maure intrépide:
Il court, mais le Trépas est encor plus rapide.
Il s'arrête, il chancelle, il tombe, il mord en vain
Le fer inébranlable enfoncé dans son sein:
De ses cris douloureux les déserts retentissent;
De momens en momens ses membres se roidissent;
Il se tord, il se roule; et, déchirant son flanc,
Meurt épuisé de rage, abreuvé de son sang.

   Tel s'agitoit Montague accablé de ses crimes.
A ses pas attaché, le roi des noirs Abîmes
Tremble qu'à ses tourmens il ne succombe enfin:
D'une fureur nouvelle il embrase son sein,

Et montrant à ses yeux sa victoire certaine,
Fait triompher l'Orgueil dans cette âme hautaine.
« Meurs, Orléans ! » dit-il ; « meurs, cité que je hais !
Et périsse avec toi jusques au nom français !
Meurs, dis-je, fallût-il pour vivre en la mémoire,
Du plus précieux sang acheter tant de gloire ;
Meurs : je veux d'Albion mériter des autels,
Et de ma renommée accabler les mortels. »
  Il dit : dans ses regards semble briller la foudre
Qui s'apprête, Orléans, à te réduire en poudre.
Ses ordres sont donnés : la Loire sur ses bords
Voit déjà commencer quatre des treize forts
Qui doivent entourer la fidèle Aurélie.
Du saint temple de Jean l'enceinte rétablie
A l'Orient du camp se transforme en remparts.
Du cloître d'Augustin tous les débris épars
Sont rassemblés : bientôt, à l'aspect des Tournelles,
S'élèvent par degrés ses murailles nouvelles.
Au Couchant, au milieu des pampres et des fleurs,
Fut un saint habitacle, espoir des laboureurs,
Où de l'humble Privat brilloit l'autel rustique :
Un boulevard, non loin de ce lieu pacifique,
Sort de terre à l'instant. Près des rives du Nord,
Une île aux nautonniers offre un facile abord ;
Du nom de Charlemagne elle fut honorée :
D'un épais boulevard elle s'est entourée.
Placée entre ses bords, du fleuve impétueux
Elle protégera le passage orageux ;
De s bastilles du Nord elle joindra la chaîne
A celles qui du Sud hérisseront la plaine.

CHANT IX.

A ces vastes travaux, sous l'œil de Glacidas,
Se livrent à l'envi d'innombrables soldats.
Le reste cependant ne quitte point les armes,
Veille, et des travailleurs écarte les alarmes.
Partout sous les marteaux la pierre au loin gémit;
La scie ici s'agite, et l'oreille en frémit;
Ailleurs la hache abat et le hêtre et le chêne;
La tarrière les perce et le fer les enchaîne.

Gaucourt s'en inquiète : il voit avec douleur
L'Amour des preux de France endormir la valeur.
C'est en vain tour à tour qu'il menace et qu'il prie,
Qu'il fait parler l'Honneur, la Gloire, la Patrie :
Ils sont sourds à sa voix. Unis dans leurs desseins,
Asmodée et Magog des devoirs les plus saints
Ont dans ces foibles cœurs effacé la mémoire.
Quand tout pleure autour d'eux, dans l'or et dans l'ivoire
Ils boivent au succès de leurs folles amours;
De nectar et d'orgueil enivrent leurs discours.
Pour conquérir Gladuse ils réservent leurs armes :
La disputer, combattre et mourir pour ses charmes,
Suffit à leur orgueil, à leur gloire; leur bras
Croiroit perdre ses coups en de plus saints combats.
De l'amour à ses pieds ils bénissent l'empire;
Une molle langueur dans tous leurs traits respire;
De désirs consumé, sous le joug abattu,
Leur triste cœur gémit sans force et sans vertu;
Fait son sort d'un regard; préfère, en son ivresse,
A des siècles de gloire un moment de tendresse.
Justement indigné : « Misérables rivaux! »
S'écrie enfin Poton, « ces immenses travaux

Qu'entreprend sous vos yeux un ennemi barbare ;
Cette vaste prison que l'Anglais vous prépare,
Vous la lui laisserez sans obstacle achever !
Jusque sous vos remparts il ose vous braver ;
Et vous, guerriers sans cœur, une foiblesse infâme
Vous retient enchaînés aux genoux d'une femme !
Ah ! croyez-moi, quittez tout ce vain appareil,
Ces glaives effrayés des rayons du Soleil,
Ces hauberts qui n'ont plus à repousser d'atteintes,
Ces écus où des preux les devises sont peintes,
Ces pesans gantelets, ce heaume embarrassant,
Ces éperons souillés de poussière et de sang :
Couronnez-vous de myrte ; et, dans votre délire,
Que vos doigts tour à tour fassent parler la lyre,
Naître l'or et les fleurs sur de frêles réseaux,
Et courir la navette, et rouler les fuseaux !
Indignes chevaliers ! déserteurs des batailles !
J'irai, j'irai moi seul, au pied de ces murailles,
Moissonner les lauriers qui vous furent offerts,
Et vous couvrir de honte aux yeux de l'Univers ! »

  Il dit, et court aux siens faire prendre les armes.
Il les trouve livrés à d'indignes alarmes :
L'exemple des barons enchaîne leur valeur,
Et l'Enfer dans leur âme a jeté la terreur.
Hors des murs d'Aurélie aucun ne veut paroître.
De son juste courroux Poton n'est pas le maître,
Il tire son épée... Une forêt de dards
Autour de lui soudain brille de toutes parts,
Et la sédition comme un feu se propage.
  « Ah ! traîtres ! » leur dit-il, « n'avez-vous de courage

Que contre votre chef? Une aveugle fureur
Vous rend donc valeureux à force de terreur ?
Misérables ! ma main punira cette audace. »
Ses écuyers, craignant l'effet de sa menace,
L'entraînent à ces mots. Le généreux Gaucourt,
Instruit de ce tumulte, à sa rencontre accourt :
Quoiqu'un juste courroux et l'agite et l'enflamme,
Il veut le renfermer dans le fond de son âme.
« Cédons, » dit-il. « Le sage, en ces extrémités,
Ne combat point les flots par l'orage excités :
Il attend qu'à ses pieds, la tempête finie,
Ils tombent, fatigués de leur propre furie ;
Dresse alors le rempart qui doit les contenir ;
Et sait dissimuler ce qu'il ne peut punir. »

Cependant que la ville est en proie à ce trouble,
Des Anglais en tous lieux l'activité redouble.
La Nuit n'arrête point leurs rapides travaux :
L'ombre étincelle au loin d'innombrables flambeaux.
Le doux sommeil s'enfuit ; l'oiseau troublé s'étonne ;
Toujours le lourd marteau tombe, retombe et tonne.
La voix des travailleurs s'appelant tour à tour
Tient l'écho du rivage éveillé jusqu'au jour.
Les anges de l'Abîme en secret les excitent :
Invisibles, dans l'ombre ils volent, ils s'agitent,
Se portent en tous lieux ; et partout sous leurs mains
S'achèvent à l'instant des travaux plus qu'humains.
Chaque fort croît, grandit, s'élève ; son ensemble
Charme, effraie à la fois les yeux surpris, et semble
Une altière cité de qui les hauts remparts
Sont l'ouvrage savant des siècles et des arts.

CHANT X.

Le jour a reparu: déjà les clairons sonnent;
Des cris de l'Ennemi ces rivages résonnent;
Tout s'éveille, et la foule accourt sur le rempart.
Les Tournelles soudain devant leur boulevard
Ont vu le fier Talbot brandir sa longue lance.
Un superbe coursier sous lui vole et s'élance,
Hennit, creuse la terre, appelle les combats,
Couvre son mors d'écume; et ses rapides pas
Mesurant mille fois et rasant la carrière,
Font jaillir autour d'eux des torrens de poussière.
Les chevaliers français, à s'armer empressés,
Rougissent de se voir par l'Anglais devancés.
Un dépit généreux en secret les transporte.
Leurs coursiers ont du Sud bientôt franchi la porte;
Le pont tremble à son tour et gémit sous leurs pas;
Les Tournelles long-temps ne les arrêtent pas;
Ils passent en courant sous leur voûte sonore,
Où les bruits répétés semblent s'accroître encore;
Au pied du boulevard ils paroissent enfin.
  Fier de les devancer, d'un air plein de dédain,
Thouars court vers Talbot, l'envisage et s'écrie:
« Formidable guerrier! c'est moi qui te défie.
Sachons qui de nous d'eux, humiliant son cœur,
Doit aujourd'hui tomber aux pieds de son vainqueur! »

CHANT X.

Il dit, et prend du champ. Talbot, sans lui répondre,
Part, s'éloigne, et sur lui comme un trait revient fondre.
Thouars tombe à dix pas, et, du coup ébloui,
Sur la poudreuse arène il reste évanoui.
On s'empresse, on l'enlève, et, contre son attente,
Prisonnier de Talbot on l'emmène en sa tente.

Mais Xaintraille paroît. Inégal à Poton,
La Gloire cependant n'ignore point son nom.
Son frère le surpasse, inférieur en âge ;
Mais s'il n'en a la force, il en a le courage.
Talbot, à son aspect incertain un moment :
« Me trompé-je, guerrier ? ce simple habillement,
Cet écu que j'ai vu briller dans la bataille,
N'appartiennent-ils point à Poton de Xaintraille ?
Oui, c'est bien là, je crois, son large bouclier...
Est-ce avec ce vaillant et fameux chevalier
Que je vais disputer une illustre victoire ? »
— « Je ne suis point Poton, mais j'aspire à sa gloire, »
Répond Xaintraille : « En moi tu vois son frère aîné,
A l'égaler peut-être en ce jour destiné. »

Il dit, et prend du champ, met en arrêt sa lance :
Frappé des éperons son noir coursier s'élance ;
L'arène au sol mouvant roule et fuit sous ses pas :
Moins ardent est l'éclair, moins prompt est le trépas,
Et ma bouche est plus lente à former mes paroles.
Les lances au long fer, aux longues banderoles,
Se croisent en sifflant, et sur les deux pavois
Vont frapper à grand bruit, se rompent à la fois :
De leurs tronçons épars la carrière est semée.
Des preux égaux en rang, égaux en renommée,

D'autres lances sur l'heure arment les combattans.
Ils s'élancent encor, de courroux palpitans...
De Xaintraille, à ce choc, comme frappé du foudre,
Le destrier s'abat et du front bat la poudre :
Il se roule, et sous lui renversant le guerrier,
De son corps expirant le couvre tout entier.
D'agiles écuyers s'empressent, le relèvent,
Dégagent le héros, le raniment, l'enlèvent ;
Mais vaincu, mais captif, rien ne charme ses maux.
 Chaumont s'avance : « A moi, » dit-il, « fameux héros !
Grâce au Ciel, ces guerriers, ménagers de ma gloire,
Ne m'ont point dérobé l'honneur de la victoire. »
Il dit, baisse sa lance, et part comme un éclair.
D'un essor aussi prompt Talbot vole et fend l'air.
En éclats de Chaumont la lance se disperse :
La lance de Talbot fend l'écu, le transperce,
Brise l'épais haubert, pénètre jusqu'au cœur :
Chaumont expirant tombe aux pieds de son vainqueur,
Et dans des flots de sang rendant son âme altière,
De sa main défaillante il presse la poussière.
 Beuil s'élance : Chaumont, et son sanglant trépas,
Trois chevaliers défaits ne l'épouvantent pas.
Sur l'écu de Talbot sa lance fracassée,
Comme un roseau fragile en éclats dispersée,
Ne laisse dans sa main qu'un tronçon impuissant.
La colère se peint sur son front pâlissant :
Il s'écrie, il se plaint de son destin funeste,
Et lance au fier Anglais le débris qui lui reste.
Son glaive au même instant étincelle en sa main.
Talbot jette sa lance, et, plein d'un froid dédain,

CHANT X.

Ne veut point à son tour s'armer de son épée.
Beuil encore une fois voit sa fureur trompée :
Talbot saisit le bras du guerrier alarmé,
Et son poing foudroyant, du gantelet armé,
Sur la tête de Beuil tombant avec furie,
En domptant son audace, éteint presque sa vie.
 Témoin de tant d'exploits, Valpergue en a frémi :
Il admire en tremblant ce superbe ennemi.
Mais, instruit dans Milan, dans Pise et dans Florence,
Son cœur d'en triompher conserve l'espérance.
Il vole, il prend du champ, revient comme un éclair,
S'incline, et de Talbot la lance frappe l'air.
L'habile Italien saisit cet avantage,
Se retourne soudain, rassemble son courage,
Et, d'un coup imprévu frappant l'Anglais surpris,
De sa ruse savante il recueille le prix :
Talbot sur les arçons et se courbe, et chancelle.
Furieux, dans sa main son épée étincelle.
Le chevalier lombard s'écarte adroitement ;
Autour de son rival tourne rapidement ;
De sa lance avec art le presse, le menace,
Le frappe de nouveau ; mais l'épaisse cuirasse
Résiste au choc : du coup, la lance avec fracas
Se brise sur Talbot et ne l'ébranle pas.
Il fond sur l'assaillant comme un aigle terrible.
Sur le front du Lombard son glaive irrésistible
Tombe à l'instant : l'armet s'entr'ouvre ; le guerrier
Se courbe en gémissant ; de son léger coursier
Ses défaillantes mains abandonnent les rênes ;
Le frisson de la mort court dans toutes ses veines ;

De son front pâlissant le sang coule à grands flots :
Il tombe, et croit toucher à son dernier repos.

Nourrissant dans son cœur la haine héréditaire
Qui divisa long-temps l'Écosse et l'Angleterre,
Kannède avec ardeur partageoit des Français
Les dangers, les travaux, les revers, les succès.
Du sang anglais avide, il jette au loin sa lance,
Et marche vers Talbot dans un profond silence.
D'un œil indifférent Talbot voit son dessein :
D'une lance nouvelle il n'arme point sa main :
Tous deux à pied, tous deux armés du cimeterre,
De leurs pas mesurés ils font trembler la terre.
Leurs glaives menaçans s'entre-choquent ; leurs yeux
Soudain sont éblouis d'un déluge de feux.
Le fer croise le fer, tour à tour frappe ou pare,
Trompe, menace, fuit, va, vient, tourne et s'égare.
Kannède veut d'un coup s'illustrer à jamais :
Il prend son temps : soudain de son sabre écossais
Il élève à deux mains la lame formidable...
Talbot pare à l'instant ; son glaive impitoyable
Sur le fier Écossais revient, l'atteint au flanc,
Fracasse son armure et s'abreuve de sang.
Kannède perd sa force, et ses genoux fléchissent ;
Il tombe : d'un bruit sourd ses armes retentissent.
De la lice fatale on l'emporte expirant.

L'impérieux Ternès d'un œil indifférent
Voit ces guerriers rouler tour à tour sur l'arène.
Sur un coursier plus noir que la plus noire ébène,
L'insensé vers Talbot s'avance avec orgueil :
Tel un vaisseau superbe accourt vers un écueil.

Encore tout froissé de sa chute récente,
Son audace supplée à sa force impuissante.
Talbot à cette vue a repris son coursier.
On croiroit, en voyant s'avancer ce guerrier,
Qu'invincible aux travaux, sa valeur immortelle
Puise dans chaque lutte une force nouvelle.
Quatre fois en éclats leurs lances ont volé,
Et quatre fois, du choc l'Espagnol accablé,
A frappé de son dos la croupe fléchissante
De son coursier saisi d'horreur et d'épouvante.
Un coup brise son casque, un autre son écu :
Rien ne peut le résoudre à s'avouer vaincu.
Talbot s'irrite enfin ; sa redoutable épée
Dans le sang de Ternès par deux fois est trempée.
L'Arragonnais rugit : tel, de venin s'enflant,
Un serpent foudroyé se redresse en sifflant.
Tout-à-coup, saisissant une dague homicide,
Il frappe son vainqueur : le héros intrépide,
A l'aspect de son sang enflammé de courroux,
Cesse de l'épargner, de retenir ses coups :
De ses bras vigoureux il le presse, il l'enchaîne,
L'arrache des arçons et l'étend sur l'arène.

 Girême alors s'avance, et son cœur enflammé
Des succès de Talbot n'est pas même alarmé.
Malheureux ! quel poison s'est glissé dans ton âme ?
Est-ce à toi de nourrir une vulgaire flâme ?
Ton glaive dans ce jour pour l'Amour seul tiré,
Aux intérêts du Ciel n'est-il pas consacré ?
Tes sermens sont-ils donc sortis de ta mémoire ?
Aux rives du Jourdain, dans l'éclat de ta gloire,

Sous le fer de l'Arabe il valoit mieux mourir.
Soldat du Dieu vivant, peux-tu bien sans rougir
Sacrifier ton âme à ta flamme adultère,
La Gloire aux Voluptés et le Ciel à la Terre !
Tremble ! ce Dieu jaloux qu'abandonne ton bras,
D'un œil infatigable observe tous tes pas :
Il n'est pas toujours lent à venger ses injures.
D'un trait inévitable il poursuit les parjures ;
Et quand moins on y songe, avec les noirs remords,
Sur eux de sa vengeance épanche les trésors.

Il vole vers Talbot, et leurs lances croisées,
Rencontrant leurs écus, en éclats sont brisées.
D'une masse d'acier chacun s'arme à l'instant :
Chaque écu tour à tour rend un bruit éclatant ;
L'arme terrible siffle au-dessus de leur tête.
Telle on voit au milieu d'une sombre tempête,
D'un nuage orageux la foudre s'échapper,
Tourner autour d'un chêne avant de le frapper,
Et, soudain l'accablant de sa masse brûlante,
Abattre et déchirer sa tige étincelante.
Cependant les coursiers, par maint et maint détour,
Se croisent en tous sens, s'évitent tour à tour,
Se rapprochent soudain, d'un bond soudain reculent,
Se rapprochent encor, rapidement circulent,
Par d'adroits mouvemens trompent l'œil, fendent l'air,
S'élancent comme un trait, volent comme l'éclair,
Et rasant de leurs pas les arènes mouvantes,
Y tracent à l'envi cent figures savantes.

Du héros d'Albion ni du guerrier français
Rien n'annonçoit encor la chute ou le succès ;

Rien de ce long combat ne présageoit l'issue.
Talbot enfin, levant sa pesante massue,
L'arme affreuse, que guide un génie infernal,
Vient frapper tout-à-coup le front de son rival.
A ce terrible choc, le casque brisé tombe;
Le Français accablé croit voir s'ouvrir sa tombe;
Et, perdant les arçons, d'ombres environné,
A l'étrier fatal son pied reste enchaîné.
Par son coursier fougueux traîné dans la carrière,
Son front pâle et sanglant sillonne la poussière :
Ce front jadis si fier, de cheveux dépouillé,
Meurtri par les cailloux et de fange souillé,
Bondit sur le rivage, et bientôt ne présente
Qu'un objet de pitié, d'horreur et d'épouvante.
Vers lui trente guerriers à la fois élancés
Accourent.... Lancelot les a tous devancés.
Au-devant du coursier ses pas se précipitent;
Il vole : tous les cœurs d'épouvante palpitent;
Mille cris fendent l'air.... Mais lui, sans s'effrayer,
Au milieu de sa course atteint le destrier;
Soutient sans s'ébranler la terrible secousse;
Roidit ses bras nerveux, l'arrête, le repousse,
L'accable, et le contraint à ployer les genoux.
L'animal effrayé perd soudain son courroux;
Girême est détaché de l'étrier funeste;
De sa vie expirante on conserve le reste.

 Graville à pied s'approche, et, savant dans cet art,
Il propose à Talbot le combat du poignard.
Le fier Anglais l'accepte. Ils s'arment, ils commencent,
Et, la dague à la main, l'un vers l'autre s'avancent.

L'œil attentif, le bras en avant étendu,
Ils s'observent. Le fer, sur leur sein suspendu,
Tour à tour va, revient, s'élève, se rabaisse,
Et ne frappe jamais, et menace sans cesse.
Aucun bruit n'interrompt ce calme plein d'horreur,
Et le silence même ajoute à la terreur.
Tous deux, pour se porter une atteinte plus sûre,
D'un regard attentif, au défaut de l'armure
Cherchent à se frayer un plus facile accès.
Plus adroit ou plus prompt, l'intrépide Français,
A l'endroit où l'armet se joint à la cuirasse,
Frappe enfin son rival : la dague se fait place,
Pénètre avec effort, et, sur les os glissant,
Effleure la poitrine et s'abreuve de sang.
Mais le terrible Anglais, de frayeur incapable,
De ses bras vigoureux saisit, enchaîne, accable,
Renverse son rival un moment triomphant,
Sur lui tombe, et soudain, du genou l'étouffant,
Il suspend sur son front le poignard homicide.
Graville, à cet aspect, se trouble, s'intimide,
Perd tout espoir de vaincre, et cède à son malheur.

 Quoique blessé deux fois, son superbe vainqueur
A rentrer dans le camp ne sauroit se résoudre.
Tout sanglant, tout couvert de sueur et de poudre,
Il s'écrie, il demande un nouveau combattant.

 Tilloy s'avance à pied. Son panache éclatant,
Son bouclier, son casque et toute son armure,
Effacent en blancheur la neige la plus pure.
De délivrer Graville il flatte encor son cœur,
Et brûle de punir l'orgueil de son vainqueur.

CHANT X.

« Vaillant guerrier, » dit-il, « de deux haches pesantes
Veux-tu que nous armions nos mains impatientes ?
Nulle arme ne paroît étrangère à ton bras. »

« A tes vœux, » dit l'Anglais, « je ne m'oppose pas :
Sois content ! mais, guerrier, crains que ta folle envie
D'un repentir amer ne soit bientôt suivie. »

D'une hache à l'instant chacun arme sa main.
Ils commencent bientôt ce combat inhumain.
De coups précipités leurs écus retentissent ;
Les airs en sont émus ; les échos en gémissent.
La poudre en tourbillons s'élève sous leurs pas.
Sur leur front, sur leur sein voyage le trépas.
Des boucliers frappés par ce brûlant tonnerre,
Les débris autour d'eux jonchent partout la terre.
Bientôt volent au loin leurs cimiers abattus ;
Bientôt le fer épais dont ils sont revêtus
Tombe en éclats : privés et d'écus et d'armures,
Leurs mains vont leur porter des atteintes plus sûres.
La hache de Tilloy soudain tourne en sifflant,
S'abaisse, et de Talbot vient menacer le flanc :
Talbot pare. Tilloy veut reculer, chancelle....
La hache de l'Anglais le poursuit, le harcelle,
Descend comme la foudre et brise son cuissart :
D'une large blessure aussitôt le sang part,
Et d'un pourpre éclatant la blanche armure est teinte.
Le valeureux Français succombe à cette atteinte,
Tombe sur un genou, pâlit, ferme les yeux ;
Laisse fuir de sa main l'instrument odieux
Dont un démon fatal lui fit choisir l'usage ;
Gémit, et sur le sable imprime son visage.

On court, on le relève, on prend soin de ses jours,
Et d'un art bienfaisant il reçoit les secours.

Cependant le Soleil, du haut de sa carrière,
Épanche sur ces bords des torrens de lumière.
C'est l'heure où, chaque jour, à la voix des hérauts,
Doit se fermer la lice ouverte à ces assauts.
En vain de cette loi les chevaliers s'offensent :
Au pied du boulevard d'un pas grave s'avancent
Les hérauts révérés, leur sceptre à la main :
De la trève accordée ils proclament la fin.
Le fier Talbot s'éloigne et rentre dans sa tente.

Lahire est indigné. Trompé dans son attente,
Il accuse le sort et maudit ses rigueurs.
Cependant son courroux réveille ses douleurs :
Il lui semble, au milieu de ses vives tortures,
Qu'un poison dévorant arrose ses blessures.
L'image de Gladuse ajoute à ses tourmens.
Il sent avec horreur, de momens en momens,
Tantôt un froid mortel, tantôt un feu liquide,
Circuler dans son sein comme un fleuve rapide.
La couche où ses amis viennent de le placer,
D'épines et de dards semblent se hérisser.
Comment, demain, combattre au pied de ces murailles?

Mais Montague a donné le signal des batailles.
Des Tournelles soudain le hardi boulevard
Voit sur lui l'ennemi fondre de toute part.
Sur les murs d'Orléans le bronze gronde et tonne.
Par l'orage assailli, l'Anglais d'abord s'étonne :
Suffolck, Pole, Héron, Lancelot, Glacidas
Raniment par leurs cris l'ardeur de leurs soldats.

Au pied du boulevard à grands pas ils s'avancent,
Et, d'échelles armés, vers le sommet s'élancent.
Les chevaliers français, se pressant sur le bord,
Des lances à la main, en défendent l'abord.
Les Anglais, de leurs coups pour parer la tempête,
D'une main soutenant leurs pavois sur leur tête,
De l'autre s'attachant aux échelons glissans,
A la bouche portoient leurs glaives impuissans :
De pierres et de dards une grêle bruyante
Accable incessamment leur phalange ondoyante.
Toujours luttans, toujours à grand bruit repoussés,
Sur l'échelle tremblante ils demeurent pressés :
L'un chancelle et frémit; l'autre tombe; et le reste
S'obstine, pour subir un destin plus funeste.
Ils parviennent au faîte, y touchent un instant...
Malheureux! des Français la lance vous attend.
A peine ils ont paru, comme frappés du foudre,
Tous ces nouveaux Titans ont roulé dans la poudre.
Audacieux Arthur, d'un fer cruel percé,
Au pied du boulevard te voilà renversé !
La pâleur du trépas s'étend sur ton visage.
Ah ! quel démon jaloux pour ce fatal rivage
Te fit abandonner tes antiques remparts ?
L'œil morne, le front pâle et les cheveux épars,
Je vois la tendre Emma chaque jour sur la rive
S'asseoir près d'un rocher, et, d'une voix plaintive,
Redemander aux vents, redemander aux flots
Son amant, son époux, son appui, son héros :
Sur des bords étrangers dort son amant fidèle ;
Et les flots et les vents gémissent autour d'elle.

Non loin d'Arthur, Cambden, Andrews et Katesby,
L'aimable Cléveland et l'insolent Derby,
Que Villars et Couras du rempart précipitent,
Mortellement blessés sur l'arène palpitent,
Et sentent lentement leurs forces s'envoler,
Et leur sang et leur vie ensemble s'écouler.
Tels, par les flots grondans jetés sur le rivage,
Les habitans de l'onde, au pied d'un roc sauvage,
Sur le sable brûlant au hasard dispersés,
Des traits ardens du Jour languissent oppressés.
La lance de Chabanne accable Coverdale ;
Guitry blessé repousse Argyl et Lauderdale.
Près de lui La Chapelle abat Cibber, Atham,
L'ingénieux Cléland et le cruel Bentham.
Mais qui pourroit compter la foule gémissante
Qu'immole de Poton la lance foudroyante ?
Là, roule Cumberland frappé d'un coup mortel.
Dans la visière atteint, l'astrologue Érastel
Tombe, et perd à la fois la lumière et la vie.
A l'aspect de sa chute Elphinstone s'écrie :
Dans sa bouche béante, en dépit du pavois,
Le fer arrête ensemble et la vie et la voix.
Renversé, le fier Blount à l'échelle tremblante
Reste attaché, les bras et la tête pendante,
Et de ses cris aigus en vain perce les airs.
Le superbe Athelstan, fier enfant des déserts,
Fléchissant sous le poids d'une roche ennemie,
Au pied du boulevard se prosterne en furie.

Des Anglais effrayés l'assaut se ralentit ;
Leur orgueil est dompté, leur ardeur s'amortit.

CHANT X.

Montague en frémissant contemple leur défaite,
Il fait au son du cor proclamer la retraite,
Rassemble ses guerriers dans le tumulte épars,
Et les range en bataille à l'aspect des remparts,
A la juste distance où d'un essor rapide
Peut atteindre le vol de la flèche homicide.
Alors sont amenés vingt instrumens de mort
Que l'Enfer inventa, que reçut sans remord
Un mortel affamé de sang et de ruines :
Les courts passevolans, les longues couleuvrines,
Les bombardes, lançant à grand bruit dans les airs
Des chaînes, des carreaux, les rochers des déserts.
Dans la main des guerriers la mèche ardente fume ;
Le signal est donné; le salpêtre s'allume,
De sa sombre prison s'échappe avec fureur,
Et chasse devant lui la mort et la terreur.
Aux tonnerres anglais nos tonnerres répondent ;
Les globes destructeurs se croisent, se confondent ;
Partout tombent les morts l'un sur l'autre entassés.
Sous les murs d'Orléans près du fleuve placés,
Rifflard et Montargis font, de l'autre rivage,
Parmi les rangs anglais un horrible ravage.
Des foudres ennemis pour balancer les coups,
De servir sa patrie un artisan jaloux,
L'ingénieux Duisy, d'une bombarde énorme
Dans les murs d'Orléans fondit la masse informe,
Creusa ses larges flancs, arrondit ses contours,
Sur deux orbes roulans lui fit prendre son cours,
Et jusqu'aux bords des flots guidant ce char de guerre,
Entre ses deux aînés affermit ce tonnerre:

De sa gueule béante, avec un long fracas
Dont au loin les remparts répètent les éclats,
Pour la première fois part l'effroyable foudre :
Les Cieux semblent tomber, le Monde se dissoudre.
Intrépide Lorrain qui sus le diriger,
Qui, tranquille et riant au milieu du danger,
En lançant sur l'Anglais la foudre vengeresse,
Signalas ta valeur ensemble et ton adresse.
Mes vers trop dédaigneux dans un injuste oubli
Laisseroient-ils ton nom languir enseveli ?
Non : quiconque brilla sur les bords de la Loire,
Doit dans mes chants guerriers trouver sa part de gloire,
Et ton modeste nom, parmi les noms fameux,
A l'immortalité peut-être ira comme eux.
La France à l'humble Jean ne doit pas moins d'hommage
Qu'à ces fiers chevaliers dont les nobles images
De l'Ange destructeur ont fatigué la faux,
Et semblent commander au néant des tombeaux.
Dérobée à l'Anglais, sa funeste science
Ne fut que l'instrument d'une juste vengeance :
Sa main fut innocente en l'employant contre eux ;
Son art étoit perfide et son cœur généreux.

Cependant sous les coups de la foudre ennemie
Du boulevard tremblant la masse entière plie.
Les pieux, les longs rameaux l'un dans l'autre enlacés,
Qui soutenoient le poids des terrains entassés,
Se brisent en éclats, s'écartent, se dispersent ;
Sous les pieds des Français les vieux troncs se renversent
Les entraînent en foule, et, retombant sur eux,
Accablent de leurs poids ces guerriers généreux.

A demi-fracassés quelques-uns se relèvent :
Les Anglais accourus à grands coups les achèvent ;
Leurs lances à travers les débris escarpés
Cherchent les malheureux au trépas échappés.
Ainsi meurent Ambrun, Buzinval et Fougère,
L'inconstant Châtelux et le sage Surgère,
L'intrépide Brezé, le fougueux Maugiron,
Rhéon, Gomide, Evry, Brésulle, Polastron,
Et Villèle honoré dans la sainte Toulouse,
Et Raymond qu'un bannit sa marâtre jalouse,
Et le brillant Chevreuse, et le triste Limours,
Déjà frappé de mort en perdant ses amours.

 Montague rend l'essor à sa chevalerie.
Sur la brèche aussitôt s'élancent en furie
Les enfans d'Albion plus fougueux, plus pressés
Que les flots à grand bruit sur nos rives poussés ;
Lorsque de l'Océan, qu'un flux nouveau soulève,
La masse toute entière en bouillonnant s'élève.
Tout marche confondu, chevaliers et soldats.
Guerrard, Moulins, Héron, Lancelot, Glacidas,
Gray, Suffolck, Polo, Escalle, et l'armée à leur suite,
Montent vers les Français : aucun ne prend la fuite ;
Tous au poste d'honneur ont juré de mourir.
Mais Gaucourt leur prescrit de vivre et de souffrir ;
Dans l'enceinte du fort le clairon les rappelle.
Ils cèdent à regret à cette loi cruelle,
Et, trompés dans leurs vœux, quittent en gémissant
Ces informes débris arrosés de leur sang.
Des Tournelles sur eux se referment les portes.
 « Anglais et Bourguignons, invincibles cohortes !

S'écrie alors Montague, « achevez, foudroyez,
Renvoyez de ce bord les Français effrayés !
Il n'est point aux vaillans de murs inaccessibles.
Amis, ne laissons point à ces guerriers terribles
Le temps de revenir de leur étonnement ;
Profitons du désordre et de l'abattement
Où leurs nouveaux revers ont jeté ces rebelles,
Et renversons sur eux ces fatales Tournelles ! »
  Il dit, le téméraire ! et touche à son cercueil.
Ivre d'un vain succès, enflé d'un fol orgueil,
Il néglige le soin, méprise l'avantage
De s'ouvrir par la brèche un facile passage.
Du boulevard conquis ses bataillons nombreux
Descendent à la fois dans le fossé fangeux,
Le comblent de débris, de sable, de fascines,
De troncs et de rochers trouvés dans les ruines :
Bientôt le boulevard, à grand bruit démoli,
Dans son profond berceau retombe enseveli.
Déjà de tous côtés au sommet des Tournelles
S'élèvent à l'envi d'innombrables échelles.
La Chapelle s'écrie et le premier accourt :
Guitry, Poton, Chabanne, et Couras, et Gaucourt,
Reparoissent ensemble au haut de la muraille,
Et sur les assaillans pleut l'horrible mitraille.
A travers les pertuis par qui dans chaque tour
Pénètre avec effort la lumière du jour,
De mille affreuses morts payant leurs insolences,
Les Français aux Anglais dardent leurs longues lances ;
Couverts de leurs pavois, cachés par les créneaux,
Font tomber à grand bruit, font pleuvoir à grands flots,

Des noirs machicoulis, des sombres meurtrières,
Le fer, le plomb, les dards, une grêle de pierres.
L'Anglais est repoussé de vingt lieux à la fois.
O sexe généreux! tairai-je tes exploits?
Non : si mes vers un jour vivent dans la mémoire,
Mes vers à nos neveux rappelleront ta gloire.
Désertant leurs foyers, au sommet des remparts
Les femmes d'Orléans courent de toutes parts :
Les unes, l'arc en main, de mille traits rapides
Accablent d'Albion les brigands homicides ;
D'autres, qu'anime un zèle, un courroux plus bouillant,
A coups de lance ailleurs renversent l'assaillant ;
D'autres sur l'ennemi font tout-à-coup descendre
Des nuages brûlans de chaux vive et de cendre,
Des torrens enflammés d'huile ardente et de poix;
D'autres sur vingt brasiers allumés à la fois
Font rougir à l'envi de larges fers de lance,
D'épais cercles de fer, qu'aussitôt leur main lance
Jusqu'au milieu des rangs ondoyans et pressés
Qui, descendus en foule en ces vastes fossés,
Ne trouvent sous ces murs, au lieu de palmes vaines,
Que d'horribles douleurs et d'accablantes chaînes.
Celles-ci, d'un front calme, au sommet des remparts,
S'avancent à travers les flèches et les dards :
Leurs innocentes mains n'apportent point la guerre :
Ces anges, par le Ciel envoyés sur la Terre,
Des blessés, des mourans appaisent les douleurs,
Leur donnent des secours, des conseils et des pleurs,
Chassent les vains regrets et les craintes frivoles :
Le Désespoir s'enfuit au son de leurs paroles,

Et l'âme s'élevant sur des ailes de feu,
S'envole consolée au séjour de son Dieu.
O magique pouvoir des vertus, du courage,
Qui te refuseroit un éclatant hommage !
Des Français abattus par leurs derniers malheurs,
Cet exemple sublime a ranimé les cœurs :
Soudain, comme domptés par d'invincibles charmes,
Les monstres de l'Enfer laissent tomber leurs armes :
Des enfans d'Albion les rangs impétueux
Reculent en poussant des cris tumultueux.

    Mais l'affreux Glacidas s'écrie : « Allez, infâmes !
Allez, femmes sans cœur, fuyez devant des femmes !
Hâtez-vous, et craignez que, volant sur vos pas,
Ces vaillans ennemis d'un indigne trépas
Ne fassent aux moins prompts expier leur paresse !...
Lâches, craignez du moins que ma main vengeresse
Dans votre indigne sang n'efface sous leurs yeux
L'affront que l'Angleterre a reçu dans ces lieux ! »

    Il dit : et, reprenant son audace et sa rage,
L'Enfer aux assiégeans souffle un nouveau courage.
Au pied du mur sanglant ils s'avancent encor,
Et pour les soutenir dans leur rapide essor,
En cent lieux derechef les échelles se dressent.
De leur part, sur les murs les assiégés se pressent :
A travers les créneaux vaillamment défendus,
Mille coups sont portés, reçus, parés, rendus.
L'un résiste à l'orage, et plus loin l'autre y cède ;
Dès qu'un assaillant tombe, un autre lui succède ;
Partout pleuvent les morts aussitôt remplacés.
De nombreux ennemis sur l'échelle entassés

CHANT X.

Combattoient, n'écoutant qu'une aveugle furie :
Trop foible, tout-à-coup l'échelle cède, crie,
Se brise ; et l'un sur l'autre ils tombent à la fois :
Accablés, fracassés, écrasés sous le poids,
Leurs hurlemens affreux jusqu'aux Cieux retentissent.
Sur eux des assaillans les pas s'appesantissent ;
Et leurs corps palpitans, sanglans et déchirés,
Pour monter à l'assaut sont les premiers degrés.
Partout rugit la Mort. Dis-moi, chantre céleste,
Quels guerriers immolés dans ce combat funeste,
Teignirent de leur sang le pied de ce rempart ?
Par Charville Norfolk percé de part en part,
Tombe, emportant la lance en son corps enfoncée,
Et meurt en maudissant une ardeur insensée.
O coups, ô jeux cruels d'un bizarre destin !
Dans Orléans Charville arriva ce matin,
Et, dès demain, Norfolk pour sa comté lointaine
Alloit quitter les bords où le Trépas l'enchaîne.
Tingry, du haut des murs qu'il défendit long-temps
Trébuche, fend les airs de ses cris éclatans,
Et, couché sur des morts, exhale avec furie
Au milieu des Anglais les restes de sa vie.
Névill, Otwell, Dundas et le Flamand Namur,
L'un par l'autre entraînés roulent au pied du mur.
Villars, pâle et sanglant, d'un coup de cimeterre,
Abat dans le fossé l'étendard d'Angleterre,
Et renverse ébloui le vaillant Hamilton.
La Chapelle repousse Edwin, le beau Fenton,
L'intrépide Rowland et le fier Haringstone.
D'un coup de hache ailleurs Chabanne abat Norstone.

Oberland prend sa place, et, soudain renversé,
Du faîte des remparts roule au fond du fossé.
Rivers croit le venger : la hache redoutable
Revient sur lui, l'atteint, le renverse, et l'accable.
Il tombe, et dans sa chûte entraine Wellington.
Non loin de là combat le terrible Poton :
Balançant une longue, énorme et lourde lance,
De créneaux en créneaux à grands pas il s'élance;
Partout où les Anglais paroissent l'emporter,
Le cœur gros de courroux, il vient se présenter;
Et l'arme foudroyante, effroi de la bataille,
Les précipite en foule au pied de la muraille.
Sur lui mille carreaux volent de toutes parts :
Son bouclier chargé d'une moisson de dards,
Aux coups de l'ennemi demeure impénétrable.
Il redouble d'efforts, et sa voix formidable,
Malgré le choc bruyant des casques, des pavois,
Les accens du clairon, le tumulte des voix,
Les sifflemens des dards, de l'arc et de la fronde,
Et l'écho qui mugit, et le bronze qui gronde,
Retentit, Orléans, éclate en sons épars,
De l'une à l'autre rive et jusqu'en tes remparts.
« A l'ennemi, » dit-il, « faisons voir qui nous sommes :
Chevaliers, écuyers, compagnons, soyez hommes!
Qu'on reconnoisse en vous le sang de vos aïeux !
Par un noble et grand peuple honorés en tous lieux,
Pourquoi de nos besoins s'est-il fait tributaire?
Pourquoi l'oiseau du Ciel, les bêtes de la Terre,
Ne peuvent-ils tomber que sous de nobles mains?
Dans nos temples sacrés pourquoi les prêtres saints

CHANT X.

Viennent-ils nous offrir l'encens et l'eau bénie?
Est-ce pour enivrer notre âme enorgueillie?
Non: c'est pour qu'au besoin, par un juste retour,
Fils aînés de la France, espoir de son amour,
Contre tout agresseur, toute injuste entreprise,
Nous défendions ce peuple, et le trône, et l'Église.
L'heure est venue. Amis, secondez mon courroux!
Le nombre est pour l'Anglais: le bon droit est pour nous.
L'Europe attend de nous un immortel exemple;
Son sort est dans nos mains; l'Univers nous contemple:
Montrons, en le sauvant d'un empire abhorré,
Que les enfans des preux n'ont point dégénéré! »
 Il dit; et, brandissant sa lance irrésistible,
Au fougueux Edgeworth il porte un coup terrible:
L'Anglais s'attache au mur; mais du mur ébranlé
Le faîte cède, croule... il en est accablé.
Poton porte à Melvill une atteinte soudaine:
Melvill entraîne Osborn; Osborn lui-même entraîne
L'intrépide Northland; et Northland à son tour
Fait partager sa chute au superbe Selmour.
Mulgrave, parvenu sur le haut des murailles,
Sent l'homicide acier déchirer ses entrailles:
Il n'en poursuit pas moins son orgueilleux dessein,
Et du vaillant Vernade il blesse encor le sein.
Vers les créneaux, suivi d'une élite intrépide,
Le téméraire Asgill montoit d'un pas rapide:
Le vigilant Poton, qui le voit s'approcher,
Saisit sur le rempart un éclat de rocher:
Six mortels de nos jours l'ébranleroient à peine:
Le héros cependant vers les créneaux le traîne.

L'enlève avec effort, et sur l'Anglais tremblant
Fait tout-à-coup tomber ce tonnerre accablant.
Sous son horrible choc l'échelle fracassée
Cesse de soutenir la cohorte pressée ;
Tout tombe, tout périt : palpitant, éperdu,
Asgill au mur fatal demeure suspendu,
Et, demandant des fers, d'une voix douloureuse,
Implore des Français la pitié généreuse.
De l'amour de la vie incroyable pouvoir !
Superbe Asgill, des fers, voilà donc ton espoir !
Qu'est devenue, ô Ciel ! ton audace hautaine ?
Ta fierté disparoît devant ta mort certaine.
Dans la ville aussitôt le guerrier consterné
Avec des cris de joie en triomphe est mené.

Mais l'ange de la Mort vouloit d'autres victimes.
« Anglais, Gallois, Normands, alliés magnanimes ! »
S'écrie alors Suffolck, « du haut de ces remparts,
Un fier Gascon, lançant la mort de toutes parts,
Foudroie impunément, accable nos phalanges ;
Et pour comble, ô revers ! ô disgrâces étranges !
Voilà que sous nos yeux ce superbe guerrier
Enchaîne un de nos chefs, un vaillant chevalier.
Ah ! c'est trop d'un seul homme endurer la furie,
Alimenter l'orgueil dont son âme est nourrie !
Marchons, serrons nos rangs, unissons nos efforts,
Et montons à l'assaut sur ces monceaux de morts ! »

Il dit, et des Anglais l'élite se rassemble.
Xaintraille au pied du mur voit s'avancer ensemble
Montague, Glacidas, Suffolck, Pomus, Héron,
Escalle, Gray ; l'honneur du parti bourguignon,

La fleur des chevaliers, Lancelot; et ces traîtres,
Opprobre de leur nom, honte de leurs ancêtres,
Ces indignes Français dévoués à Bedford,
Le perfide Guerrard, l'avide Rochefort.
Ils montent à la fois, et leur audace altière
Brave des javelots la grêle meurtrière.
En vain sur ces guerriers dans les airs chancelans,
De la poix et du plomb pleuvent les flots brûlans :
L'Enfer semble écarter le liquide incendie;
L'Enfer veille sur eux; et leur troupe hardie
Arrive impunément au haut du mur. Gaucourt
A l'aspect du péril vers les créneaux accourt,
Et, la lance à la main, près de Poton se range.
« O vieillard ! que fais-tu ? Quelle fureur étrange, »
Dit Xaintraille, « t'entraîne au milieu du danger !
Seul, ton génie encore alarme l'étranger :
Avec toi, d'un seul coup l'Anglais peut nous abattre.
C'est à toi d'ordonner, c'est à nous de combattre.
Va-t-en : ne confonds plus, par un un zèle fatal,
Les devoirs d'un soldat et ceux d'un général ! »
Il dit, et de sa targe, en ce péril extrême,
Pour couvrir le vieillard se découvre soi-même.
« Intrépide Xaintraille, en des dangers pareils,
Je ne puis, » dit Gaucourt, « céder à tes conseils.
Qu'au milieu des revers l'honneur au moins nous reste !
D'un combat insensé le résultat funeste
D'un grand nombre de preux nous ravit le secours :
Et l'on me verroit seul, avare de mes jours,
Rester de vos efforts spectateur insensible !
Non, je n'ai point une âme à ce point impassible.

Marchons à l'ennemi, Xaintraille : tu verras
Que l'âge n'a glacé ni mon cœur ni mon bras ! »
Il dit, et vers Argal, qui sur le mur s'élance,
Il dirige à l'instant la pointe de sa lance :
Le superbe assaillant percé de part en part,
Gémit, ferme les yeux, roule au pied du rempart ;
Ses guerriers sont saisis d'horreur et d'épouvante.
Archamball brandissoit une lance sanglante ;
Richeville et Montbrun sont tombés sous ses coups :
Gaucourt vers lui s'avance, enflammé de courroux :
D'Archamball sur son sein la lance est fracassée ;
Dans le cœur de l'Anglais la sienne est enfoncée.
Imprudent Harouzby, téméraire Blackwell,
Fuyez ! Gaucourt sur vous lève le fer cruel....
Ils ne sont déjà plus. Liverpool, Beveridge,
Palmerston, Wellesley, Percival et Bambridge
Expirent à ses pieds ; et l'Anglais éperdu
Croit voir un Dieu vengeur sur ces bords descendu.

 Par le nombre accablés, Chabanne, La Chapelle,
Villars blessé deux fois et dont le sang ruisselle,
Appellent à grands cris l'invincible Poton.
Rochefort, Lancelot, Moulins, Pomus, Héron,
Franchissent les créneaux, et soudain leurs épées
Dans des torrens de sang sont à l'envi trempées.
Ferrand, Terrail, Montiel, Ausonville, Andelys,
Dans la foule des morts restent ensevelis.
Arrête, Lancelot ! retiens ta main cruelle !
Arrête !... C'en est fait : généreux La Chapelle,
Le glaive impitoyable a tranché tes beaux jours.
Tes yeux cherchent le Ciel, se ferment pour toujours,

CHANT X.

Et ton casque brisé va rouler dans la Loire.
Ton vainqueur magnanime abhorre sa victoire ;
Il maudit des Français les débats odieux ;
Il gémit, et des pleurs s'échappent de ses yeux.
Vertueux Romuald, ô toi qui de ton maître
Remplaças les parens qu'il n'avoit pu connoître,
Quel coup pour ta vieillesse, et quel affreux revers !
Je te vois t'avancer dans ces bocages verts
Où souvent le héros, après une victoire,
Dans des soins innocens vint oublier sa gloire.
De ses ruchers muets je te vois approcher ;
De tes tremblantes mains en pleurant attacher
Sur leurs dômes de jonc le crêpe funéraire ;
Et, les regards baissés, (noble et touchant mystère !)
Au peuple industrieux qui vit sous cet abri,
A voix basse annoncer que son maître a péri.
Hélas ! que deviendra la jeune Gabrielle,
Cette sœur du héros si modeste et si belle,
Qui vécut pour lui seul, et, préférant sa loi,
Repoussa de l'Hymen le joug avec effroi,
Quand, venant dès l'aurore offrir à ses abeilles
Les fleurs dont chaque soir elle emplit ses corbeilles,
Sur leurs ruchers en deuil, ô spectacle fatal !
Elle verra flotter ce lugubre signal.

Poton l'a vu tomber : il s'arrête, il balance :
De tous côtés l'Anglais sur les remparts s'élance.
Laissera-t-il Gaucourt soutenir seul l'effort
D'Escalle, de Suffolck, de Montague, d'Oxford,
De Ross, de Gray, de Pole, et du guerrier barbare
Que sa mère plongea dans les eaux du Tartare ?

Mais Gaucourt le prévient : « Entends-tu ces clameurs ? »
Dit-il. « Vaillant Poton, les ennemis vainqueurs
Sans doute ont repoussé Chabanne et La Chapelle :
C'est là que le péril, que la gloire t'appelle.
Des altiers Bourguignons va troubler les succès ;
Laisse-moi seul ici repousser les Anglais. »
Il dit, et tout-à-coup une flèche rapide
Fracasse son cuissart. Le guerrier intrépide
Veut arracher le fer, et se tourmente en vain :
Le dard cruel résiste à sa cruelle main.
Enfin à la douleur sa grande âme succombe ;
Il chancelle, il fléchit, s'attache au mur, et tombe.
On vole à son secours. « Brave Xaintraille, adieu ! »
Dit-il. « Un coup fatal m'éloigne de ce lieu ;
Ma force par degrés m'abandonne, et j'ignore
Si mes yeux presque éteints te reverront encore.
Seul et dernier espoir d'un peuple infortuné,
Hérite du pouvoir que Dunois m'a donné.
Plus heureux que Gaucourt, pour prix de ton courage,
Puisses-tu voir l'Anglais fuir ce triste rivage ! »
Il dit, et dans la ville est en hâte emporté.

   Poton d'un nouveau feu sent son cœur excité.
Le désir de venger un guerrier magnanime,
L'orgueil des assaillans à leur perte l'anime.
Il fond sur les Anglais : Oxford tombe à l'instant ;
Son casque fracassé rend un bruit éclatant.
Bank meurt en maudissant la gloire et la patrie.
Chesterfield, déchiré par la lance en furie,
De ses cris douloureux remplit au loin les airs.
Pomus accourt, semblable au lion des déserts ;

CHANT X.

Son glaive du héros brise l'épaisse armure.
« Ton sang coule, Xaintraille, et la race future
» Vantera ma valeur qui te plonge au cercueil ! »
Ainsi parle l'Anglais ivre d'un vain orgueil.
Poton rit de sa joie, et d'un coup le renverse.
Tel d'un fleuve rapide un sauvage s'exerce
A remonter le cours, à combattre l'effort.
Au milieu des Anglais il a vu Rochefort :
Un généreux courroux s'empare de son âme.
« Est-ce bien toi ? » dit-il, « toi, chevalier infâme,
Qui vendis à l'Anglais ton épée et ta foi ?
Traître envers ton pays, parjure envers ton roi,
Esclave de Bedford et digne de ton maître,
Aux yeux des preux de France oses-tu bien paroître ?
Meurs, perfide ! » A ces mots, le héros furieux
Enfonce des Anglais les rangs victorieux.
Rochefort voit venir la lance étincelante :
Il veut fuir, mais trop tard ; de sa tête sanglante
Il frappe les créneaux, et tombe renversé.
Tout-à-coup par Escalle à la jambe blessé,
Xaintraille sent l'acier se faisant un passage,
Déchirer de ses nerfs le robuste assemblage.
L'Anglais retire à lui sa pique au large fer :
Une horrible douleur fait tressaillir ta chair,
O sauveur des Français ! un flot de sang rapide,
Des veines jaillissant, suit la pique homicide.
Appelant à grands cris nos chevaliers épars,
Des créneaux par l'Anglais franchis de toutes parts,
Il abandonne enfin la défense inutile.
Autour de lui soudain une manœuvre habile

Rassemble nos guerriers : bientôt aux ennemis,
L'un par l'autre appuyés, l'un par l'autre affermis,
Ils présentent partout une profonde masse
Où viennent se briser la fureur et l'audace.
Glacidas pour la rompre invoque en vain l'Enfer ;
Guerrard, en s'élançant contre ce mur de fer,
Par Poton renversé, du front heurte la terre ;
Lancelot sur Poton brise son cimeterre ;
Héron voit en éclats son bouclier voler ;
Pole, son riche armet dans le fleuve rouler ;
Escalle en reculant fuit son heure suprême ;
Halsate s'épouvante ; et Montague lui-même,
Las de renouveler un assaut impuissant,
De fatigue vaincu, s'arrête en pâlissant.
Ses guerriers abattus sentent fuir leur courage ;
Leur force, en s'épuisant, semble épuiser leur rage.
    Enfin l'ange des Nuits couvre d'ombres ce bord.
Les Anglais accablés abandonnent le fort.
L'ange heureux du Sommeil, dans sa course légère,
Une lyre à la main suit les pas de son frère :
Sa voix chante aux mortels les délices des Cieux :
De l'instrument divin les sons harmonieux
Entraînent sur ses pas dans l'abîme de l'ombre
Et l'âme errante encore, et ces sylphes sans nombre
Dont l'empire invisible, inconnu, mais réel,
S'étend d'un astre à l'autre et de la Terre au Ciel.
Les Songes imposteurs, nation fantastique,
Peuple vain et léger de ce royaume antique,
Voltigent près de lui, plus nombreux, plus mouvans,
Plus pressés que les flots sous le souffle des vents.

Ange consolateur, viens désarmer la Terre !
Répands sur les humains ta coupe salutaire !
Qu'ils y puisent l'oubli de leurs sanglans discords !
Que la Haine s'endorme au bruit de tes accords !
Qu'ils éloignent des cœurs les soins et les alarmes !
Qu'ils charment les regrets et tarissent les larmes !
Le jour viendra bientôt dissiper tes erreurs,
Et donner sur ces bords le signal des fureurs.

CHANT XI.

La rive entend gémir des travailleurs sans nombre,
Pendant toute la nuit, veillant au sein de l'ombre,
Montague secondé d'un pouvoir plus qu'humain,
Fait creuser avec art un ténébreux chemin
Qui, de la Terre au loin parcourant les entrailles,
S'étendra de son camp jusque sous les murailles
Du fort majestueux élevé sur ces bords,
Qui de sa haine hier fatigua les efforts.
Vers ses noirs fondemens le souterrain s'avance.
Des troncs placés debout de distance en distance,
En soutiennent la voûte : autour d'eux disposés,
D'inflammables faisceaux tout-à-coup embrasés,
Détruiront ces appuis, et de la forteresse
L'abîme préparé par une main traîtresse,
Engloutira soudain dans des gouffres de feux
Les remparts écroulés, les foudres et les preux.

 D'un ange cependant le céleste dictame
Appaise les douleurs du malheureux Fratame.
Il appeloit la Mort : inflexible, elle fuit ;
Il sent avec horreur qu'à vivre il est réduit.
Son cœur s'est ranimé ; sa force est revenue.
Chaque jour le héros d'une main inconnue
Reçoit de tendres soins, d'ingénieux secours ;
Les repousse sans cesse, et les ressent toujours.

CHANT XI.

Une nuit, il s'éveille : il regarde et s'étonne ;
Il croit rêver encor. Tout ce qui l'environne
Est nouveau pour ses yeux. Il appelle, et soudain
Une femme s'avance, une lampe à la main.
« Doux fantôme, habitant de l'invisible monde !
Est-ce bien vous, » dit-il, « ô ma chère Édelmonde ?
Quel prodige un moment vous rend à mon amour ?
Quoi ! vous quittez pour moi le céleste séjour !
J'allois vous joindre, hélas ! j'expirois avec joie :
La tombe inexorable a repoussé sa proie.
Ce monde, où tout afflige et blesse mes regards,
S'environne pour moi d'invincibles remparts...
Tu ne me réponds point !.... Daigne, ombre que j'adore,
Ah ! daigne par pitié me faire entendre encore
Ces accens à la fois si nobles et si doux,
Cette voix qui jadis me dit : « Sois mon époux ! »
— « Ciel ! que dis-tu, Fratamo ! Ah ! douleur sans seconde
Chaque mot est la mort pour la triste Édelmonde.
Ouvre les yeux enfin : sa pâleur t'a trompé ;
Ce n'est point un fantôme à la tombe échappé ;
C'est elle-même, hélas ! qui, foible et suppliante,
Vient tomber à tes pieds, et, d'une voix tremblante
Implore la pitié du maître de son cœur.
Trahi, mais adoré ; combattu, mais vainqueur ;
Oui, Fratamo toujours a régné sur mon âme ;
Mes efforts pour l'éteindre ont irrité ma flâme.
De mes nouveaux devoirs l'impérieuse loi,
La loi cruelle en vain veut m'arracher à toi :
De ses fers indigné, mon cœur les rompt sans cesse,
Et vers son premier choix revole avec ivresse. »

— « Qu'entends-je, ô Ciel ! un songe abuse-t-il mes sens ?
Quel tumulte en mon cœur excitent tes accens !
Par la joie et l'horreur mon âme est combattue...
Je revois Édelmonde !... et mon bonheur me tue !
Ciel ! quel prodige affreux, quel crime j'entrevoi !
Tu vis, chère Édelmonde, et ne vis plus pour moi !
Je pleurois ton trépas... ô destin déplorable !
J'ai changé de supplice et suis plus misérable.
Après tant de tourmens, qui m'eût dit que le Sort
Me gardât un malheur plus cruel que ta mort ?
Tu ne vis plus pour moi, grand Dieu !... Mais parle, achève ;
Par pitié sur mon front laisse tomber le glaive.
C'est doubler mon trépas que de le différer.
Achève : quelle loi nous a pu séparer ?
Quels devoirs inconnus t'arrachent à toi-même ?
Qui peut te commander de fuir celui qui t'aime ?
Ingrate ! il fut un temps où tu ne pensois pas
Qu'on pût nous désunir avant notre trépas ! »

— « Épargne, ô mon ami ! celle qui te fut chère,
Et ne l'accable point du poids de ta colère !
Je t'outrage et t'adore, et j'ai dû te trahir...
Cruel ! daigne m'entendre avant de me haïr !
Écoute, et juge-moi. Que le reste du monde
Accuse ou plaigne, approuve ou condamne Édelmonde :
Toi seul fus offensé par mon manque de foi :
Coupable, j'attendrai mon supplice de toi ;
Innocente, toi seul me rendra mon estime.
Favorable ou sévère, injuste ou légitime,
Ton arrêt va fixer mes doutes et mon sort.
Prononce hardiment ou ma grâce, ou ma mort.

CHANT XI.

Pourrois-je, ô mon ami! moi, ta parjure amante,
Te paroître coupable et me croire innocente!
Mais que me fait le monde, et ses discours jaloux,
Si ta pitié m'est due et non point ton courroux?
  » Sans doute il te souvient de ces jours plus prospères,
Où, dans les murs guerriers demeure de mes pères,
Tu parus à mes yeux pour la première fois.
« Honorez un héros, un vengeur de nos rois : »
Ainsi parla mon frère en entrant dans Vignoles.
Nos cœurs avec amour recueilloient ses paroles.
Ma mère vit en toi le frère de son fils.
Tendre sœur, les liens dont vous étiez unis
Semblèrent m'ordonner de partager sans cesse
Mes soins entre vous deux, mes vœux et ma tendresse.
Oh! que je trouvai doux de remplir ce devoir!
Lahire dans mon cœur facile à s'émouvoir,
Par ses brillans récits fit éclore ma flâme :
J'admirai tes exploits, je te donnai mon âme,
Je t'adorai. Ton cœur brûloit des mêmes feux.
Également épris nous l'ignorions tous deux.
Le cruel Glacidas, prisonnier de mon frère,
Me vit, osa m'aimer, et prétendit me plaire.
Libre et prêt à partir, il demanda ma main.
Mon effroi, ta douleur, nous éclaira soudain.
Tu courus te jeter dans les bras de Lahire;
Dans le cœur d'Édelmonde il fut aisé de lire.
Mon frère, pour l'Anglais dans sa haine affermi,
Rejeta hautement les vœux d'un ennemi;
Il conclut notre hymen; et, plein de cet outrage,
Glacidas loin de nous alla cacher sa rage.

» Tout sembloit concourir à nos contentemens.
Le Ciel alloit bientôt recevoir nos sermens.
Tout-à-coup de l'Anglais une attaque nouvelle
Vers ces funestes bords tous les deux vous appelle ;
Le péril de ton roi l'emporte sur l'Amour ;
Tu quittes Édelmonde... et la perds sans retour.

» Que n'écoutois-je alors mes sinistres alarmes !
J'étouffai mes soupirs ; je dévorai mes larmes.
En tremblant, sur ton sein j'attachai mes couleurs,
L'écharpe qu'en secret arrosèrent mes pleurs ;
Où ma main, de ma flamme interprète fidèle,
Enlaça les lauriers, le myrte et l'immortelle ;
Cette écharpe à tes yeux le plus riche trésor,
Et que mes yeux sur toi reconnoissent encor.

» L'ombre couvroit nos murs : tous leurs échos gémirent ;
Les pas de vos coursiers dans mon cœur retentirent.
De ma couche en pleurant je m'arrache ; je cours
Au sommet des remparts, au faîte de nos tours ;
Dans l'ombre, devant moi, je plonge un œil avide ;
Vers vous, par intervalle, un bruit confus le guide.
Enfin, de l'aube, au loin, les premières clartés,
Sur les coteaux voisins, à mes yeux attristés,
Des riches étendards, des bannières flottantes
Découvrent un moment les couleurs éclatantes.
Bientôt des noirs sapins les rameaux ténébreux
Semblent se rapprocher, se refermer sur eux ;
Et moi.... le jour lui-même avoit chassé l'aurore,
Tout avoit disparu : je te cherchois encore.

» Malheureux loin des siens le mortel agité
Qu'une chaîne la Fortune au lieu qu'ils ont quitté !

CHANT XI.

D'un antique manoir le deuil et le silence
Agrandissoient encor la solitude immense.
Autour de moi régnoit le repos du trépas.
Pensive, je cherchois la trace de tes pas;
Dans les bois, sur les monts, dans les cavernes sombres,
Je devançois le jour, j'errois au sein des ombres;
Je t'appelois partout: seule avec ma douleur,
J'oublicis l'Univers en pleurant mon malheur.
Hélas! des maux plus grands me menaçoient encore.
» Une nuit, les clairons, la trompette sonore,
Retentissent dans l'ombre autour de nos remparts.
Pâles, les yeux en pleurs, et les cheveux épars,
Accourent vers mon lit mes femmes éperdues:
Aux voix de nos vassaux mille voix inconnues
Se mêloient sur nos murs, et des cris de fureur
Répondoient à des cris d'épouvante et d'horreur.
Le tumulte redouble; il s'approche; des armes
Le bruit vient de plus près exciter mes alarmes.
Déjà la flamme court sur nos toits écrasés...
Je m'élance à travers les débris embrasés;
Parmi les combattans, les feux et le carnage,
Je m'avance à grands cris, je me fais un passage,
Je demande ma mère.... Ô spectacle odieux!
Ma mère.... quel objet se présente à mes yeux!
Mourante, l'œil éteint, de liens enchaînée,
Par des brigands cruels indignement traînée,
Elle me voit, gémit, veut me tendre les bras....
Entre nous un guerrier s'élance, et Glacidas
S'offre à mes yeux. Ce monstre, instruit de votre absence,
Avoit saisi l'instant qu'épioit sa vengeance.

« Barbare ! » m'écriai-je, « accorde moi la mort ! »
Pour croître mes tourmens il prolongea mon sort.
Redoutant ton retour et celui de Lahire,
Dans sa demeure affreuse il voulut me conduire.
Déjà dans le lointain nos timides regards
De ce fort ennemi distinguoient les remparts :
Le Ciel enfin daigna prendre notre défense.

» Suivi de vingt guerriers un chevalier s'avance :
Un panache éclatant flottoit sur son cimier ;
Tout en lui sembloit noble, et sur son bouclier
Brilloit en lettres d'or : « Honneur et Courtoisie. »
D'un courage inspiré je me sentis saisie :
« O vous que Dieu sans doute envoie en ces déserts,
» Au nom de la beauté qui vous tient dans ses fers, »
M'écriai-je à l'instant ; « au nom des lois sublimes
» Qu'imposent leurs sermens aux guerriers magnanimes,
» Chevalier inconnu, contre un lâche oppresseur
» Daignez de l'innocence être le défenseur ! »
L'étranger aussitôt, abaissant sa visière,
S'approche, et, d'une voix retentissante et fière :
« Indigne chevalier ! déloyal ! oses-tu
» Opprimer la foiblesse, outrager la vertu ?
» Ma main saura tromper tes lâches espérances.
» Détache ces liens, ou mesurons nos lances ! »
Glacidas, à ces mots, de colère enflammé,
Court vers son adversaire, à sa perte animé.
Le combat fut cruel, et l'injuste Victoire
Vendit à la Vertu son triomphe et sa gloire :
Mais enfin, accablé d'un coup innattendu,
Glacidas demeura sur la poudre étendu.

CHANT XI.

» Loin de ces tristes lieux, dans les bras de Lahire
Notre libérateur s'offrit à nous conduire.
Vers l'antique Bordeaux nous marchons à travers
D'épineuses forêts et d'arides déserts,
Sables toujours mouvans, inhabitables plages,
Où d'un Ciel embrasé sur un sol sans ombrages
Tous les feux par torrens descendent à la fois,
Traits dont l'ange du Jour épuise son carquois.
Quelquefois du désert agitant la surface,
Les vents des voyageurs s'y disputent la trace.
Nous errâmes long-temps dans cet affreux séjour
Par des tourmens nouveaux assaillis chaque jour ;
Et la soif qui consume, et la faim qui dévore,
N'étoient pas de nos maux les plus cruels encore :
Sans cesse autour de nous soulevés par les vents,
Les sables menaçoient de nous couvrir vivans.
Enfin, du haut des Cieux, sur nous laissant descendre
De ses yeux immortels un regard doux et tendre,
Le Fils de Dieu, ce Dieu qui s'immola pour nous,
Sans doute avec regret nous vit succomber tous,
Et du Ciel à sa voix prenant un vol rapide,
Un ange bienfaisant nous vint servir de guide.
De l'immense Garonne au loin suivant le cours,
Nos regards, de Bordeaux découvrirent les tours.
Au lieu du morne deuil d'une plaine déserte,
De pampres et de fleurs la campagne couverte
N'offroit de tous côtés à nos yeux réjouis
Que des aspects rians, des fronts épanouis ;
Partout des chants joyeux, des danses animées
Au son du tambourin sous chaque arbre formées ;

Partout des jeux naïfs, les transports les plus doux.
« Bords charmans! peuple aimable! ah! faut-il que sur vous
» Des tyrans étrangers le joug s'appesantisse!
» Votre cœur est français : la main usurpatrice
» Qui du trône arracha les plus fermes soutiens,
» N'a pas du trône à vous rompu tous les liens;
» Et de l'Anglais encor bravant les lois sévères,
» Vos enfans vont combattre à côté de leurs frères. »
De mon libérateur tels étoient les discours.
Un soupir douloureux en suspendit le cours,
Et je crus voir des pleurs couler sur son visage.
Soudain, quittant ses jeux, accourt sur son passage
Tout ce peuple champêtre; et, tombant à genoux :
« C'est lui! c'est notre ami de retour parmi nous! »
Disent-ils, et la foule à l'instant l'environne.
Pour l'en parer, la vierge arrache sa couronne;
De buis, de fleurs des prés, de fenouil odorant
On parfume sa route, on la jonche en courant;
Les roses, les jasmins vont pleuvant sur sa tête.
Ainsi d'un tendre frère on célèbre la fête;
D'un frère qui rendit à sa famille en pleurs
Un père moissonné dans le sein des honneurs;
Et, béni mille fois, des campagnes émues,
Le nom de Lancelot retentit jusqu'aux nues.

Dans Bordeaux cependant le palais du héros
S'ouvre à notre misère et voit charmer nos maux.
Des jours moins orageux pour nous sembloient éclore,
Et d'un bonheur lointain j'entrevoyois l'aurore,
Quand, d'efforts épuisée et succombant enfin,
Ma mère de ses jours sentit venir la fin.

CHANT XI.

Dans son sang allumée, une fièvre brûlante
Courant de veine en veine en flamme dévorante,
Dessécha par degrés, épuisa sans retour
Les sources de la vie et son dernier séjour.
Oh! peins-toi les tourmens d'une fille éplorée,
Qui dans les yeux éteints d'une mère adorée,
Sur ses lèvres en feu, sur son front pâlissant,
Suit d'un œil effrayé, contemple en frémissant
Le Trépas qui s'avance, et moissonne, et ravage;
Qui, sur sa mère encore inclinant son visage,
Épie un mot, un souffle, et dans chaque soupir
Croit entendre son âme et murmurer et fuir!
C'étoit peu : dans Bordeaux une bouche infidèle
Répand de ton trépas la funeste nouvelle;
On dit qu'à Montargis, dans la foule des morts,
Lahire et tous nos preux ont reconnu ton corps.
Pardonne : tant de trouble, et d'horreur, et d'alarmes,
Dans mes yeux épuisés avoient tari mes larmes :
L'Univers devant moi sembla s'anéantir;
Je ne te pleurai point; je me sentis mourir.

» Ah! sans doute, la Mort, en ce moment funeste,
Des liens de mon âme alloit briser le reste,
Si mes plus saints devoirs, à mon cœur retracés,
Entre la tombe et moi ne se fussent placés.
Hélas! de ces devoirs, de cette loi suprême
Imprimée en nos cœurs par la main de Dieu même,
Je n'avois pas encore épuisé la rigueur :
Une nouvelle épreuve alloit briser mon cœur.
D'un feu fatal épris sans prétendre à me plaire,
Lancelot, ce sauveur, cet ange tutélaire,

Trahi, dans sa pitié, par un trouble indiscret,
Laissa de son amour échapper le secret.
« J'aimai, » lui répondis-je, « ou plutôt j'aime encore.
» Fratame obtint ma foi : sa mort que je déplore,
» N'a point brisé nos nœuds : souffrez qu'un feu si beau
» Survive à l'espérance et me suive au tombeau.
» Édelmonde, seigneur, doit tout à votre zèle :
» Son cœur n'est point ingrat, souffrez qu'il soit fidèle,
» Qu'avec un saint respect je garde à mon ami
» Par les rigueurs du Sort un amour affermi.
» C'est le moins que je doive à sa triste mémoire.
» N'en soyez point jaloux ; et surtout daignez croire
» Que de tous mes tourmens le plus grand pour mon cœur
» C'est de vous affliger la honte et la douleur. »
Lancelot, à ces mots : « C'est à moi seul, madame,
» De rougir à vos yeux. D'une imprudente flamme
» Daignez, noble Édelmonde, oublier les transports.
» Vainement ma raison, par de cruels efforts,
» Prétendroit de mes feux dompter la violence ;
» Mais je puis leur prescrire un éternel silence :
» Oui, je vous aimerai jusqu'au dernier soupir,
» Et jamais votre cœur ne m'entendra gémir.
» Qui ? moi ! d'avoir osé prendre votre défense
» J'aurois pu réclamer la moindre récompense !
» J'aurois pu dégrader... Ah ! ne le croyez pas !
» Mon cœur ne connoît point des sentimens si bas.
» Si quelque prix m'est dû, c'est celui que j'implore :
» Accordez-moi l'honneur de vous servir encore !
» Que toujours Lancelot, invoqué le premier,
» S'il n'est pas votre époux, soit votre chevalier ! »

CHANT XI.

—« Ah ! soyez mon ami ! » m'écriai-je ; « et mon âme
» Qui ne peut partager, mais qui plaint votre flâme,
» Fera des vœux ardens pour qu'un nouvel amour,
» Un amour plus heureux, par un tendre retour,
» De vos vœux les plus doux couronnant l'espérance,
» Soit de tant de vertus la juste récompense. »

» Oserai-je poursuivre ? et, sans trouver la mort,
Pourrai-je à tes regards dévoiler tout mon sort ?
Ah ! c'est en ce moment que mon âme éperdue
Tremble devant son juge et reste confondue.

» Un murmure lointain, depuis quelques momens,
M'inspiroit en secret de noirs pressentimens.
Sur le port, dans la ville, un tumulte s'élève :
J'entends sonner l'airain ; je vois briller le glaive ;
Je vois de toutes parts les féroces Anglais
Des torches à la main courir vers le palais,
Tandis que Lancelot et sa noble cohorte
Se rangent en bataille au-devant de la porte.
Du peuple au même instant les flots tumultueux
Descendent dans la place et s'avancent entre eux.
Bientôt les dards brûlans se croisent, se confondent ;
Bientôt, le glaive en main, les rangs sur les rangs fondent ;
L'air gémit, le sang coule, on se mêle, et soudain
S'élèvent de la terre et roulent sur son sein,
En épais tourbillons, en vapeur enflammée,
Des torrens de poussière et des flots de fumée :
Je ne vois, je n'entends, je ne distingue plus
Que des éclairs, des cris et des objets confus.

» Tout-à-coup à mes yeux Lancelot se présente :

Sur son front s'étendoient les ombres du trépas,
Et son sang à grands flots couloit à chaque pas.
« Les Anglais ont en vain, dans leur affreux délire, »
Dit-il, « proscrit la mère et la sœur de Lahire :
» Madame, ils sont vaincus ; le peuple et mes soldats
» Repoussent loin de nous le cruel Glacidas.
» C'est ce monstre exécrable, à la faveur d'un crime
» Arraché par sa mère à l'éternel Abîme,
» Qui dans ces murs hier entrant avec la Nuit,
» Et semant en tous lieux le trouble qui le suit,
» De vos noms aux Anglais révéla le mystère.
» J'ai confondu sa haine et bravé leur colère :
» Mais, madame, je meurs ; et ces vils conjurés
» Reparoîtront bientôt, par ma mort rassurés.
» Il n'est qu'un seul moyen d'enchaîner leur furie :
» Long-temps de Lancelot la mémoire chérie
» Protégeroit sa veuve ; autour de mon tombeau,
» Tout ce peuple, au seul bruit d'un attentat nouveau,
» Viendroit, le glaive en main, se ranger autour d'elle.
» Ah ! ne m'enviez point une gloire si belle !
» Souffrez que Lancelot, en expirant pour vous,
» Emporte chez les morts le nom de votre époux !
» Qui peut vous retenir ? Un sort digne d'envie
» Du généreux Fratame a terminé la vie ;
» Tous vos nœuds sont rompus. Dans la nuit du trépas
» Lancelot va bientôt descendre sur ses pas ;
» Ma mort vous rendra libre, et l'hymen tutélaire
» Sous le nom d'un époux ne vous donne qu'un frère.
» Ah ! je vous presse en vain ; mes vœux sont superflus,
» Cruelle ! et dans vos yeux je lis tous vos refus.

» Eh bien ! si désormais de vivre peu jalouse,
» Vous préférez la mort au nom de mon épouse,
» Ne considérez point mes services passés ;
» Mon malheureux amour les a tous effacés :
» Songez à votre mère ! Elle respire encore ;
» Un trépas inhumain lentement la dévore.
» Voulez-vous que l'Anglais par d'horribles tourmens
» Vienne troubler la paix de ses derniers momens ;
» De son lit de douleurs qu'il l'arrache mourante,
» L'entraîne, et dans les flots la plonge encor vivante ?
» Eh ! ne savez-vous pas jusqu'où vont ses fureurs ?
» Sauvez-lui, sauvez-vous le comble des horreurs !
» Acceptez le seul don que je puisse vous faire :
» Devenez mon épouse ; elle sera ma mère ;
» Et sous ces titres saints au peuple de ces lieux
» Je puis en expirant vous léguer toutes deux. »
 « Tu frémis, ô Fratamo ! et tu verses des larmes...
Juge de mon supplice, et peins-toi mes alarmes.
Mon refus de ma mère eût pu hâter la mort ;
Parle, qu'aurois-tu fait ?... J'obéis à mon sort ;
J'en crus mon défenseur ; à sa main défaillante
Un ministre du Ciel unit ma main tremblante.
Hélas ! un trouble affreux, de noirs pressentimens,
Sur mes lèvres sembloient retenir mes sermens.
Ah ! crois-moi, cet hymen, que ton dépit condamne,
N'eut rien, ô mon ami ! d'humain ni de profane,
Mon front chargé d'ennuis ne fut point ceint de fleurs ;
Une mère expirante et des guerriers en pleurs
Par leurs gémissemens à nos vœux répondirent ;
De la Nuit sur nos fronts les ombres descendirent ;

Et des flambeaux sacrés l'auguste et morne deuil
Sembloit, au lieu d'autel, entourer un cercueil.

» Bientôt de cet hymen la nouvelle semée
Consterna des Anglais la haine envenimée.
Du héros bourguignon l'épouse désormais
Put s'avouer la sœur du vengeur des Français.
Trompé dans ses complots, privé de ses victimes,
Et peut-être en secret effrayé de ses crimes,
Le cruel Glacidas s'éloigna de ces lieux.
Tranquille sur mon sort en montant vers les Cieux,
Sans regret et sans trouble une mère chérie
Put pour vivre à jamais abandonner la vie.
A ses restes sacrés, dans un deuil solennel,
De l'apôtre qui veille aux barrières du Ciel
Le temple antique ouvrit ses portes révérées,
Et le marbre enferma ces cendres adorées. »

» Cependant, étranger à la crainte, au remord,
Le noble Lancelot sourioit à la mort.
Il est bien vrai, Fratamo : une douleur profonde
Put trouver place encor dans le cœur d'Édelmonde.
Je ne pus sans gémir voir expirer en lui
Le sauveur de ma mère, un vengeur, un appui,
Le modèle des preux, la fleur de la vaillance,
Le protecteur du foible et sa seule espérance.
Ah ! ces noms lui sont dus, et malgré nos malheurs,
Toi-même à son trépas aurois donné des pleurs.

» Enfin c'en étoit fait, et de sa mort prochaine
Se lisoit dans ses yeux l'annonce trop certaine.
De l'antique Médard les autels révérés,
Dans un désert voisin, des mortels éplorés

CHANT XI.

Recevoient chaque jour les pieuses offrandes,
Le glaive du guerrier, du berger les guirlandes;
Et, du saint bienfaisant signalant le pouvoir,
Des nombreux pélerins combloient souvent l'espoir.
D'implorer l'immortel je conçus la pensée.
Instruit de mon dessein : « Arrêtez, insensée ! »
S'écria Lancelot : « vous, prolonger mes jours !
» Vous, ô Dieu ! de vos maux éterniser le cours,
» Quand le Ciel daigne enfin s'attendrir sur vos peines,
» Et briser à la fois et ma trame et vos chaînes !
» Et j'y consentirois ! et je pourrois souffrir...
» Trop généreuse amie, ah ! laisssez-moi mourir !
» Oui, laissez-moi sans trouble achever mon ouvrage.
» Je n'ai pas su vous plaire : une plus chère image
» A repoussé mes vœux, m'a fermé votre cœur :
» Eh bien ! je meurs content, je puis votre bonheur;
» Je le puis, je le veux. Vertueuse Édelmonde,
» Bannissez loin de vous cette douleur profonde ;
» Livrez-vous sans contrainte à l'espoir le plus doux :
» Votre amant vit ; je meurs : il sera votre époux. »
 » A quel trouble, à ces mots, mon âme fut en proie !
La surprise, le doute, et l'horreur, et la joie,
Se disputoient mon cœur, l'agitoient tour à tour.
Un moment je ne vis que bonheur et qu'amour;
Bientôt de mes sermens le souvenir terrible
S'éleva devant moi comme un fantôme horrible ;
Et l'espérance, enfin, si prompte à nous flatter,
Ne brilla dans mon cœur que pour l'épouvanter.
 « Oui, des preux la Victoire a sauvé le modèle, »
Poursuivit Lancelot. « Un messager fidèle

» Des remparts de Paris arrive en ce moment :
» Sur les bords de la Loire il a vu votre amant ;
» Et mes derniers soupirs... » — « Arrête ! » m'écriai-je ;
» Et cesse de m'offrir un espoir sacrilége.
» Lancelot, à jamais Fratamo aura mon cœur...
» Il vit... de mon destin je sens toute l'horreur...
» Mais de sa gloire encore Édelmonde jalouse
» Ne sauroit oublier ni qu'elle est ton épouse,
» Ni quels devoirs sacrés imposent désormais
» A ce cœur malheureux ce titre et tes bienfaits.
» Ne crains point, fils des preux, que sa vertu succombe.
» Je te dois mon honneur et ma mère une tombe :
» Des services si grands ne peuvent s'acquitter ;
» Mais le peu que je puis, j'oserai le tenter.
» Oui, je prîrai pour toi ! oui, j'offrirai ma vie
» Pour racheter des jours si chers à la patrie.
» J'irai, pour attendrir l'arbitre des mortels,
» Du bienheureux Médard embrasser les autels.
» Mes larmes de sa tombe arroseront la pierre...
» Heureuse si bientôt, fléchi par sa prière,
» Dieu d'un double tourment daigne affranchir mon sort,
» Et te rendre à la vie, et m'accorder la mort ! »
  » Rien ne put m'arrêter. A partir je m'apprête :
Un long voile de deuil déjà couvroit ma tête ;
La bure a remplacé mes nobles vêtemens.
L'eau pure, un pain grossier, forment mes alimens.
Les pieds nus, l'œil en pleurs, foible et décolorée,
Des vierges de ces bords je m'avance entourée ;
Je parcours à pas lents un sol religieux,
Et le temple rustique enfin s'offre à mes yeux.

CHANT XI.

» Au trône du Très-Haut il porta ma prière,
L'ange dont en ces lieux repose la poussière ;
Mais ce Dieu tout-puissant, sévère et sans pitié,
Des vœux que je formois repoussa la moitié.
Après neuf jours de deuil, de jeûnes et de larmes,
Je rejoins le héros objet de nos alarmes :
Lancelot, rappelé des portes du tombeau,
Avoit vu de ses jours rallumer le flambeau.
Le peuple m'accueillit par des cris d'allégresse.
Le Ciel m'en est témoin : sans regret, sans foiblesse,
J'adorai du Seigneur l'impénétrable loi,
Et je bénis sa main qui ne frappoit que moi.

» Dans ces murs, où sa mère autrefois prit naissance,
Lancelot avoit vu s'écouler son enfance
Sous les yeux d'un aïeul, digne sang des héros ;
Et du trône des lis quand les premiers vassaux,
Loin d'arracher leur prince à des piéges perfides,
Tournèrent contre lui leurs armes parricides,
Lancelot, déplorant leur aveugle fureur,
D'un volontaire exil s'imposa la rigueur.
De sa gloire naissante étouffant les prémices,
Il crut que de l'oubli les ombres protectrices
Couvriroient sa retraite, et qu'un ordre fatal
N'armeroit point son bras contre le sang royal.
Vain espoir ! un héros peut-il cacher sa vie ?
L'éclat de ses vertus le révèle à l'Envie.
A la cour de Bourgogne on osa l'accuser
D'avoir troublé ces lieux et pris soin d'attiser
La haine pour l'Anglais, aux Français naturelle,
D'un peuple à la patrie, à ses rois trop fidèle.

D'un féal banneret tu connois le devoir,
Et de son suzerain jusqu'où va le pouvoir :
De ce pouvoir, soumis à des règles prescrites,
Sans doute Lancelot connoît mal les limites,
Et, réduit à choisir de son duc ou du Roi,
Du prince de Bourgogne à tort subit la loi ;
Mais, telle est de ce preux la modestie extrême,
Qu'il craint de s'égarer s'il n'en croit que soi-même :
Pour roi les Bourguignons reconnoissent Henri ;
Il condamne son cœur dont Valois est chéri.
De l'ange du Trépas la main de fer à peine
Cessoit de l'entraîner vers sa couche d'ébène,
Que du duc de Bourgogne un héraut révéré
Vint sous les étendards de ce prince égaré
Rappeler Lancelot. O loi trop rigoureuse !
Oh ! quel combat souffrit son âme généreuse !
A l'amour des Gascons il falloit s'arracher,
Quitter ces beaux climats, courir au loin chercher
De stériles lauriers, des victoires funestes,
Et du trône des lis fouler aux pieds les restes.
Désormais enchaînée aux destins du héros,
Je dus l'accompagner dans ses périls nouveaux.
Je demandai, j'obtins qu'un voile impénétrable
Couvriroit ma naissance et mon sort déplorable,
Et qu'un asile saint, dans de secrets déserts,
Me cacheroit bientôt aux yeux de l'Univers.

» A l'heure où le Soleil dans l'Océan retombe,
De ma mère en pleurant j'allai baiser la tombe.
A genoux j'invoquois ses mânes adorés :
Je crus, (fut-ce une erreur de mes sens égarés?)

CHANT XI.

Je crus soudain sentir sous mes mains défaillantes,
Sous mon cœur agité, sous mes lèvres tremblantes,
D'un doux frémissement le marbre s'ébranler;
Des sons divins sembloient du tombeau s'exhaler,
Et du Ciel sur ma tête une douce harmonie
Épanchoit à grands flots sa douceur infinie.
Il fallut m'arracher de l'autel de la Mort.
Le jour vint : à pas lents je marchai vers le port:
Des malheureux en pleurs bordoient notre passage ;
Tout un peuple affligé couvroit ce beau rivage,
Immense amphithéâtre où l'antique Bordeaux
Semble, en cercle étalé, se mirer dans les eaux.
Je monte dans la nef; les rames éclatantes
Frappent au même instant les vagues blanchissantes ;
Du rivage qui fuit s'élancent jusqu'aux cieux
Les clameurs de la foule et ses derniers adieux.

» Cependant la nef vole, et sous nos yeux humides
Fait passer tour à tour mille tableaux rapides :
Du riant Bacalan les prés encor fleuris ;
Les troupeaux mugissans sur ses rives nourris ;
Ses beaux joncs, ses roseaux au tendre et doux murmure,
Ses saules balançant leur pâle chevelure,
Et leurs touffes de lierre, et leurs souples rameaux.
Sur la cime d'un roc incliné sur les eaux,
Lormont de ses créneaux couronnant l'autre rive,
Nous redit du pêcheur la romance plaintive.
Au pied du cap d'Ambès nous voyons à grand bruit
Se heurter la Garonne à l'immense circuit,
La Dordogne grondeuse, aux vagues furibondes :
De là, notre regard, qui remonte ses ondes,

Voit l'affreux Mascaret, effroi des matelots,
Dans ses jeux turbulens bouleverser les flots.
Au loin nous découvrons, sur son rivage antique,
Des quatre fils d'Aymon le châtel héroïque,
Et sur le sable, au pied de ce noble rempart,
Notre œil croit distinguer la trace de Bayard.
Cependant la Gironde en son cours nous entraîne ;
Bientôt Blaye à nos yeux s'élève sur l'arène :
Chefs, soldats, nautonniers, sur les ondes volant,
Ont en chœur salué la tombe de Roland.
Enfin, comme un géant debout au sein des ondes,
La tour du Cordouan, borne des mers profondes,
Repousse, ouvre en deux parts, du fleuve impétueux,
Et brise avec fracas les flots tumultueux :
Nous passons dans son ombre ; et l'Océan avide
Voit glisser sur son sein notre vaisseau rapide.

» Déjà nous approchions de ce fameux détroit
Où l'Océan, pressé dans un canal étroit,
Sépare, en divisant la France et l'Angleterre,
La farouche Albion du reste de la Terre :
Tout-à-coup un vaisseau, noir coursier de ces mers,
Accourt de l'horizon, rase les flots amers,
S'approche, et sur sa proue à nos regards présente,
Tel qu'un affreux typhon foulant la mer tremblante,
Au milieu d'un essaim de barbares soldats,
Notre ennemi mortel, l'horrible Glacidas.
Dans ses yeux étincelle une effroyable joie,
Et déjà sa fureur croit dévorer sa proie.

» Le signal est donné : la mort vole ; les dards
Battent des deux vaisseaux les mobiles remparts.

CHANT XI.

Sous la moisson de traits dont leurs flancs se hérissent,
D'un bruit sourd et profond leurs cavités gémissent ;
Reçoivent tour à tour guerriers et matelots,
Et bercent les mourans sur l'abîme des flots.
Bientôt avec fureur les deux nefs élancées,
Font jaillir dans les airs les vagues courroucées,
Se heurtent de la proue, et de leurs mâts rompus
Enlacent les agrès mêlés et confondus.
Comme deux fiers rivaux, sur l'arène poudreuse,
Hâtent de leurs coursiers l'ardeur impétueuse,
Se choquent de la lance, et, prompts à s'embrasser,
Par d'horribles efforts veulent se terrasser :
Ainsi les deux vaisseaux, que les ondes entraînent,
Par des liens de fer l'un à l'autre s'enchaînent.
Alors l'arc se repose ; alors, sur chaque bord,
Les guerriers de plus près s'entre-donnent la mort.
La lance au trait succède, et le glaive à la lance.
De l'une à l'autre nef chaque troupe s'élance :
Des haches à la main, Lancelot, Glacidas,
Renversent à leurs pieds la foule des soldats ;
Ils se cherchent des yeux, se provoquent, s'appellent,
Se joignent : sous leurs coups leurs armes étincellent :
Lancelot est blessé, l'on tremble pour ses jours.
A ce spectacle affreux, je m'élance, je cours...
De nombreux ennemis m'environnent, m'enchaînent,
Et loin de Lancelot sur leur vaisseau m'entraînent.

» Soudain les noirs autans, descendus sur les mers,
De leurs ailes de feu battent les flots amers.
La tempête rugit ; l'éclair brille ; la foudre
Des mâts entre-choqués met les cimes en poudre.

Par les flots en fureur, par les vents détachés,
Les vaisseaux à grand bruit l'un à l'autre arrachés,
Errent abandonnés à la merci de l'onde.
D'une rapide nuit l'obscurité profonde
Comme un voile s'étend sur la face des eaux;
Aux regards effrayés dérobe les vaisseaux;
Et les pâles éclairs de leurs lueurs funèbres
Ont cessé tout-à-coup de percer les ténèbres.
Dans de noirs souterrains, ainsi, réduit à fuir,
Un proscrit voit sa lampe et trembler et mourir.
» Le jour en vain parut : une vapeur humide,
Un brouillard ténébreux de son ombre perfide
Couvroit les champs de l'onde et nous voiloit les Cieux.
J'entendois, sans les voir, mille flots furieux
Gronder autour de nous, et des nefs inconnues
De leurs longs avirons battre les mers émues.
Prêts à s'entre-heurter sur l'abîme des eaux,
La Terreur l'un de l'autre écartoit les vaisseaux.
Leur approche à la Mort semble annoncer sa proie.
Par des cris prolongés qu'au loin la trompe envoie,
Ils s'entr'avertissoient de leur commun danger.
Le bruit croît, diminue, et, terrible ou léger,
De la nef que vers nous le hasard a conduite,
Annonce tour à tour ou l'approche ou la fuite.
Là, sonne la trompette; ici, bat le tambour;
Ailleurs, l'airain sacré dont les sons chaque jour
Appeloient les nochers à la prière sainte,
Dans les airs agité répand au loin la crainte.
Quelquefois près de nous, avec un bruit affreux,
Deux nefs s'entre-choquant s'abîment toutes deux;

CHANT XI.

Le cri du désespoir du sein des eaux s'élance :
Le gouffre se referme, et la Mort fait silence.

» Loin de le redouter, j'invoquois le Trépas.
Près de moi tout-à-coup j'aperçus Glacidas,
Qui, pâle d'épouvante, invoquoit et sa mère,
Et l'antique ennemi du Ciel et de la Terre.
« S'il est vrai, » disoit-il, « que je sois né de toi,
» Des horreurs de la mort par pitié sauve-moi,
» O roi du noir Abîme ! et, dans ton temple sombre,
» Je couvre tes autels de victimes sans nombre ! »
Il dit. Comme un coursier frappé de l'aiguillon,
La nef bondit, retombe, ouvre un vaste sillon,
Se relève, des flots effleure la surface,
Abandonne leur cime et vole dans l'espace.
Tel d'un arc meurtrier le trait rapide part.
Tout-à-coup d'un rocher l'immobile rempart
Arrête dans son vol la nef audacieuse :
Un cri de mort s'élève ; une vague orageuse
Accourt, entre à grand bruit dans ses flancs entr'ouverts.
De débris et de morts les écueils sont couverts.

» Éperdue, expirante, un tourbillon rapide
M'enveloppe, m'entraîne, et vers le roc perfide
Comme au gré de la fronde un plomb vole élancé,
Déjà roule mon corps d'épouvante glacé.
Tout-à-coup, au milieu des vagues en furie,
D'une puissante main je sens ma main saisie ;
J'aperçois près de moi, luttant contre les flots,
Un être plus qu'humain, un céleste héros :
Un trait de feu ceignoit sa blonde chevelure :
Sa dextre redoutable écarte l'onde obscure,

Sur l'orageux abîme étend un sceptre d'or :
Le tonnerre se tait, le vent meurt, le flot dort.
 » D'une sainte frayeur tous mes sens se troublèrent,
Et mes yeux éblouis un moment se fermèrent.
Je les rouvris bientôt, et mes regards en vain
Cherchèrent à l'entour le messager divin :
J'étois seule, étendue au pied d'un roc sauvage.
La mer d'affreux débris couvroit au loin la plage.
J'entends auprès de moi soupirer et gémir :
Je soulève la tête, et je me sens frémir...
Dieu ! peins-toi ma surprise, et ma joie, et ma crainte !
J'aperçois Lancelot ! sur son visage empreinte,
La Mort à mon aspect semble se retirer.
Il pousse un cri, retombe, et je crois expirer.
Chacun de nous vers l'autre avec effort se traîne,
Et, succombant, demeure étendu sur l'arène.
 » Des pêcheurs par l'orage attirés en ces lieux
Pour sauver des vaisseaux les débris précieux,
S'assemblent près de nous : leurs mains compatissantes
Mouillent d'un vin grossier nos lèvres gémissantes ;
Leur naïve bonté, sensible à nos besoins,
De l'hospitalité nous prodigue les soins ;
Dans nos membres glacés ils rappellent la vie.
Avec étonnement notre oreille ravie
Du langage français reconnoît les accens.
Notre force renaît ; nos vœux reconnoissans
Sur un rocher voisin, dans un temple rustique
Dont trente nefs d'argent décorent le portique,
Montent bientôt, mêlés au bruit des flots amers,
Vers la reine des Cieux, vers l'Étoile des Mers.

Nos dons sont suspendus autour de l'immortelle,
Et quatre lampes d'or brûleront devant elle.
» Par nos hôtes conduits dans les murs de Calais,
Dans ces murs qui jadis à l'inflexible Anglais
D'un si beau dévoûment opposèrent la gloire;
Nous apprenons bientôt qu'aux rives de la Loire
Du prince bourguignon les bataillons mandés
Ont suivi les Anglais par Montague guidés.
Lancelot sur ces bords vint rejoindre l'armée.
De ses hautes vertus déjà la Renommée
Avoit semé le bruit : d'une commune voix,
Proclamant à l'envi son rang et ses exploits,
Les guerriers bourguignons hautement demandèrent
Que des preux qui jadis aux combats les guidèrent,
L'illustre descendant, par Montague honoré,
Succédât à leur chef dans Étampe expiré.
L'orgueil du comte anglais, sa sombre défiance,
Durent enfin céder à leur impatience :
Et lorsque Glacidas, grâce à ses dieux impurs,
Par la mer revomi, reparut sous ces murs,
Philippe à Lancelot, soit rigueur, soit prudence,
Jusqu'à la fin du siége interdit la vengeance.
Enviant à Lahire un moment de bonheur ;
Ignorant si l'Amour troubloit encor ton cœur,
Et si de mon hymen l'étonnante nouvelle
Seroit indifférente à ton âme ou cruelle,
Glacidas fut docile au vœu de mon époux ;
Se tut sur ma naissance ; et, suspendant ses coups,
Pour porter à nos cœurs une atteinte plus sûre,
Dans son âme perfide enferma son injure.

» Jusqu'où peut d'un héros s'élever la vertu !
J'apprends que par Suffolck mon amant abattu
Est tombé dans ses fers, et qu'on craint pour sa vie :
Par les traits du malheur mon âme poursuivie
A ce dernier revers sans doute eût succombé.
Lancelot à mes yeux soudain s'est dérobé ;
Il court trouver le comte... il revient, me rassure...
On permet à mes mains de panser ta blessure ;
Tu vis, mon cher Fratame ! et ton vainqueur surpris,
Par lui de ta rançon reçoit bientôt le prix.
La tente du héros, aujourd'hui ton asile,
T'offre un séjour plus doux, un repos plus tranquille ;
Et quand dans Orléans tu pourras retourner,
Lancelot sous ses murs prétend te ramener. »

Ainsi parle Edelmonde, et ton âme éperdue,
O malheureux amant ! demeure confondue.

Mais quel tableau touchant, quel échange d'égards,
Cette tente héroïque étale à mes regards !
D'Edelmonde a paru le défenseur fidèle.
De tes lois, ô Vertu, que la puissance est belle !
Par quels secrets liens as-tu su réunir
Deux rivaux enflammés formés pour se haïr ?
D'un regard étonné ces princes de vaillance,
Un moment interdits, s'admirent en silence ;
Et, d'une égale estime animés tous les deux,
Tout ce que tait leur bouche est écrit dans leurs yeux.

Le premier, d'une voix par la douleur émue,
Fratame exprime enfin, mais en baissant la vue,
Les mouvemens divers de son cœur agité.

« Sire, je vous dois tout, ses jours, ma liberté,

CHANT XI.

Enfin sur un mortel tout ce que peut répandre
De bienfaits, de faveurs, le frère le plus tendre :
Et cependant, ô Ciel ! d'homicides poisons,
Une affreuse amertume est mêlée à vos dons...
Pardonnez cette plainte à ma douleur profonde :
Les regrets sont permis à qui perd Edelmonde ;
Et d'un si doux trésor votre grand cœur épris
Pour blâmer mes soupirs en connoît trop le prix.
D'un bonheur qui n'est plus je garde la mémoire ;
Le Destin m'a ravi ce qui fait votre gloire ;
Et cet affreux penser, de ma raison vainqueur,
S'acharne à me poursuivre et s'attache à mon cœur.
Non que sur votre sort jetant un œil d'envie,
Insensible à l'éclat dont brille votre vie,
J'accuse d'injustice et condamne les Cieux :
Ah ! vous méritiez bien un sort si glorieux !
Oui, mon fatal génie eut moi seul pour complice,
Et c'est ce qui surtout redouble mon supplice,
Que de me voir contraint d'avouer hautement
Que ce qui vous est dû, je le perds justement.
Que pourrois-je, en effet, pour mériter ses charmes,
Que pourrois-je opposer aux succès de vos armes ?
Tandis que sur ces bords, cherchant de vains lauriers,
Mon glaive d'Albion moissonnoit les guerriers,
Ah ! fortuné rival ! c'est vous dont la vaillance
Du cruel Glacidas confondit l'espérance,
Et ravit leur victime aux Anglais inhumains ;
Vous, qui du poids des fers soulageâtes ses mains ;
Vous, qui de votre sang vingt fois versé pour elle,
Avez payé l'honneur d'une chaîne si belle.

Goûtez, goûtez en paix un bonheur mérité!
Le Ciel pour la Vaillance a formé la Beauté.
Votre foible rival cède au coup qui l'accable.
Vaincu, jouet du Sort, Fratame inconsolable,
Trop indigne du prix qu'obtinrent vos exploits,
N'accuse que la Mort, qui l'a trahi deux fois. »

Il dit, et Lancelot, touché de tes alarmes,
Te regarde, Edelmonde, et voit couler tes larmes.
En silence un moment il semble méditer.

« Sire, » dit-il enfin, « que sert de se flatter?
Mon cœur brûle pour elle : elle me fut unie ;
Et, l'arracher à moi, c'est m'arracher la vie.
Cependant de mon sort contemplez la rigueur :
Je n'ai que son estime, et vous avez son cœur.
Sa personne est à moi; mais, ce trésor insigne,
Je ne le puis garder sans m'en montrer indigne;
Et plus d'un bien si doux je connois tout le prix,
Plus je m'en sens indigne, et plus j'en suis épris.
L'objet de votre amour est au pouvoir d'un autre :
Ah! que je changerois mon destin pour le vôtre!
Aimer est un tourment dont un cœur est charmé,
Rigoureux seulement à qui n'est point aimé.
Privé de son amour, nul espoir ne me reste.
Que vos chagrins sont doux et mon bonheur funeste!

» Mais, né pour épuiser la coupe des douleurs,
Dois-je t'associer au cours de mes malheurs,
Généreuse Edelmonde! Ah! de cette pensée
Ma tendresse s'indigne, et ma gloire est blessée.
Non : Lancelot encor sera digne de toi :
Pour garder ton estime il renonce à ta foi.

L'hymen ne fut qu'un voile étendu sur tes larmes ;
Jamais mon chaste amour n'a profané tes charmes ;
J'en atteste l'épée, instrument de courroux,
Sur le lit nuptial étendue entre nous :
Du pontife romain la puissance implorée
Peut, dit-on, rompre encore une chaîne abhorrée.
Un saint vieillard pour moi dans sa cour s'est rendu ;
A sa vertu célèbre un noble accueil est dû...
» Vous demeurez muets, et des charmes d'un songe
Tous deux vous semblez croire éprouver le mensonge.
Vous doutez d'un effort si grand, si douloureux ?
Ah ! je sens plus que vous tout ce qu'il a d'affreux !
Je sens que je perds tout en perdant ce que j'aime ;
Je sens qu'en ce moment je renonce moi-même
A tout ce qui pouvoit me faire aimer le jour,
Et que jamais mon cœur n'éprouva plus d'amour ;
Je sens que son image, en traits de feu gravée,
Restera dans mon cœur à jamais conservée ;
Que mon âme, à l'instant de prendre son essor,
Au séjour des douleurs tiendra par elle encor ;
Que, promis au tombeau, quand j'y voulus descendre,
L'effort n'égaloit pas ce que j'ose entreprendre ;
Qu'aucun effort humain ne le peut surpasser :
J'en vois toute l'horreur... et j'ose l'embrasser.
Oui, j'accepte, ô mon Dieu, le malheur qui m'accable ;
Oui, j'ai fixé mon sort : il est irrévocable.
Mais l'Amour et l'Honneur ont long-temps combattu !..
Amis, n'espérez point ébranler ma vertu.
Consens, chère Edelmonde, à voir briser ta chaîne,
Et d'un astre jaloux m'aide à vaincre la haine :

Joins ta voix à ma voix, et, libre dans tes vœux,
D'un mutuel amour accepte les doux nœuds ! »
   Il dit. De sa surprise à peine revenue :
« Édelmonde, seigneur, ne vous est pas connue, »
Répond avec candeur la vierge aux doux regards.
« Choix d'un héros, objet de ses tendres égards,
Je révérois en lui mon seigneur et mon maître :
Je redeviens à moi quand il ne veut plus l'être,
Et de ma liberté je n'abuserai pas
Pour montrer envers lui des sentimens ingrats.
Je connois bien Fratame et je lis dans son âme :
Sa gloire, sa vertu, l'emportent sur sa flâme ;
Ni son cœur, ni le mien, ne veulent d'un bonheur
Fatal à votre paix, contraire à notre honneur.
Qui ? moi ! je garderois cet indigne salaire
Aux bontés d'un héros dont l'appui tutélaire
Fut mon unique asile, et qui, d'amour épris,
Maître de l'exiger en refusa le prix !
Non, seigneur. J'ai par vous goûté le bien suprême
De me justifier aux yeux de ce que j'aime ;
Je n'emporterai point le tourment odieux
De laisser dans son cœur un doute injurieux :
Libre, de tous les deux estimée et chérie,
Quel bonheur peut manquer à mon ame attendrie ?
Souffrez que, loin de lui, seigneur, et loin de vous,
Digne de mon amant, digne de mon époux,
De mes jours innocens je consacre le reste
A demander pour eux à la Bonté céleste
Ces lauriers, ces honneurs, ces gloires d'ici-bas,
Couronnes des héros, palmes de leurs combats,

Et ces félicités de la vie et du monde
Où renonce à jamais leur fidèle Édelmonde.
Non, je ne prétends plus être un sujet de pleurs,
Un objet de tourment pour de si nobles cœurs :
Une autre ambition, mais plus sainte et plus belle,
S'empare de mon âme, y verse un noble zèle :
Loin de vous diviser, entre vous, dès ce jour,
Je veux être un lien et d'estime et d'amour ;
Et, confondant en moi leurs intérêts contraires,
De deux nobles rivaux faire deux tendres frères.
O mes frères ! ce nom si touchant et si doux,
Ce titre saint, parlez, le refuserez-vous ?
Craindrez-vous des liens tissus d'or et de soie ?
Non : vous consentirez à mon unique joie,
Au seul bien désormais où prétendent mes vœux ;
Et des portes du Ciel je bénirai vos nœuds ! »

 De ses yeux, à ces mots, une divine flâme
Semble à flots radieux s'épancher dans leur âme.
Elle saisit leurs mains, et, par un doux effort,
Cherche, en les unissant, à confondre leur sort.
O sublime union ! nœuds dignes de mémoire !
Tout ce qu'ont de céleste et l'Amour et la Gloire,
Semble s'associer dans ce pacte immortel,
Et déjà leurs sermens sont écrits dans le Ciel.

CHANT XII.

Continuant son vol, dans sa carrière immense
Du sombre ange des Nuits le char roule en silence.
A ses côtés assis, le Sommeil à grands flots
Sur sa route au hasard sème ses doux pavots.
 Vaines faveurs! Marie, en ce lit solitaire,
Et frémit comme épouse, et tremble comme mère.
Elle souffre et se tait; dans l'ombre de la nuit,
Sur son visage éteint ses pleurs coulent sans bruit.
 Par le Sommeil Gladuse, un seul instant domptée,
A des songes sanglans s'arrache épouvantée.
Toujours elle revoit, dans des combats nouveaux,
L'Achille d'Albion renverser ses rivaux.
Dans le cœur de Gladuse un trouble affreux s'élève.
Égarée, éperdue, elle croit voir le glaive
Déchirer le héros dont son cœur est épris ;
Se réveille, et remplit le palais de ses cris.
Ses femmes autour d'elle accourent en alarmes,
Et, de honte accablée, elle cache ses larmes.
 Mais du fidèle Aymar qui peindroit la douleur?
Demain contre Talbot éprouvant sa valeur,
Dès que naîtra le jour, sur les bords de la Loire
Lahire doit trouver la mort ou la victoire.
Demain, avant la nuit, l'un d'eux aura vécu.
Mais hélas! par ses maux déjà demi-vaincu,

CHANT XII.

Victime de l'honneur, cette lutte inégale
Au chevalier français ne peut qu'être fatale.
Aymar en a frémi ; son cœur est déchiré.
Tout-à-coup en secret par son zèle inspiré,
De sauver le héros il conçoit l'espérance.
Un bienfaisant sommeil suspendoit sa souffrance ;
Paisible, on l'eût pu croire endormi pour jamais.
Aymar sans bruit s'éloigne, et, sortant du palais,
Traverse l'Avénum ; du chef de la cohorte
A qui de l'Abreuvoir on confia la Porte,
Dans les eaux de la Loire obtient d'aller plonger
Le coursier qui, demain, plus frais et plus léger,
Doit porter au combat l'audacieux Lahire.
Près du fleuve arrivé, le jeune preux soupire ;
A des anneaux scellés dans la pierre avec art
Pour enchaîner les nefs au pied de ce rempart,
Attache Foudroyant, qui, respirant la guerre,
Couvre son mors d'écume et bat du pied la terre ;
Puis, le long des remparts, protégé par la nuit,
D'un pas lent et craintif marche long-temps sans bruit.

 Au-dessous d'Aurélie, au-dessous de l'enceinte
Du temple où de Laurent triomphe la mort sainte,
Dans la Loire troublée un ravin tortueux
Vient l'hiver épancher ses flots impétueux.
Non loin rampe et s'étale une molle verdure.
Là, s'arrêtent ses pas ; là, seul dans la nature,
De désir, d'espérance et de crainte agité,
A genoux sur les bords du fleuve redouté,
Aymar s'écrie enfin : « Permets que je t'implore,
Nymphe auguste ! à mes vœux daigne répondre encore !

D'un indigne trépas tes soins m'ont préservé;
Mais si Lahire meurt, tu ne m'as point sauvé.
Par la main d'un cruel, qu'un sombre orgueil anime,
Laisseras-tu périr ce héros magnanime
Comme, tendant jadis la gorge au fer mortel,
Tomboit une victime aux marches de l'autel?
Si la France t'est chère, ah! sauve de la France
Le soutien, le vengeur, la gloire, l'espérance!
Rends sa force à Lahire, et que de son trépas
L'impitoyable Anglais ne s'applaudisse pas! »

    Il dit. Près de ce lieu, la naïade autour d'elle
Rassembloit et sa cour et son peuple fidèle.
Dans le calme des nuits, son imposante voix
Du monarque éternel leur rappeloit les lois.
Sur la pourpre et sur l'or près de son trône assises,
Brilloient les déités à son sceptre soumises:
La blonde Athélaïre et la brune Éloé,
La sage Mélanor, la folâtre Onoé;
Argive, qui, fuyant l'orgueil du rang suprême,
De roseaux et de fleurs forme son diadême;
Oriane étalant sur ses riches habits
L'éclat des diamans, la pourpre des rubis;
La tendre Pholoé, dont la main protectrice
Écarte des écueils le pilote novice
Qui rêve à ses amours et s'avance à la mort;
Elmis, qui, souriant au malheureux qui dort,
Et d'un luth agitant les cordes frémissantes,
Enchaîne le courroux des ondes mugissantes;
Et Nadire aux attraits, au mérite sans pairs;
Et tout l'aimable essaim des nymphes aux yeux pers.

CHANT XII.

Loïre leur disoit: « l'Anglais cruel ravage
De mon fleuve attristé l'un et l'autre rivage.
Ondins, de nos devoirs remplissons le plus doux :
Secourons les Français échappés à ses coups.
Protégeons ces remparts; écartons de ces portes
De l'impie Albion les barbares cohortes.
Prévenons s'il se peut.... » Elle parloit encor :
Jusques au fond des eaux, du page aux cheveux d'or
La voix foible et plaintive, au vent du soir pareille,
De sons entrecoupés vient frapper son oreille.
Elle s'arrête; écoute; et, par son ordre, Elmis
De ses bras délicats fend le fleuve soumis;
Montre au-dessus des flots ses épaules d'ivoire ;
Écarte de son front sa chevelure noire,
Et d'une voix émue : « O reine de ces eaux !
Le beau page accablé par des malheurs nouveaux,
Paroît au bord du fleuve : il t'invoque avec larmes ;
Un noir chagrin flétrit sa jeunesse et ses charmes. »
— « Qu'il vienne, » dit Loïre, « et, calmant ses douleurs,
M'instruise sans tarder du sujet de ses pleurs.
A sa vertu modeste, à son jeune courage,
A sa fidélité rendons ce juste hommage.
Ondes, retirez-vous! fleuve, ouvre-lui ton sein ! »

De nymphes, à ces mots, un innombrable essaim
Vole au-devant d'Aymar, l'enlève de la rive.
Devant le trône d'or le jeune preux arrive,
Se prosterne en silence; et ses regards troublés
Contemploient des ondins les princes rassemblés.
Enfin, d'une voix humble à la fois et pressante,
Il ose réclamer de la nymphe puissante

Pour Lahire mourant les généreux secours.
Tous les cœurs sont émus de ses tristes discours;
De répondre à ses pleurs nul ne peut se défendre;
Et le fleuve attendri s'arrête pour l'entendre.
 « Lève-toi, » dit Loire, « ô digne fils des preux !
L'intrépide Lahire à l'Anglais orgueilleux
Opposera demain, sur mes rives fatales,
Une égale valeur et des forces égales. »
 Elle dit, et, quittant ses orageux états,
Vers la cité guerrière elle porte ses pas.
De nymphes à sa suite une troupe chérie
S'empresse avec respect, et de l'herbe fleurie
Les tapis verdoyans sur la rive étalés
De leurs pieds délicats sont à peine foulés.
De son sceptre magique elle touche les portes :
Elles s'ouvrent sans bruit. Les fidèles cohortes
Qui devoient en ces lieux attendre le Soleil,
Tombent au même instant dans un profond sommeil.
Au palais de Lahire arrive l'immortelle ;
De songes effrayans une troupe cruelle
Abandonne à sa voix la couche du héros.
Les nymphes sur son front effeuillent des pavots.
Bientôt, autour de lui, pour charmer son délire,
Résonnent sourdement les accords de la lyre,
Des chants foibles et doux, légers et gracieux,
Concert aérien, murmure harmonieux,
Semblable au souffle errant du zéphir sur les ondes,
Au bruissement lointain qu'en des forêts profondes
Fait entendre, sans nuire à leur antique paix,
Le vent léger du soir sous leur feuillage épais.

CHANT XII.

Pour ranimer sa force et calmer ses tortures,
L'ambroisie à grands flots coule sur ses blessures:
Le héros soulagé retrouve sa vigueur;
Une flamme céleste a ranimé son cœur.
Il entr'ouvre les yeux... Tout fuit... Il se réveille,
Et de sa guérison admire la merveille.

Mais l'Aurore a brillé dans les champs d'alentour,
Et le flambeau du Monde est enfin de retour.
Lahire avec ardeur de sa couche s'élance;
Il saisit son écu, son armet et sa lance.
La joie a dans ses yeux remplacé la douleur,
Et ses brûlans regards répandent la terreur.

Déjà le clairon sonne, et la foule attirée
Environne la lice aux héros préparée.
Talbot dix fois vainqueur, Talbot va donc enfin
Au destin de Lahire opposer son destin!
Il paroît, sort du camp, s'avance; et de sa masse,
Audacieux Titan, semble remplir l'espace.

Soudain les deux rivaux l'un vers l'autre ont volé:
Le fleuve en a frémi, la plaine en a tremblé,
Et du vieil Orléans les tours majestueuses
Balancent dans les airs leurs têtes sourcilleuses.
Les coursiers des héros, de lances revêtus,
Se heurtent: tous les deux, dans la poudre abattus,
Font d'un bruit éclatant retentir le rivage.
Quand sur les mers du Nord le démon de l'Orage,
Déchaînant les autans et soulevant les flots,
Repaît ses yeux cruels des horreurs du Chaos,
Ces rochers voyageurs, ces îles vagabondes,
Nefs de glace portant sur l'abîme des ondes

Des ours de ces climats les bataillons affreux,
Ébranlent moins les airs de leurs chocs désastreux.
 De l'éperon frappés, avec des cris horribles,
Les coursiers furieux, échevelés, terribles,
Se relèvent; leurs yeux lancent d'affreux éclairs;
Leur souffle impétueux embrase au loin les airs.
Tel mugit l'ouragan sur la plaine enflammée.
Étonnés de leur chute, et la main désarmée,
Les héros de la lice ont achevé le tour.
Sur le fort du Midi l'objet de leur amour,
Gladuse, en ce moment, de ses femmes suivie,
Apparoît désolée. « O moitié de ma vie !
Sois témoin, » dit Talbot, « du juste châtiment
Qu'à cet audacieux réserve ton amant ! »
— « Pour venger mon pays, » s'écrie alors Lahire,
« Quand d'un farouche orgueil je punis le délire,
O fille des héros ! ce n'est point ton époux
Qu'au pied de ces remparts vont poursuivre mes coups ;
Quoi qu'il ose prétendre, il ne l'est pas encore...
Qu'auparavant la Terre à tes yeux me dévore ! »
 De nobles chevaliers s'avançant à ces mots,
D'une lance nouvelle arment les deux rivaux.
La trompette résonne, et mille cœurs palpitent.
Tous deux prennent du champ, volent, se précipitent :
L'Anglais voit sur son sein son écu foudroyé ;
Dans la poitrine atteint, Lahire en a ployé :
Tel sous l'effort d'un preux s'incline jusqu'à l'herbe,
Et soudain se relève un peuplier superbe.
Une lueur sinistre a brillé dans leurs mains ;
De carnage altérés, leurs glaives inhumains

Se croisent mille fois, s'entre-choquent, se froissent:
Le courroux des héros et leurs périls s'accroissent.
En butte à la fureur des glaives dévorans,
Leurs casques embrasés, leurs hauberts éclairans,
De coups précipités retentissent et tonnent:
Ainsi des toits de fer sous la foudre résonnent.

 Tout-à-coup de Talbot le glaive radieux
Monte, redescend, siffle, et d'un coup furieux,
De son ardent rival frappe l'aigrette altière :
Le casque étincelant roule dans la poussière;
Du chevalier français s'épanche en flots mouvans
La noire chevelure abandonnée aux vents.
Irrité, sur Talbot, parmi des flots de poudre,
Il court... c'est à la fois éclair, tonnerre et foudre.
Du héros d'Albion l'épais haubert atteint
Sous son glaive s'entr'ouvre et de pourpre se teint.
Sur le haut des remparts, effrayée, attendrie,
Gladuse, à cette vue, et pâlit, et s'écrie.
Le coursier de Talbot recule en frémissant,
Et dérobe à la mort son maître pâlissant.

 Sur un taureau superbe un lion, dans l'arène,
Court, s'élance, et déjà de ses ongles le traîne :
Que son maître l'appelle, il s'arrête en grondant ;
Son rival effrayé se dérobe à sa dent :
A la voix de Gladuse ainsi le fier Lahire
D'un magique pouvoir semble éprouver l'empire;
Il demeure immobile, et, d'un œil alarmé,
Cherche sur les remparts l'objet qui l'a charmé.

 Mais le terrible Anglais, qu'irrite sa blessure,
Revient sur lui, s'élance, et, d'une atteinte sûre,

Brise de son haubert l'acier retentissant :
Jusque sur le cuissard le glaive en feu descend ;
L'arène au loin se teint d'une couleur vermeille.
Le chevalier français que la douleur réveille,
Sur son fier ennemi lance un regard affreux.
Soudain, comme des flancs d'un nuage orageux
S'échappe par torrens la grêle bondissante,
De mille coups pressés sa main impatiente
Accable incessamment son rival étonné.
Pour la première fois Talbot a frissonné.
En éclats dispersés il voit dans la poussière
Voler au loin son casque et son armure entière.
Incertain, ébloui, son œil épie en vain
Le glaive fugitif qui siffle sur son sein :
Par sa rapidité désormais invisible,
C'est un serpent de feu, qui, dans son vol flexible,
D'un dédale savant prompt à l'envelopper,
Joue autour de sa proie avant de la frapper ;
C'est la foudre, au milieu d'une obscure tempête,
Tantôt battant les flancs, tantôt frappant la tête
D'un mont audacieux que ses rapides dards
De cercles redoublés ceignent de toutes parts :
Lui, superbe et serein, sous les coups de la foudre
Semble en paix sur ses flancs voir ses rocs se dissoudre,
Sa couronne de pins sur son front s'embraser,
Ses gazons se flétrir, ses sources s'épuiser,
Et de son sein creusé de blessures profondes,
De cent nouveaux torrens fuir en grondant les ondes :
A son fougueux rival, à son agilité,
Talbot oppose ainsi son immobilité ;

CHANT XII.

Et, forte de son poids, sa masse inébranlable
Garde pour l'accabler sa chute épouvantable.
 Cependant, attentif à ce combat affreux,
L'Enfer craint pour Talbot un destin malheureux.
A son secours encor n'osant voler lui-même,
Le dieu du Crime emploie un cruel stratagême.
Dans le camp d'Albion brilloit l'adroit Goldard :
Habile à tendre l'arc, à diriger le dard,
De l'insecte inconstant qui jamais ne repose
Qu'abreuvé de nectar dans le sein de la rose,
Son trait inévitable eût atteint dans les cieux
L'aile au mobile éclat, au vol capricieux.
Satan du fier Montague emprunte la figure,
Le casque éblouissant et la brillante armure.
« Goldard ! » dit-il, « ô toi qui ne manquas jamais
Le but le plus lointain de tes rapides traits !
Viens par un coup heureux signaler ton adresse !
Vois-tu ce fier Gascon ? Que ta main vengeresse,
Dans le sang, dans la poudre humiliant son front,
Sauve à notre patrie un éternel affront.
A l'ombre de mes tours, trois cents belles cavales,
Rivales en vigueur, en vitesse rivales,
Paissent une herbe tendre en des prés toujours frais
Qu'entourent une eau pure et de sombres forêts :
Si ton dard abreuvé dans le sang de Lahire
Lui ravit la victoire où son orgueil aspire,
Je t'en fais le serment, tu pourras à ton gré
Dans ce troupeau superbe, à moi-même sacré,
Choisir à ton retour trois cavales rapides,
Dociles sous le joug, au combat intrépides;

Présent digne d'un roi, qu'un roi désire en vain. »
  Ainsi d'un doux espoir Satan remplit son sein.
« Ou mon dard abreuvé dans le sang de Lahire,
Va lui ravir la palme où son orgueil aspire ;
Ou quelque ange ennemi d'un immortel acier
Viendra du haut des Cieux le couvrir tout entier, »
Dit Goldard, et son œil de plaisir étincelle.
Il saisit son carquois : tous les traits qu'il recelle
Répandus à ses pieds sont dans la poudre épars :
La terre retentit sous ce torrent de dards.
D'un regard attentif il choisit dans la foule ;
Sur son arc, à l'endroit où le bois ailé coule,
Pose le plus aigu, le plus droit, le plus fort ;
De l'élastique acier rapproche avec effort
Les deux extrémités qu'un nerf solide assemble :
La corde retentit, le trait siffle, l'arc tremble,
Et la mort, ô Lahire ! a volé vers ton sein.
Mais le Ciel de l'Enfer confond le noir dessein :
Dans le moment fatal où le dard homicide
S'approche de ton cœur, Michaël plus rapide
Accourt, et se dévoile à ton coursier fougueux
Dans toute la splendeur d'un des princes des Cieux :
A l'aspect de ce front que la gloire environne,
Ébloui des rayons de sa triple couronne,
Le destrier recule ; et la flèche, en sifflant,
Du superbe Talbot s'en va frapper le flanc.
  Vaincu par la douleur d'une atteinte imprévue,
L'Anglais pâlit. Lahire, en proie à cette vue
Aux brûlans mouvemens d'un généreux courroux :
« Quel que soit l'assassin, » dit-il, « soit que ses coups

CHANT XII.

Aient pour sauver Talbot voulu trancher ma vie ;
Soit que de mon rival la tête poursuivie
Dût battre la poussière au pied de ces remparts ;
Le lâche vainement se cache à mes regards :
Ce fer ne sortira de ma main vengeresse
Qu'après qu'aux yeux de tous dégageant ma promesse,
Cette main, par sa mort, au gré de ma fureur,
Aura puni d'un traître ou l'adresse ou l'erreur. »
Il dit ; et, redoutant une attaque nouvelle,
Couvre de son écu son rival qui chancelle.

Mais les guerriers français ont vu voler le dard ;
Ils ont vu l'assassin, désabusé trop tard,
Par la foule entouré, s'enfuir et disparoître.
D'un horrible complot ils accusent son maître,
Abaissent leur visière, et tous en même temps
Font retentir les airs de leurs cris éclatans.
« Trahison ! trahison ! » ces mots épouvantables
Volent de bouche en bouche en accens formidables ;
Au loin, de toutes parts, s'élève un cri de mort.
Du geste et de la voix, Poton, du haut du fort,
A punir ce forfait excite nos cohortes :
Tout un peuple indigné s'élance de nos portes :
Vers eux des ennemis au combat préparés
Marchent à flots bruyans les bataillons serrés ;
Et sur ce champ fatal la France et l'Angleterre
Vont encor disputer l'empire de la Terre.

Ciel ! quel tumulte affreux ! quel horrible fracas
De cuirasses, d'écus, de dards, de coutelas !
Que d'armets abattus, que de lances brisées !
Que de seins déchirés, de têtes écrasées !

Que de torrens de sang répandus sans remords !
Quels monceaux de blessés, de mourans et de morts,
Sous les pieds des chevaux foulés dans le carnage,
Sanglans, défigurés, traînés sur le rivage !
    Comme on voit ces sapins, ces chênes triomphans,
D'une antique forêt gigantesques enfans,
En proie aux aquilons, à la foudre, aux tempêtes,
Confondre leurs rameaux, entre-choquer leurs têtes,
S'écraser, s'embraser, et semer tour à tour
De leurs tristes débris tous les champs d'alentour :
Ainsi des deux partis, qui l'un sur l'autre fondent,
Les rangs tumultueux se heurtent, se confondent,
Couvrent au loin ces bords de lances, d'étendards,
D'effroyables lambeaux, de cadavres épars.
    Sur le jeune Héron brisant sa forte lance,
Partade voit le Sort tromper son espérance :
D'un coup de hache, Escalle accable son coursier.
L'Arragonnais frémit : bordé d'un triple acier,
Son large et lourd pavois défend en vain sa tête ;
Il va périr : Couras détourne la tempête.
D'un revers de son glaive il frappe Escalle au flanc,
Redouble, ouvre l'armure, et fait couler son sang.
Le redoutable Anglais abandonne sa proie,
Se tourne vers Couras, et contre lui déploie
Tout ce que la vengeance et l'orgueil irrité
Peuvent unir de rage et de témérité.
Couras de son armet voit l'aigrette brillante
Rouler, foulée aux pieds, dans la poudre sanglante.
Son bouclier brisé cesse de le couvrir :
Il ne peut reculer, il faut vaincre ou périr.

CHANT XII.

Tout-à-coup, au milieu d'un torrent de poussière,
Se précipite entre eux une élite guerrière :
Montague, Lancelot, Halsate, Glacidas,
Suffolck, Pole, Moulins, et des flots de soldats,
Accourent à grands cris, se succèdent, se pressent ;
Et les rangs moissonnés devant eux disparoissent.
 Par la foule des siens Talbot environné,
Loin du champ de bataille est sans force entraîné.
Malgré les flots de sang qu'épanche sa blessure,
Lahire au fier Sidney porte une atteinte sûre :
Le glaive meurtrier pénètre dans son cœur,
Et l'étend dans la poudre aux pieds de son vainqueur.
Fenwick à cet aspect recule d'épouvante :
Son destrier s'abat sur la rive sanglante.
Lahire foule aux pieds le guerrier malheureux,
Et des rangs ennemis fait un carnage affreux.
Holywood, Rodolan, Sutherland et Warmonde,
Dans le fleuve poussés luttent contre son onde.
Rymer évanoui, la tête sous les flots,
Boit les flots de son sang mêlés avec les eaux.
Toi qui, livrant ton cœur aux douces rêveries,
Naguère encore, hélas ! sur des rives fleuries,
Immobile, tendois, au bout d'un bois léger,
Aux habitans de l'onde un appât mensonger,
Pour des combats sanglans quelle ardeur imprudente
Te fit abandonner cette guerre innocente !
Tes anciens ennemis autour de toi mouvans,
Se riront, ô Rymer ! de tes piéges savans :
Je les vois se jouer avec ta chevelure,
Folâtrer sur ton sein, et sucer ta blessure.

Lahire cependant passe comme un éclair
Qui vole avec la Mort dans l'abîme de l'air :
Les rangs à son aspect l'un sur l'autre se pressent,
Poussent des cris d'effroi, reculent, disparoissent :
Sans casque, sans haubert, échevelé, sanglant,
Il marche à la lueur d'un glaive étincelant.
　　Mais Montague de loin voit le guerrier terrible
Parmi ses bataillons faire un carnage horrible.
« Héron, Moulins, Guerrard, Gray, Pomus, Glacidas !
Vers la rive à l'instant précipitez vos pas, »
Dit-il, « et, relevant notre gloire affoiblie,
Repoussez ce torrent jusque dans Aurélie ! »
Il dit, et vers Lahire ils courent à la fois :
De leurs efforts unis il soutient tout le poids.
Mais Suffolck a paru : dans sa main redoutable,
D'un fier Helvétien la hache épouvantable
Répand autour de lui de sinistres clartés ;
La Terreur et la Mort marchent à ses côtés.
Semur atteint au flanc se débat dans la poudre ;
Ablancourt sur son front croit voir fondre la foudre ;
Varde presque mourant échappe à son vainqueur ;
Sidon roule à ses pieds ; Talville, atteint au cœur,
Passe rapidement de cette triste vie
Au séjour ténébreux d'où l'âme aux Cieux ravie,
Après un temps d'épreuve, avec un doux transport,
Par son ange conduite enfin touche le port :
Il entend près de lui les âmes qui gémissent,
Mais dans l'éloignement des harpes retentissent ;
Et, pour le consoler et charmer son ennui,
Les chœurs des esprits saints arrivent jusqu'à lui.

CHANT XII.

O généreux Nazelle, objet de tant d'alarmes,
Que ta mort dans Chinon fera verser de larmes !
Seul espoir de ta mère, ô jeune infortuné !
Fruit tardif de l'hymen aussitôt moissonné,
Hélas ! n'as-tu brillé sur les bords de la Loire
Que pour t'évanouir comme un songe de gloire !
La tremblante Elénor en vain offre aux autels
Ses vœux, ses riches dons, et ses pleurs maternels ;
Plus d'espoir ! plus de terme à sa douleur amère !
Tu ne charmeras plus les regards de ta mère,
Étoile du matin, jeune astre radieux ;
Quelle ombre, en t'éteignant, tu laisses dans les Cieux !
Tout fuit devant Suffolck. L'impétueux Lahire
Seul accourt au-devant d'un péril qu'il désire.
Mais, épuisé de sang, trompé dans ses efforts,
Son coursier va tomber sur un monceau de morts.
Des arçons à l'instant le héros se dégage :
Chabanne voit de loin fondre sur lui l'orage ;
Il tremble pour ses jours, et présente à ses yeux
Un destrier, conquis par son bras valeureux.
« Accepte, » lui dit-il, « ô rival que j'admire !
Le secours que Chabanne ose offrir à Lahire.
Éprouve ce que vaut le coursier de Nortgall :
Ce coursier intrépide, à Bayard même égal,
Sait, docile à la main, tantôt, rasant la poudre,
Fuir plus prompt que l'éclair; tantôt, comme la foudre,
Frapper, rompre les rangs, ouvrir les bataillons,
Et de sang et de morts engraisser les sillons. »

« O généreux guerrier ! c'est à bon droit qu'on vante, »
Dit Lahire, « et ton bras qui répand l'épouvante,

Et ton cœur magnanime, et le sang dont tu sors !
J'accepte ton secours ; unissons nos efforts ;
Viens ! des fils d'Albion que la foule punie
Succombe sous ta lance à mon épée unie !
Mais que sur le rivage on n'abandonne pas
Mon coursier malheureux aux horreurs du trépas :
Prends-en soin, chez Aymar, et, sensible à ma peine,
Dans les murs d'Orléans que ta main le ramène ! »

Il dit : les deux héros s'élancent à la fois.
Les plus épais hauberts, les casques, les pavois,
Sous la lance, à l'instant, et sous le glaive agile,
Disparoissent brisés comme un verre fragile.
Chabanne étend Longway sur son coursier mourant,
Jette Glanville mort sur Hastings expirant,
Renverse Sydenham et son coursier ensemble.
Contre Lahire et lui la foule se rassemble.
L'intrépide Suffolck, qui les cherche des yeux,
Les reconnoît aux cris qui partent autour d'eux ;
Il les voit s'avancer contre des flots de lances
Comme deux grandes nefs qui, sur les mers immenses,
Au bruit des avirons, aux cris des matelots,
D'un bec victorieux brisent l'orgueil des flots.
Il court à leur rencontre ; il vient comme la foudre,
Et, heurté par Lahire, est jeté dans la poudre.
A l'aspect de sa chute, au bruit de son malheur,
Les enfans d'Albion sont saisis de douleur.
Sans doute il eût péri, si son ange propice
N'eût conduit en ce lieu d'une main protectrice
Gray, Ross, Egre, Guélin, Pole et vingt jeunes preux :
Ils couvrent de leurs corps le héros malheureux,

L'arrachent des arçons, le soulèvent, l'entraînent,
Et jusque dans sa tente à grands pas le ramènent.
 Lahire voit sa proie échapper à ses coups,
Et s'écrie, enflammé d'orgueil et de courroux :
« Où vas-tu, fier Suffolck ? ô guerrier magnanime !
Sont-ce là les effets de l'ardeur qui t'anime ?
Albion sur ton bras appuyant sa grandeur,
A l'égal de Montague honoroit ta valeur ;
Du bruit de tes exploits l'Europe est occupée :
Et voilà que Suffolck fuit devant mon épée !
Que dira l'Angleterre ? et quel nom désormais,
Invincible guerrier, donner à tes hauts faits ? »
 Il dit, et, poursuivant sa course triomphante,
Moissonne des Anglais la foule gémissante.
Le fier Oldard au front de son glaive est frappé :
Sa tête en deux, son corps en deux parts est coupé.
Guétin lui-même au flanc est atteint dans sa fuite :
La moitié de son corps tombe, se précipite,
Roule dans la poussière ; et, saisi de terreur,
Son coursier dans les rangs emporte avec horreur
De ce corps mutilé le déplorable reste :
Tout s'écarte à l'aspect de cet objet funeste.
 Du sommet des remparts par Montague élevés,
Satan voit ces deux chefs tant de fois préservés
Succomber sous le glaive ; et par leur mort sanglante
Inspirer aux Anglais une morne épouvante.
 « Indomptable Moloch ! » dit-il, « ange vengeur !
Roi des sanglans combats, que tarde ta fureur ?
Ne vois-tu pas, au loin semant les funérailles,
Un seul guerrier chasser du pied de ses murailles

Les belliqueux enfans de la reine des mers ?
Attends-tu, pour venger la gloire des Enfers,
Que cet audacieux, triomphant dans sa rage,
Vienne briser les tours qu'élève leur courage ?
Suffolck, le grand Suffolck est tombé sous ses coups :
Guétin, le fier Oldard, atteints par son courroux,
De leur affreux trépas épouvantent ces rives.
Rassemble des Anglais les troupes fugitives !
Abats le téméraire ! implacable vainqueur,
Nourris-toi de son sang, repais-toi de son cœur ! »

   Il dit ; Moloch revêt son armure éclatante ;
Du roi du noir Abîme il court remplir l'attente.
Il descend du sommet des remparts ennemis,
Comme on voit, quand des monts sur leur base affermis
Par des feux souterrains la cime est ébranlée,
De leur faîte arraché, roulant dans la vallée,
Tomber avec fracas un rocher bondissant,
Les troupeaux devant lui s'enfuir en mugissant,
Et les riches moissons sur la plaine ondoyantes
Marquer de leurs débris ses traces effrayantes.
Ainsi l'affreux Moloch, cet ange au cœur d'airain,
Sur les héros français fond le glaive à la main.
Les rangs à son aspect reculent, se dispersent ;
Sur les guerriers tremblans les coursiers se renversent ;
Un cri d'effroi s'élève ; et, craignant ses regards,
Des braves autour d'eux roulent leurs étendards.

   Lahire seul, Lahire, à la crainte invincible,
Attend d'un front serein cet ennemi terrible.
« Chef à la noire armure, au casque ténébreux,
Quel est ton nom, » dit-il, « parmi les fils des preux ?

Jamais jusqu'à ce jour de ton aspect sauvage
Tu ne vins attrister ce glorieux rivage. »

« Des combats, » dit Moloch, « je règle seul le sort :
Ma voix est la tempête, et mon souffle la mort.
Je commande : les rois et les peuples s'empressent.
Je regarde : les rois, les peuples disparoissent.
Le superbe Montague honore mes autels :
Je prétends couronner ses exploits immortels.
Fuis, guerrier téméraire, une lutte fatale ! »

« Fuis toi-même, habitant de la rive infernale !
As-tu cru m'effrayer par ton aspect hideux,
Par ta voix menaçante et tes regards affreux ?
Vain enfant de la Nuit, rentre dans tes demeures !
Dans les champs de l'exil va consumer tes heures !
Va des spectres craintifs chasser au loin les flots ;
Et ne te mêles plus aux luttes des héros ! »

Il dit, l'ange déchu, qu'irrite cet outrage,
Se redresse en fureur, rugit, hurle de rage ;
Sur le héros français se penche tout entier,
Le couvre de sa masse, et fait sur son cimier
Siffler et resplendir son effroyable glaive.
A l'instant, sous le bras que le géant soulève,
Le preux se précipite, et, trompant son dessein,
Trois fois plonge l'épée au milieu de son sein.
Le monstre déchiré pousse un cri formidable ;
Courbe, tord de douleur sa masse épouvantable ;
Et pour cacher ses pleurs cherchant de noirs déserts,
Tourbillon de fumée, il se perd dans les airs.

Dans les champs du carnage, à l'aspect de sa fuite,
La foule des Français vole et se précipite :

Et peut-être en ce jour des Anglais effrayés
Les rangs tumultueux, de ce bord renvoyés,
De leurs propres remparts eussent cherché l'asile,
Si Jéhova, du haut de son trône immobile
Sur les mondes errans abaissant ses regards,
N'eût vu leurs bataillons fuyans de toutes parts.
Dans ses trésors vengeurs la Sagesse divine
Retient captif encor le jour de leur ruine ;
Il ne brillera point sur la France et sur eux
Qu'elle n'ait expié l'orgueil des jours heureux.
Le Soleil disparoît, l'air gémit, le vent gronde ;
Le tonnerre roulant dans une nuit profonde
Fait retentir la plaine, et d'horribles éclairs
En longs serpens de feu s'égarent dans les airs.
Sous les pas des Français, en tourbillons de poudre,
Le rivage ébranlé semble au loin se dissoudre.
D'un nuage embrasé les vents roulent sur eux
Les flots noirs et brûlans, les torrens ténébreux.
Étouffés, aveuglés par ces vapeurs funestes,
Courbés sous le fardeau des vengeances célestes,
Ils s'arrêtent, saisis d'une sainte terreur.
L'intrépide Chabanne en est glacé d'horreur.
« Ne va pas plus avant, arrête, fier Lahire ! »
Dit le preux chevalier : « qu'un aveugle délire
N'excite point ton âme à braver le courroux
D'un Dieu qui se déclare et tonne contre nous.
Dans cette nuit profonde, au sein de ces tempêtes,
N'entends-tu pas ses coups retentir sur nos têtes ?
Sa voix parle à nos cœurs ; ses terribles accens
D'une frayeur sacrée ont pénétré mes sens.

CHANT XII.

A la faveur de l'ombre, où se perd ton épée,
Laisse fuir cette foule à la Mort échappée ! »
— « Moi, Chabanne ? moi, craindre un torrent passager,
Et me laisser ravir l'honneur de nous venger ? »
Répond l'audacieux. « Quoi ! l'Anglais pourroit dire :
« Un orage, un vain bruit triompha de Lahire ;
» Sa fortune le joue et flotte au gré de l'air ;
» Le vainqueur de Suffolck fuit devant un éclair ! »
Tels seroient ses discours. Dieu ! puissent de ta foudre
Les coups auparavant m'étendre dans la poudre ! »
Il dit ; et, s'élançant au sein des flots brûlans
Dont les noirs tourbillons autour de lui roulans
Dérobent les fuyards à l'abri de leur ombre,
Il immole, il abat des ennemis sans nombre.
Partout s'étend la Peur, la Fuite, le Trépas :
Il redouble, et le sang ruisselle sous ses pas.

Enfin le roi des Cieux, qu'irrite son audace,
Lève son bras puissant, et, debout dans l'espace,
D'un torrent de lumière inondant le guerrier,
Lance à grand bruit la foudre aux pieds de son coursier.
Le soufre embrasé jette une vapeur horrible ;
Dans les airs rejaillit une flamme terrible.
Le destrier tremblant dans la poudre s'abat.
Éperdu, le héros sous son poids se débat,
Et ses yeux épuisés, ô châtiment funeste !
Ses yeux restent fermés à la clarté céleste.
Il appelle Chabanne, implore son secours.

« Conduis-moi, » lui dit-il, « à l'abri de nos tours.
A mes yeux indignés la lumière est ravie ;
Le Ciel m'ôte ma gloire, et me laisse la vie ! »

Il dit, et des arçons l'aidant à s'arracher,
Chabanne à son malheur ose encor s'attacher.
A travers les débris, dans la plaine sanglante,
Il conduit, il soutient sa marche chancelante.
Les Tournelles enfin reçoivent les héros.

    Tandis que des Anglais il arrêtoit les flots,
Montague a vu leur fuite. « O vaillantes cohortes!
Tournez les yeux! » dit-il: « voyez fuir vers leurs portes
Ce taureau formidable et ce fougueux lion:
Soldats! le roi des Cieux combat pour Albion;
Sur nos fiers ennemis son bras qui se déploie
Les frappe de sa foudre et nous les livre en proie.
Venez, changeons ces murs en un vaste cercueil! »

    Enflammés, à ces mots, d'espérance et d'orgueil,
Des fils de l'Océan la foule se rassemble.
Sous leurs pas furieux au loin la rive tremble.
Montague accourt, Montague au milieu des Français
Pousse son fier coursier, et, dans leurs rangs épais,
Redoublant la terreur dont leur âme est frappée,
De carnage et de sang il repaît son épée.
Chantre céleste! arrache aux ombres de l'Oubli
Ces preux dont en tombant le front n'a point pâli;
Ces nobles chevaliers, trahis par la Victoire,
Qui moururent du moins avec toute leur gloire.
Le premier qui s'oppose au héros d'Albion,
C'est le jeune héritier de l'antique Gaillon,
Qui, fuyant sur ces bords le joug de l'Angleterre,
Abandonna ses biens aux fureurs de la Guerre.
Montague dans son sein plonge le fer cruel:
Sa belle âme à l'instant s'envole et monte au Ciel.

CHANT XII.

Randan, le vieux Randan voit le glaive homicide
Immoler ses trois fils, César, Eugène, Alcide,
Cher et dernier espoir d'une illustre maison,
Moissonnés l'un pour l'autre en leur jeune saison.
Contre leur fier vainqueur le vieillard, dans sa rage,
Lève un fer impuissant qui trahit son courage :
Montague abat sur lui son glaive dévorant,
Sur ses fils expirés le renverse expirant,
Foule son corps débile ; et ce front vénérable
Que couronna le Temps de sa neige honorable,
Ce front où sont gravés soixante ans de vertu,
Reste, souillé de sang, dans la poudre abattu.
Oses-tu, jeune Argis, attendre la tempête ?
Sous le tranchant acier je vois rouler ta tête,
Comme on voit sous la faux du cruel moissonneur,
Au milieu des épis dispersés sans honneur,
D'un pavot éclatant, tout brillant de rosée,
Tomber la fleur de pourpre au hasard écrasée.
Ton meurtrier poursuit, il redouble d'efforts ;
Il marche tout sanglant sur des monceaux de morts ;
Des Français éperdus il moissonne la foule
Qui devant sa fureur comme un torrent s'écoule.

 Poton dont la blessure enchaîne la valeur,
A ce triste spectacle est saisi de douleur.
Foible, épuisé de sang, le héros magnanime
Pour arrêter l'Anglais un moment se ranime.
Sans heaume, sans cuirasse il veut sortir du fort.
Il saisit tout-à-coup, soulève avec effort
Son bouclier pesant, énorme, impénétrable,
Et s'avance, agitant sa lance formidable,

Contre les bataillons qui sous ces hauts remparts
Refoulent les Français devant le glaive épars.
Comme on voit, à travers la forêt ténébreuse,
De chasseurs imprudens une troupe nombreuse
Poursuivre au bruit du cor les chevreuils aux abois,
Les daims, les cerfs légers, timides fils des bois ;
Si, tout-à-coup, au sein d'une grotte profonde,
Réveillé par leurs cris un affreux lion gronde,
Sort de son noir repaire, et, du haut d'un rocher,
Hérissé de fureur, leur défend d'approcher :
A l'aspect imprévu de ce roi solitaire,
Ils veulent fuir ; leurs pieds s'attachent à la terre ;
Leurs genoux défaillans s'entre-choquent d'effroi :
Ainsi, vaillant Poton, tout tremble devant toi.
Ton aspect, les éclats de ta voix menaçante,
Tes regards aux Anglais inspirent l'épouvante :
Au milieu de leur course ils suspendent leurs pas,
Les Français ralliés échappent au trépas ;
Dans l'enceinte du fort, dans les murs de la ville,
Leurs bataillons défaits cherchent un sûr asile.
Mais du camp ennemi sur le fort ébranlé
Mille foudres tonnans dans l'espace ont volé.

 Du fort, de la cité les murs s'allument, grondent ;
L'airain lance la mort ; les foudres se répondent ;
Par les globes volans les rangs sont renversés,
Les boulevards détruits, les héros dispersés.
Tout tombe, tout périt sous ces carreaux terribles.
De cadavres sanglans, défigurés, horribles,
La plaine, les remparts, le rivage est couvert.
Sur le fort chancelant, de toutes parts ouvert,

CHANT XII.

Le bouclier des Francs, le généreux Xaintraille,
Tel qu'un ange vengeur, effroi de la bataille,
Lève un front intrépide ; et, trois fois renversé,
Trois fois par lui des Lis l'étendard redressé
Brille au sommet des tours, et, bravant la tempête,
Roule ses flots d'azur à l'entour de sa tête.
A côté du héros, d'un même zèle épris,
Pleins d'horreur pour l'Anglais, pour la mort de mépris,
Brillent Couras, Vernade, et ce brave Chabanne.
A de nouveaux revers l'Éternel les condamne :
Roulant avec fracas sur ses brûlans essieux,
Le char de la Vengeance a tonné dans les Cieux ;
Et des torrens d'éclairs fondant sur les Tournelles,
Menacent des Français les têtes criminelles.
Charmois tombe brisé par un globe de fer.
Un coup non moins affreux moissonne Taillefer :
Par l'horrible bombarde une roche lancée
Arrache de son corps sa tête fracassée.
Un seul foudre déchire Arbonne et Rémival.
A côté de Poton le jeune et beau Lanval
Tombe, pâle et glacé, sur sa cuisse sanglante.
Ta main d'impatience et de courroux tremblante,
O valeureux Flagy ! saisit le fil ardent
Par qui la poudre en feu va du bronze grondant
Chasser à flots pressés la mitraille homicide :
Ton bras est emporté par un globe rapide.
Soudain par la vengeance et la haine animé,
Flagy de l'autre main prend le fil enflammé,
Croit assouvir enfin l'ardeur qui le dévore,
Et voit l'arrêt du Ciel trahir sa haine encore :

Un marbre meurtrier siffle, vole, et ce bras,
Ce bras son dernier aide, au loin vole en éclats.
Une chaîne de fer par deux globes tendue
Au sommet du rempart, sur la foule éperdue
Arrive en tournoyant, brise des rangs entiers,
Balaie, emporte, écrase et détruit les guerriers.
Sous le poids des héros, sous les coups de la foudre,
Le fort brisé chancelle et semble se dissoudre.
Des mineurs parvenus sous ses vieux fondemens
L'œuvre est presque achevée : encor quelques momens,
Et, consommant des preux les vastes funérailles,
Les innombrables troncs qui portent ses murailles,
Au signal de Montague enflammés à la fois,
Vont s'éclater soudain, s'écraser sous ce poids,
Et des énormes tours les formidables cimes
Avec leurs défenseurs rouler dans des abîmes.
　　Des succès de l'Anglais Gaucourt est informé :
Du péril de Poton son cœur est alarmé.
Il fait voler vers lui ses chevaucheurs fidèles.
« Abandonne à l'Anglais les débris des Tournelles, »
Disent-ils au héros ; « et pour d'autres combats
Réserve désormais ton courage et ton bras. »
Poton de cette loi reconnoît la prudence ;
Jamais un fol orgueil n'égara sa vaillance ;
Et, cessant à sa voix un téméraire effort,
Les Français éperdus abandonnent le fort.
Il reste le dernier sur la muraille éteinte,
Et sa vue aux Anglais inspire encor la crainte.
　　Enfin, vers les créneaux le cruel Glacidas
Ose monter suivi de ses nombreux soldats.

Il plante sur les tours l'étendard d'Angleterre,
Qui semble de leur cime insulter à la Terre,
Et voit les assiégés, par Xaintraille conduits,
Dans un nouvel asile avec ordre introduits.

Vers le milieu du fleuve est une île aréneuse
Que forma par degrés la Loire sablonneuse
Des débris de ses bords, du limon de ses eaux :
Le pont sur elle appuie, et par d'heureux travaux,
Domptant le sol qui fuit et le fleuve qui gronde,
Joint la Sologne avare à la Beauce féconde.
Au centre de cette île, un large boulevard
Dont cent chênes noueux soutiennent le rempart,
De canons hérissé, solide, inaccessible,
Au-devant d'Aurélie étend son front terrible.
Entre l'île et le fort par l'Enfer usurpé,
Le pont, pendant la nuit dans sa largeur coupé,
Laissera désormais la Loire menaçante
Arrêter des Anglais la fureur impuissante.

Le jour fuit : les vainqueurs, qu'enivrent leurs destins,
Dans l'ombre de la nuit prolongent leurs festins.
Les Français accablés de leurs temples antiques
Inondent les parvis, assiégent les portiques :
Le trouble, un morne deuil règne dans la cité.
Pendant toute la nuit le Seigneur irrité
Leur annonce les maux qu'il leur prépare encore :
Il frappe, au haut des airs, son bouclier sonore,
Ce vaste bouclier, dont l'orbe ténébreux
Couvriroit des cités et des peuples nombreux.
Un tremblement d'effroi s'empare de la Terre.
A ce bruit formidable, à ce signal de guerre,

Les Français sont saisis d'une sainte terreur;
Leurs cheveux sur leurs fronts se hérissent d'horreur;
Prosternés dans la poudre à peine s'ils respirent,
Et leurs tremblantes voix sur leurs lèvres expirent.

CHANT XIII.

Albion cependant, par de sanglans succès,
Apprenoit le danger de vaincre les Français.
En stériles combats quelques jours s'écoulèrent;
Souvent dans leurs remparts ses guerriers reculèrent;
Et Chabanne et Couras renversoient leurs rivaux
Du boulevard du pont dans l'abîme des eaux.
Tels, quand l'ange des Nuits étend ses sombres ailes,
Autour d'un humble toit veillent deux chiens fidèles :
Leurs mobiles naseaux interrogent les vents;
Des ruisseaux agités, des feuillages mouvans,
Du ramier qui gémit, leurs oreilles avides
Recueillent tous les sons; et leurs regards rapides
Vont découvrir au loin l'approche du danger,
Que des hommes de sang marchant d'un pas léger,
Le poignard à la main vers la porte s'avancent :
Hérissés, l'œil en feu, les deux gardiens s'élancent;
Leur aboîment terrible ébranle au loin les airs;
Du fer étincelant ils bravent les éclairs,
Fondent sur les brigands, les terrassent dans l'ombre,
Triomphent; et, couverts de blessures sans nombre,
De ces vils assassins ils fracassent les os,
Traînent avec fureur, dispersent en lambeaux
Leurs membres palpitans, leurs têtes dépouillées,
De carnage, d'écume et de fange souillées;

Puis, épuisés de sang, se sentant défaillir,
Vont aux pieds de leur maître et s'étendre et mourir.
    Cependant, sur sa couche enchaîné dans sa tente,
Talbot voit chaque jour l'art tromper son attente,
Et de sa guérison, trop tardive à son gré,
S'éloigner le moment vainement imploré.
Tourmenté du besoin d'assouvir sa vengeance,
Enfin sa raison cède à son impatience;
Il fait près de sa couche appeler Glacidas.
« Favori des Enfers, je ne demande pas, »
Dit-il, « que, de ma mort si l'heure est arrivée,
Tu prolonges le cours d'une trame achevée :
Mais si l'arrêt du sort n'a point marqué ma fin,
Si cette épée encor doit briller dans ma main :
(Je sais, en ta faveur, d'une mère savante
Quels prodiges heureux la main hardie enfante) :
Implore pour Talbot sa tendresse pour toi !
Qu'elle hâte l'instant où, s'éloignant de moi,
Le tourment odieux qui sur ce lit m'enchaîne,
Cessera d'arrêter les projets de ma haine !
Que je puisse bientôt, poursuivant mes succès,
Renverser à mes pieds tous ces héros français,
Ces héros qu'eût déjà moissonnés mon épée
Sans le coup qui s'oppose à ma fureur trompée !
Si j'obtiens par tes soins ce qu'attend mon espoir,
Au gré de tes souhaits use de mon pouvoir;
Choisis dans mes trésors; parle, exige, commande:
Il n'est rien que Talbot refuse à ta demande.
Mais ouvre-moi la tombe ou me rends aux combats ! »
    Ainsi parle Talbot. Le sombre Glacidas

CHANT XIII.

Roule de noirs pensers dans son âme cruelle.
Sa vengeance est sans terme et sa haine immortelle.
Une offense gravée en cette âme de fer,
D'un amour méprisé le souvenir amer,
Irrite incessamment sa fureur impuissante.
Un détestable espoir à son cœur se présente :
Dans un crime secret s'il pouvoit t'engager,
Tu te verrois, Talbot, réduit à protéger,
A craindre même un jour son perfide génie :
Le crime rend égaux tous ceux qu'il associe.
Fratamo, Lancélot, Edelmonde, tremblez !
Dans un même anathème il vous a rassemblés ;
Vous n'échapperez point à sa rage cruelle.

« Seigneur, » dit-il enfin, « la puissante Arabelle,
Depuis que sur ces bords le Sort guida son fils,
Pour l'aider de ses soins, l'armer de ses avis,
Non loin de ce séjour, dans une forêt sombre,
D'un antre infréquenté s'en vint habiter l'ombre.
Dans cet antre, seigneur, porté par vos soldats,
Osez cette nuit même accompagner mes pas.
Pour découvrir le sort qui vous attend encore,
Pour rendre à votre bras la vigueur qu'il implore,
D'un art mystérieux les augustes secrets
Craindroient de s'exposer à des yeux indiscrets. »

Il dit. Talbot soudain, dans l'ardeur qui le presse,
Veut du roi des Enfers consulter la prêtresse.
Mais avant, il ordonne, aigri par son malheur,
Que demain, des héros vaincus par sa valeur
Dans les remparts de Meun la troupe soit conduite.
Il leur donne un seul jour, et part avec sa suite.

De la rive du Sud vers la rive du Nord
A la faveur de l'ombre un esquif prend l'essor,
Glisse rapidement sur l'onde frémissante,
Vole, arrive, et sans bruit sur l'arène écumante
Dépose mollement son fardeau précieux.
Aucun astre indiscret ne brilloit dans les cieux ;
Un voile obscur au loin couvroit la terre et l'onde ;
Le Silence et la Nuit sur la moitié du Monde
Étendoient leur empire ; et des anges divers
Les nombreux bataillons sommeilloient dans les airs.
Porté par ses guerriers que Glacidas devance,
Par de secrets détours l'Achille anglais s'avance
Vers le séjour sauvage où, par un art affreux,
Arabelle commande aux anges ténébreux.

 Au-dessus d'Aurélie une forêt obscure
Étend au loin son ombre et son triste murmure.
Aux yeux du voyageur sous sa voûte égaré,
Se présente un désert des humains séparé,
Où, seuls, et des veneurs évitant la poursuite,
De hideux sangliers osent cacher leur fuite.
De ce morne séjour les sauvages horreurs
Entourent les mortels d'invincibles terreurs.
A chaque pas, leurs yeux errans sous le feuillage
De la mort, du chaos y rencontrent l'image :
Des antres ténébreux, des souterrains profonds,
Des torrens débordés, des abîmes sans fonds,
Les ravages des eaux, les traces de la foudre,
Des arbres fracassés, des troncs réduits en poudre,
Des rochers menaçans, qui, dans l'air suspendus,
Sur la bruyère épars, l'un sur l'autre étendus,

CHANT XIII.

Tantôt cachent leurs flancs dans d'humides abîmes,
Tantôt contre les cieux dressent leurs noires cimes :
Ici, pour déguiser leurs horribles pitons,
Le lierre usurpateur prodigue ses festons;
Ailleurs, nus, dépouillés, de leurs masses énormes,
Ils étalent au loin les gigantesques formes;
Là, du flambeau du jour réfléchissant les feux,
D'un éclat importun ils fatiguent les yeux;
Plus loin, sur des ravins, sur des eaux mugissantes,
Inclinant tout-à-coup leurs têtes menaçantes,
Au chevrier tremblant, de sa route écarté,
Ils semblent du Soleil refuser la clarté.
 Là, dit-on, quand la Nuit attriste la nature,
Des fantômes errans on entend le murmure,
Des sanglots étouffés, de sourds gémissemens,
Des aquilons fougueux les longs mugissemens,
Le froissement des troncs agités par l'orage,
Des torrens écumeux l'impétueuse rage.
A travers les rochers roulant avec fracas
Les ormes déchirés, les chênes en éclats,
Abattus par les vents, renversés par la foudre;
Tandis que des sapins dont la cime est en poudre,
Les troncs debout encor, brûlant aux bords des eaux,
De ce spectacle affreux sont les pâles flambeaux.
 Là, dit-on, d'enchanteurs une troupe hideuse
Se rassemble à travers la forêt ténébreuse,
Le lendemain du jour triste et mystérieux
Où le Christ expira pour nous rouvrir les Cieux.
Pour s'y rendre, des loups, des sangliers énormes,
Des tigres, des lions, ils empruntent les formes.

Sur un coursier fougueux l'un traverse les mers ;
Sur sa flèche rapide un autre fend les airs ;
Un rayon de la Lune apporte ce sauvage ;
Cet ogre accourt roulé dans un bruyant orage.

    Souvent leur main impie, au milieu des tombeaux,
D'un monstrueux hymen allume les flambeaux.
A la pâle lueur de leurs rayons funèbres,
L'homme en secret s'unit à l'ange des ténèbres,
Et la vierge farouche à l'incube infernal.
Le son rauque du cor a donné le signal :
Dépouillant ses lambeaux, autour d'un bouc infâme,
On court, on danse en cercle : homme, enfant, fille, femme,
Noirs démons de tout sexe, on se mêle : à ce bruit,
La Lune avec horreur et se voile et s'enfuit,
Et de forfaits sans nom la Nuit épouvantée
Couvre au loin le désert d'une ombre ensanglantée.
Des rites criminels, d'exécrables sermens,
D'atroces voluptés, d'impurs embrassemens,
Sous les voiles affreux d'une couche sanglante,
Joignent l'amant livide à sa féroce amante,
Et la vile sorcière à son cruel époux :
De ses ongles d'acier, dans ses transports jaloux,
Sur le sein palpitant que torture sa rage
Il imprime à jamais le douloureux outrage.
Autour d'eux rassemblés les monstres des Enfers
Entonnent en dansant leurs barbares concerts.
Bientôt, quittant le soir leurs retraites obscures,
Au bord des noirs torrens, des fontaines impures,
Ces odieux époux, unissant leurs fureurs,
Tantôt viendront dans l'ombre effrayer les pasteurs,

Enlever ses enfans à la mère tremblante,
Se repaître à ses yeux de leur chair palpitante;
Tantôt de flots de grêle inonder les guérets;
Tantôt souffler la flamme à travers les forêts;
Ou, sous de noirs rochers, dans un antre sauvage,
De sucs empoisonnés composer un breuvage;
Égorger une vierge, et, dans son chaste sein,
Plonger d'un art cruel le regard assassin.
Oh! qui retraceroit ces scènes effroyables,
Ces meurtres, ces complots, ces pactes formidables,
Ces chants tumultueux, ces cris, ces hurlemens,
Des aveugles mortels honteux égaremens!
Malheureux, que de l'or, que des grandeurs humaines
L'avide soif conduit dans ces sombres domaines,
Dans cet empire affreux, riche de nos forfaits,
Où, de crimes chargés, sous cet horrible faix,
Chacun d'eux soulevant sa poitrine accablée,
Croira porter des monts la masse accumulée,
Et tressaillant d'effroi, mugissant de fureur,
Sur son lit embrasé se tordant de douleur,
De ses flancs déchirés, de sa gorge brûlante,
Vomira par torrens la foudre étincelante.

 Arrivé dans ces lieux, Talbot sur Glacidas
En frémissant s'appuie, et, quittant ses soldats,
S'approche lentement d'une roche hideuse
Qu'entoure un noir torrent de son onde orageuse.
Renversé par les vents après de longs efforts,
Le tronc d'un chêne antique en réunit les bords.
Les guerriers sur ce pont d'un pas tremblant s'avancent:
Du torrent autour d'eux avec fureur s'élancent,

Bondissent en grondant les flots amoncelés
Que rejettent au loin les rochers ébranlés.
Devant eux tout-à-coup une caverne ombreuse
Au pied du roc énorme ouvre une bouche affreuse
Où semblent à la fois mugir les ouragans,
Étinceler la foudre et gronder les volcans.
Talbot pâlit. Soudain, sur le seuil se présente
Une femme à l'air sombre, à la taille imposante :
Le Temps impitoyable a flétri ses attraits;
Une fierté sauvage est empreinte en ses traits;
La vengeance et la mort sont dans ses yeux perfides;
La soif du sang se peint sur ses lèvres arides;
On croit voir des serpens sur son sein s'enlacer;
Des flammes sur son front semblent se hérisser;
Sa couronne de fer sur sa tête étincelle;
Le sceptre fatidique arme sa main cruelle.

« Guerriers, de vos secrets mon art déjà m'instruit ;
Je sais en ce séjour quel dessein vous conduit.
Je voudrois, ô Talbot ! te rendre à la vengeance :
Mais un pouvoir suprême enchaîne ma puissance.
Suis mes pas cependant : il dépendra de toi
De vaincre cet obstacle et d'obtenir par moi
Que Gladuse, enlevée aux rivaux qui l'adorent,
Soit rendue à l'amant que ses frayeurs implorent. »

Elle dit : avec art ces mots empoisonnés
Ont glacé du héros tous les sens étonnés.
Il la suit dans la grotte, où, foible et vacillante,
D'une lampe de fer à la voûte pendante,
Sur des degrés obscurs, qu'un sang humide teint,
La clarté tour à tour se prolonge ou s'éteint.

Talbot et Glacidas, sur les pas de la fée,
Bravent de ces cachots la vapeur étouffée.
Au-dessous de leurs yeux multipliant ses tours,
Le gouffre tortueux s'approfondit toujours.
Enfin, dans le lointain, de deux torches funèbres
Leurs regards attentifs au milieu des ténèbres
Distinguent les rayons pareils aux feux mourans
Des astres de la nuit dans les brouillards errans.
Du héros d'Albion le cœur tremble et palpite.
Au fond du noir abîme où la prêtresse habite,
Il arrive, et long-temps contemple de ces lieux
L'immensité terrible et l'appareil affreux.

 D'un marbre noir poli l'enceinte revêtue
En cirque au loin s'enfonce et semble fuir la vue :
Obscur et solitaire, il n'a pour ornemens
Que des chiffres épars, d'antiques talismans,
Des ossemens blanchis, effroyables trophées
Qu'offrirent à leur dieu d'impitoyables fées.
En dôme menaçant la voûte s'arrondit.
Au milieu de l'enceinte, au séraphin maudit
Qui, du Ciel exilé, règne aux sombres abîmes,
Un autel chaque jour teint du sang des victimes
S'élève environné des parfums précieux
Que l'idolâtre impur prostitue aux faux dieux.
Aux deux bouts de l'autel une torche éclatante
Laisse errer les rayons de sa gerbe flottante ;
Et la clarté, qu'arrête une humide vapeur,
Du dôme ténébreux n'atteint pas la hauteur.

 « Du grand dieu que je sers tu peux, » dit Arabelle,
« Tout attendre, ô Talbot ! contre un peuple rebelle :

Mais à sa main puissante il te faut confier;
Sur son autel toi-même il faut sacrifier. »

 Du guerrier, à ces mots, tous les membres frémissent;
Sur son front pâlissant ses cheveux se hérissent.
Plein d'une horreur profonde : « O de ce temple affreux,
O du roi de l'Enfer ministres ténébreux !
Qu'osez-vous proposer ? moi, qu'à ce dieu funeste
J'offre jamais l'encens qu'on doit au dieu céleste !
Qu'en proie aux mouvemens d'un aveugle transport,
J'abandonne mon âme à l'ange de la Mort !
Que je renonce aux dons, que je renonce aux grâces
Du Dieu qui de son sang voulut laver les traces
De ce premier forfait sur la Terre commis
Par nos premiers parens à leur race transmis !
Non, ne l'espérez point; non, l'horreur de ce crime
Arrêtera mes pas sur le bord de l'abîme. »

 « Eh bien ! » dit la prêtresse (et de ses yeux hagards
Jaillissoient sur Talbot d'homicides regards),
« Puisque d'un vain effroi ton cœur esclave encore
Refuse les faveurs de l'ange que j'adore,
De ces mêmes faveurs objets de tes mépris
Apprends, mortel aveugle, à connoître le prix ! »

 Elle quitte à ces mots sa brillante chaussure,
Détache et laisse errer sa longue chevelure;
Au-dessus d'un genou, par une agrafe d'or,
De sa robe de pourpre elle attache le bord;
Les yeux baissés, traçant des figures bizarres,
Trois fois en murmurant des paroles barbares,
Tourne autour de l'autel; et, s'arrêtant soudain,
Le frappe par trois fois de son sceptre d'airain.

A l'instant répandue une vapeur immonde
Roule autour de l'autel, et l'embrase, et l'inonde.
Dans ces flots ténébreux que l'œil perce à regret,
Sa forme par degrés s'efface et disparoît.
En vain de ses flambeaux la lueur pâlissante
Lutte un moment encore avec l'ombre croissante :
L'obscurité redouble, et leur clarté qui fuit
Laisse ces lieux plongés dans une affreuse nuit.
Des clairons, des tambours, des tonnerres qui grondent,
De longs mugissemens dans les airs se répondent.
Du temple qui sous lui s'ébranle avec fracas
La voûte sur Talbot semble fondre en éclats.
Tout-à-coup l'éclair brille et présente à sa vue
De la beauté qu'il aime une image imprévue.

 Seule, dans une tour du palais de Dunois,
Gladuse fait parler la harpe sous ses doigts.
De l'instrument lointain les cordes frémissantes
Ont semblé s'animer sous ses mains caressantes.
Les yeux baignés de pleurs, la fille des héros
De sa douleur plaintive attendrit les échos.
 Elle chante les lieux berceau de son enfance,
Où ses jours fortunés couloient dans l'innocence ;
Ces antiques forêts, ces rivages chéris,
Où, d'un pied délicat foulant des prés fleuris,
Ses sœurs, au son du luth, de roses couronnées,
Des vierges d'Albion marchent environnées,
Tandis que des torrens les flots silencieux
Suivent dans les vallons leurs chants mélodieux.
Ramenant ses pensers sur ce qui l'environne,
L'infortunée aux maux où le Ciel l'abandonne

Compare le passé qui ne peut revenir,
Déplore le présent, redoute l'avenir.
 « O maître de mon âme! ô mon héros! » dit-elle,
« Pourquoi m'abandonner à ma douleur mortelle?
Que fais-tu loin de moi, lorsque tant de dangers
Menacent ton amante en des murs étrangers?
Hélas! chaque moment redouble mes alarmes.
Contre tes ennemis que me servent mes larmes?
L'autan brise la fleur qui résiste au zéphir:
Ce que n'obtient l'Amour il le veut envahir...
Ah! sauve moi l'affront du sort qui me menace!
De ton fougueux rival viens prévenir l'audace! »
 Elle dit, et, penchant sa belle tête en pleurs,
Reste immobile, en proie à ses sombres douleurs.
Après l'orage, ainsi, tout chargé de rosée,
S'incline un jeune lis sur sa tige brisée.
 « O Ciel! » dit le héros, « où me vois-je réduit?
Perfide Glacidas, où m'avez-vous conduit?
Le danger t'environne et le sort nous sépare,
Gladuse!... Ah! je succombe, et ma raison s'égare.
Grand Dieu! rends à ce bras sa première vigueur,
De mon corps épuisé dissipe la langueur,
C'est assez pour Talbot, il te reste fidèle;
Je ne demande point d'autre prix de mon zèle,
Et, fuyant à jamais Arabelle et son fils,
Des remparts de Byzance aux débris de Memphis,
Sur le saint Golgotha, dans la cité sacrée
Où ta tombe adorable à l'impie est livrée,
Partout où sont trahis et ton culte et tes droits,
J'irai porter ton nom, j'irai porter ta croix,

CHANT XIII.

Renverser les autels de ton rival perfide,
Disperser les débris de son sceptre homicide,
Et, dans l'infâme sang de ses vils sectateurs,
Effacer les affronts de tes adorateurs. »

   Il dit, et, dans le trouble où s'égare son âme,
Croit pouvoir acheter le secours qu'il réclame.
Insensé! quelle erreur abuse tes esprits?
A l'ardeur de ton zèle oses-tu mettre un prix?

   « Chrétien humble et soumis, il t'exauce sans doute,
Ce Dieu qui règne au Ciel et que ton cœur redoute?
Touché de ton amour, de ta fidélité,
Il verse dans ton sein son immortalité? »
Ainsi parle la fée : un sourire perfide
Erroit en même temps sur sa bouche livide.

   Alors, des noirs démons que loin des feux du jour
Rassemble dans son sein ce funeste séjour,
La foule s'élançant au signal d'Arabelle,
Environne à grands cris le héros qui chancelle :
Dans son cœur éperdu leurs invisibles mains
Répandent à l'envi leurs poisons inhumains.
Comme un serpent glacé, l'affreuse Jalousie
Se glisse dans son âme, et de sa frénésie
Dans cette âme irritable allumant les transports,
Aveugle sa raison, subjugue ses remords.
Le malheureux, en proie à l'infernal orage,
S'approche de l'autel avec des cris de rage :
La vapeur qui le couvre à l'instant s'éclaircit;
Des torches derechef la clarté resplendit;
L'encensoir rallumé lentement se balance;
Le feu du sacrifice en colonne s'élance;

Sous un voile cachée, aux marches de l'autel
La victime inconnue attend le coup mortel.
D'une première faute ô suite épouvantable!
O de nos passions ascendant redoutable!
Par la prêtresse armé d'un glaive étincelant,
Talbot lève le bras; pâle, effrayé, tremblant,
S'arrête, hésite encor : les monstres de l'Abîme
Redoublent leurs efforts pour l'entraîner au crime :
Talbot égaré frappe: un long gémissement
De la victime atteinte exprime le tourment;
Le sang coule à grands flots sous le voile perfide.
Talbot laisse échapper le poignard homicide.
La foudre gronde, éclate; et, d'éclairs ébloui,
Près du couteau sanglant il tombe évanoui.

Oh! laissez-le jouir de ce repos stupide!
Heures, arrêtez-vous dans votre vol rapide!
Il rouvrira trop tôt ses yeux infortunés
A des pleurs éternels désormais condamnés.
Hélas! il a perdu (comment ne pas le plaindre?)
Les seuls biens dont la perte ici-bas soit à craindre,
L'innocence et la paix, la douce paix des cœurs
Étrangers à la honte, aux souvenirs rongeurs.
S'il ose maintenant du sien sonder l'abîme,
Il n'y trouvera plus que l'Enfer et son crime,
Le trouble, le remords, l'effroi, le désespoir,
Ajoutant aux tourmens l'horreur de les prévoir.

Enfin il se ranime... il cherche... il se rappelle...
Il ne reconnoît plus le séjour d'Arabelle.
Sur la bruyère aride il se trouve étendu.
Il promène à l'entour un regard éperdu :

CHANT XIII.

Seul, debout, appuyé sur un rocher sauvage,
Le sombre Glacidas contemploit son ouvrage.
Cet aspect lui retrace et son crime et ses maux.
Il se lève en fureur, et lui parle en ces mots :
　« Tremble ! fuis mes regards ! fuis, monstre abominable !
Redoute mon courroux ! fuis ma haine implacable !
Va rejoindre ta mère et ses infâmes dieux,
Et ne me montre plus un visage odieux !
Fuis, dis-je, ou, le premier, redoute la puissance
De ce bras ranimé, qu'enflamme la vengeance !
Crains que, pour m'acquitter de tes cruels bienfaits,
Je n'épuise sur toi les dons que tu m'as faits !
　» Mais où suis-je ? qu'entends-je ? et d'où viennent ces plaintes !
Qu'ai-je fait ? de quel sang mes mains sont-elles teintes ?
O toi qui de la nuit viens dissiper l'horreur,
Soleil ! que ta lumière ajoute à ma terreur !
Soleil ! effroi du crime ! arrête encore, arrête !
Du poids de tes rayons n'accable point ma tête !
Ne viens pas révéler... O tourmens ! ô remords !
Fuyons ce jour affreux ! cachons-nous chez les morts !
A l'abîme éternel demandons un refuge !
Hâtons-nous !.... Ciel ! j'y vois, j'y reconnois mon juge !
Dans tout son appareil il descend indigné ;
De séraphins vengeurs il marche accompagné ;
Un glaive étincelant le précède, et dans l'ombre
Mugissent sous son char des tonnerres sans nombre.
Ses yeux fixés sur moi suivent mes yeux hagards;
Jusqu'au fond de mon cœur pénètrent ses regards :
Dans quel état d'opprobre ils surprennent mon âme !
Oui, des milliers de dards, oui, des torrens de flâme,

Me feroient éprouver des tourmens moins affreux
Que ces regards perçans du souverain des Cieux.
Malheureux ! c'en est fait ; ton crime est sans excuses ;
Tu connoissois l'Enfer, tu dus prévoir ses ruses.
Ton Dieu, pour te sauver, ton Dieu voulut mourir :
A quel autre qu'à lui devois-tu recourir ?
Il endura pour toi la croix et l'infamie :
Et par son dévoûment ta constance affermie
N'a pu même souffrir un tourment passager
Que la main de ce Dieu tardoit à soulager !
Ah ! sa fureur est juste, et l'éternel abîme
N'a point de châtimens assez grands pour ton crime. »

Il dit, et de remords, d'épouvante troublé,
Sur un siége sauvage il retombe accablé.
De ses tremblantes mains il couvre son visage,
Et semble de ses sens avoir perdu l'usage.
Mais Glacidas s'approche et lui tient ce discours :

« Est-ce ainsi que Talbot reconnoît mes secours ?
Déjà son corps armé d'une force nouvelle,
Atteste à mes regards le pouvoir d'Arabelle :
Il échappe à la mort, aux combats est rendu ;
Et bientôt (tous les deux nous l'avons entendu)
Son amante enlevée aux rivaux qui l'adorent,
Reverra le héros que ses frayeurs implorent.
Cependant il déteste, il maudit nos bienfaits ;
Tous nos efforts pour lui sont autant de forfaits !
Il a choisi son sort, et son sort l'épouvante !
Et je dois expier l'effroi qui le tourmente !
Ah ! c'est trop tôt peut-être insulter à mes soins ;
Plus habile, il devoit dissimuler du moins

CHANT XIII.

Jusqu'au jour où, comblé d'une immortelle gloire,
Vainqueur par nos secours des héros de la Loire,
Et maître heureux d'un bien qu'il a tant souhaité,
Il pouvoit être ingrat avec impunité. »

— « Perfide séducteur ! penses-tu dans tes ruses
M'envelopper encor ? L'espoir dont tu m'abuses
A mon crédule amour fut un piége tendu :
C'est toi qui m'as trahi ; c'est toi qui m'as perdu.
Par tes discours adroits, tes noires impostures,
Cesse de prolonger et d'aigrir mes tortures.
Tu parles de bonheur ! il n'en est plus pour moi.
Mon cœur ne connoît plus qu'un sentiment : l'effroi.
Moi, combattre ! moi, vaincre aux rives de la Loire !
Les rêves de l'Amour, les songes de la Gloire,
Tout s'est évanoui : l'image du bonheur
Ajoute à mes tourmens, ajoute à ma fureur.
Et lorsque de mes maux l'horrible violence
M'excite à terminer ma honteuse existence,
L'Eternité terrible arrêtant ce transport,
J'abhorre également et la vie et la mort. »

Il se lève, à ces mots, dans une angoisse affreuse,
Et s'élance à travers la forêt désastreuse.
Il fuit, hors de soi-même, et loin de Glacidas
Aux lieux les plus déserts court égarer ses pas.

Tout-à-coup il entend une voix gémissante :
Il s'arrête. Une femme à ses yeux se présente ;
Liée au tronc d'un chêne, elle lève les mains
Vers le séjour sacré du Juge des humains,
Et ses yeux épuisés, mais encor pleins de charmes,
Errent comme au hasard sous un voile de larmes.

« Oh! qui que vous soyez, vous dont j'entends les pas, »
Dit-elle, « par pitié ne m'abandonnez pas!
Sauvez du désespoir une mère éperdue!
Rendez-lui son enfant! » A cette voix connue,
Talbot frémit, s'approche;—« O surprise! quels traits!
Quels souvenirs confus!... Au fond de ces forêts,
Dans cet affreux désert, si loin de ta patrie,
Sœur du noble Stuart, autrefois si chérie,
O malheureuse Elgive, est-ce toi que je vois? »
— « Qui vient de me nommer? ô Ciel! quel son de voix!
Vous que mes foibles yeux aperçoivent à peine,
Étranger, dans mon âme éperdue, incertaine,
Achevez de répandre un rayon de bonheur,
Hélas! depuis trois ans le premier pour mon cœur.
Seriez-vous ce guerrier l'orgueil de l'Angleterre,
Ce Talbot dont le nom remplit toute la Terre,
Ce héros, qui, des preux le modèle et la loi,
Ne fut jamais injuste et cruel que pour moi? »
  Elle dit: de sanglots sa voix entrecoupée
Meurt à ces mots. Talbot de sa tranchante épée
Coupe les nœuds sanglans dont son corps est lié.
—« Oui, c'est moi; oui, je suis ce monstre sans pitié,
Qui, captif de ton frère et couvert de blessures,
Paya ses nobles soins par de noires injures;
C'est moi qui de ton âme égarai la candeur,
Séduisis l'innocence et vainquis la pudeur;
C'est moi qui, délivré, trompai ton espérance,
T'oubliai, te trahis, et d'une autre alliance
Sur ces funestes bords voulus former les nœuds,
Mais toi, qui t'a conduite en ces horribles lieux,

O jeune infortunée! et comment de ton frère
As-tu fléchi l'orgueil ou trompé l'œil sévère?»

 «Apprends donc tout mon sort,» répond Elgive en pleurs.
« C'étoit peu de te voir, méprisant mes douleurs,
D'un cruel abandon m'imposer le supplice;
Je n'avois pas des maux épuisé le calice.
Bientôt je reconnus que d'un fatal amour
Mon sein portoit le gage; et, fuyant un séjour
Où tout me reprochoit ma coupable foiblesse,
Craignant de tous les miens la fureur vengeresse,
Dans de sombres forêts, sous des rochers déserts,
J'allai cacher ma honte et pleurer mes revers.
Là, seule, sans secours, de frayeur éperdue,
Au fond d'un antre affreux sur la terre étendue,
Je mis au monde un fils sans oser de ma voix
Troubler, même en mourant, les échos de ces bois.
Enfin Dieu secourut sa foible créature.
L'âpre fruit des forêts devint ma nourriture;
Des rochers du désert la neige et les glaçons
Dans mes mains exprimés formèrent mes boissons;
Et la feuille légère aux vents abandonnée
Reposa des Stuarts la sœur infortunée.»

 —«Dieu! se peut-il? qu'entends-je, Elgive! et qu'as-tu dit?
Et parmi tant de maux tu ne m'as point maudit?
Le Ciel, pour m'accabler sous le faix de mes crimes,
Auroit-il en ces lieux rassemblé mes victimes?
O mère infortunée, abrège tes récits:
Réponds à mon effroi: qu'as-tu fait de mon fils?»

 —«Hélas! cherchant ma trace, une de mes compagnes
Vint un jour me trouver dans mes tristes montagnes.

« Votre asile, » dit-elle, « est enfin découvert :
» Vos frères savent tout. Fuyez de ce désert ! »
Elle dit, et remet entre mes mains tremblantes
Des habits, un peu d'or, quelques bagues brillantes,
Présens que dans mes jours de gloire et de bonheur
A sa fidélité prodigua ma faveur.
Jusqu'aux rives des mers elle me sert de guide,
Me confie en pleurant à l'élément perfide,
Et la France à ma suite ouvre bientôt ses ports.
Là, j'apprends que Talbot a marché vers ces bords :
D'implorer ses secours je conçois la pensée,
Et j'imposa silence à ma fierté blessée.
C'est, disois-je, mon fils, qui m'en prescrit la loi :
Eh bien ! ce que jamais je ne ferois pour moi,
Je le ferai pour lui, pour lui donner un père.
Je pars seule, inconnue : en proie à la misère,
Mourante et mère encor, mon cœur humilié
Mendia pour mon fils le pain de la pitié.
Arrivée en ces lieux... Dieu ! pourrai-je poursuivre,
Achever ce récit sans achever de vivre ?
J'approchois d'Orléans : tout-à-coup le jour fuit ;
Dans ces noires forêts surprise par la nuit,
Je m'avance en tremblant, je me trouble et m'égare.
Soudain, près d'un rocher, une troupe barbare
Accourt, saisit mon fils, l'arrache de mes bras,
Fuit dans l'ombre ; je cours, je vole sur leurs pas,
Remplis l'air de mes cris, les atteins... Une femme
Paroissoit commander à cette horde infâme :
Je me jette à ses pieds, j'embrasse ses genoux...
Son cœur impitoyable applaudit à leurs coups :

CHANT XIII.

On me frappe, on m'entraîne; avec des cris de joie,
Dans un antre sauvage elle emporte sa proie. »
« Dieu ! » s'écria Talbot, « connoîtrois-tu les lieux ?
Pourrois-tu me guider vers cet antre odieux ?
Au secours de mon fils, s'il en est temps encore,
Courons, volons, Elgive ! et d'un art que j'abhorre
Périssent à l'instant les perfides soutiens,
Infâmes artisans de mes maux et des tiens ! »
 Il dit, et sur le sable et l'herbe au loin foulée,
Tous deux, pâles d'effroi, l'âme d'horreur troublée,
Cherchent des ravisseurs la trace dans les bois,
La suivent en tremblant, la perdent quelquefois,
La retrouvent encore. Une grotte chenue
Soudain frappe leurs yeux : tous deux l'ont reconnue.
Talbot le glaive en main s'élance : un mur de fer
L'arrête, le repousse ; et la voix de l'Enfer
Du fond de cet abîme au loin se fait entendre :
« A retrouver ton fils tu ne dois plus prétendre.
Au prince des Enfers tes mains l'ont immolé ;
Au pied de ses autels tout son sang a coulé.
Crains de perdre le fruit d'un si grand sacrifice,
Téméraire mortel ! tremble ! et d'un long supplice
N'attire pas sur toi les horribles tourmens.
Hâte-toi de jouir des rapides momens
Où tu peux recueillir tous les fruits de ton crime.
Ton pacte en traits de sang est écrit dans l'Abîme.
Gloire, richesse, honneurs, vivant, voilà ton sort :
Mort, les feux de l'Enfer ; mort, l'éternelle mort ! »
 Elgive, à ces accens, de douleur éperdue,
Au pied du mur fatal tombe et reste étendue.

Immobile d'horreur et comme inanimé,
Talbot semble un moment en marbre transformé.
Aux lueurs des éclairs, aux éclats du tonnerre,
Enfin il se réveille : à ses pieds, sur la terre,
Il voit Elgive en proie au sommeil du trépas.
A travers la forêt précipitant ses pas,
Il fuit, pâle et tremblant ; il fuit, et croit dans l'ombre
Voir voler près de lui des fantômes sans nombre.
Du Dieu qu'il a trahi l'anathême vengeur
Retentit sur sa tête et tonne dans son cœur.
Il s'écrie, il mugit. Tel, dans sa rage horrible,
Frappé d'un coup mortel, un léopard terrible
De ses rugissemens, de ses cris douloureux
Épouvante, en fuyant, les antres ténébreux.
Tantôt à son oreille une voix lamentable
Redit cent fois : « Elgive ! ô mère déplorable ! »
D'un enfant malheureux sous le glaive expirant
Tantôt les longs sanglots et le cri déchirant
Viennent frapper son cœur d'une angoisse profonde.
Avec plus de fracas soudain la foudre gronde,
Éclate avec fureur, et d'un torrent de feux
Enveloppe ses pas dans un dédale affreux :
Renversé sur des rocs qu'environne un abîme,
Il croit mourir, et reste étendu sur leur cime.

   Tout le reste du jour, toute une longue nuit,
Il demeure insensible. Enfin l'aurore luit ;
Des zéphirs du matin la fraîcheur le réveille.
Il s'étonne, il regarde ; une clarté vermeille
Teignoit tous les objets d'un rose doux et pur ;
L'Orient rayonnoit, et dans un ciel d'azur

CHANT XIII.

Les flambeaux de la Nuit étinceloient encore.
Au souvenir du Dieu que l'Univers adore,
Talbot baisse les yeux : ses regards effrayés
D'un précipice affreux contemplent à ses pieds
La profondeur immense, et des roches hideuses
Que battent d'un torrent les ondes orageuses.
Au delà s'étendoient de sauvages vallons
Où croissoient à l'abri des cruels aquilons,
Loin des regards de l'homme en foule répandues,
Mille plantes sans noms, mille fleurs inconnues,
Richesses qu'en tous lieux, d'une indulgente main,
Dieu prodigue à la Terre et répand sur son sein,
Pour nourrir de nectar, sous la verdure et l'ombre,
D'êtres brillans et doux des nations sans nombre.
En face, en long rideau vers l'Orient tourné,
Un coteau s'élevoit de frênes couronné,
Dont les cimes flottant avec un doux murmure,
Sembloient un océan de mouvante verdure.
Derrière ce rideau la Lune en ce moment
De la voûte des airs descendoit doucement,
S'abaissoit par degrés, et, prête à disparoître,
De ses pâles rayons dans les rameaux d'un hêtre
Faisoit briller encor la mourante clarté,
Tandis que le Soleil levant avec fierté
Au bord de l'horizon sa face rayonnante,
Du doux éclat de l'or, de rose, d'amaranthe,
Teignoit à l'Orient le roc stérile, affreux,
Qui portoit d'Albion l'inconsolable preux.
Jusqu'à lui s'élevoient du fond de ces vallées
Les voix de mille oiseaux sous l'ombrage mêlées ;

Le murmure de l'onde apaisant son courroux;
Les accens les plus purs, les parfums les plus doux:
Hommages qu'au Très-Haut rend la nature entière,
Au retour éclatant du roi de la lumière;
Des champs, des prés, des bois respectueux encens;
Immense hymne d'amour des êtres innocens.

 La paix de ce tableau, sa fraîcheur et ses charmes,
Du guerrier un moment suspendent les alarmes.
Il oublie, à l'aspect de ces heureux déserts,
Son crime et ses remords, les Cieux et les Enfers.
Tantôt, son œil s'égare en de frais pâturages,
Le long des clairs ruisseaux, sous de rians bocages;
Tantôt, vers la colline élevant ses regards,
Il contemple ces verts et mobiles remparts
Qui, croissant au sommet, semblent porter la nue.
Mais quoi! son âme errante, aussi bien que sa vue,
Remonte par degrés, malheureuse en tout lieu,
Des vallons aux coteaux et des astres à Dieu;
S'arrête épouvantée, et tombe avec son crime
Du tribunal de Dieu, dans l'éternel abîme.
Tous ces enchantemens ne sont plus pour son cœur
Que des sujets de deuil, des objets de terreur,
Ces bienfaits que répand une main immortelle
Lui rappellent d'un Dieu la bonté paternelle,
Ce doux encens des fleurs, ces cris, ces chants d'amour,
D'ingratitude horrible accusent tour à tour
L'âme qui put trahir (ô fureur sans seconde!)
Un Dieu mort sur la croix pour les crimes du Monde.
Voit-il parmi les prés, voit-il au bord des eaux
Voltiger de ces bois les paisibles oiseaux;

Et l'un d'eux rapporter sous des toits de feuillage
La semence ravie à la plante sauvage,
Ou la perle liquide et prompte à s'épancher
Qu'il vient de recueillir au creux d'un vert rocher?
« Ah! » dit-il, « la plus humble et foible créature
Dans son cœur rend hommage aux lois de la Nature :
Cet oiseau d'une épouse est le tendre soutien ;
Il nourrit ses enfans... et j'ai tué le mien ! »
A ces mots, de son cœur le désespoir s'empare ;
Il se lève, il s'éloigne ; et de nouveau s'égare
De vallons en vallons, de forêts en forêts :
Il peut trouver la mort, mais le repos, jamais.

 Au bord d'une eau dormante, auprès d'un bois antique
D'un temple abandonné s'élève le portique.
Naguère en ce séjour de vertueux mortels
D'un saint jadis pontife honoroient les autels.
Oublié dans ces bois, l'habitacle céleste
Vit la Guerre épargner sa solitude agreste.
De cette onde immobile et de ses joncs épais
Aucun bruit n'interrompt le silence et la paix :
Le nénufar glacé sur le noir marécage
Étendant ses rameaux et son large feuillage,
Dans ces tristes liens semble enchaîner les flots.
Tout ici de la mort retrace le repos ;
Le mépris de la vie, et ces saintes tristesses
Des mortels qui du Monde abjurant les promesses,
Aux promesses du Christ abandonnent leurs cœurs ;
De l'ennemi de l'homme imitent les vainqueurs ;
Et, de larmes nourris, dans leur ferveur austère,
Semblent ne plus tenir au néant de la Terre.

A l'aspect de ce lieu, saisi d'étonnement,
Talbot reste immobile et rêveur un moment.
Tout-à-coup un désir ardent, irrésistible,
S'allume dans son âme ; un pouvoir invincible
L'entraîne vers le temple, et montre à ses douleurs
Le port du repentir et l'asile des pleurs.

Sur des piliers légers dont la tige menue
En montant dans les airs s'alonge et diminue,
Pose à peine et se courbe une voûte d'azur
Où semblent scintiller des étoiles d'or pur.
Trois lampes rayonnoient sous cette voûte sainte.
Des cristaux colorés, pour éclairer l'enceinte,
Ne laissoient pénétrer dans ces augustes lieux
Qu'une ombre lumineuse, un jour mystérieux.
Partout s'offrent aux yeux de pieuses offrandes :
Les vierges des hameaux, pour former ces guirlandes,
De rameaux et de fleurs dépouillèrent les bois ;
Là, d'un jeune pasteur pend l'informe hautbois ;
Ailleurs, des nefs d'argent, vœux que pendant l'orage
Firent des nautonniers menacés du naufrage ;
Plus loin, de riches croix, au retour des saints lieux,
Des nobles pélerins présens religieux ;
Et sur les murs sacrés de naïves peintures
Des serviteurs du Christ offroient les aventures.

Des nombreux habitans de ce temple écarté
Au fond du sanctuaire un seul étoit resté ;
Un seul ; et, prosterné sur ses marches brillantes,
Il embrassoit l'autel de ses mains défaillantes.
Tant de temples détruits, tant d'excès odieux,
Rien n'avoit pu changer son dévouement pieux.

CHANT XIII.

Dès l'enfance élevé dans cette enceinte auguste,
Il y vouloit mourir; et le calme du juste
Annoblissant en lui la sainte humilité,
Des anges sur son front brilloit la majesté.
   A l'aspect du guerrier le saint vieillard se lève,
Pense l'heure arrivée, offre sa tête au glaive,
Et voit avec surprise, à ses pieds entraîné,
Cet ennemi terrible y rester prosterné.
Les yeux en pleurs, le front courbé dans la poussière :
« Ne me repoussez pas ! écoutez ma prière,
Ministre de clémence ! accueillez l'humble aveu
D'un cœur souillé qui cherche et redoute son Dieu;
Qui, chargé de forfaits, sous ce fardeau succombe,
Craint tout, n'espère plus, fuit le jour et la tombe,
Et, réprouvé du Ciel, esclave des Enfers,
Jusqu'au pied des autels ose traîner ses fers.
Non qu'il pense fléchir le pouvoir qui l'accable :
Puisque le Ciel est juste, il doit m'être implacable.
Si quelque espoir encor pouvoit flatter mon cœur,
C'est d'obtenir, ô Dieu ! que sous ton bras vainqueur,
Brisés, anéantis, dévorés par ta foudre,
Mon âme pût s'éteindre et mon corps se dissoudre. »
   Il dit. Le saint vieillard, ému de ses tourmens,
Écoute l'humble aveu de ses égaremens,
Et frémit d'épouvante au récit de son crime.
« O mon fils ! » lui dit-il, « dans quel horrible abîme
Un amour furieux vous a précipité !
Quels pleurs effaceront le pacte détesté
Que vous avez scellé du sang de l'innocence ?
Qui pourra vous soustraire à l'infâme puissance,

Aux indignes liens des anges ténébreux?
O mon fils! votre crime est exécrable, affreux;
Il passe d'Israël l'aveuglement funeste....
Mais il n'est pas plus grand que la bonté céleste.
Espérez en ce Dieu, votre unique recours;
Offrez-lui vos remords; implorez son secours;
Aux pieuses rigueurs où ce lieu vous convie,
Consacrez désormais les restes d'une vie
Passée à l'outrager, à violer ses lois;
Abjurez votre gloire et pleurez vos exploits.
Peut-être du Très-Haut la clémence infinie
Daignera s'attendrir sur votre ignominie,
Relevera votre âme, et brisera les fers
Où croit la retenir le prince des Enfers. »

Il dit. A ses conseils le guerrier s'abandonne;
Son cœur ose espérer dans un Dieu qui pardonne.
Seul, armé de l'étole, et dans l'ombre des bois
Pour toute arme portant le rosaire et la croix,
Vers le désert souillé du sang de l'innocence
Sans trouble et sans terreur le saint vieillard s'avance.
Chargé d'ans et de maux, ô Père des humains!
Ce n'est point en soi-même et dans ses foibles mains,
Pas même en ses vertus, que son cœur se confie;
Mais en celui qui seul donne et reprend la vie,
Qu'importent les périls? n'est-il pas en tout lieu
Sous la garde d'un ange et les regards d'un Dieu?

Soudain, près d'un torrent, au pied d'un roc sauvage,
Il découvre étendu sur l'humide rivage
Un corps inanimé: les ondes, ô douleur!
De vallons en vallons promenant leur fureur,

CHANT XIII.

L'avoient traîné long-temps, et sur la froide arène
Un dernier flot venoit de le pousser à peine.
L'homme de Dieu s'approche : à de longs cheveux d'or
Sous un épais limon doux et brillans encor;
A la blancheur d'un sein aux lis seuls comparable,
Son regard attendri dans ce corps misérable
Reconnoît une femme : un collier de corail
A son cou suspendoit un médaillon d'émail :
Le saint vieillard l'essuie, et sa vue attentive
Y distingue les noms de Talbot et d'Elgive.
Il n'en peut plus douter; c'est Elgive en ces lieux
Dont le corps immobile est gisant sous ses yeux.
En vain il cherche en elle à rappeler la vie :
Pour jamais la lumière à ses yeux est ravie.
Trop sûr que de ses jours s'est éteint le flambeau,
Au pied de ces rochers il lui creuse un tombeau;
L'y dépose en pleurant; d'un rameau de verdure,
Fait pleuvoir sur son front l'eau d'une source pure;
Interdit à l'Enfer l'approche de ce lieu;
Pour Elgive à genoux implore de son Dieu
La bonté paternelle, et cet amour immense
Trésor toujours ouvert de grâce et de clémence;
Sur son pâle visage effeuille quelques fleurs
Dont l'orage en un jour a flétri les couleurs;
Et de l'infortunée abaissant la paupière,
De son dernier manteau la couvre toute entière.

O fille des Stuarts! au bord de ce torrent,
Dors au doux bruit du flot qui fuit en murmurant,
Et nous offre, en son cours égaré sous l'ombrage,
Des erreurs de la vie une fidèle image.

Ni le palais des rois berceau de tes aïeux,
Ni ces antres remplis de souvenirs fameux,
De Fingal et d'Oscar autrefois la demeure,
De bonheur et de paix n'ont pu t'offrir une heure ;
Et le Ciel te gardoit un éternel repos
Dans la terre des lis, nourrice des héros.
Le barde historien des gloires de ta race,
Jusque dans ces déserts interrogeant ta trace,
Sur la pierre grisâtre, aux chevreuils de ces bois
Ne viendra point, hélas ! faire entendre sa voix
Mêlée aux doux accords de sa harpe plaintive ;
Et des rois tes aïeux à leur foule attentive
Raconter les exploits et les nobles malheurs :
Mais un cœur chaste et pur t'aura donné des pleurs.
Du fond de ces déserts, d'un tendre zèle émue,
Une humble voix s'élève aux mortels inconnue ;
Monte au trône suprême ainsi qu'un doux encens,
Intercède ; et déjà d'anges obéissans
Une troupe brillante entre mille choisie
Parmi ceux que le Ciel abreuve d'ambroisie,
Rattache par des nœuds, des chaînes de saphirs,
Cent chevelures d'or où jouoient les zéphirs,
Franchit du Paradis les portes immortelles,
Frappe l'air mollement de l'azur de ses ailes,
Descend, touche la Terre, où ton âme erre encor,
L'environne, l'enlève, et, reprenant l'essor,
Loin du roi de l'Enfer, loin de son noir domaine,
Dans un astre plaintif rapidement l'emmène.
Là, règne la Tristesse et non le Désespoir ;
Là, le plus grand supplice est de ne pas te voir,

CHANT XIII.

O grand Être, du Monde et le Juge et le Père !
On y souffre, on y pleure, hélas ! mais on espère,
Et des maux qu'elle endure entrevoyant la fin,
L'âme peut sans horreur supporter son destin,
Surtout si d'un époux, d'une fille, d'un frère,
Pour elle chaque jour la fervente prière
Implore tour à tour et les anges du Ciel,
Et la Vierge sans tache, et son Fils immortel.
Bientôt viendra l'instant, où, des fers délivrée,
Elle prendra son vol vers l'enceinte sacrée,
Demeure des Élus, Jérusalem des Cieux,
Où du fleuve d'Amour les flots délicieux
Appaiseront enfin la soif qui la dévore;
Où tous ses jours seront une éternelle aurore;
Où naîtront sous ses pas d'impérissables fleurs;
Où du Monde oubliant les vulgaires douleurs,
Elle ne connoîtra de soupirs et de larmes
Que ceux d'un saint amour, plein d'ivresse et de charmes.

Le front environné d'un rayon éclatant,
Tendre Elgive, en ces lieux déjà ton fils t'attend.
D'anges aux yeux d'azur une immortelle troupe
D'un nectar parfumé tantôt remplit sa coupe;
Tantôt avec douceur conduit ses pas légers
Sous de rians bosquets de myrtes, d'orangers;
Tantôt orne son sein de fleurs fraîches écloses;
Dans l'or de ses cheveux entrelace des roses;
Tantôt de l'Éternel lui chante la grandeur;
Des palais étoilés lui montre la splendeur;
Tantôt guide l'essor de ses naissantes ailes,
Dont le brillant duvet et les plumes nouvelles

Voilent à peine encor de leur éclat changeant
Ses épaules d'ivoire et sa robe d'argent.
Dans les livres sacrés son œil essaie à lire.
Des prophètes divins ses mains touchent la lyre,
Ses doigts, en se jouant, sur la corde égarés,
Imitent leurs accords en sons mal assurés.
A genoux, du Seigneur pour chanter les louanges,
Sa foible voix se mêle aux chœurs brillans des anges,
Et sa bouche innocente apprend dans leurs concerts
Des poètes sacrés à bégayer les vers.
O fille des Stuarts ! quelle sera ta joie,
Quand, disputant aux vents ses longs cheveux de soie,
Magdeleine viendra sur un char de saphirs
T'enlever du séjour des pleurs et des soupirs,
Et sous l'ombrage heureux des palmes rayonnantes
Qu'étend l'Arbre de Vie en arcades brillantes
Sur le front étoilé des anges et des saints,
Au bord étincelant de ces fleuves divins
Dont l'onde harmonieuse et du Soleil rivale
Roule éternellement des flots d'or et d'opale,
A ce fils adoré t'unissant pour jamais,
T'embellira d'oubli, de bonheur et de paix,
Et te rendra brillante et de larmes lavée,
Ta robe d'innocence à l'Enfer enlevée !

CHANT XIV.

D'un amour criminel, d'un plus coupable orgueil,
Lahire cependant, dans l'ombre et dans le deuil,
Pleure les fruits cruels, le châtiment sévère.
Caché dans sa demeure obscure et solitaire,
Honteux de révéler aux mortels son affront,
Aux regards du Soleil il dérobe son front,
Ce front, où, fatigué d'une vaine indulgence,
Le Très-Haut imprima le sceau de sa vengeance.
Aymar près de lui veille, et, lui cachant ses pleurs,
Seul console son âme et charme ses douleurs;
Tantôt guide ses pas; tantôt, d'une voix tendre,
Sur un luth qui gémit tour à tour fait entendre
Du chantre des regrets les accens douloureux,
Quand l'Euphrate à sa rive enchaînoit les Hébreux;
L'Enfant prodigue errant, nourri du pain des larmes,
Et ses remords d'un père expiant les alarmes;
David mouillant la nuit sa harpe de ses pleurs,
Et pâle, offrant à Dieu ses sublimes douleurs;
Et Tobie, à genoux, rouvrant à la lumière,
D'un père infortuné la débile paupière.
 Dès qu'un léger sommeil revient fermer tes yeux,
Aymar pour toi, Lahire, ose implorer les Cieux;
Ses innocentes mains s'élèvent réunies
Vers la Vierge féconde en grâces infinies.

Par les anges guidés, ses timides accens
Montent comme les flots du plus suave encens
Au trône de ce Dieu dont la lance terrible
Seule guérit les coups de sa pointe invisible.
Ainsi dans un long deuil se succèdent les jours.

    Souvent au bruit du cor, des clairons, des tambours,
Le héros se réveille ; il s'écrie, il s'élance,
Saisit son bouclier et demande sa lance :
Soudain le souvenir, aiguillon du malheur,
Comme un dard acéré revient frapper son cœur.
Il rend au sombre mur ses inutiles armes,
Et de ses yeux éteints laisse couler des larmes.
« Quoi ! » dit-il, « à pas lents marchant vers le tombeau,
Du monde et de soi-même inutile fardeau,
Lahire subira, triste objet de ta haine,
Du crime d'un moment une éternelle peine,
Dieu terrible? et son nom, ne laissant aucun bruit,
Avant lui descendra dans l'éternelle nuit !
Est-il vrai, Dieu vengeur ? captif dans ces murailles,
Je ne paroîtrai plus au milieu des batailles !
J'entendrai la trompette appeler les hasards ;
J'entendrai retentir autour de ces remparts
Le bruit de la mêlée, et les cris de la Guerre,
Et le fracas du bronze émule du tonnerre :
Et le sort des combats décidera mon sort !
Et j'attendrai dans l'ombre ou la vie ou la mort !
Et peut-être il faudra, victime méprisée,
D'un barbare vainqueur excitant la risée,
Me traîner à sa suite, ou, dans d'affreux cachots,
Long-temps, long-temps attendre un terme à tant de maux

CHANT XIV.

Quoi ! je ne verrai plus cette voûte brillante,
Ces astres radieux, cette pompe éclatante
Du Soleil qui s'éloigne ou du Soleil naissant
Roulant au sein des mers son orbe éblouissant !
Quoi ! je ne verrai plus ces campagnes fleuries,
Ces fleuves arrosant d'agréables prairies ;
Ces champs, océan d'or ; ces fertiles coteaux
Revêtus de verdure et couverts de troupeaux ;
Ces torrens à grand bruit tombant dans les campagnes ;
Ces mouvantes forêts couronnes des montagnes ;
Ces grottes, ces vallons, ces prés délicieux,
Tous ces enchantemens répandus sous vos yeux,
Trop fortunés mortels ! par cette main féconde
Qui verse la lumière et vous donne le Monde !
O demeure chérie ! ô berceau de mes jours !
Je ne reverrai plus tes remparts et tes tours !
Ormes majestueux, pins au triste feuillage,
Je ne reviendrai plus errer sous votre ombrage,
Et d'une mère encor pleurant l'affreux trépas,
Chercher sur les gazons la trace de ses pas !
Adieu, riche colline, où la vigne rampante
En festons tortueux tantôt glisse et serpente,
Tantôt s'enlace au thyrse, et présente au Soleil
Et ses grappes de pourpre et son pampre vermeil !
Adieu, rians jardins, doux empire des roses
Au souffle du zéphir toujours en foule écloses !
Adieu, climat charmant ; horizon toujours pur,
Beaux jours, brillantes nuits, soleil d'or, ciel d'azur !
Adieu, golfe fameux, formidable Gironde
Où deux fleuves rivaux précipitent leur onde !

Adieu, belle Réole, heureux Bazas, Bordeaux,
Bordeaux, noble cité, reine illustre des eaux !
Irai-je, ô mon pays ! rapporter sur tes rives
Une gloire flétrie et des armes oisives ?
Ville mère des arts, nourrice des guerriers,
Bordeaux, qui dus revoir mon front ceint de lauriers,
Oserai-je, des maux épuisant le calice,
Offrir à tes regards ma honte et mon supplice ?
Non : dans quelque antre affreux, loin de tes hauts remparts
Dont j'espérois un jour chasser les léopards,
J'irai, j'irai cacher ma tête criminelle,
Et subir, ô mon Dieu, ta vengeance éternelle.
Ah ! je l'ai méritée : ivre d'un fol amour,
J'ai bravé ton courroux ; j'ai perdu sans retour
L'estime et l'amitié d'un héros magnanime...
Que dis-je ? ton trépas est le fruit de mon crime,
Infortuné Fratame ! et sans doute aujourd'hui,
Par Lahire oublié, privé de son appui,
A mon juge irrité tu montres tes blessures ;
Et Lahire est inscrit au nombre des parjures,
Au nombre des ingrats, qui, tout à leurs desseins,
Perdent le souvenir des sermens les plus saints.
Ombre chère et sacrée, épargne-moi, pardonne !
Hélas ! l'amour fatal où mon cœur s'abandonne,
Qui m'a fait oublier mes devoirs, mon honneur,
N'a pas même payé de l'ombre du bonheur
L'ami qu'il m'a coûté, la paix qu'il m'a ravie.
Aucun charme par lui répandu sur ma vie
Ne m'a fait des remords oublier le fardeau.
Étendu sur mes yeux, un funeste bandeau,

CHANT XIV.

De Gladuse à jamais me dérobe la vue;
Et lorsque je succombe au tourment qui me tue,
D'un seul de ses regards sur sa victime errans,
Je ne puis enivrer mes regards expirans ! »

Ainsi Lahire en proie au feu qui le consume,
De ses cruels ennuis nourrissoit l'amertume.
Tout-à-coup une voix chère au cœur du héros,
Du palais solitaire a troublé le repos :
Il s'écrie, il se lève, et s'avance, et chancelle,
Et tend ses bras tremblans à l'ami qui l'appelle.
« Qu'ai-je entendu ? » dit-il : « Cher Fratame, est-ce toi ?
La tombe s'ouvre-t-elle et te rend-elle à moi ?
Ce cœur que je sens battre et ces bras qui me pressent,
Est-ce bien toi, Fratame? Ah ! mes maux disparoissent;
Mes regrets, mes remords, ma honte, mes tourmens,
Tout s'est évanoui dans tes embrassemens. »
Il dit. Fratame, hélas ! interdit à sa vue,
Contemple en frémissant sa disgrâce imprévue :
Il retient ses soupirs, commande à ses douleurs;
Mais Lahire a sur lui senti couler ses pleurs.
« Tu gémis, cher Fratame, et tu répands des larmes :
Ami, que ta pitié pour mon cœur a de charmes !
Tu connois de l'Amour les orageux transports :
Tu plaindras mes fureurs ; tu plaindras mes remords;
Tu m'aideras peut-être à supporter mes chaînes. »
Il dit, et l'un à l'autre ils racontent leurs peines.

Cependant accouroient de leurs sombres climats
Les enfans de l'Hiver, les neiges, les frimas,
Et ce cortége affreux de tempêtes bruyantes,
Sur l'océan du Nord incessamment grondantes.

Sur les monts dépouillés sifiloient les aquilons ;
Des brouillards ténébreux erroient dans les vallons ;
Du sommet des rochers se courbant en arcades,
Tombant de bonds en bonds, de cascade en cascades,
Des torrens écumeux les flots pressent les flots,
De leur chute orageuse effrayoient les échos ;
Tandis que les forêts, dans leur masse ébranlées,
D'un affreux bruit de guerre attristoient les vallées.

 Salisbury s'alarme : il craint pour ses guerriers
Qu'ont affoiblis déjà tant d'assauts meurtriers,
Le découragement, la saison rigoureuse,
D'un siége prolongé l'attente périlleuse.
Des forts déjà tracés il presse les travaux :
A l'entour d'Orléans, dans ces abris nouveaux,
Il prétend désormais enfermer ses cohortes,
Et que treize cités s'élèvent à ses portes.
Au Sud, où ne sauroient atteindre leurs efforts,
Les Français ont vu naître et s'élever trois forts.
Du Nord un quatrième insulte le rivage.

 Montague à l'Occident veut que son vaste ouvrage
Rapidement s'étende, avant qu'aucun secours
Permette aux assiégés d'en arrêter le cours.
Par Suffolck aujourd'hui conduits à la victoire,
Quatre mille guerriers traverseront la Loire.
De sa chute remis, Suffolck par sa valeur
Prétend venger sa gloire, effacer son malheur.
Sur ses pas marcheront, pleins d'une ardeur égale,
Héron, Gray, Lancelot, Halsate, Pole, Escalle,
Et cent chefs moins fameux, Anglais et Bourguignons,
Dont l'Oubli, vaste abîme, a dévoré les noms :

CHANT XIV.

Mais de la Nuit des Temps l'ange saint qui m'inspire
Évoquera leur gloire aux accords de sa lyre.
Du temple de Laurent, sur la rive élevés,
Les murs malgré la flamme à demi conservés,
Pourroient dès ce moment leur offrir un asile :
Mille bras à l'envi, par un travail facile,
Auront bientôt changé ces débris en remparts,
Et construit devant eux de larges boulevards.

Tout est prêt, et les nefs au rivage enchaînées,
Vers la rive du Nord se sont déjà tournées.
La foule des guerriers s'élance dans leur sein ;
Sous ce pesant fardeau l'onde s'enfle, et soudain
De nombreux avirons, armant des mains puissantes,
Frappent à temps égaux les vagues blanchissantes.
Du boulevard du pont, du sommet des remparts,
La foudre sur les nefs tonne de toutes parts ;
Mille dards enflammés, mille boulets rapides,
S'élancent vainement des créneaux homicides ;
Vainement, s'élevant sur l'abîme des flots,
Loïre au loin soulève et fait rugir ses eaux ;
Comme autant de limiers aux gueules dévorantes
Lance aux nefs d'Albion leurs vagues aboyantes :
Dagon de son trident leur prêtant le secours,
Du fleuve impétueux elles domptent le cours.
L'île de Charlemagne et ses nymphes plaintives
Vont les voir s'assembler à l'abri de ses rives,
Et, de là, vers les bords des humbles Orgerils,
Impunément courir à de nouveaux périls.
D'un bec victorieux frappant la molle arène,
Chacune sur la rive imprime sa carène :

En foule, au même instant, tels qu'un bruyant essaim,
Les guerriers d'Albion s'élancent de leur sein.
　　Mais Couras et Chabanne accourent au rivage ;
Les Français sur leurs pas volent comme l'orage
Qui, du sommet des monts roulant dans les déserts,
S'avance en vomissant la foudre et les éclairs.
Ils fondent à la fois sur la foule ennemie
A demi-descendue, encor mal affermie ;
Repoussent dans les nefs, renversent dans les eaux
Les guerriers chancelans, luttans contre les flots.
Le fleuve qui rugit et le bronze qui gronde ;
Les cadavres sanglans roulant au gré de l'onde ;
Les nefs s'entre-choquant sur les flots en fureur ;
Les cris, les hurlemens, le tumulte ; l'horreur
D'un combat furieux dont la mouvante scène
Tremble, fuit sous les pas des guerriers, les entraîne,
Tour à tour les dérobe et les rend au Trépas,
Étonnent d'Albion les plus hardis soldats.
　　Suffolck voit leur désordre, approche du rivage,
Et du haut de sa proue excitant leur courage :
« De la vieille Angleterre héroïques enfans,
Dont la mer agita les berceaux triomphans ;
Vous, de qui l'Océan, qui roule solitaire,
Doit un jour devenir l'esclave tributaire :
Un fleuve vous arrête, et ses flots révoltés
Combattent à mes yeux vos rangs épouvantés !
Quelle honte pour nous ! suivez-moi : que le Monde
S'accoutume à trembler devant les rois de l'onde ! »
　　Il dit, et dans les flots s'élance plein d'ardeur ;
L'onde bondit et gronde, et s'ouvre avec horreur,

CHANT XIV.

Et s'amoncelle, et bat ses rives sablonneuses.
D'une main repoussant les vagues orageuses,
De l'autre, le guerrier vers la rive avançant,
Fait briller hors des eaux son glaive menaçant.
Telle, en sa faim terrible, une énorme baleine
De l'océan du Nord bouleverse la plaine,
Du front brise à grand bruit ses mobiles sillons,
Et des hôtes des mers poursuit les bataillons.
Par la rive du fleuve en foule repoussées,
Tout à-coup du héros les vagues courroucées
Reviennent assaillir le vaste et lourd pavois :
De leur masse grondante il soutient tout le poids,
Les brise; et, dominant leurs cimes furibondes,
La moitié de son orbe éclaire au loin les ondes.
Tel le Soleil, luttant contre les flots amers,
Brille à demi-plongé dans l'abîme des mers,
Et lance, en s'élevant, aux vagues turbulentes
De son disque embrasé les flèches dévorantes.
Sur les pas de leur chef la foule des Anglais
Marche à travers les flots vers les guerriers français :
Tandis, du haut des nefs, mille archers homicides
Font sur nos chevaliers pleuvoir leurs traits rapides :
Renversé le premier sous la grêle de fer,
Un brave Orléanais, Simon de Baugener,
A la gorge frappé, sur le rivage tombe.
Cent autres à l'instant le suivent dans la tombe.
Nos preux bravent l'orage, et, la lance à la main,
Portent à leurs rivaux un trépas plus certain :
Volant au-devant d'eux loin de l'humide arène,
Jusqu'au milieu des eaux leur courroux les entraîne :

Le fer heurte le fer ; l'onde écume et rugit ;
Partout des sombres nefs le flanc gronde et mugit ;
Sous le ch... des coursiers et sous les coups de lance,
Leu ...assé ..rol des eaux, pesamment se balance,
Rec..lé d.. ..ivage, et, prompte à s'entr'ouvrir,
De ...rens orageux voit son sein se remplir.
  Mais Suffolck a du fleuve enfin touché la rive.
Tel qu'un lion fougueux, sur lui Charville arrive,
Le frappe de sa lance ; elle vole en éclats,
Atteint lui-même au flanc, Charville avec fracas
Tombe sur le rivage, et de ses mains tremblantes
Jusqu'au dernier soupir bat les ondes sanglantes.
Haymon veut le venger : vain espoir ! il le suit :
Le fer l'atteint au cœur, et son âme s'enfuit ;
Talbert voit sur son front descendre la tempête ;
Au glaive formidable il dérobe sa tête ;
Aubéron, moins heureux, sent l'homicide acier
Dans son sein palpitant se plonger tout entier.
Ravanne et son coursier vont rouler dans la Loire.
Couras même, Couras cet amant de la Gloire,
Par un coup imprévu voit tromper ses efforts ;
Renversé par Suffolck dans la foule des morts,
Il demeure immobile étendu sur l'arène.
Chabanne accourt à lui, le relève, l'entraîne,
Le rend à ses guerriers, retourne sur ses pas,
Et renverse O'Niail dans la nuit du trépas.
Le superbe Irlandais, sauvé de vingt batailles,
Sent la lance en fureur déchirer ses entrailles ;
Il accuse le Sort, il maudit son malheur,
Hurle, écume de rage, et se tord de douleur.

CHANT XIV.

Mais des fils d'Albion les cohortes nombreuses
Couvrent de toutes parts ces rives désastreuses ;
Dagon marche à leur tête, et dans nos bataillons
Trois fois son noir trident trace d'affreux sillons ;
Trois fois le monstre impur pousse un cri formidable.
Des enfans de la Mer une foule innombrable
S'élance sur ses pas : les Français éperdus
Abandonnent ces bords vainement défendus.

Aux rives du Flambert leur foule se rassemble :
Vers l'Anglais à l'instant ils revolent ensemble.
En bataillons serrés l'ennemi les attend.
La Terre est attentive à ce choc éclatant.
Sur les larges pavois des flots de lances fondent ;
L'écu heurte l'écu ; les glaives se confondent ;
Le poitrail des coursiers, d'un triple acier couvert,
Frappe, brise les rangs, et, par la lance ouvert,
Laisse un torrent de sang s'épancher sur la plaine.
Lancelot blesse au front l'audacieux Polaine.
Gray laisse Chalençois percé d'un coup mortel.
Vaillant Orléanais ! hélas ! le fer cruel,
Brisant avec fracas ton armure impuissante,
Déchire sans pitié ta poitrine éclatante :
Tu meurs pour ta patrie au pied de ses remparts,
Et la chère Aurélie a tes derniers regards.
Son jeune compagnon, l'aimable et beau Tarenne,
Voit le guerrier sans vie étendu sur l'arène :
Son cœur gémit, ses yeux se remplissent de pleurs ;
Il presse dans ses bras cet objet de douleurs ;
Et trop sûr que fuyant de ses lèvres livides,
Son âme a pris son vol sur ses ailes rapides,

Il éclate en sanglots, en lamentables cris.
Les guerriers d'Albion l'entourent attendris;
Tous respectent son deuil, et chacun en silence
Demeuroit immobile, appuyé sur sa lance,
Quand, la pique à la main, Gray plus prompt que l'éclair,
Par ses cris attiré, revient, vole et fend l'air.
Ce guerrier jeune encor, fruit d'une illustre couche,
Né du sang de Montague en a l'orgueil farouche;
Inflexible, il se plaît à semer la terreur.
Tel un jeune vautour sent croître sa fureur,
Fuit son aire, guidé par son instinct sauvage,
Et s'enhardit au meurtre, et s'essaie au carnage.
Il court, fond sur Tarenne insensible à son sort:
La lance au dos l'atteint, par la poitrine sort;
Et vers son assassin tournant sa tête pâle,
L'Aurélien courbé sur la lance fatale:
« Barbare! » lui dit-il, « je rends grâce à ta main!
Mon ange a pris pitié de mon sort inhumain;
C'est lui qui t'a conduit; et ta fureur cruelle
Dégageant mon esprit de sa prison mortelle,
Je vais rejoindre enfin dans la nuit du trépas
Mon ami qui m'appelle et qui me tend les bras.
Pour toi, nourri de sang et de meurtres avide,
Hâte-toi de jouir de ton bonheur rapide!
Je vois vers ces remparts accourir un vengeur;
Je vois ton front du mien surpasser la pâleur;
Et dans ton sein gonflé de douleur et de rage,
Trembler avec fureur la lance qui l'outrage. »
Il dit, ferme les yeux, tombe sur son ami.
Gray retire sa lance; et, sur elle affermi:

CHANT XIV.

« Vain prophète ! » dit-il, « cesse de me prédire
Un avenir sanglant qu'au ciel tu n'as pu lire,
Toi qu' n'as point prévu qu'étendu sur ce bord,
Sous mon bras foudroyant tu trouverois la mort.
Meurs ! et, laissant au Sort régler l'heure future,
Aux vautours dévorans sers ici de pâture !
Avant que mon trépas ensanglante ces lieux,
Ta couche vierge encor, le toit de tes aïeux,
Les tours de ton palais voisines de la foudre,
Orléans tout entier roulera dans la poudre. »
 Il s'éloigne, à ces mots, et du vaillant Malbert
Sa pique redoutable enfonce le haubert :
Des poumons déchirés un sang brûlant s'élance.
En vain le fier Turpin sur Gray brise sa lance :
D'une arme plus puissante et d'un bras plus heureux,
L'impitoyable lord du guerrier généreux
Fracasse la visière aux bandes azurées :
A l'homicide fer les dents d'effroi serrées
Opposent vainement leurs fragiles remparts,
Se brisent sous l'effort, cèdent de toutes parts ;
Et la pointe fatale, en sa cruelle rage,
Par le crâne sanglant s'ouvre un affreux passage.
 Devant Gray s'étendoient le trouble et la terreur :
Deux guerriers généreux arrêtent sa fureur,
Gasquet, Védille, égaux dans les jeux de la lance,
Tous deux nés sur les bords où la Garonne immense
Règne, et le front orné de pampres fructueux,
Roule vers l'Océan ses flots majestueux.
Amis depuis l'enfance et compagnons de gloire,
Ils ont suivi Lahire aux rives de la Loire.

Fiers d'un gage, la veille, en l'honneur de nos lis,
Sur deux guerriers anglais en pas d'armes conquis,
A ce noble triomphe, aiguillon de leur zèle,
Ils brûlent d'ajouter une palme nouvelle.
Mais Gray doit de sa chute honorer d'autres bras.
Des flots de combattans se pressent sur ses pas.
D'impétueux Gascons une foule nombreuse
A l'encontre s'élance : une mêlée affreuse,
Des cris, des flots de sang, un trouble plein d'horreur,
Des héros en ce lieu signalent la fureur.

 D'humble bois façonnée en un siècle rustique,
Une croix répandoit son ombre pacifique
Sur ce champ de carnage, et voyoit à ses pieds
De trente bataillons tour à tour foudroyés
Sur les larges pavois les dards, les lances fondre,
Les rangs heurter les rangs, et les flots se confondre.
Là surtout, des combats l'ange horrible rugit.
La bataille enflammée autour d'elle mugit,
Comme une mer fougueuse au pied d'un roc tranquille.
Des vaincus pâlissans vain et dernier asile,
L'un sur sa base sainte expire massacré ;
Attachant en mourant sa bouche au bois sacré,
Sur son sein palpitant l'autre le presse encore,
Et du sang d'un martyr teint l'arbre qu'il adore.
Conquis, abandonné, repris, perdu cent fois,
D'incroyables efforts et d'insignes exploits
Ce pieux monument deviendra le trophée.
L'âme ivre de fureur, au carnage échauffée,
Là, Pole, Escalle, Gray, l'intrépide Héron,
Au bruit de la trompette, aux accens du clairon,

Foulent de cent héros les cadavres livides.
Là, de gloire altérés et de vengeance avides,
D'une égale valeur disputent le terrain
Couras, Saucourt, Vernade, et ce brave Lorrain
Dont la main sûre, habile à diriger la foudre,
Mit tant de bataillons, tant de remparts en poudre.
Sur ses orbes roulans qu'avec art il conduit,
Dans la plaine tantôt sa couleuvrine fuit,
Au sein des bataillons se dérobe à la vue;
Tantôt, aux premiers rangs, d'une foudre imprévue
Renverse l'ennemi, le couvre de ses feux;
Court, va, revient, s'arrête, et, trompant tous les yeux,
A droite, à gauche, au loin, de près retentissante,
Est partout redoutée et partout menaçante,
Et frappe également d'un rapide trépas
Qui la fuit, qui la brave, et qui n'y songe pas.

 Comme un ange du Ciel de rivage en rivage
Repousse devant lui les démons de l'orage,
Tel le brave Chabanne ailleurs des léopards
Chasse, accable et poursuit les escadrons épars.
Le barbare Kempton sous sa lance brûlante
A mordu devant lui la poussière sanglante.
Il repousse Davis dans la foule des morts,
Mais l'homicide bois trompe enfin ses efforts :
Il en jette à Warmond les tronçons inutiles,
Et du glaive s'armant, de ses armes fragiles
Dépouille en un instant le novice guerrier
Qui fuit et se dérobe au tranchant meurtrier.
Le preux en traits piquans, en reproches éclate.
Soudain dans la mêlée il aperçoit Halsate,

Et s'écrie, enflammé d'une juste fureur :
« Ne fuis point mes regards, intrépide orateur !
Ne te lasses-tu point d'épargner notre audace ?
La France attend encor l'effet de ta menace.
Aurélie est debout et le front dans les Cieux ;
Aurélie est debout, et tu fuis à ses yeux ! »
Il dit ; mais dans la foule évitant la tempête,
Halsate épouvanté fuit sans tourner la tête.
Tel qu'un aigle en courroux, Chabanne le poursuit.
Sur le front de Taylor en mille éclats réduit,
Le glaive du héros trahit sa main puissante ;
Il arrache à Colwood sa lance menaçante.
Du vengeur d'Orléans Osborne avec Anson
Jura de partager l'armure ou la rançon ;
Ils pressent à la fois les flancs de leurs cavales ;
Le frappent à la fois de leurs lances rivales...
O disgrâce cruelle ! et combien des humains
Tu te plais, ô Fortune, à tromper les desseins !
Repoussé par le choc Anson chancelle et tombe ;
Osborne, atteint dans l'aine, et pâlit, et succombe ;
De mille affreux combats avec gloire échappé,
D'une arme d'Angleterre il expire frappé ;
Et d'un désir avare au même instant punie,
Son âme tombe en proie à son mauvais génie.

Mais quel orage affreux jusqu'au pied des remparts
Chasse ailleurs des Français les escadrons épars ?
C'est le vaillant Suffolck : tout fuit devant sa lance ;
Un rapide coursier sous lui vole et s'élance :
Tel, les peuples du Nord pensoient voir dans les airs,
De ses yeux enflammés dardant de longs éclairs,

De ses naseaux brûlans vomissant la lumière,
Le fier cheval du Jour mesurer sa carrière,
Dresser en hennissant un front audacieux,
Du bord de l'horizon s'élancer dans les Cieux;
Et les astres des nuits pressés au bord des ondes,
Chercher de l'Océan les ténèbres profondes.
Le valeureux Gyvès sur la terre abattu,
D'un fer impénétrable est en vain revêtu :
Sous le poids des coursiers bondissans dans la plaine,
L'infortuné sans voix, sans pouls et sans haleine,
Expire lentement et maudit son destin.
Suffolck perce le flanc du généreux Turtin.
Haudry veut éviter la lance redoutable :
Dans les reins se plongeant, la pointe impitoyable
Suit sa route et ressort par le nombril sanglant.
Suffolck s'arme aussitôt du glaive étincelant;
Il brise de Lorris le casque magnifique,
Et, déchirant le front du guerrier pacifique,
L'homicide tranchant sillonne avec fureur,
Teint d'un poupre odieux ce visage enchanteur,
Ces traits doux et charmans dont la candeur égale
Des lis de nos vallons la grâce virginale.
Pourquoi, chantre divin, favori des amours,
De ta cité chérie as-tu quitté les tours?
Ton cœur, né pour aimer, abhorroit le carnage;
Ta main du fer cruel ne connut point l'usage;
Et dans ce champ fatal te laissant entraîner,
Tu bravois le trépas et n'osois le donner.
Manthelon voit tomber l'ami de son enfance;
Contre le fier Suffolck il dirige sa lance;

Du héros d'Albion le vaste et lourd pavois
Avec fracas s'entr'ouvre, et l'homicide bois
Frappe l'épais haubert de sa pointe acérée.
Suffolck en frémissant voit la lance altérée
En énormes tronçons se briser sur son sein.
De colère enflammé, le héros, d'une main,
Saisit de Manthelon la rondache éclatante,
L'écarte avec effort, et son épée ardente
Frappe l'Orléanais à cet endroit fatal
Où des boucles d'un riche et solide métal
Joignent les deux moitiés de la forte cuirasse :
Du comte, avec effort, à travers cet espace,
Le glaive étincelant s'ouvre un large chemin ;
Manthelon dans son cœur sent le fer inhumain ;
Il expire ; et Suffolck poursuivant sa victoire
Repousse les Français vers les bords de la Loire,
Vers ces lieux où Chabanne, et plus loin les Gascons,
Des Anglais éperdus rompoient les escadrons.
Chabanne entend les cris des enfans d'Aurélie ;
Il voit Suffolck vainqueur et leur troupe qui plie,
Et les fils de la mer vers la ville accourans :
Il vole à leur rencontre, et, plongeant dans leurs rangs
De sa lance au long fer la pointe radieuse,
Ramène la terreur dans leur foule odieuse.
Mais Gray, Pole, Héron s'élancent à la fois :
Leurs lances sur son sein se brisent toutes trois ;
Leurs trois glaives rivaux étincellent ensemble.
Des Anglais autour d'eux la foule se rassemble.
Seul, loin de tout secours, pressé de toutes parts,
Chabanne enfin recule : une grêle de dards

Siffle, vole; et, battu par l'affreuse tempête,
Son casque ensanglanté s'ébranle sur sa tête.
La sueur à longs flots découle de son front.
Dans les rangs ennemis sa lance enfin se rompt;
Son armure s'embrase; il exhale avec peine
De sa poitrine ardente une brûlante haleine.
Il élève à deux mains son glaive avec effort;
Percé d'un javelot son coursier tombe mort;
Lui-même, atteint au pied d'une flèche affilée,
Veut s'arracher en vain de l'ardente mêlée.
Mais Gasquet et Védille accourant à sa voix,
Au-devant du héros étendent leurs pavois.
Chabanne dans les bras de leur troupe vaillante
Rentre pâle et défait dans la cité tremblante.
Privés de son appui, nos escadrons épars
Reculent en désordre au pied de leurs remparts.

    Cependant, du sommet des Tournelles captives,
Le fier Salisbury, l'œil fixé sur ces rives,
Des escadrons rivaux suit tous les mouvemens.
Sur la rive du Sud, par ses commandemens,
S'en viennent se ranger ces machines terribles
Qui vomissent la mort de leurs gueules horribles.
Sur les guerriers français, sur la ville, à sa voix,
Cent globes destructeurs s'élancent à la fois.
Tel, du haut d'un rocher que la foudre environne,
L'ange affreux des Combats rugit, menace, tonne,
Et secoue à grand bruit, de carnage affamé,
De son casque sanglant le panache enflammé.
Le sombre Glacidas à ses côtés exhale
Les barbares transports d'une rage infernale.

Il excite sa haine, il flatte son espoir,
Il lui peint Aurélie en proie à son pouvoir.
« C'est en vain, » lui dit-il, « qu'un peuple téméraire
A tes chaînes, seigneur, prétendit se soustraire :
Ses guerriers, ou captifs, ou fugitifs, ou morts,
Laissent sans défenseurs ses remparts et ses forts.
C'en est fait d'Orléans, son heure est arrivée;
Il tombe sous la main que sa haine a bravée.
Périssent de ses tours jusqu'aux débris épars,
Et qu'on cherche la place où furent ses remparts ! »
 Il dit, et, du Couchant, voit le long du rivage,
Comme dans les vallons court un bruyant orage,
D'un nombreux escadron les rangs pressant les rangs
Vers le champ de bataille à la hâte accourans.
« Que vois-je ! » s'écria Montague avec furie,
« Viendroit-on à ma haine arracher Aurélie ?
Malheur à ces guerriers ! leurs épouses en deuil
Imploreront pour eux la faveur d'un cercueil.
Et toi que des martyrs entoure la phalange,
Que Marie adopta, que protége un archange,
Téméraire cité ! ces célestes secours
Ne sauroient préserver tes palais et tes tours.
Cette reine des Cieux que ta frayeur implore,
Non loin de tes remparts son temple fume encore :
Sauvera-t-elle mieux l'asile des mortels,
Elle qui n'a pas su défendre ses autels ?
Du temple où tes enfans viennent lui rendre hommage,
J'irai, j'irai moi-même arracher son image,
Dans le sang de son peuple à tes yeux la plonger,
Et de tous mes affronts sur elle me venger. »

Il dit, et veut, du pont essayant la conquête,
Armer ses bataillons et voler à leur tête.
Du sommet de ces tours sa formidable voix
Jusques au bout du camp va retentir trois fois:
Ses guerriers accouroient, altérés de carnage...
 Audacieux mortel, où t'emporte ta rage?
Dieu te voit, Dieu t'entend: tes jours sont accomplis,
Tes forfaits sont comblés, tes destins sont remplis.
L'Arbitre des humains près de son trône appelle
L'ange qui, pour confondre une audace cruelle,
Dans le camp du Grand-Roi marchant jadis sans bruit,
Sous les murs de Sion, dans une seule nuit,
Moissonna d'une épée au carnage nourrie,
Deux cent mille guerriers la fleur de l'Assyrie,
Et de Sennachérib, au lever du Soleil,
Dans un fleuve de pourpre effraya le réveil.
« Pars! » dit-il. A ces mots, les vastes Cieux frémissent;
Des gouffres éternels toutes les voix gémissent.
Du seuil du Paradis dans l'abîme de l'air
L'ange exterminateur descend comme un éclair.
Un voile ténébreux couvre la terre et l'onde,
A sa vue éprouvant une terreur profonde,
Des anges détrônés les noires légions
Regagnent à grands cris leurs tristes régions;
Ils pressentent la mort du tyran qu'ils protégent,
Et le laissent en proie aux périls qui l'assiégent.
 Une tour dédiée à la reine des Cieux
Défendoit Aurélie, et son front glorieux,
Au milieu des remparts ébranlés par la Guerre,
Restoit inaccessible aux foudres de la Terre:

L'ange sur cette tour abaissant son essor :
« Sur tes yeux azurés étends tes cheveux d'or, »
Dit-il, « Vierge céleste ! et permets que l'impie,
Auteur de tant de maux à tes pieds les expie ! »
Il dit, baisse son glaive, en touche les créneaux :
La foudre en sort soudain ; ses rapides carreaux
De l'une à l'autre rive ébranlent tout l'espace ;
Salisbury frappé tombe avec son audace.
Que ton bras est terrible, ô Justice des Cieux !
Est-ce là ce guerrier cent fois victorieux,
Dont l'Europe étonnée admiroit la vaillance,
La gloire d'Albion, la terreur de la France ?
Ce front si fier, atteint d'un coup inattendu,
Tout brisé, tout sanglant, dans la poudre étendu,
Qu'est devenue, ô Ciel ! sa majesté terrible ?
Où fut un de ses yeux s'enfonce un vide horrible,
D'où le sang à grands flots ruisselant à l'entour,
Teint d'un pourpre effrayant le sommet de la tour ;
L'autre roule enflammé comme un astre funeste.
Le féroce guerrier contre un Dieu qu'il déteste
Lutte encor dans la poudre ; élève avec effort
Un visage couvert des ombres de la mort ;
Hurle, grince les dents, roidit ses mains glacées,
Et mord avec fureur ses armes fracassées.

De ce spectacle affreux détournons nos regards,
Chantre auguste ! et dis-moi quels preux sous nos remparts
Venoient de nos rivaux humilier l'audace ?
Mais déjà leurs coursiers ont dévoré l'espace,
Cette moisson de dards a déroulé ses flots :
Je vois, je reconnois les enfans des héros !

CHANT XIV.

Voilà ce chef fameux, ce noble Saint-Sévère,
Que redoute Albion, que la France révère.
Près de lui j'aperçois l'intrépide Ternès,
Qui pour Guesclin quitta les champs arragonnais.
Est-ce bien vous, Tilloy, Beuil, Kannède, Xaintraille,
Thouars, Gravillo, et toi, foudre de la bataille,
Girême ; et toi, Valpergue aux chants remplis d'appas ?
Quel ange rompt vos fers et vous rend aux combats ?

   Mais quel est ce guerrier, ce héros, dont la lance
Comme un rayon de feu dans sa main se balance ?
Il les devance tous ; il vole.... Mille voix
Ont crié : « Gloire au Ciel et victoire à Dunois ! »
A ce nom, des Français la foule se rallie.
De ses tours, de ses forts, la tremblante Aurélie
A reconnu son prince : oubliant tous ses maux :
« Chef des lances, salut ! salut, roi des héros ! »
Dit-elle ; et de ses fils les vaillantes cohortes,
S'animant à sa voix, s'élancent de ses portes.

   Suffolck entend ces cris : il voit de toutes parts
Les Français accourir vers ses guerriers épars :
De ce nouveau péril son âme est alarmée.
Courant à Lancelot : « Maréchal de l'armée !
Devant tant d'ennemis d'autres pourroient trembler :
Tous les héros français semblent nous accabler :
J'espère en ta valeur. Cours, et sous leurs bannières
Rassemble sans délai nos phalanges guerrières.
Du temple de Laurent que les tristes débris
Reçoivent nos soldats dans leurs sombres abris ! »

   Il dit ; et des Anglais la foule qu'il rallie
S'éloigne sur ses pas des remparts d'Aurélie.

Tous volent au-devant de Dunois et des preux ;
Dans le temple détruit arrivent avant eux ;
S'en emparent soudain ; de chaînes, de fascines,
Entourent à l'instant ces augustes ruines ;
De lances et de pals aux chevaliers français
Partout un triple rang en défendra l'accès.
 Les voilà ! de la Loire ils ont suivi la rive.
Dunois vole à leur tête, il accourt, il arrive ;
Sur son casque d'acier d'où partent mille éclairs,
Un grand panache blanc ondoie au gré des airs.
Comme pendant l'orage une vague bruyante
Dresse jusques aux cieux sa cime menaçante,
Roule, blanche d'écume, au milieu des rochers,
Et du poids de sa chute accable les nochers ;
Tel accourt le héros. A l'aspect de sa lance,
Le mur de fer recule ; un cri d'effroi s'élance ;
Et, frappés d'un seul coup, trois guerriers à la fois
L'un sur l'autre appuyés sont renversés tous trois.
Le roi des preux redouble ; il abat dans la fange
Le robuste Craven et le vaillant Morange,
Qui, cher à Lancelot, des riches murs d'Arras
Voulut sur cette rive accompagner ses pas.
Turner tombe en roulant sous le fer qui l'outrage ;
Sa chevelure d'or voile son beau visage.
Gray paroît à sa place, et foule aux pieds son corps :
« O toi que ton malheur ramène sur ces bords,
Grand appui d'Aurélie, ose attendre ma lance ! »
Dit-il d'une voix fière. Il dit, et la balance,
Sur son front, à deux mains, l'élève avec effort :
Le fer brûlant s'abaisse et tombe avec la mort.

CHANT XIV.

Mais Dunois opposant son bouclier solide,
L'arme de Gray s'y rompt. D'un regard intrépide
Le héros parcourant son superbe ennemi,
Frappe : la lance en feu dans son cœur a frémi ;
Il tombe, et, prosterné dans la fange sanglante,
Vomit avec horreur son âme turbulente.
Comme en d'humides prés, entre d'épais roseaux,
Un pâtre laisse au loin paître ces lourds oiseaux
Qui sauvèrent jadis les murs du Capitole :
Tandis qu'à coups pressés leur bec robuste immole
Des eaux et des gazons les nombreux habitans,
Si quelque aigle affamé fondant sur les étangs,
De ses serres d'acier saisit un jars superbe,
Le tue, et de son sang arrose et rougit l'herbe,
La troupe consternée à l'entour de son roi
Élève jusqu'au ciel d'horribles cris d'effroi,
S'enfuit d'un pas pesant à l'aide de ses ailes,
Maudit ses avirons, ses voiles infidèles,
Semble sur l'herbe encor moins courir que nager,
Et trébuchant cent fois, en ce pressant danger
Invoque des étangs les retraites profondes,
Se tapit sous les joncs, se cache sous les ondes :
Telles, voyant tomber ce jeune audacieux
Si fier de sa valeur, si grand par ses aïeux,
Des guerriers d'Albion les troupes éperdues
D'une immense clameur font retentir les nues.

　　Stafford lève le fer : prévenant son dessein,
La lance de Dunois se brise dans son sein :
Il roule avec fracas d'un monceau de ruines,
Comme un chêne arraché du sommet des collines.

Le prince appelle alors son fidèle écuyer ;
Il confie à ses soins son généreux coursier,
Et, le glaive à la main, sur Édington s'élance.
L'Anglais oppose au coup son bouclier immense :
Vain espoir ! le pavois sous le glaive enflammé
S'ouvre, et livre à la mort le guerrier désarmé ;
Son sang fuit par la bouche, et son âme s'exhale.
Le redoutable fer sur le front de Ruisdale
Tombe ; de son visage horriblement fendu
Retombe, et sur son sein la foudre a descendu.
Héron, le fier Héron brandit sa longue lance,
En frappe le héros, la rompt, rugit, s'élance,
Et, levant à deux mains une hache d'acier,
Du petit-fils des rois écrase le cimier.
L'impénétrable armet résiste à la tempête ;
Le héros indompté n'incline point la tête.
Terrible, il apparoît au Gallois éperdu
Comme un ange guerrier sur ces bords descendu.
Héron pâlit, recule, et du pavois se couvre :
Dunois frappe à son tour : l'écu, l'armure s'ouvre ;
Héron voit à ses pieds tomber avec fracas
Son casque dépouillé, sa cuirasse en éclats ;
D'une double blessure à l'instant son sang coule :
Il s'effraie, il s'écrie, et se perd dans la foule.
Audacieux Lason, ne vois-tu pas le fer
Qui sur ton front d'airain descend comme un éclair?
Odieux séducteur de l'aimable Fanie,
Qui t'enorgueillissois de son ignominie ;
Tombe ! un ange vengeur t'a conduit sur ce bord.
Hélas ! l'infortunée, en apprenant ta mort,

CHANT XIV.

Prête à fermer les yeux, ces yeux si pleins de charmes,
Pour pleurer ton malheur retrouvera des larmes.
D'une hache d'acier Mapstone s'arme en vain :
Dunois pare, le frappe, et lui perce le sein.
Le héros foule aux pieds ce monstre téméraire,
Dont la main fume encor du meurtre de son frère,
Et qui meurt, écrasé, dans la fange et le sang.
Sur lui tombe Tyler atteint au bas du flanc.
D'Ashton la tête pâle au loin bondit et roule.
Sous le fer de Dunois les preux tombent en foule,
Comme on voit l'or des blés s'épaissir sous la faux
Qu'agite un moissonneur pressé dans ses travaux,
Quand déjà dans les airs un doux zéphir déploie
De la reine des Cieux les longs cheveux de soie.
Tout fuit devant ses coups. O glaive radieux !
Quel autre que Dunois de ton poids glorieux,
Parmi tous les héros qui foulent ce rivage,
Pourroit charger sa main dans les champs du carnage ?
Armets, pavois, hauberts, à l'instant fracassés,
Volent par ton atteinte en éclats dispersés ;
Les guerriers, les coursiers, roulent dans la poussière ;
Les chaînes, les débris, impuissante barrière,
Sous tes coups foudroyans semblent s'anéantir,
Et le bruit de leur chute au loin va retentir.

Voilant du fourreau d'or son épée effrayante,
L'ange exterminateur vers la cité vivante
A repris son essor : comme une vaste mer,
D'un vol majestueux il fend les flots de l'air,
Touche aux sacrés parvis, se prosterne, et dans l'ombre
Va s'asseoir sur un trône armé d'éclairs sans nombre.

Des anges de l'Enfer, aussitôt accourus,
Les enfans d'Albion de nouveau secourus
Ont serré leurs pavois, brandi leurs longues lances :
Enflammés de colère, altérés de vengeances,
Satan, Dagon, Moloch lèvent leurs fronts hideux ;
Les rois de l'Océan se pressent autour d'eux ;
Le carnage redouble, et l'horrible tumulte :
On se cherche, on se joint, on se brave, on s'insulte,
On frappe, on est frappé ; le sang coule à grands flots ;
Le Désespoir, la Honte enflamment les héros ;
La Haine au milieu d'eux s'agite échevelée ;
Ils confondent leurs bras dans l'ardente mêlée ;
Leurs cris frappent les cieux. Mais trompant leur fureur,
La Nuit étend partout sa ténébreuse horreur.
Le prince se retire ; et, jaloux de sa gloire,
Dans l'ombre ne veut point hasarder la victoire.
Le cor autour de lui rappelle ses guerriers.
Vers la ville, à pas lents, tous ces fiers chevaliers
S'avancent en triomphe, au milieu des fanfares.
Des enfans d'Albion les cohortes barbares
De leurs abris sanglans n'oseroient s'écarter :
Toujours à leur esprit revient se présenter
Du héros des Français le glaive formidable.

Suffolck déguise en vain la douleur qui l'accable.
« Guerriers, » dit-il, « ces murs, seul objet de nos vœux,
Ces débris échappés au ravage des feux,
Nous les avons conquis : c'est assez pour la gloire.
Mais ne négligeons point les fruits de la victoire ;
Hâtons-nous, relevons ces précieux débris ;
Et que demain l'aurore à nos rivaux surpris

CHANT XIV.

Étale sur ces bords d'un fort inaccessible
Les créneaux menaçans et l'appareil terrible ! »
Il dit : mais, tout-à-coup abordant en ces lieux,
Ross pâle et consterné se présente à ses yeux.
Des chefs avec effroi la foule l'environne.
« De la vieille Albion l'ange nous abandonne, »
Dit-il en gémissant : « Guerriers, fuyons ces bords !
Montague va descendre au royaume des morts. »

Comme on voit, au printemps, d'une ruche orageuse
Se répandre à grands flots l'armée aventureuse,
Ses bataillons ailés dans les vallons errans
Et vers des prés fleuris en triomphe accourans :
Si par un bras agile une pierre est lancée ;
Sur ses courts ailerons pesamment balancée,
Si, dans son vol tardif, atteinte au milieu d'eux,
Leur reine, en tournoyant, tombe et meurt à leurs yeux :
Saisi d'un morne effroi, tout ce peuple fidèle
S'arrête au même instant, se rassemble autour d'elle ;
Bientôt, sûr de sa mort, s'égare dans les airs,
Et périt dispersé sur des rochers déserts.
Telles de l'ennemi les phalanges troublées
Du trépas de leur chef demeurent accablées.
Ces deux monstres cruels, la Fuite et la Terreur,
Qu'envoie aux nations le Ciel dans sa fureur,
Avec la Nuit, pareils à de pâles fantômes,
Arrivent tout-à-coup du fond des noirs royaumes,
Du front touchent aux Cieux, et de leurs yeux sanglans
Lancent d'affreux éclairs sur les guerriers tremblans.
Suffolck voit le désordre où leur âme se livre :
« Au coup qui l'a frappé Montague peut survivre.

Quand ce chef l'a quitté son cœur battoit encor.
Anglais, gardez-vous bien d'abandonner ce bord !
Du moins jusques au jour conservez ma conquête !
Dès demain je reviens combattre à votre tête.
Mais surtout retenez vos cris et vos sanglots :
Dérobons notre deuil aux yeux de nos rivaux ;
Qu'ils ne soupçonnent point quel revers nous menace :
Notre infortune encor doubleroit leur audace. »
Il dit, et, s'élançant sur les flots ténébreux,
Confie à Lancelot ce poste dangereux.

 Cependant, arrivé dans ta ville chérie,
Tu vois, fleur des héros, ta fidèle Marie
Courir, percer la foule ; émue à ton aspect
De surprise et d'amour, de joie et de respect,
Jeter autour de toi ses beaux bras pleins de charmes,
Et dans ton noble sein cacher ses douces larmes.
A tes embrassemens Marie offre à son tour
Le gage précieux de votre chaste amour :
Tu couvres de baisers et de larmes de joie,
Tu demandes au Ciel de guider dans sa voie
Ce rejeton chéri, cet enfant des héros,
Que n'amollira point un indigne repos,
Et qui, né pour venger son prince et sa patrie,
Voit parmi les périls son enfance nourrie.
Attendri, transporté, de momens en momens,
Ce noble peuple éclate en applaudissemens ;
Vos noms chers et sacrés jusqu'aux cieux retentissent ;
Guerriers et citoyens en pleurant les bénissent,
Et l'espoir se ranime au fond de tous les cœurs.
Plus d'horreur de la mort, plus d'effroi des vainqueurs.

Dunois est revenu : désormais invincible,
Orléans consolé relève un front paisible
Au milieu des débris, du carnage et des morts
Dont le fer de l'Anglais vient de couvrir ces bords.

    Des feux d'un ciel ardent déjà presque étouffée,
D'un arbre aux pommes d'or ainsi la jeune fée,
Contrainte de quitter son ténébreux séjour,
Entr'ouvre un peu l'écorce, et laisse voir au jour
Son visage charmant, sa chevelure noire,
Ses épaules d'albâtre et sa gorge d'ivoire ;
Sort toute en pleurs de l'arbre, et, s'asseyant auprès,
Belle dans sa pâleur, muette en ses regrets,
Contemple d'un œil triste et la tête penchée
Son feuillage flétri, sa tige desséchée,
Et dans chaque rameau contrainte à dépérir,
Se sent d'un feu cruel avec l'arbre mourir.
Mais si des cieux émus une douce rosée
Descend et rend la vie à la plante épuisée,
La nymphe à tous les yeux dérobant ses attraits,
Se renferme avec joie en son petit palais ;
Ouvre de toutes parts, étend ses feuilles pâles,
Pour recevoir des Cieux les humides opales ;
Satisfaisant à peine à ses ardens désirs,
Aspire dans son sein l'haleine des zéphirs ;
Par chaque pore boit la fraîcheur salutaire,
Et par cent fils d'argent pompe au sein de la terre
Mille sucs nourriciers dans ses veines taris.
Soudain de l'oranger les rameaux refleuris
Relèvent leurs fruits d'or ; et, toute rayonnante,
S'étale dans les airs sa tige triomphante,

Riche de fruits, de fleurs, de feuillages brillans,
Et des plus doux parfums qu'au loin portent les vents.
En revoyant son prince, en admirant Marie,
De bonheur et d'espoir ainsi brille Aurélie.
Aux clartés des flambeaux ces époux vertueux
De la foule ont percé les flots respectueux :
Leur palais les reçoit, et sur leurs fronts paisibles
Le doux Sommeil répand ses pavots invisibles.

CHANT XV.

A peine a reparu l'astre brillant du Jour,
Assis près de la couche où repose Gaucourt,
Le prince orléanais, fidèle à sa franchise,
Au vieillard en ces mots conte son entreprise.
 « Sire, » dit le héros, « je ne vous peindrai pas
Quels périls à nos yeux s'offroient à chaque pas;
De la Loire en cent lieux les rives envahies;
Soumises par le glaive ou par l'effroi trahies,
Les nombreuses cités ornemens de ses bords,
En proie à nos tyrans et regorgeant de morts:
Tous ces horribles fruits des fureurs de la Guerre
Marquent partout les pas des fils de l'Angleterre:
Partout ils ont laissé nos champs jadis si beaux,
Ensemencés de morts et couverts de tombeaux.
Des villages détruits, des demeures ouvertes,
De distance en distance, en nos plaines désertes,
Montrent leurs noirs débris, retraites des serpens,
Entre les verts taillis, les végétaux grimpans,
Qui, revenus en foule, assiégent ces ruines
De leurs rameaux touffus, de leurs fortes racines:
En l'absence de l'homme, une immense forêt,
De vallons en vallons, de guéret en guéret,
Comme une armée avance et reprend ses conquêtes.
Des humains disparus le temps et les tempêtes

Ont effacé la trace; et des bois ravisseurs
Les bras forment partout la route aux voyageurs.
   » Loin des chemins connus, par des détours sans nombre
Nous marchâmes long-temps à la faveur de l'ombre,
Et le flambeau des cieux trois fois remplit son cours
Avant que de Chinon j'entrevisse les tours.
Aux premières clartés de l'aube matinale,
J'aperçus tout-à-coup la demeure royale,
Ces donjons, ces remparts jusqu'au ciel arrivés,
Sur une roche immense à grands frais élevés ;
En avant, des Anglais le fort inaccessible ;
Sa chapelle vouée au guerrier invincible
Qui d'un affreux dragon délivra les mortels,
Et de qui l'Angleterre honore les autels.
A ma gauche laissant la route partagée
Descendre vers la ville au bord des eaux rangée,
A pied, du fort anglais je suivis à pas lents
Les antiques remparts, asile des milans :
Je distingue ce pont dont l'heureux artifice
Joint le fort au châtel, et, sur un précipice,
Mène à la haute porte où l'horloge à la fois
Mesure les momens des pâtres et des rois.
De sept coups séparés par de courts intervalles,
Le timbre, en ce moment, à distances égales,
Retentit; et long-temps des accens de l'airain
L'écho de ces remparts frappa l'écho lointain.
Cependant à leurs pieds des vapeurs de l'aurore
Comme un nuage épais les flots rouloient encore ;
Un voile au loin couvroit tous les champs d'alentour.
Au-dessus des brouillards s'élevant tour à tour,

CHANT XV.

Les arbres des vergers par degrés se montrèrent ;
Des rayons du matin leurs teintes s'éclairèrent.
J'aperçus, près des bords du chemin sinueux,
Des pommiers entourés de pampres fructueux,
Quelques tardives fleurs avec soin cultivées
Et des premiers frimas à demi-préservées :
D'habits sans ornemens un homme revêtu,
De tristesse accablé, de langueur abattu,
A leurs frêles appuis de ses treilles fécondes
Rattachoit près de là les tiges vagabondes :
Quelquefois, suspendant son agreste labeur,
Il restoit un moment immobile et rêveur ;
Ses humides regards s'attachoient à la terre.
Un lévrier charmoit sa douleur solitaire.
Je m'approche ; il m'entend, tourne les yeux vers moi ;
Je tombe à ses genoux : ami ! c'étoit le Roi.

« Également surpris, le prince me relève,
Sous un berceau touffu qui dans ce lieu s'élève,
Me guide, et près de lui me contraint à m'asseoir.
Image des revers du suprême pouvoir,
Par l'orage abattu, le tronc d'un chêne immense
Sert en ce lieu de trône au dernier roi de France.
Immobile et muet, à peine, en mes douleurs,
Osois-je relever mes yeux baignés de pleurs
(Une pitié stérile est souvent importune)
Sur ce grand monument des coups de la Fortune.
Voilà donc l'héritier des trônes de Clovis,
Par Martel usurpés, à ses neveux ravis !
Voilà de saint Louis le descendant auguste !
D'un arbre si puissant, naguère, et si robuste,

Roi du Ciel, voudrez-vous écraser dans sa fleur
Le foible rejeton flétri par le malheur ?
Assez et trop long-temps une horrible tempête
N'a-t-elle pas, ô Dieu ! courbé sa jeune tête ?
Tels étoient mes pensers à l'aspect de mon roi.
Trente rois en un seul paroissoient devant moi ;
Et des siècles passés, de l'âge qui s'écoule,
Les souvenirs fameux m'environnoient en foule.

» Charle lut dans mon âme ; et, poussant un soupir :
—« Dieu le veut ; sous sa main c'est à moi de fléchir,
» Prince. Voici l'asile où, battu par l'orage,
» Aux regards des mortels je cache mon naufrage.
» Hélas ! la calomnie insulte à ma douleur ;
» Elle épargne le crime et s'attache au malheur ;
» Elle m'a poursuivi jusque dans ces retraites.
» Là, dit-on, des Français oubliant les défaites,
» Charle dans les plaisirs et les folles amours
» Consume obscurément ses inutiles jours.
» Cette vigne, ces fleurs, ces tonnelles rustiques,
» Voilà, prince, voilà mes jardins magnifiques ;
» Ces créneaux délabrés et ces toits entr'ouverts,
» Voilà mon Louvre. Hélas ! après tant de revers,
» Il me manquoit encore, à tous les traits en butte,
» De voir mon peuple même insulter à ma chute !
» Ils m'ont donc envié les innocens plaisirs.
» Qui d'un cœur malheureux abrègent les loisirs !
» Les cruels m'envîront le repos de la tombe !
» Ah prince ! à tant de haine il faut que je succombe.
» Mais quels revers nouveaux, quels nouveaux coups du Sort
» Venez-vous m'annoncer ? Sont-ce les fers ? la mort ?

» Parlez, ne craignez point d'accabler ma misère.
» Depuis long-temps, mon Dieu ! choisi par ta colère,
» Sous ta puissante main, dans le deuil et les pleurs,
» Je courbe un front tremblant, docile à tes rigueurs. »
« Il s'arrête à ces mots, sa foible voix expire,
Et ses yeux dans les mains semblent chercher à lire.
Je lui réponds soudain : « Rassurez votre cœur,
» Sire : Orléans encore arrête le vainqueur.
» Son peuple et vos guerriers échappés des batailles,
» Jusqu'au dernier soupir défendront ses murailles.
» Sauver eux seuls la France, ils ne l'espèrent pas ;
» Ils obtiendront du moins l'honneur d'un beau trépas.
» Ah ! si des jeunes preux errans sur ce rivage
» Un si beau dévoûment réveilloit le courage !
» Au secours d'Orléans s'ils osoient accourir !
» Nous ne bornerions plus notre gloire à mourir,
» Sire ; on verroit encor notre valeur bouillante
» Reporter aux Anglais le deuil et l'épouvante,
» Et peut-être, le Ciel couronnant nos efforts,
» Les léopards vaincus fuiroient loin de ces bords.
» D'un laurier radieux souvent ce Ciel couronne
» Ceux qui n'attendent pas que sa faveur le donne,
» Et qui, dans les revers déployant un grand cœur,
» Font rougir la Fortune et trembler le vainqueur.
» N'est-il plus de Français sensibles à la gloire
» De sauver leur pays, de vivre en la mémoire ?
» Sous le fer de l'Anglais verront-ils sans remords
» Aurélie abattue et regorgeant de morts ?
» Complices de sa chute, attendront-ils loin d'elle
» Les fers qu'a rejetés son dévoûment fidèle ?

» D'eux-mêmes sous le joug viendront-ils se ranger?
» Sire, ah! daignez du moins encore interroger
» Des enfans des héros l'audace héréditaire!
» Dites : Je vais périr ou punir l'Angleterre.
» Quel Français à ce cri ne s'élanceroit pas
» Des portes de la tombe au milieu des combats?
» Cette terre jadis en héros si fertile,
» Sire, n'est pas encore si froide et si stérile :
» Plutôt que rester sourde à l'appel de son roi,
» Ses flancs s'entr'ouvriroient; l'Anglais avec effroi
» Verroit se relever de leurs couches poudreuses
» Des héros expirés les races généreuses,
» Se suivre en mugissant leurs affreux bataillons,
» Et de moissons de dards se couvrir nos sillons.
» Ce qu'ils furent jadis, peut-être nous le sommes,
» O roi! la Calomnie est chère aux fils des hommes;
» Elle poursuit souvent la plus haute vertu;
» Elle insulte surtout au pouvoir abattu;
» Mais toujours elle cède à l'éclat du courage
» Comme aux feux du Soleil se dissipe un nuage.
» Dieu seul comme il lui plaît dispense le bonheur;
» Mais à nos propres soins il commit notre honneur;
» Il ne dépend du Sort ni des cris du vulgaire;
» Il survit aux rigueurs du démon de la Guerre,
» Pourvu qu'en ses dédains constant jusqu'à la mort,
» Notre cœur invaincu n'accepte rien du Sort.
» Qui se cache et qui fuit souscrit à sa défaite;
» La Calomnie alors le suit dans sa retraite;
» Plus il semble la craindre et plus il l'enhardit,
» Et le Monde inflexible à sa chute applaudit.

» Ah sire! (permettez ce langage à mon zèle),
» Lorsque d'un joug fatal défendant la Rochelle,
» On vous voyoit vous-même au pied de ses remparts
» Écraser des Bretons les bataillons épars;
» Quand, plus prompt que l'éclair, pour raffermir le trône,
» Des bords de l'Océan sur les rives du Rhône
» Le souverain des monts vous voyoit accourir;
» La Calomnie en vain cherchoit à vous flétrir:
» D'un roi digne du sceptre admirant le courage,
» L'Europe avec mépris laissoit rugir sa rage,
» Et par de nobles faits confondant leurs fureurs,
» Vous imposiez silence à vos accusateurs. »
  » Je m'arrête à ces mots. « Noble appui d'Aurélie! »
Répond-il (et du poids de sa mélancolie
Son âme en ce moment sembloit se dégager;
Ses yeux resplendissoient d'un éclat passager):
« Garde-toi de penser que mon âme abattue
» Ait cédé sans combats au chagrin qui la tue;
» Que du jour qu'ils fuyoient mes yeux soient éblouis:
» Non: le sang des héros, le sang de saint Louis,
» Ne s'est pas à ce point altéré dans mes veines.
» Pour en dompter l'ardeur mes disgrâces sont vaines;
» Et, si la voix du Ciel n'eût enchaîné mes pas,
» J'eusse saisi le sceptre ou subi le trépas.
» Même dans ce moment, de ce sang magnanime
» A l'aspect d'un héros la fierté se ranime:
» Je sens à tes discours s'enflammer ma valeur,
» Prince, et la gloire encor fait palpiter mon cœur.
» Mais l'arrêt du Très-Haut, puis-je le méconnoître?
» Pour vaincre et pour régner le Ciel m'a-t-il fait naître?

» Ne m'a-t-il pas plutôt, aux yeux de l'Univers,
» Ne m'a-t-il point appris, par tant d'affreux revers,
» Que, de lui rejeté, c'est en vain que j'espère
» Remonter désormais au trône de mon père ?
» Et pourquoi prolonger ces odieux débats,
» Cette lutte sanglante et ces cruels combats
» Où se vont engloutir de notre belle France
» Les derniers défenseurs, la plus chère espérance ?
» Un moment voit passer les peuples et les rois :
» Qu'importe aux nations qui leur donne des lois ?
» Qu'importe qu'une race, au milieu des naufrages,
» Ait brillé plus long-temps sur le torrent des âges ?
» Dans un gouffre commun puisque tout roule enfin,
» Pourquoi, l'instant venu, résister au destin ?
» Le Ciel a prononcé : que sa loi s'accomplisse !
» C'est à moi désormais de me rendre justice,
» Prince ; l'honneur l'exige, et je ne prétends pas.
» Par le trépas des miens retarder mon trépas. »
    » Je réponds aussitôt : « Seigneur, Dieu vous éprouve :
» Mais vous régnez encor ; mais l'infortuné trouve
» Dans ce juge équitable un tutélaire appui,
» Alors qu'il ne lui reste aucun espoir qu'en lui.
» Issu du sang des rois, né pour le diadème,
» Tout vous appelle au trône : y renoncer vous-même
» Lorsque par des vertus il le faut mériter,
» Sire, contre le Ciel c'est là se révolter.
» Vous n'avez pas le droit de déposer encore
» Le fardeau glorieux dont son choix vous honore.
» De tant d'infortunés vous croyez-vous permis
» D'abandonner le sort à leurs fiers ennemis ?

» Vous craignez, dites-vous, d'éterniser les guerres
» Qui depuis si long-temps ensanglantent nos terres ;
» Au pied de nos remparts vous n'exciterez pas
» Les héros de la France à de nouveaux combats.
» Mais vous l'aviez promis ; et sur cette promesse,
» Bravant de vos vainqueurs la fureur vengeresse,
» Avec joie Orléans s'est dévoué pour vous.
» Il n'est plus temps, seigneur, de s'attendrir sur nous ;
» Il faut choisir ; il faut nous perdre ou nous défendre.
» Si vous devez mourir, c'est sur nos murs en cendre.
» Ah ! quand vous pourriez même, en abdiquant vos droits,
» Obtenir du vainqueur grâce pour nos exploits,
» Pensez-vous que nos preux, pensez-vous qu'Aurélie
» De ce pardon funeste acceptât l'infamie ?
» Ne vous abusez point : dans cette extrémité,
» Nous saurions nous soustraire à cette indignité,
» Et seuls, jusqu'au trépas, sire, et sans espérance,
» Défendre malgré vous, et vous-même, et la France. »
   » Le Roi se lève alors : « Vous l'avez prononcé,
» Fils des héros : mon sort est désormais tracé.
» C'en est fait ! l'ennemi va me voir reparoître ;
» La France à mes exploits reconnoîtra son maître ;
» Ou, si le Sort trahit nos efforts généreux,
» La mort frappera Charle au milieu de ses preux. »
   Il dit, et sur son front jusqu'alors si paisible,
Du lion réveillé la majesté terrible
Apparoît tout-à-coup à mes yeux éblouis.
Saisissant son épée : « Arme de saint Louis !
» Glaive sacré ! » dit-il, « qui dans sa main guerrière,
» Au pont de Taillebourg domptas la rage altière

» De tant de léopards contre lui conjurés
» Qu'engloutit la Charente en ses flots azurés,
» Et qui, depuis, semblable au rayon de la foudre,
» De Memphis, de Carthage ensanglantas la poudre :
» A la voix de son fils, glaive, sors du fourreau !
» Remporte sur l'Enfer un triomphe nouveau !
» J'en crois la noble ardeur en mon sein renaissante :
» Il ne soutiendra pas ta splendeur menaçante.
» Des fruits de vos forfaits, en fuyant de ces bords,
» Vous ne remporterez, Anglais, que le remords !»
 » Dans sa demeure alors le fils des rois m'entraîne.
Trois vierges à sa voix quittant leur jeune reine,
Me viennent prodiguer leurs soins officieux,
Débarrassent mon front du casque radieux,
Délacent mon armure, et, de leurs doigts de rose,
Quoi que ma courtoisie à leur désir oppose,
Détachent à genoux mes éperons dorés,
Couverts de poudre encore et de sang colorés.
La pudeur ajoutait à leur naïve grâce.
Entrant alors, un page issu de noble race,
D'un juste de chamois orné d'un filet d'or,
D'un mantel dont l'hermine enrichissait le bord,
S'en vient me revêtir; et des mains plus vulgaires
Couvrent enfin mes pieds de bottines légères,
Dépouilles d'un chevreuil, jeune hôte du rocher,
Qu'aux sources d'un torrent la flèche alla chercher.
 » Charle me prend la main, me conduit chez la Reine.
Instruite par le Roi du sujet qui m'amène,
La fille des héros daigne approuver nos vœux,
Et vanter mon courage entre les fils des preux.

Cependant mes regards contemploient auprès d'elle
Ce dernier rejeton d'une race si belle,
Ce dauphin, notre espoir, tendre et fragile fleur,
Lis timide, courbé sous le poids du malheur,
Qui, né pendant l'orage, au milieu des alarmes,
Croît parmi les soupirs, arrosé de nos larmes.
Ah! sur le trône assis, puisse-t-il retenir
De ces leçons du Sort l'utile souvenir!
Puisse-t-il, retraçant les vertus de sa mère,
Rendre au Roi des chagrins la coupe moins amère!
Tes regards lisent seuls dans le cœur des humains,
Et l'avenir, mon Dieu! repose dans tes mains.

» Invité, je m'assieds à la table royale.
Ni le vermeil, ni l'or, le rubis ni l'opale,
Ne brillent désormais aux festins de nos rois;
Le fer, l'étain vulgaire, hélas! et l'humble bois
Reposent dans les mains des princes de la Terre,
Et dans un vin grossier leur soif se désaltère.
Muet, je contemplois ce contraste odieux,
Et des pleurs malgré moi coulèrent de mes yeux.

» Le Roi s'en aperçut, et lut dans ma pensée.
« Vous gémissez, » dit-il, « sur ma gloire effacée,
» Prince. Tels sont les jeux où se plaît le Destin.
» Mais ne méprisons point ce modeste festin:
» Le vainqueur de la Mort, l'auguste roi du Monde,
» Devant qui chaque jour tremblent la terre et l'onde,
» Sur la croix étendu fut abreuvé de fiel,
» Souffrit sans murmurer et nous rouvrit le Ciel.
» N'offensons point ce Dieu d'une plainte importune.
» Heureux, je puis encor, dans mon humble fortune,

» Offrir au fils des preux un toit hospitalier,
» Et heurter mon hanap à celui du guerrier.
» Si des nobles soutiens de la chevalerie
» Je ne puis observer la coutume chérie ;
» Sur un lit de vermeil si le faisan doré,
» Si le pan magnifique et des preux honoré,
» Ne viennent plus briller sur ma table modeste ;
» Au mortel accablé par le courroux céleste
» Ne peut plus convenir cet éclat triomphant :
» Autant que le malheur la pudeur le défend ;
» Et de mon peuple au moins partageant les misères,
» Je ne bois point dans l'or les larmes de mes frères. »

» Ses hérauts cependant sous les remparts de Blois
Convoquent les barons fidèles à ses lois :
Ils ne restent point sourds au cri de la patrie ;
Leurs tentes de la Loire ont blanchi la prairie.
Là courent se ranger de nobles vétérans
Dont la foudre cent fois vint éclaircir les rangs,
Et de jeunes guerriers, qui, proscrits dès l'enfance,
A l'ombre des tombeaux croissoient pour la vengeance.
Bientôt un camp nombreux s'exerce au bord des flots,
Et le Roi se prépare à joindre ses héros.

» Le jour vient. Prosterné dans l'antique chapelle,
Nous implorons du Christ la puissance immortelle.
Un saint pontife accueille et nos humbles aveux,
Et notre repentir, et nos pleurs, et nos vœux.
Au son des mots sacrés, le vénérable azime
Se change au corps divin de l'auguste victime.
Il l'élève en tremblant ; il offre au roi des Cieux
L'impérissable hostie ; et ce corps précieux,

Cette chair du Sauveur à son Père immolée,
Nourrit d'un saint amour notre âme consolée.
» Sur un blanc destrier le Roi s'élance enfin.
Tel brille le Soleil aux portes du Matin,
Alors que soulevant sa tête radieuse,
Il jette un œil d'amour sur la Terre amoureuse.
On s'élance, on franchit coteau, vallon, forêt :
Chinon blanchit au loin, décroît et disparoît.*

* Des grands bois ondoyans dont Azay se couronne
L'épais rideau s'entr'ouvre, et l'Indre, qui bouillonne,
Voit sur son pont tremblant nos pas franchir ses flots ;
Le double pont du Cher nous porte sur les eaux.
D'énormes peupliers une longue avenue,
Panaches de verdure agités dans la nue,
A travers la prairie et par de longs détours,
Nous mène avant la nuit dans les saints murs de Tours.
Du bienheureux Martin la basilique immense,
Temple illustre, chéri des héros de la France ;
D'un balustre d'argent son tombeau défendu ;
Son étendard sacré sur l'autel suspendu,
Reçoivent aussitôt nos vœux et nos hommages.
Nous couronnons de fleurs ses augustes images ;
D'offrandes et d'encens nous couvrons son tombeau ;
Dans nos tremblantes mains soutenant un flambeau,
Neuf fois, sur nos genoux, dépouillés de nos armes,
Nous en faisons le tour, les yeux mouillés de larmes,
Et pour la France en deuil implorons son appui :
« Grand saint, sois-nous propice, et nous guide aujourd'hui,
» Comme autrefois, non loin de ces mêmes rivages,
» Du Maure et de l'Arabe arrêtant les ravages,

» Ta bannière éployée, en un jour immortel,
» Conduisit au combat les guerriers de Martel,
» Dispersa devant eux les enfans de l'Aurore,
» Et d'un joug odieux, d'un culte qu'elle abhorre,
» Préserva notre France, et l'empire chrétien,
» Dont le sceptre des lis est le noble soutien !
» Par l'ombre de Clovis qui d'une guerre sainte
» Vint recueillir l'augure en cette même enceinte ;
» Par celles de Martel et de son petit-fils,
» Ce fameux Charlemagne au rang des saints assis ;
» Par celle de sa douce et pieuse compagne,
» Leugarde, dont jadis le vainqueur de l'Espagne
» Déposa la dépouille en ce temple sacré,
» Dans un riche tombeau de ses pleurs honoré,
» Qu'une tour, de son deuil monument triste et sombre,
» Entoure de ses murs et voile de son ombre ;
» Par les mânes guerriers des douze pairs fameux,
» Qui jadis au combat suivoient ce roi des preux,
» Ces Ogier, ces Renaud, ces Roland, dont l'épée
» Dans le sang infidèle en cent lieux fut trempée ;
» Eux qui surent, au Ciel attachant leurs désirs,
» Et combattre en héros, et mourir en martyrs ;
» Par leur cendre de honte et d'horreur frémissante :
» Grand saint, daigne écouter notre voix suppliante ! »
   » Telle fut ma prière et celle de mon roi.
O surprise ! soudain (jugez de notre effroi !)
Du fond de ce sépulcre une voix formidable
Fait entendre ces mots : « Monarque misérable !
» N'espère point fléchir la justice des Cieux,
» Avant que de la tombe, appelé par tes vœux,

»Du cruel Jean-sans-peur le meurtrier s'élève,
»Se présente à Philippe et détourne son glaive.
»Non loin des murs de Loche, une vaste forêt
»De ses arbres touffus couvre un antre secret
»Dont jamais le Soleil ne perça les ténèbres :
»Pénètre, fils des rois, sous ses voûtes funèbres,
»Et dans ce monument, noir temple de la Mort,
»D'un spectre inconsolable évoque le remord. »
   » De cet oracle obscur le mystère terrible
Frappe d'abord nos sens d'une horreur invincible.
Qui peut ravir une âme aux liens du Trépas ?
Au tombeau descendu, qui revient sur ses pas ?
Mettre à ce prix du Ciel la clémence et les grâces,
N'est-ce point de l'Enfer confirmer les menaces ?
De tristesse abattu, vaincu par ses malheurs,
Le Roi mouilla long-temps le marbre de ses pleurs.
J'y joignois mes soupirs, méditant en silence
Sur les termes obscurs de l'auguste sentence.
Tout-à-coup dans mon cœur brille un rayon d'espoir :
« Dans les secrets de Dieu ne cherchons point à voir.
» Qu'importe que sa loi soit incompréhensible ?
» Peut-il rien commander d'injuste ou d'impossible ?
» Sans perdre en vains soupirs des momens précieux,
» Obéissons d'abord, et laissons faire aux Cieux ! »
Tels furent mes conseils. Le Roi daigna s'y rendre.
Des saints remparts de Tours partant sans plus attendre,
Du Cher encor, de l'Indre aux tortueux détours,
D'un pas précipité nous traversons le cours.
Loche enfin nous reçoit dans ses murailles sombres.
De sa vaste forêt nous parcourons les ombres,

Cherchant en vain la tombe où sont ensevelis
Des secrets dont dépend la fortune des lis.
    »Dans les cieux cependant la Nuit étend ses voiles;
L'ombre cache à nos yeux la clarté des étoiles ;
Un brouillard ténébreux, de funestes vapeurs
Nous présentent partout des fantômes trompeurs;
De lamentables cris dans les bois retentissent:
La terre, sous nos pas, les noirs rochers gémissent;
L'orfraie au cri de mort, de sinistres corbeaux,
Des vautours, des hiboux échappés des tombeaux,
Croassent près de nous, sifflent dans les ténèbres,
Au-devant de nos yeux croisent leurs vols funèbres,
Et de leur aile immonde et de leurs becs sanglans
Frappent à coups pressés nos casques chancelans.
D'une errante lueur les perfides auspices
Semblent nous entraîner vers d'affreux précipices.
La pluie impétueuse inonde les vallons ;
L'ouragan bat les flots ; d'homicides grêlons
Bondissent à grand bruit sur les roches sauvages ;
Les ruisseaux débordés entraînent leurs rivages;
Les chênes, les ormeaux tombant avec fracas,
De leurs troncs entassés embarrassent nos pas.
    » Des serviteurs du Roi l'épouvante s'empare:
A travers la forêt notre guide s'égare.
De ravins en ravins, de torrens en torrens,
Nos coursiers effrayés traînent leurs pas errans.
A chaque instant le Roi voit croître la tempête :
L'éclair le suit ; la foudre éclate sur sa tête,
Et sous son coursier mort il tombe évanoui.
O spectacle cruel ! ô supplice inouï !

Oh ! qui pourroit vous peindre, en ce moment terrible,
Ma douleur, mon effroi, mon désespoir horrible !
Abandonné de tous en ces sauvages lieux,
La lueur des éclairs brilloit seule à mes yeux,
Et mes cris se perdoient dans le bruit de l'orage.
Je soulage le Roi du fardeau qui l'outrage ;
Sur un épais gazon je le porte mourant ;
Je détache son casque, et de l'eau d'un torrent
Je lave son visage, hélas ! et ses blessures.
Sa douleur s'exhaloit en de foibles murmures.
Je l'appelai long-temps en invoquant les Cieux.
A ma voix, à mes cris, il ouvre enfin les yeux,
Me reconnoît, soulève un front sanglant et pâle,
Appesanti retombe, et de sa main royale
Presse ma main tremblante, et, dans un long soupir,
Semble exhaler son âme ainsi qu'un doux zéphir
Murmure sourdement à travers le feuillage
D'un jeune peuplier renversé par l'orage,
De qui le front superbe abandonnoit aux vents
Sa pâle chevelure et ses rameaux mouvans.
» A genoux prosterné : « Dieu puissant ! » m'écriai-je,
» Livreras-tu la France au danger qui l'assiége ?
» Laisseras-tu l'Anglais, laisseras-tu l'Enfer
» Écraser nos cités sous un sceptre de fer ?
» Sur ce roi malheureux, notre unique espérance,
» N'as-tu point épuisé les traits de ta vengeance ?
» Au fond de ce désert m'étoit-il destiné
» D'ensevelir un jour mon prince infortuné ?
» Que devenir ? que faire ?... O mon auguste maître !
» Comment aux yeux des tiens oserai-je paroître ?

» A ton épouse en pleurs, à ton fils éperdu,
» Oh! qui rendra jamais l'appui qu'ils ont perdu?
» Non, je n'entendrai point leurs reproches terribles.
» Grand Dieu! préviens mon bras, préviens mes vœux,
» Épargne-moi le crime où m'entraîne le Sort;
» Rends la vie à mon prince, ou me donne la mort! »

» Déjà ma main tremblante osoit s'armer du glaive:
Soudain, ô douce joie! il s'agite, il soulève
Une main défaillante, un front déjà glacé.
Par ses lèvres mon nom foiblement prononcé
Frappe et charme à la fois mon oreille attentive.
Non, jamais les accens de la lyre plaintive,
Quand les nymphes la nuit errent parmi les bois;
Des poètes divins jamais la douce voix
D'un tel ravissement ne vint remplir mon âme.
Dans ses yeux ranimés brille une vive flâme:
Le Ciel a renoué la trame de ses jours.
Après de longs efforts, aidé de mes secours,
Il se relève enfin; il parle, il me rassure;
De son bras déchiré je bande la blessure.
J'aperçois devant nous une foible clarté.
Sur mon sein s'appuyant: « Marchons de ce côté, »
Dit-il. « Cette lueur ranime mon courage;
» Peut-être un toit s'élève en ce séjour sauvage. »

» Il dit: nous avançons par des sentiers déserts,
Au bruit de la tempête, aux lueurs des éclairs
Qui, s'éteignant soudain, rendoient la nuit plus sombre.
Tout-à-coup devant nous apparoissent dans l'ombre
Des murs demi-détruits, des créneaux chancelans,
Des toits de toutes parts à l'entour s'écroulans;

De vieilles tours de lierre et de mousse couvertes;
Un donjon ténébreux; des fossés, des eaux vertes,
Dont les vagues, sans bruit roulant devant le seuil,
De ce manoir lugubre environnent le deuil.

»Un moment interdits, nous gardons le silence.
La nécessité presse et la crainte balance.
Le rayon qui guida nos pas irrésolus
Tout-à-coup s'est éteint et ne reparoît plus.
Quel être habite encor ces antiques demeures?
Ont-elles vu long-temps passer sans bruit les heures?
De ces signes de fer sur leurs tiges mouvans,
Le cri seul répond-il au sifflement des vents?
De brigands ténébreux seroit-ce point l'asile?
Le crime trop souvent dans les déserts s'exile;
Et des nombreux partis par nos troubles formés,
Les restes odieux dans nos champs sont semés.

»La fatigue du Roi, sa foiblesse l'emporte.
Au bord des noirs fossés, en face de la porte,
Un vieux pilier s'élève où flotte au gré du vent,
Suspendu par sa chaîne, un cor toujours mouvant:
Attirés par son bruit mes regards s'y portèrent.
Quelques momens encor mes craintes hésitèrent:
J'y colle enfin ma bouche; il résonne; trois fois
L'écho de ces remparts se réveille à ma voix.
Je redouble: un bruit sourd enfin se fait entendre.
Une foible clarté sur les murs vient s'étendre;
Elle glisse le long des créneaux et des tours,
Et chemine long-temps de détours en détours.
Au-dessus de la porte enfin elle s'arrête;
Et ces mots, à travers le bruit de la tempête,

Arrivent jusqu'à nous, rédits de toutes parts :
« Quelle voix retentit au pied de ces remparts ?
» Pendant cette nuit sombre, au milieu de l'orage,
» Quel sujet vous amène en ce séjour sauvage ? »
  » Je réponds aussitôt : « Par la Nuit égarés
» Et de leurs compagnons dans les bois séparés,
» Deux guerriers malheureux vous demandent asile.
» Blessé, mourant, l'un d'eux ne sauroit, trop débile,
» Traîner plus loin ses pas. Oh ! qui que vous soyez,
» A qui donna le Ciel de tranquilles foyers,
» Un toit contre l'orage, une couche paisible ;
» Si le Ciel à ces dons joignit un cœur sensible,
» Accueillez son malheur : sur un guerrier français
» De l'hospitalité répandez les bienfaits.
» Ainsi Dieu puisse-t-il des faveurs les plus chères
» Combler en tous climats vos enfans et vos frères ! »
  » En silence un moment on sembla consulter.
Mille pensers divers nous venoient agiter.
Enfin du pont mouvant les lourds leviers gémissent,
L'axe tourne en criant, les chaînes retentissent,
Le pont descend des airs, tombe et bondit d'abord,
Gronde long-temps après avoir frappé le bord.
L'un sur l'autre appuyés nous avançons ensemble
Sur ce chemin de fer qui résonne et qui tremble ;
Nous entrons sous la voûte, et la porte à l'instant,
En se fermant sur nous, rend un bruit éclatant.
Nous entendons l'effort du pont qui se relève.
D'ombres environné, sur la croix de mon glaive,
Involontairement ma main vint se placer,
Et des périls du Roi je me sentis glacer.

CHANT XV.

» Bientôt du bruit des pas les voûtes résonnantes
S'éclairèrent des feux des torches rayonnantes.
Un vieillard s'avança, dont le sévère aspect
Inspiroit à la fois la crainte et le respect.
Son mantel, sa chaussure, et son chapel modeste,
Et sa robe de serge, en lui tout manifeste
Un obscur écuyer; son maintien, ses propos,
Le feu de ses regards, tout révèle un héros.
Armés ainsi que lui trois serviteurs l'éclairent;
Pour conduire nos pas leurs pas nous précédèrent.
Une salle s'ouvrit où brilloient de longs dards,
D'héroïques blasons, d'antiques étendards,
Des armures de fer encor de sang rougies;
Et de six chevaliers les nobles effigies,
Debout, le glaive en main, sous ces murs ténébreux,
Sembloient garder encor le toit de leurs aïeux.

» Tandis que du monarque on détache l'armure,
Et que l'œil du vieillard visite sa blessure,
J'ose l'interroger. — « De l'humble Fromenteau
» Le village s'élève auprès de ce château.
» Des généreux Sorel c'est l'antique demeure.
» De leur noble maison l'héritier à cette heure,
» Sous la tente guerrière, au pied des murs de Blois,
» N'attend que le signal d'aller venger ses rois.
» Sa sœur, la jeune Agnès, dans un calme prospère,
» Croît ici sous les yeux de la sœur de leur père,
» De la noble Amélie, honneur de sa maison,
» Ornement de la cour en sa jeune saison,
» Lorsque Blois et Montfort, s'enviant leur partage,
» Du prince des Bretons disputoient l'héritage. »

» Comme il disoit ces mots, elle-même à nos yeux
Amélie a paru. Sur son front gracieux
L'indulgente bonté tempère la sagesse,
Le Temps a de ses traits respecté la noblesse.
Sur ses cheveux blanchis, qu'il n'emprisonne pas,
Un voile noir descend et traîne sur ses pas,
Symbole du veuvage, hommage à la mémoire
D'un époux adoré, dont l'amour fit sa gloire.
Agnès, les yeux baissés, l'aimable Agnès la suit:
Telle on voit sur les pas de l'ange de la Nuit
S'avancer à pas lents la brillante courrière
Qui sème une si pure et si douce lumière
Sur la cime des bois, sur le front des coteaux,
Et d'un éclat mobile argente au loin les eaux,
Telles, au fond des bois, sur le bord des fontaines,
Des eaux et des forêts les nymphes souveraines
Se montrent quelquefois au chasseur indiscret
Qui s'en vient profaner leur asile secret,
Et qui, puni soudain d'une audace coupable,
Trouve dans leurs regards la mort inévitable.
» Mais quel art, ô Sorel! te peindroit dignement?
Non, jamais sous les cieux un objet si charmant
Des humains éperdus n'entraîna les hommages,
Et je n'en tracerois que de foibles images.
Vous dirois-je ce front où siége la candeur,
Ces yeux d'azur que voile une aimable pudeur,
Cette bouche pareille à la rose naissante
Qu'entr'ouvre du zéphir l'haleine caressante,
Et qui laisse exhaler un parfum précieux;
Ces longs cheveux roulant en cercles gracieux,

CHANT XV.

Tombant à flots de soie, et, rivaux de la moire,
Couvrant d'un or mouvant ses épaules d'ivoire?
Dirai-je la fraîcheur de ce teint ravissant
Où la rose se mêle au lis éblouissant,
Comme sous l'horizon quand le Soleil se plonge,
De ses derniers rayons la clarté se prolonge,
Et revêt mollement d'un carmin enchanteur
Des neiges d'un coteau l'immobile blancheur?
Dirai-je ce regard, peindrai-je ce sourire,
Où brille l'innocence, où la bonté respire;
Ce cou charmant, semblable au lis amant des eaux
Balançant doucement sa tige au bord des flots;
Ce sein qui, repoussant le lin qui l'emprisonne,
D'une pitié si tendre et palpite et frissonne;
Ses beaux bras de l'albâtre imitant la couleur;
Sa main légère, habile à charmer la douleur;
Et sa taille élégante, et sa naïve grâce,
Et ses pieds de la terre effleurant la surface?
Nos fatigues, nos maux semblaient évanouis,
Et de tant de beautés nous restions éblouis.

» La première, Amélie interrompt le silence :
« Puisque vous combattez pour les droits de la France,
» Sires, soyez tous deux bien venus parmi nous.
» Ce que nous possédons tout entier est à vous.
» Aux défenseurs du Roi c'est le moins que redoivent
» Des cœurs vraiment français alors qu'ils les reçoivent.
» A leurs maîtres soumis, les seigneurs de ces lieux
» Naissent pour les servir, vaincre ou mourir pour eux;
» Gentilshommes français, leurs biens, leur sang, leur vie
» Sires, tout est au Roi, père de la Patrie.

» Mais, chargés des travaux, aux périls destinés,
» Les guerriers, les vaillans, ce sont ses fils aînés :
» Ils trouvent en ces lieux un partage de frères.
» Ranimer leur espoir, soulager leurs misères,
» D'un sexe né captif, inhabile aux combats,
» C'est le devoir sacré : qui ne l'envîroit pas ?
» Qui pourroit renoncer au plus beau droit que laisse
» A ce sexe impuissant sa timide foiblesse ;
» A l'unique moyen qu'il ait de s'acquitter ;
» Au seul tribut qu'au Prince il puisse présenter ? »
 » Cependant, inclinée, et d'une main tremblante,
Agnès lave du Roi la blessure sanglante,
Et d'un baume liquide épuisant le trésor,
Sur l'ivoire et la pourpre épanche des flots d'or,
Sucs puissans, exprimés des plantes salutaires
Qu'elle-même cueillit sur des bords solitaires.
Sous les doigts délicats de cet ange enchanteur,
Une douce ambroisie enivre la douleur.
Immobile et muet, Charle contemple, admire,
Suit tous ses mouvemens, veut parler et soupire.
D'un blanc tissu de lin son bras environné
D'une écharpe de soie est encore enchaîné.
 » Dans la salle prochaine une table est dressée.
Sur nos mains à grands flots une eau pure versée
D'une aiguière d'argent tombe en un bassin d'or,
OEuvres que de Penthièvre enferma le trésor,
Et qu'au jour où l'Hymen enchaîna son amie
Présenta l'amazone à la noble Amélie.
La table a disparu sous des mets savoureux ;
Dans de riches hanaps brille un vin généreux.

CHANT XV.

Amélie un moment se recueille ; elle implore
L'auteur de tous les biens, et s'incline, et l'adore.
Chacun prie à voix basse et joint ses vœux aux siens
Sitôt qu'est accompli ce devoir des chrétiens,
Une douce gaîté, des grâces attentives,
D'une innocente joie animent les convives.
Variés avec art, d'agréables récits
Enchantent la fatigue et charment les soucis.
La nape disparoît, et la grappe azurée,
La poire succulente et la prune dorée,
Et la crême écumeuse, et le miel odorant,
Mille fruits transformés en cristal transparent,
Où le coin savoureux par ses feux se décelle,
Où la groseille acide en rubis étincelle,
Où du jaune abricot tremblent les reflets d'or,
Et dont l'aimable Agnès épura le trésor,
Sur la table polie et de noyer formée,
Étalent à leur tour leur richesse embaumée.

» Sous le toit des Sorel accueilli cette nuit,
Un ménestrel alors dans la salle est conduit.
A peine a-t-il atteint l'âge où l'adolescence
Touche encore et ressemble à la naïve enfance.
Beau comme on peint l'Amour, l'éclair est dans ses yeux.
Il s'incline et sourit : des sons harmonieux,
Des accens enchanteurs s'exhalent de sa lyre,
Et nos cœurs sont plongés dans un tendre délire.
Sa douce voix s'élève ; il chante tour à tour
Les craintes, les tourmens, les plaisirs de l'Amour ;
Le trouble ravissant qu'en notre âme il fait naître ;
Le danger de vouloir résister à son maître ;

Et cette loi d'aimer, ces devoirs si charmans
Qu'impose aux chevaliers la foi de leurs sermens.
Il dit le roi de l'Eau dans ses grottes profondes
Entraînant une vierge au sein mouvant des ondes,
Et de ce rapt illustre une race de rois
Naissant pour affranchir les enfans des Gaulois.
Il raconte Éginard trahi par son audace,
Mais, porté par Emma, ne laissant point de trace
Qui, sur la neige empreinte, eût pu les accuser,
Et Charlemagne ému se laissant appaiser;
Harlotte et ses amours dont le destin fit naître
De la fière Albion le vainqueur et le maître;
La belle Rosemonde et ses charmes vainqueurs;
Et de Salisbury les attraits enchanteurs,
Et le ruban léger qui de sa jambe agile
Retenoit dans un bal l'enveloppe fragile,
Par Edward relevé, des guerriers d'Albion
Désormais devenu la noble ambition,
L'espoir de la valeur, le prix de la victoire,
Et des héros fameux la parure et la gloire.
« Aux feux charmans, dit-il, aux traits d'un Dieu vainqueur,
» Hâtez-vous, fils des preux, de livrer votre cœur!
» Savourez de l'Amour la coupe enchanteresse;
» De son brillant nectar goûtez la douce ivresse.
» Le Temps au vol rapide emporte vos beaux jours;
» Elle fuit à jamais, la saison des amours!
» Cueillez dans nos vallons la fleur qui vient d'éclore,
» Avant que de l'Hiver le vent la décolore :
» Un moment la voit naître, et briller, et mourir.
» Saisissez au passage, enchaînez le Plaisir.

CHANT XV.

» Hélas! ce dieu charmant, qui voltige sans cesse,
» Comme un songe léger échappe à la Vieillesse ;
» Il rit de ses efforts et de ses pas pesans
» Qu'enchaînent dans leurs cours les entraves des ans.
» Il couronne de fleurs le mortel sans envie
» Qui se voue à son culte au printemps de la vie,
» Qui foule au pied l'orgueil d'un renom fastueux,
» Et boit d'un mol oubli les flots voluptueux.
» Aimez, cœurs innocens, dans une paix profonde :
» C'est le décret du Ciel ; c'est le destin du Monde. »
 » Il dit. Soudain Raoul, cet auguste vieillard
Qui nous vint introduire au sein de ce rempart,
Arrache de ses mains la lyre enchanteresse,
Et de nos sens troublés vient dissiper l'ivresse.
Un saint courroux brilloit dans ses yeux enflammés ;
De foudres et d'éclairs ses regards sont armés ;
Son maintien s'agrandit, et, d'une voix sévère :
« D'un art sacré, dit-il, qu'au Ciel même on révère,
» Oses-tu dégrader les sublimes accords ;
» D'une coupable ardeur célébrer les transports ;
» Chanter de nos beaux jours la volupté rapide ;
» Vanter l'oubli du temps, la mollesse perfide,
» Les funestes attraits d'un indigne repos ?
» Sont-ce là les conseils qu'aux enfans des héros,
» Les maîtres de la lyre aiment à faire entendre ?
» Il est une autre gloire où leur art doit prétendre. »
 » Il dit, et sous ses doigts l'instrument radieux
Rend de nobles accens, des sons mélodieux,
Accords purs et divins, imposante harmonie
Qui semble élever l'âme, agrandir le génie ;

Sublime sans effort, simple avec majesté,
Pleine de souvenirs et d'immortalité.
Elle est grave et sévère; elle tonne; et notre âme
A ses mâles accens se réveille et s'enflâme.
 » Le vieillard dit Pélage et ses mille vaillans
Seuls disputant l'Espagne au fer des Musulmans,
Et conservant au sein d'une grotte profonde
La foi de leurs aïeux en prodiges féconde.
Il raconte Martel, non loin des murs de Tours,
Arrêtant le torrent débordé dans son cours
Des enfans de l'Afrique et des fils de l'Aurore,
Et la France par lui libre et chrétienne encore.
De l'hymne de Roland les accords belliqueux
Succèdent à ces chants, s'enchaînent avec eux :
Il peint ce preux terrible et sa troupe enfermée
Aux champs de Roncevaux bravant toute une armée.
Demeuré seul enfin, sans casque, sans pavois,
Blessé, couvert de sang, de sa tonnante voix
Il faisoit retentir les bois et la montagne ;
Trois fois son cor d'ivoire appeloit Charlemagne ;
Trois fois jusqu'à Bordeaux du sonore instrument
Les accens prolongés arrivoient foiblement,
Hélas ! et tout-à-coup expiroient dans l'espace.
Charle, trop éloigné, du péril de sa race
Ne reconnoissoit point le funeste signal.
Le héros sans espoir, à son moment fatal,
Ranimoit son courage et sa force mourante ;
Jonchoit d'affreux débris la campagne sanglante,
Et jusques au trépas conservant sa fierté,
Sur un monceau de morts expiroit indompté.

CHANT XV.

Le noble chantre, alors, suivant son vol sublime,
Appelle nos regards sur les murs de Solyme,
Nous peint ces monts de pierre et ces sables affreux,
Ces arides déserts et ce lac sulfureux,
Monumens du courroux d'un Dieu juste et sévère ;
Le mont des oliviers et l'auguste Calvaire,
Le torrent de Cédron, le vallon des tombeaux,
Et le pâle Jourdain traînant sans bruit ses eaux.
Bientôt, sous les remparts de la cité sacrée,
Au sépulcre d'un Dieu par Dieu même attirée,
Une armée intrépide accouroit à sa voix :
Un essaim de héros ralliés sous la croix,
Le grand Bouillon, Baudouin, Raymond, Guicher, Turenne,
Et Létolde, et Tancrède, en cette illustre arène,
Immoloient du croissant les fougueux défenseurs.
On entendoit les cris des mourans, des vainqueurs,
Le choc des boucliers, le vol des traits rapides,
Les glaives se brisant sur les casques solides,
Les rochers dans les airs volant de toutes parts,
Et le bélier d'airain tonnant sous les remparts.
Enfin sur les créneaux Létolde qui s'élance,
Fouloit aux pieds l'impie écrasé sous sa lance ;
L'étendard de la Foi flottoit aux mêmes lieux
Où l'orgueil du croissant osa braver les Cieux.
 » Raoul en sons moins fiers, alors, et moins sublimes
Retrace les dangers des feux illégitimes :
Par d'indignes amours Childéric avili
Laissant sa lance oisive et sa gloire en oubli,
Et tout-à-coup tombé du trône de ses pères,
Mendiant un asile aux rives étrangères ;

L'infâme Frédégonde et ses noires fureurs;
Chilpéric enchaîné par ses charmes trompeurs,
Immolant tour à tour à sa haine jalouse
Son frère, ses deux fils, son innocente épouse;
Par ce monstre cruel son état ravagé,
Et lui-même à la fin par son ordre égorgé;
Rodéric profanant les charmes qu'il adore,
Et Julien livrant l'Espagne au joug du More;
Partout la Volupté versant son doux poison,
Des plus fameux héros égarant la raison,
Jusqu'au pied des autels portant sa flamme impure,
Et traînant après soi le meurtre et le parjure;
Les vengeurs de la croix lui cédant à leur tour,
Séduits par la Mollesse, enchaînés par l'Amour,
Et des fiers Sarrasins l'insolence attirée
Foulant du saint tombeau la poussière adorée.
En vain Philippe-Auguste et le fougueux Richard
Unissoient leurs drapeaux; en vain sur son rempart
Acre dans la mêlée entend un cœur de flamme
Souhaiter seulement un regard de sa dame:
Acre épuisoit long-temps les efforts des croisés;
Leur essor s'arrêtoit sur ses remparts brisés.
Atteint dans le désert d'une flèche mortelle,
Coucy mourant chargeoit son écuyer fidèle
De rapporter en France et remettre son cœur
Au malheureux objet de sa coupable ardeur.
Surpris sous les remparts où ta flamme jalouse,
Trop barbare Fayel, renfermoit ton épouse,
Et tout-à-coup dans l'ombre entouré d'assassins,
L'écuyer massacré laissoit entre tes mains

Contraste insuffisant

NF Z 43-120-14

« Mortels, aimez la Gloire ! Elle n'est point ce bruit
» Qui tonne, éclate et meurt ; ce pâle éclair qui fuit ;
» Ce foudre ravageur qui met en feu la Terre,
» Et va mourir au sein d'un torrent solitaire :
» C'est l'éclat bienfaisant d'un soleil radieux ;
» C'est le son doux et pur du luth mélodieux
» Qui, dans la main d'un ange, aux portes de la tombe,
» Charme encor les regrets du chrétien qui succombe ;
» C'est ce laurier divin, ce sont ces palmes d'or,
» Qui, renaissant toujours, après mille ans encor,
» Couronnent à l'envi d'une splendeur nouvelle
» Des héros vertueux la mémoire immortelle.
» Chrétiens, laissez au lâche un coupable bonheur !
» Combattez, fils des preux, pour la Gloire et l'Honneur ! »
   » Comme à l'aspect du jour la trompette éclatante
Réveille les guerriers endormis sous la tente,
Ainsi sa voix résonne, et ses nobles accens
De la soif des combats ont embrasé nos sens.
Le ménestrel confus à l'écart se retire :
D'un pouvoir plus qu'humain l'irrésistible empire
Semble dompter le sien : son pénétrant regard
Avec étonnement parcouroit le vieillard. »

FIN DU PREMIER VOLUME.

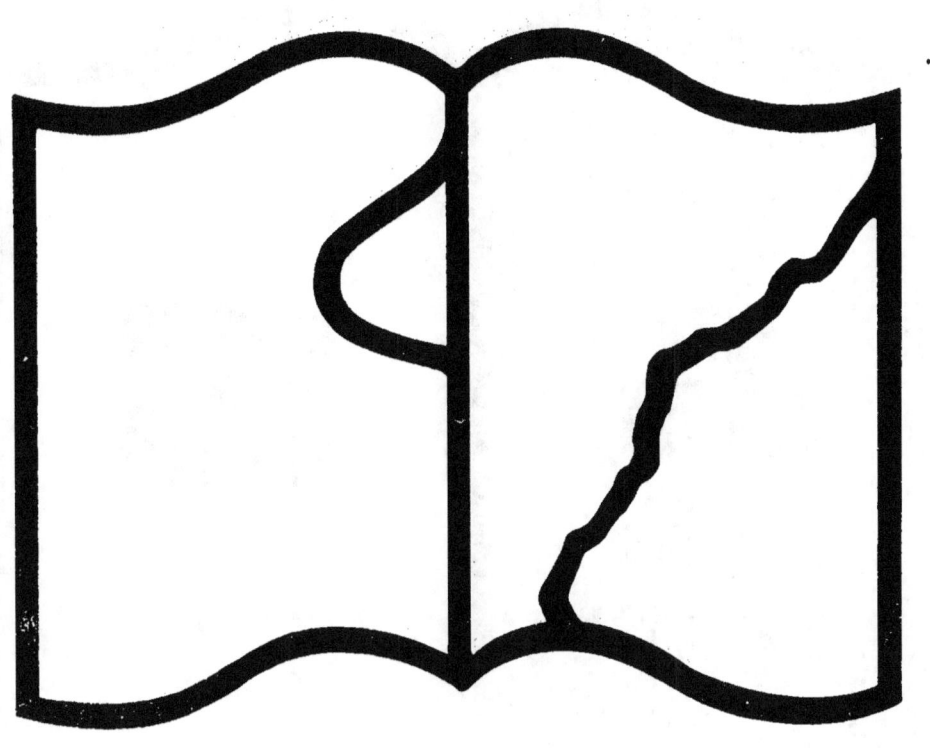

Texte détérioré — reliure défectueuse

NF Z 43-120-11

Contraste insuffisant

NF Z 43-120-14